Beat Imhof

Zwölf kosmische Gesetze

Beat Imhof

Zwölf kosmische Gesetze

Was unsere Welt im Inneren zusammenhält

Aquamarin Verlag

Deutsche Originalausgabe:
1. Auflage 2019

Voglherd 1
85567 Grafing
www.aquamarin-verlag.de

Umschlaggestaltung: Annette Wagner

Druck: CPI • Birkach

ISBN 978-3-89427-849-6

Ich will nichts als meine Ruhe haben
und wissen, wie Gott diese Welt erschaffen hat.

ALBERT EINSTEIN

Inhalt

Leitgedanken

Der Mensch folgt dem Gesetz der Erde.
Die Erde folgt dem Gesetz des Himmels.

LAOTSE

Das Universum verschwendet nicht einen Quant an Energie;
alles dient einem Zweck und fügt sich in ein Gleichgewicht
der kosmischen Ordnung.

DAVID HAWKINS

Es ist eine der überraschenden Entdeckungen der modernen Physik, dass Objekte nicht so sehr voneinander getrennt sind,
sondern dass alles miteinander übereinstimmt.

DEAN RADIN

Nur wer lernt, sich unter das Gesetz zu stellen, wird dessen Existenz nicht mehr als Zwang erleben. Totale Freiheit erwächst nur dem, der sich in die Ordnung dieses Kosmos einfügt, so dass er selbst mit dem Gesetz verschmilzt.

THORWALD DETHLEFSEN

Die Welt braucht nicht in Ordnung gebracht zu werden;
die Welt ist in Ordnung. An uns liegt es, mit dieser
Weltordnung in Einklang zu kommen.

HENRY MILLER

Wenn wir versuchen zu leben, ohne die universellen Gesetze zu verstehen, ist es gerade so, als wollten wir ein Fahrzeug lenken, ohne zu wissen, wie es funktioniert.

BRUCE MCARTHUR

Vorwort

Kein Wesen kann zu nichts zerfallen,
Das Ewige regt sich fort in allen,
Am Sein erhalte dich beglückt!
Das Sein ist ewig; denn Gesetze
Bewahren die lebend'gen Schätze,
Aus welchen sich das All geschmückt.
J. W. von Goethe

Auf die Frage „Was war am Weltenanfang?" lässt sich antworten: „Am Anfang war das Gesetz." So wie bei einem Hausbau die statischen Gesetze zu beachten sind, die den Bauleuten bekannt sein müssen, so muss es auch vor dem Weltenbau bestimmte Gesetze gegeben haben, welche das große Werk ermöglichten. Der Biologe und Nobelpreisträger 1967 George Wald vertrat in einem wissenschaftlichen Artikel die Meinung, der Geist sei „nicht erst als Spätfolgeerscheinung der Evolution des Lebens entstanden, sondern habe bereits zuvor existiert als Quelle und Voraussetzung unserer physischen Wirklichkeit". (1)

Vom Anbeginn der Weltentstehung lief das ganze kosmische Geschehen gesetzmäßig ab. Ein anfängliches, ungeordnetes Chaos hat es nie gegeben. Alles geschah nach einem intelligenten Entwurf aufgrund vorgegebener Gesetze. Daher konnte Albert Einstein (1879-1955) sagen: „Gott würfelt nicht." In einem Brief an den Physiker Cornelius Lanczos schrieb er: „Es scheint hart, dem Herrgott in die Karten zu gucken. Aber dass er würfelt, kann ich keinen Augenblick glauben." Und an den Physiker Werner Heisenberg richtete er die Worte: „Aber es kann doch nicht unsere Aufgabe sein, Gott vorzuschreiben, wie Er die Welt regieren soll." (2)

Dass unser Universum bereits mit einer unglaublichen Präzision begonnen hat und nicht sofort nach dem Urknall vor 13,7 Milliarden Jahren in sich zusammengefallen ist oder sich nicht in alle Richtungen verflüchtigt hat, ist nach der Meinung des berühmten Astrophysikers Stephen Hawking (1942-2018) nicht anders zu erklären, als dass von Anfang an eine großartige außerkosmische Intelligenz am Werke war. (3)

Vor den Naturgesetzen waren die geistigen Gesetze schon da. Diese konnten weder aus dem Nichts noch durch Selbstorganisation der Materie entstanden sein. In jedem Fall wirkt dahinter ein intelligentes, schöpferisches Prinzip, das seit Jahrtausenden „Tao", „Brahman" oder „Gott" genannt wurde.

Daher muss vor dem Entstehen der kosmischen Weltenordnung bereits ein Ordnungsplan bestanden haben, der von einem intelligenten Geist entworfen wurde. Der Astronom Allan Sandage hält es für ziemlich unwahrscheinlich, „dass eine solche Ordnung aus dem Chaos kam. Es muss irgendein Organisationsprinzip geben. Für mich ist Gott ein Geheimnis, aber er ist die Erklärung für das Wunder der Existenz – warum es etwas gibt." Dann fährt er fort: „Die Welt ist zu komplex, um nur aus dem Zufall entstanden zu sein. Je mehr wir über deren Funktionsweise lernen, um so unglaublicher ist sie und ohne einen organisierenden Architekten dahinter nicht denkbar." (4)

Bereits im Altertum wurden einzelne Gesetze benannt, aufgezählt und niedergeschrieben. Nach einer antiken Legende sollen vor der großen Sintflut die Söhne Lamechs, Ahnherr der ersten Nomaden (1 Mo 4,19-14), das gesammelte Wissen der damaligen Welt auf zwei steinerne Säulen eingeritzt haben. Die eine Säule soll später vom ägyptischen Hermes und die andere vom griechischen Gelehrten Pythagoras (geb. um 570 v. Chr.), gefunden worden sein. Die früheste Beschreibung von sieben kosmischen Gesetzen geht der Überlieferung nach auf den sagenhaften ägyptischen Weisen und Priesterkönig Hermes Trismegistos zurück, der in der lateinischen Übersetzung auch Poimandres genannt wird. (5) Dessen Name gilt als eine Verbindung zwischen dem ägyptischen Gott Thot und dem antiken Götterboten Hermes/Merkur. (6) Er soll den Menschen die Schrift gebracht haben und war der Begründer der Mathematik und der Astronomie. Als solcher lehrte er die Menschen, die Zeit zu berechnen. Andere halten den „dreimal großen Hermes" für einen der ältesten Weisheitslehrer aus der frühesten Hochkultur – der versunkenen Insel Atlantis aus der Zeit um 10.000 v. Chr. (7)

Die „hermetischen Gesetze" wurden im Mittelalter in dem geheimen Buch „Kybalion" erstmals veröffentlicht. Zu jener Zeit gehörte die Kenntnis dieser Gesetze zum wichtigen Einweihungswissen von Geheimorden, geheimen Bruderschaften und esoterischen Gesellschaften. Bei den Alchemisten und Rosenkreuzern galt das „Corpus Hermeticum" als eine im Altertum streng geheimgehaltene Sammlung der Ur-Prinzipien und Gesetze der Schöpfung. (8) Dieses erschien im Jahr 1706 erstmals in deutscher Fassung als Übersetzung aus der griechischen und lateinischen Originalschrift. Später wurde diese Schrift in das hermetische Buch „Kybalion" aufgenommen, das erstmals im Jahr 1908 in englischer Sprache in Chicago veröffentlicht wurde. Als anonyme Urheber dieser Schrift werden „Die drei Eingeweihten" genannt. In neuerer Zeit hat der amerikanische Philosoph William Walker Atkinson (1862-1932) diese Schriften in sechs Bänden neu herausgegeben und erläutert. (9) Im Jahr 1960 hat der Arzt Hermann E. Helmrich das Buch „Kybalion" neu herausgegeben (10), und im Jahr 2009 erschien von Laura und Andrew Shermann „Der magische Schlüssel des Kybalion". (11)

Die hier genannten zwölf kosmischen Gesetze sind intelligente Regulatoren, welche die Ordnung im großen Weltgeschehen aufrechterhalten. Sie sorgen dafür, dass alles seinen rechten und gerechten Verlauf nimmt, ohne dass ständig eine göttliche Hand von außen regierend, dirigierend und korrigierend eingreifen muss. Diese Gesetze wirken selbsttätig und selbstständig und behalten letzten Endes immer Recht. Im gesamten Weltall stellen wir intelligente Lösungen fest, die bereits seit Jahrmilliarden reibungslos funktionieren. (12)

Im Verlauf von 13,8 Milliarden Jahren seit dem Urknall hat sich aufgrund dieser Gesetze die grobstoffliche Welt und die ganze Natur vom Mineralreich über das Pflanzen- und Tierreich bis zum Menschen entwickelt nach dem Goethe-Wort: „Da regst du dich nach ewgen Normen / über tausend, abertausend Formen und bis zum Menschen hast du Zeit." Wir haben anzuerkennen, dass die ganze Weltenschöpfung nach geistigen Gesetzen geordnet ist. Nach diesen richtet sich die Ordnung des Weltganzen. Ihr liegt die gesamte kosmische Weltordnung (gr. *kosmos*: das Weltganze) zugrunde. Deshalb werden diese auch die „kosmischen Gesetze" genannt. Diese enthalten den Plan für den gesamten Weltenbau.

Im übertragenen Sinne steht der Name Kosmos sowohl für das geordnete Weltall als auch für die Weltordnung. Die Astronauten, die unseren Weltraum erkunden, nennen sich auch Kosmonauten. Die Philosophen, welche den logischen Sinn und den Aufbau und die Gesetze des Weltganzen erforschen, nennen sich Kosmologen. Ein Wissenschaftler, der sich mit beiden Bereichen befasst, ist der italienische Physiker Carlo Rubbia (*1934). Er hat sich zur folgenden Aussage bekannt: „Als Forscher bin ich tief beeindruckt von der Ordnung und der Schönheit, die ich im Kosmos vorfinde. Und als Beobachter der Natur kann ich den Gedanken nicht zurückweisen, dass hier eine höhere Ordnung der Dinge im Voraus existiert. Die Vorstellung, dass dies alles nur das Ergebnis des Zufalls oder bloß statistische Vielfalt sei, das ist für mich vollkommen unannehmbar. Es muss hier eine Intelligenz auf einer höheren Ebene vorgegeben sein, und zwar jenseits der Existenz des Universums selbst." (13) In seinem Buch „Das uneingeschränkte Weltall", zu dem C. G. Jung das Vorwort geschrieben hat, stellt der Psychologe Stewart White einen inneren Zusammenhang fest zwischen den einzelnen kosmischen Gesetzen und bezeichnet sie als „ineinander wirkende Prinzipien", die im ganzen Universum gültig sind. (14)

Entsprechend der Siebenzahl der alten Planeten galt die Zahl Sieben früher als kosmische Zahl. Daher wurde die Anzahl der kosmischen Gesetze zunächst auf folgende sieben begrenzt:

1. Das Gesetz der Geistigkeit: „Das All ist Geist; das Universum ist geistig."
2. Das Gesetz der Analogie: „Alles findet seine Entsprechung."
3. Das Gesetz der Schwingung: „Alles ist in ständiger Bewegung; alles schwingt."
4. Das Gesetz der Polarität: „Alles besteht aus Gegensätzen, die zusammengehören."
5. Das Gesetz des Rhythmus: „Alles verändert sich im rhythmischen Wechsel."

6. Das Gesetz der Kausalität: „Jede Wirkung hat ihre Ursache. Zufälle gibt es nicht."
7. Das Gesetz des Geschlechts: „Alles ist weiblich und männlich zugleich." (15)

Heute neigen auch immer mehr Naturwissenschaftler dazu, hinter der materiellen Welt ein geistiges Prinzip anzuerkennen. Der englische Astronom James Jeans (1877-1946) fand schon vor Jahrzehnten, dass der Wissensstrom auf eine nicht mechanische Wirklichkeit zufließt. So schrieb er: „Das Weltall beginnt immer mehr einem großen Gedanken als einer großen Maschine zu gleichen." (16)

Aufgrund dieser Urordnung und Gesamtordnung kam Albert Einstein zur Überzeugung, „dass die Welt der Erscheinungen nach Gesetzen der Vernunft gelenkt wird und dass diese Welt mit dem Verstand allein nicht zu erfassen ist". (17) Ohne diesen Gedanken, der auf einen göttlichen Gesetzgeber hinweist, konnte sich der weltberühmte Physiker keine echte Wissenschaft vorstellen. Er war überzeugt: „Naturwissenschaft ohne Religion ist lahm; Religion ohne Wissenschaft ist blind." In seinen späten Jahren hat er in seinem „geistigen Testament" seine Lebenserfahrung mit folgenden Worten zusammengefasst:

„Das Schönste und Tiefste, was ein Mensch erleben kann, ist das Gefühl des Geheimnisvollen. Es liegt der Religion sowie allem tieferen Streben in Kunst und Wissenschaft zugrunde. Wer dies nicht erlebt hat, erscheint mir, wenn nicht wie ein Toter so doch wie ein Blinder. Zu empfinden, dass hinter allem Erlebbaren ein für unseren Geist unerreichbar Verborgenes liegt, dessen Schönheit und Erhabenheit uns nur mittelbar und in schwachem Widerschein erreicht. Das ist Religion. In diesem Sinne bin ich religiös. Es ist mir genug, dieses Geheimnis staunend zu erahnen und zu versuchen, von der erhabenen Struktur des Seienden in Demut ein mattes Abbild geistig zu erfassen." (18)

Einleitung

Nach ewigen, ehernen,
Großen Gesetzen
Müssen wir alle
Unseres Daseins
Kreise vollenden.
J. W. von Goethe

Ehe die Menschen vor Jahrtausenden bestimmte Regelmäßigkeiten im ganzen Naturreich entdeckten, glaubten sie an ein Wirken von übernatürlichen Mächten, die sie als Gottheiten verehrten. Aufgrund von langzeitlichen Naturbeobachtungen jedoch fanden sie heraus, dass insbesondere die Bewegungen von Sonne, Mond und Planeten nicht vom unberechenbaren Schalten und Walten der Götter abhingen, sondern von natürlichen gesetzmäßigen Abläufen, die berechenbar waren und erlaubten, das Eintreten von Naturphänomenen zu erklären.

Im alten Griechenland konnte Thales von Milet (624-547), einer der sieben Weisen des Altertums, bereits im Jahr 585 v. Chr. als Erster eine Sonnenfinsternis richtig voraussagen. Pythagoras (580-490) hat erstmals ein Naturgesetz in eine mathematische Formel gefasst, nämlich in den Lehrsatz, der noch heute seinen Namen trägt, wonach die Quadrate über den beiden Katheten eines rechtwinkligen Dreiecks flächenmäßig gleich groß sind wie das Quadrat über dessen Hypothenuse, ausgedrückt durch die Formel ($a^2 + b^2 = c^2$). 300 Jahre später hat Archimedes (um 287-212 v. Chr.) weitere Naturgesetze entdeckt, nämlich das Hebelgesetz, das Auftriebsgesetz und das Reflexionsgesetz. Auch andere griechische Naturphilosophen wie Anaximander (um

610-546 v. Chr.), Empedokles (um 490-430 v. Chr.), Demokrit (460-370 v. Chr.) und Aristarchos (um 310-230 v. Chr.) erkannten aufgrund sorgfältiger Naturbeobachtungen, dass unserem gesamten Universum eine innere Ordnung zugrunde liegt, die nach exakten Gesetzmäßigkeiten bestimmt ist. (1)

Im Verlauf der Zeit wurden von Naturforschern zahlreiche natürliche Gesetze gefunden, mit denen wir heute die meisten Naturereignisse verstehen können. Der weltberühmte englische Astrophysiker Stephen Hawking (1942-2018) stellte in seinem Buch „Der große Entwurf" folgende Fragen, die seiner Meinung nach, kein Mensch schlüssig beantworten könne: „Warum gibt es etwas und nicht einfach nichts? Warum existieren wir? Warum dieses besondere System von Gesetzen und nicht irgendein anderes? Warum fallen die Naturgesetze genau so aus, wie es die Möglichkeit unserer Existenz verlangt? Wie können wir die Welt verstehen, in der wir leben?" (2)

Auf solche Fragen geben uns die Naturwissenschaften, für sich selber redend, keine einleuchtenden Antworten. Diese befassen sich nur mit der Frage, wie unsere Welt beschaffen ist. Wenn wir aber fragen, warum und wozu die Welt erschaffen wurde, müssen wir die Geisteswissenschaften, vorab die Philosophie, zuhilfe nehmen. Ihr gelang es, eine Reihe von Normen und Regeln zu finden, welche uns auf metaphysische Fragen mit ihren geistigen Gesetzen gültige Antworten geben können. Dabei schließen sich Naturgesetze und Geistgesetze gegenseitig nicht aus, sondern sie ergänzen sich zu einem einheitlichen Ganzen, das es uns erlaubt, die Welt, in der wir leben, zu verstehen. Auf diese Weise können wir wissend werden durch eigenes Nachdenken, wo wir bisher nur blind glauben mussten. Die entscheidende Frage von heute lautet daher: Weißt du schon oder glaubst du nur zu wissen?

Das geheime Wissen, das in früheren Jahrhunderten und Jahrtausenden nur wenigen Auserwählten und Eingeweihten in geheimen Orden, Bruderschaften, Logen und esoterischen Schulen zugänglich war, nämlich die Kenntnis und Erklärung von sogenannten „Welträtseln" (3), darf heute öffentlich hinterfragt und gelehrt werden. Es handelt sich um die großen kosmischen Gesetze, durch die alle Teile des Weltganzen miteinander verbunden sind. Wer diese kennt und danach lebt, ist ein Eingeweihter. (4)

Diese gesetzmäßigen Anordnungen müssen demnach bereits vor der Weltenschöpfung existiert haben, denn diese waren bereits von allem Anfang darin wirksam. Sie finden ihre Anwendung bereits vor der Entstehung der ersten Atome und Elemente und wirken in der gesamten belebten und unbelebten Natur. Deshalb sind sie nicht von Menschen erfunden, sondern durch Beobachtung der Natur von Naturforschern gefunden worden. So können wir mit Goethe sagen: „Wir sind überhaupt bloß da, um die Natur zu beobachten; erfinden können wir in derselben nichts." (5) Wenn der Psychiater Hoimar von Ditfurth schreibt: „Am Anfang war der Wasserstoff" (6), ist ihm entgegenzuhalten: Am Anfang war nicht der Wasserstoff, sondern die gesetzmäßige Verbindung von zwei Wasserstoff-Atomen (H) mit einem Atom Sauerstoff (0), wodurch das Element Wasser (H_20) entsteht.

Der Grieche Zenon (um 336-264 v. Chr.) aus Kition auf Zypern war vermutlich der erste Philosoph, der auf die Bedeutung der Naturgesetze hingewiesen hat. Anders als sein Zeitgenosse und Landsmann Epikur (um 342-271 v. Chr.), welcher den Sinn des Lebens im vernünftigen Gebrauch des Lebensgenusses sah, empfahl der Begründer der stoischen Philosophenschule von Athen, wir sollten möglichst in Übereinstimmung mit der Natur leben und nichts tun, was den Gesetzen der Natur widerspreche. Er lehrte: „Der Mensch ist ein Teil der Natur. Wer die Natur kennt, der erkennt auch sich selbst. Indem er die Natur liebt, liebt er sich selbst. Zu keinem anderen Zweck ist es nötig, die Gesetze der Natur zu kennen und zu berücksichtigen, als zur Unterscheidung des Guten vom Schlechten." (7)

Die Naturgesetze sind derart wunderbar ausgedacht, dass sie nur einer Superintelligenz entspringen konnten, die alle menschliche Intelligenz weit übersteigt. Nichts wird dem Zufall überlassen. Alles wurde sorgfältig durchdacht und geplant. Es sind göttliche Ideen, nach denen die gesamte Weltenschöpfung aufgebaut und geregelt ist. „Gott würfelt nicht", war daher eine der tiefsten Einsichten von Albert Einstein. (8) Deshalb sind wir berechtigt, von göttlichen Gesetzen zu sprechen. Anders als die irdischen Vorschriften, Gebote und Verbote, die von Menschen für den Menschen als Wegleitungen zum sittlichen Handeln gegeben sind, handelt es sich bei den göttlichen Gesetzen in der ganzen Natur und Übernatur um geistige Regulative, die nicht von Menschenhand geschaffen wurden. Die Naturwissenschaften können diese Gesetze zwar beschreiben, aber nicht wirklich erklären; sie haben sie gefunden, aber nicht erfunden.

Wir können auch von dynamischen Gesetzen sprechen, denn diese sind dafür verantwortlich, dass die Kräfte, welche das Triebwerk der Natur ständig in Schwung halten, nicht erlahmen. Ohne sie würden Erde und Mond, Planeten und Sonnen in ihrem Lauf ermüden und mit der Zeit stillstehen. Deshalb können wir diese auch als die *universellen Gesetzen* bezeichnen, weil sie im ganzen Universum selbsttätig wirken. (9) Diese Gesetze scheinen nicht nur überall auf der Erde, sondern auch in jedem Teil des beobachtbaren Universums dieselben zu sein. Der englische Astronom Martin Rees (geb. 1942) spricht von „Konstanten", welche die Welt von Anfang an so beschaffen sein lässt, wie sie ist. (10)

Da sämtliche Gesetze nicht materieller, sondern geistiger Natur sind, nennen wir sie auch die Geistgesetze. Daher nahm der englische Astronom Arthur Eddington (1882-1944) an: „Der Stoff der Welt ist der Stoff des Geistes" und sein Landsmann, der englische Physiker James Jeans (1877-1946), war überzeugt: „Das Weltall sieht allmählich mehr wie ein großer Gedanke als wie eine große Maschine aus." (11) Die geistigen Gesetze hatten ihre Gültigkeit längst bevor es Menschen gab. Diese galten und gelten von Anfang an in der gesamten Schöpfung und sind sowohl in der Natur als auch in der Übernatur zu beobachten. Der ehemalige Professor für Physikalische Chemie an der Universität Basel, Max Thürkauf (1925-1993), zog daraus den Schluss: „Chemie und Physik zu Ende gedacht, beweisen den Primat des Geistes." (12) Alles ist klug durchdacht und geistgewirkt. Jede vernünftige Welterklärung muss davon ausgehen, dass unser Weltganzes getragen wird von einer intelligenten Geisteskraft. (13) Aus diesem Grund sind wir berechtigt, die kosmischen Gesetze auch geistige Gesetze zu nennen, da diese von einem höchsten Geistbewusstsein entworfen wurden. Diese sollen uns Menschen hin zum Gottesglauben führen, und zwar umso mehr, je tiefer wir die Natur verstehen lernen. Zu dieser Ansicht kam Albert Einstein (1879-1955), als er schrieb: „Je weniger Kenntnis ein Forscher besitzt, um so ferner fühlt er sich von Gott. Je größer sein Wissen wird, umso mehr nähert er sich ihm." (14) Ähnlich äußerte sich der Quantenphysiker Werner Heisenberg (1901-1976): „Der erste Trunk aus dem Becher der Naturwissenschaften macht atheistisch, aber auf dem Grund des Bechers wartet Gott." Der englische Biologe Rupert Sheldrake (geb. 1942), der durch seine Theorie von den morphogenetischen Feldern weltweit bekannt geworden ist, schreibt: „Wenn wir von einem Plan oder Entwurf der Schöpfung ausgehen wollen, ist man gezwungen, von einem Entwerfer derselben auszugehen, also von einem planenden Geist, der von außen wirkt." Und er kommt zum Schluss: „Die Frage, wer dieser Planer ist, bleibt offen, aber es kann wohl nur Gott sein." (15) Auf seiner Suche nach der Urkraft des Universums räumt Stephen Hawking (1942-2018) in seinem Buch „Eine kurze Geschichte der Zeit" ein: „Wenn wir die Antwort auf diese Fragen fänden, wäre das der endgültige Triumpf der menschlichen Vernunft – denn dann würden wir Gottes Plan kennen." (16) In seinem letzten Buch, das unter dem Titel „Kurze Antworten auf große Fragen" erst nach seinem Tod erschienen ist, schreibt er: „Wenn Sie wollen, können Sie die wissenschaftlichen Gesetze Gott nennen, aber das wäre dann kein persönlicher Gott, dem Sie begegnen und Fragen stellen können."

Immerhin gibt er zu: „Auf keinen Fall möchte ich den Eindruck erwecken, in meiner Arbeit gehe es darum, die Existenz Gottes zu beweisen oder zu widerlegen." (17)

Die Sittengesetze sind Verhaltensgebote für den Menschen und daher relativ; die göttlichen Gesetze sind Funktionsregeln für die ganze Schöpfung und daher absolut. Sie sollen der allumfassenden Rückführungsaktion dienen, welche alle Wesen, die sich ehemals von der himmlischen Ordnung abgewandt haben und dadurch ins geistige Abseits geraten sind, wieder in ihre geistige Heimat zurückführen. Zu diesem Zweck hat die göttliche Allmacht ein Schöpfungswerk geschaffen, das auf dem Wege der Evolution die Menschwerdung der abtrünnigen Geistwesen ermöglichte und vor 2000 Jahren auf Erden in der befreienden Erlösungstat Christi ihren entscheidenden Höhepunkt erreicht hat. An uns Menschen liegt es nun, ob wir diese Chance wahrnehmen und dieser Aufforderung folgen wollen, welche im biblischen

Psalmwort „Kehret zurück, ihr Menschenkinder!“ (Ps 90,3) zum Ausdruck gebracht wird.

Davon zu unterscheiden sind die Positivgesetze, die vom Menschen für den Menschen gemacht sind. Das positive Recht ist veränderbar, je nach den Ort- und Zeitumständen, in denen es erlassen wird. Es hat demnach nicht zeitlosen Bestand, wie das Naturrecht, sondern kann, je nach Notwendigkeit, aufgehoben oder abgeändert werden.

Im vorliegenden Buch werden die sieben hermetischen Gesetze durch fünf weitere ergänzt, so dass insgesamt deren zwölf zu beschreiben sind. Zwölf ist ein Symbol für die abgerundete Ganzheit. Sie begegnet uns nicht nur in zahlreichen Mythen, Sagen und Märchen, aber auch in vielen religiösen Bildern und Symbolen sowie in den zwölf Tierkreiszeichen der astronomischen Sonnenbahn. Die zwölf geistigen Gesetze dienen sozusagen als Schlüssel, um die zwölf Tore zur Wahrheit und Weisheit zu öffnen. Alle diese Gesetze wirken nicht einzeln und unabhängig voneinander. Sie sind zu einem Ganzen verwoben und bilden eine Einheit. Mit ihnen lässt sich die Ordnung der ganzen Schöpfung erklären. Durch sie sind wir in der Lage zu verstehen, nach welchen Regeln alles ineinander wirkt. Allerdings müssen wir über die uns sichtbare Natur hinausgehen und uns auch nach den unsichtbaren geistigen Gesetzen orientieren, von denen die Naturgesetze abgeleitet sind.

Die zwölf kosmischen Gesetze gelten auf allen Daseinsebenen, die sich durch die jeweilige Schwingungshöhe voneinander unterscheiden. Nachfolgend wollen wir unter den kosmischen Gesetzen zwei Gruppierungen nennen: 1. Die sechs Ordnungsgesetze und 2. Die sechs Entwicklungsgesetze.

Teil I: Die sechs Ordnungsgesetze

Der Sinn der Welt muss
außerhalb ihrer liegen.
LUDWIG WITTGENSTEIN

Die Gesetze der Natur sind uns gegeben, damit wir nicht nur die ganze Natur, sondern auch uns selber, die wir ein Teil der Natur sind, in Ordnung halten. Dabei haben wir unser Verhalten an diese Gesetzmäßigkeiten anzupassen und können nicht erwarten, dass diese Gesetze sich uns anpassen sollen. Wo wir uns nicht an diese Leitlinien halten, bekommen wir Probleme. Der österreichische Philosoph Ludwig Wittgenstein erkannte richtig: „Dass das Leben problematisch ist, heißt, dass dein Leben nicht in die Form passt. Du musst dann dein Leben verändern, und passt es in die vorgegebene Form, dann verschwindet das Problematische von selbst." (1)

Das auffallendste Merkmal unseres Universums ist die Tatsache, dass in ihm von Anfang an alles wunderbar geordnet, aufeinander abgestimmt und auf den Menschen hin geordnet ist. Die heutige Kosmologie als die Lehre vom folgerichtigen Aufbau der Weltordnung spricht von einem anthropologischen Prinzip. Nach diesem wäre kein Leben auf unserem Planten Erde möglich, wenn unser Universum nur ein klein wenig anders geordnet wäre, als es tatsächlich ist.

Unter einem Ordnungsgesetz verstehen wir etwas Gesetztes und Festgelegtes, das ein für alle Mal Ordnung schafft. Es handelt sich um

Normen, Regeln und Leitlinien, nach denen ein Geschehen störungsfrei abzulaufen hat. Sie treten eigenständig in Funktion, sobald das Kräftegleichgewicht gestört ist. Daher gleichen sie einem eingebauten Sicherungssystem, das die natürliche Ordnung überwacht und selbsttätig korrigierend eingreift, wenn die Grundordnung aus den Fugen gerät. Jede Ordnung setzt eine ordnende Kraft voraus, der ein ganz bestimmtes ordnendes Prinzip zugrunde liegt. Diese gehorcht intelligenten Gesetzmäßigkeiten.

Unsere gesamte Natur kann nur richtig funktionieren, wenn sie im Einklang steht mit den kosmischen Ordnungsgesetzen. Wo dies nicht der Fall ist, gerät so manches in Unordnung – innen wie außen. Die gesamte Natur verdankt ihr Dasein nicht dem blinden Zufall, wie Manfred Eigen meint, (2) sondern einem ganz bestimmten Ordnungsgefüge. Dieses hat sich nicht im Verlauf der Evolution aufgrund von „Versuch und Irrtum“ so eingependelt, sondern musste bereits vor seiner Einfügung in die Natur als Entstehungsmuster bestanden haben. Nehmen wir als Beispiel einen Bergkristall, wie er in der Tiefe einer Felsenkluft während Millionen von Jahren aufgrund seiner molekularen Struktur gewachsen ist. Selbst das scheinbar zufällige Werfen von Würfeln ergibt, wenn es lange genug wiederholt wird, in der Summe eine regelmäßige Häufigkeitskurve.

Die Naturwissenschaften können derartige Gesetzmäßigkeiten zwar finden und beschreiben, aber nicht erfinden. Sie vermögen zu erklären, wie die ganze Weltordnung entstanden ist und sich entwickelt hat; damit erklären sie jedoch nicht, warum diese intelligenten Ordnungsgesetze entstanden sind und wer sie entworfen hat. Der Quantenphysiker Werner Heisenberg (1901-1976), einer der bedeutendsten Physiker des 20. Jahrhunderts und Nobelpreisträger, nahm für den gesamten Kosmos eine „zentrale Ordnung“ an, nach der sich alle Ordnungsgesetze auszurichten haben. Dahinter muss ein zentraler Ordner wirken, der als ordnende Macht und Intelligenz das geordnete Ganze auf allen Ebenen sinnvoll zusammenfügt. Hierzu heißt es in einer medialen Jenseitsbotschaft: „Gott ist ein Gott der Ordnung und der Gesetzmäßigkeit sowohl in der irdischen als auch in der geistigen Schöpfung. Er selbst hält sich bei seinem Tun an die von ihm geschaffenen Gesetze und hebt keines von ihnen auf.“ (3) So bekennt sich auch heute der Naturwissenschaftler Werner Huemer (geb. 1962) zu der Aussage: „Die Überzeugung, dass Gott ‚über allem' ist und die Welt in einem gewaltigen Schöpfungsakt nach immanenten Gesetzen entstanden ist, darf also guten Mutes weiter gepflegt werden... Und ebenso die Vorstellung, dass ein höherer Wille die Schöpfung ursprünglich mit Gesetzmäßigkeiten ausstattete, die das Sein durch Freiräume und Zeiträume zum bewussten Sein führen." (4) Heute stimmen alle vernünftigen Welterklärungen darin überein, dass unser Weltganzes getragen wird von einer intelligenten Geisteskraft. (5)

Wer im Einklang mit diesen Ordnungsgesetzen sein Leben ordnet, der lebt in Harmonie mit sich und der Welt. Wer diese jedoch nicht kennt und nicht befolgt, steht in Gefahr, seine körperliche, seelische und geistige Gesundheit aufs Spiel zu setzen. (6) In diesem Sinne war der Dichter Novalis (1772-1801) überzeugt: „Ein Mensch in Harmonie wird nicht krank."

1.

Das Gesetz der Einheit

Ich blicke hin und sehe nichts
und nenne es das Nichtunterscheidbare.
Ich höre zu und vernehme nichts
und nenne dies das Schweigsame.
Ich taste und greife ins Nichts
und nenne es das Unfassbare.
Keine der drei Erfahrungen antwortet mir;
ich finde nur das ununterscheidbar Eine.

LAO-TSE

Was das All eint, hält und zusammenhält ist das Gesetz der Einheit. Dieses lautet: „Am Anfang war das Eine, aus dem das Viele hervorgegangen ist." (7) Das Eine ist das erste und höchste schöpferische Prinzip, aus dem alles Gewordene entstanden ist. Es ist die Ursache von allem. Da das Sein besser ist als das Nicht-Sein, ist das Seiende auch das Gute. Nur dessen Missbrauch ist schlecht und böse. Das All-Eine ruht bewegungslos in sich und genügt sich selbst. Daher ist es unveränderlich, ohne Anfang und ohne Ende, also ewig.

Ein uraltes Symbol für diese Einheit ist der Kreis. In diesem lässt sich kein Anfang und kein Ende erkennen. Bildlich dargestellt wurde diese geschlossene Einheit bereits in prähistorischer Zeit und später bei den alten Ägyptern, Griechen und Römern durch den Oroboros in der Form einer Schlange, die sich in den eigenen Schwanz beißt. (8) Manchmal wird diese in sich geschlossene Abbildung noch zusätzlich versehen mit dem griechischen Satz des Philosophen Heraklit (um 540-480 v. Chr.): „En to pan" – Alles ist eins" oder „Das Eine ist das All".

Ein anderes Symbol für diese gedachte Einheit ist die Zahl 1. Diese kann nicht mit sich selbst vervielfacht werden. 1 x 1 ist immer 1. So genügt die Eins sich selbst. Sie steht am Beginn jeder Zahlenreihe. Aus ihr sind alle anderen Ziffern hervorgegangen. Ein weiteres Symbol für die Einheit ist der geometrische Punkt. Dieser besitzt weder Ausdehnung noch Fläche. Wir können ihn deshalb graphisch nicht darstellen, denn jeder gesetzte Punkt wird unter einem Vergrößerungsglas zu einer flachen Scheibe. Wir können uns diesen Punkt als Wirklichkeit nur gedanklich vorstellen, aber nicht wirklich herstellen.

Das Eine ist in allen Dingen enthalten, und alle Dinge finden sich im Einen. Der chinesische Denker Laotse nannte im 6. Jahrhundert v. Chr. das allumfassende Eine das TAO. Dieses ist der Ursprung des vielen im Einen. Für ihn ist es das einzig Wirkende vor jedem Gewirkten. (9) Für den Naturphilosophen Parmenides (um 515-451 v. Chr.) aus Elea in Süditalien ist: „Eines das Ganze und alles ist eins." Er hielt allein die durch unser Denken erfassbare Einheit für real, die durch unsere Sinne vorgetäuschte Erlebnis- und Erfahrungswelt bezeichnete er als bloßen Teil des All-Einen. Nach dem neuplatonischen Philosophen Plotin (205-270) ist das Eine in sich vollkommen und unteilbar. Er verglich das Eine als Urprinzip der Schöpfung mit dem Licht, das auch nicht teilbar ist. Dies entspricht dem biblischen Schöpfungsbericht, der mit den Worten beginnt: „Und Gott sprach, es werde Licht. Und es wurde Licht." (1 Mo 1,3) Aus dieser Überlegung hat im Mittelalter der Theologe Anselm von Canterbury (1033-1109) seinen Gottesbeweis abgeleitet, indem er annahm, dass zur Vollkommenheit eines Wesens seine Existenz gehört. Da aber nichts Vollkommeneres gedacht werden kann als Gott, gehört zu dessen Wesen unbedingt seine Existenz. Daraus folgt für ihn: Weil Gott vollkommen ist, muss er auch existieren. (10)

Nach hinduistischer Tradition ist das Universum aus der Vibration des einen kosmischen Urlautes OM entstanden. „OM ist das Gottesbewusstsein im Augenblick der Schöpfung."(11) In den alten indischen Sanskrit-Schriften heißt es: „Das Eine ist nicht das Viele." Dagegen suchte der Grieche Demokrit (um 460-371) das Wesen der Wirklichkeit in der Vielheit der Atome, die er für unteilbar (gr. *atomoi*) hielt und als den einheitlichen Urstoff von allem bezeichnete. Nach Platon (427-347 v. Chr.) ist die Vielfalt der Erscheinungen nur die tausendfache Wiederholung des Einen. Für ihn ist das All die eine Welt der Ideen. (12) Seine Ideenwelt ist rein geistiger Natur und bildet die Einheit der Schöpfung. Aus diesem Grund kann eine bloße Idee wie „das Schöne", „das Gute" oder „das Wahre", aber auch die Begriffe wie Friede, Güte, Weisheit oder Liebe sprachlich nicht in die Mehrzahl umgesetzt werden. Ideen sind demnach eine Art eigenständiger geistiger Urbilder oder Gedankenmuster, die sich in unserer materiellen Sinneswelt als Dinge verwirklichen.

Die Einheit ist das einzige Uranfängliche, das Unbegrenzte und Unteilbare. Es ist nur denkbar als Idee vom Wesentlichen eines Dinges; wir nennen es das Absolute, das Abstrakte, das Eindeutige, das sich durch das Weglassen von allem Beiläufigen und Nebensächlichen ergibt. Es ist die Einheit jenseits des sinnlich Wahrnehmbaren, es ist das Unanschauliche in der Welt des Anschaulichen, es ist das Unveränderliche in der Welt des Veränderbaren. Die Quelle von allem Gewordenen ist daher der ewige Geist. Alle äußeren Dinge sind daher geistgeboren. Sie sind bloß Spiegelbilder der einen Wirklichkeit. Das Eine gleicht dem Licht hinter den vielen Fensterscheiben; oder dem Mond, der sich nachts in tausend Teichen und Tümpeln spiegelt. Der Philosoph Walter Hueck spricht daher von der „metaphysischen Einheit aller Dinge". (13)

Das Eine lässt sich in Gedanken vorstellen, indem wir alles weglassen, was nicht zur Einheit gehört, nämlich alles, was sich bewegt, was sich verändert, was wechselt und zeitlich bedingt ist. Dies ist das Ziel, das in der Meditation angestrebt wird.

Am Anfang war das Eine

Das Bewusstsein der All-Einheit kennt
keine Grenzen. Demnach gibt es nichts,
was hiervon getrennt ist.
KEN WILBER

Gehen wir von dem Gedanken aus, dass am Anfang das Eine war, aus dem sich alles andere entwickelt hat. Mögen wir dieses Eine die Urkraft, den Urgrund, das ewige Sein oder Gott nennen. Dem ägyptischen Eingeweihten Hermes Trismegistos werden folgende Worte zugedacht: „Wenn du die Dinge einzeln betrachtest, glaubst du, dass es viele sind. Wenn du aber siehst, dass sie alle an dem Einen hängen und aus dem Einen hervorgegangen sind, dann erkennst du, dass sie miteinander verknüpft und verbunden sind durch das Netz des Seienden vom Allerhöchsten bis zum Allerkleinsten und daher eine Einheit bilden." (14) Für den chinesischen Weisen Laotse ist das Eine das Uranfängliche, Unnennbare und Namenlose. Er nannte es das Tao. (15)

Nach Augustinus (354-430 n. Chr.) haben alle Dinge ihren Ursprung in den Gedanken Gottes. Dieses Einheitliche trägt oft keinen Namen. In den mythischen Vorstellungen der alten Völker und Kulturen wird das All-Eine oft dargestellt als Weltenei, aus dem am Anfang alles Gewordene hervorgegangen ist. In der mittelalterlichen Alchemie gilt das Ei als Symbol für die „materia prima", für das Erstgeschaffene. (16) Nach Meister Eckhart (um 1260-1327) kann niemand über Gott etwas Gültiges aussagen oder erkennen. Wer immer über Gott oder von Gott spricht, bleibt im ungefähren Teilwissen stecken. (17) Wir können über Gott nicht sagen, was er wirklich ist, sondern nur, was er nicht ist. Dieses kann man auch nicht bildlich darstellen. Daher lautet die Weisung: „Du sollst dir kein Bildnis von Gott machen!" (2 Mo 20,4) Dieser Einheitsgedanke führt weg vom Vielgötterglaube (Pantheismus) und hin zum Ein-Gott-Glauben (Monotheismus). In Gott gibt es keine Mehrdeutigkeit, keine Zweideutigkeit, keine Zwiespältigkeit und keinerlei Gegensätzlichkeit. Er ist das Licht ohne Schatten, er ist die Güte ohne Bosheit, er ist die Liebe ohne Hass.

Was wir über die Anfänge der Schöpfung wissen, stammt aus inspirierten Botschaften aus einer geistigen Welt, welche die Menschen über zahlreiche Kanäle im Verlauf der Zeit erhalten haben. An uns ist es, diese sorgfältig und kritisch zu prüfen und das Einsichtige soweit als möglich herauszuarbeiten. Dabei genügt es nicht, uralte Traditionen unbesehen weiterzureichen. Das muss leider auch von zahlreichen religiösen Glaubenswahrheiten gesagt werden. Ein alter Irrtum wird nicht dadurch wahrer, dass man unbesehen an ihm festhält.

Und es ist das ewig Eine,
Das sich vielfach offenbart.
Klein das Große, groß das Kleine,
Alles nach der gleichen Art.

PARABASE

Die primäre Schöpfung

Auf die Frage, warum Gott in seinem ersten Schöpfungswerk geistige Wesen ins Dasein gerufen hat, wird gerne die Antwort gegeben: Gott, den wir „Vater der Liebe“ nennen, brauchte ein liebendes Du, ein Gegenüber, dem er seine Liebe schenken konnte. Dies ist natürlich sehr menschlich gedacht. Geben wir es zu: Wir wissen es nicht.

Die erste Schöpfung war auf jeden Fall eine rein geistige, denn Gott ist Geist. Daher war am Anfang alles, was er geschaffen hat, geistiger Natur. Alle Geschöpfe in der damaligen Geisterwelt waren geistige Wesen. Sie waren gleichgesinnt und lebten in Harmonie miteinander. Dieser Zustand wird „Paradies“ genannt, den es nur in der hohen Geisteswelt gab. Die biblische Geschichte vom irdischen Paradiesesgarten, den es auf Erden nie gegeben hat, ist lediglich ein Symbol hierfür.

Bei der ersten Schöpfung ist das Licht nicht aus der Dunkelheit hervorgegangen, sondern aus dem Ur-Licht. Dieses muss vor jeder Schöpfung schon bestanden haben, denn Finsternis kann kein Licht entfachen. Dies meinte der Kabbalist Shimon Levi mit den Worten: „Im Hervorgehen aus dem Licht wurde alles, was existiert, in seiner Vielfalt erschaffen.“ (18) Alle Wesenheiten der ersten Schöpfung waren demnach reine Lichtwesen; „Licht vom Licht“, wie es im Apostolischen Glaubensbekenntnis heißt.

In der geistigen Welt gibt es kein Absterben und Vergehen, weder Geburt noch Tod. Eine Zeugung, bei der aus zwei ein Drittes wird, wie dies bei der Evolution der Fall ist, scheint es in dieser Form nicht gegeben zu haben. Was erschaffen wird, bleibt erhalten, weil Geistiges nicht aufgelöst oder zerstört werden kann.

Einen Beleg dafür, dass dies noch heute in den jenseitigen Geistessphären so ist, findet sich in einer medialen Jenseitskundgabe. Der evangelische Pfarrer Möller beschäftigte sich in seinen letzten Lebensjahren mit Botanik. Daher interessierte er sich nach seinem Hinübergang in die andere Welt weiterhin für das Leben der Pflanzen. Er beobachtete in der jenseitigen Geisteswelt, dass die Pflanzengewächse dort anderen Lebensbedingungen ausgesetzt sind als in der Diesseitswelt. „Sie haben es nicht nötig, für ihr Gedeihen die notwendigen Wachstumsstoffe aus dem Boden über ihre Wurzeln aufzunehmen. Die Wurzeln haben auch nicht den Zweck, die Pflanzen festzuhalten, denn ein Umfallen ist hier nicht zu befürchten. Das Leben kennt keine Gefahren, und deshalb sind keine Schutzmaßnahmen nötig. Die Wurzeln haben lediglich die Aufgabe, den Pflanzen geistige Kräfte zuzuführen. Alle Gewächse hier kennen keine Fortpflanzung durch Blühen und Fruchttragen. Sie vermehren sich nicht, doch sie haben stets das Aussehen wie Frischgewachsenes. Ein Verblühen, Dürrewerden oder Absterben gibt es hier auch nicht. Alles, was hier lebt, bleibt so für immer erhalten, doch kann es sich verändern und wandeln. Eine Veränderung geht nur im Inneren der Lebewesen vor sich, damit immer neue geistige Kräfte das gleiche äußere Bild aufrechterhalten, denn Leben auf dieser Stufe der ungefallenen, nicht materiellen Natur ist auch immer Bewegung, niemals Stillstand.“ (19) Was hier vom pflanzlichen Leben gesagt wird, das gilt in der unstofflichen Geisteswelt auch für das tierische und das menschliche Leben, das dort unsterblich ist.

Alles ist eins

Nicht das, was du nicht weißt,
bringt dich in Schwierigkeiten,
sondern was du zu wissen glaubst,
obwohl es nicht wahr ist.

MARK TWAIN

Die philosophische Lehre, die annimmt, alles sei eins, führt uns zum Monismus (gr. *monos*: eins). Es handelt sich dabei um eine einseitige Welterklärung, die entweder nur die spirituelle oder nur die materielle Schöpfung als real anerkennt. Daher werden zwei Arten von Monismus unterschieden: Der spirituelle Monismus und der materielle Monismus.

Der spirituelle Monismus geht davon aus, dass es nur eine einzige Wirklichkeit gibt, die geistiger Natur ist. Aus dieser ist alles Gewordene hervorgegangen. Im 5. vorchristlichen Jahrhundert haben die griechischen Philosophen Xenophanes, Parmenides und Melissos aus Elea, daher die Eleaten genannt, den Satz aufgestellt: „Alles Sein ist eins, und eins ist alles und dieses All-Eine ist Geist." Der bekannteste Vertreter dieser Weltanschauung war im Altertum Platon. Gemäß seiner Erkenntnislehre gibt es nur eine einzige Realität, die er als die geistige Welt der Ideen anerkannte. Daher wird seine Lehre auch idealistischer Monismus genannt. Aus den geistigen Urbildern, die er als die Welt der Ideen beschrieb, soll die Vielheit der Dinge entstanden sein. Daher sind die Ideen gemäß ihrer Natur geistig und ewig. Wir können sie mit unseren Sinnen nicht wahrnehmen. Sie kommen uns zu auf dem Weg des Erinnerns, weil wir die Ideen ehemals in der geistigen Welt geschaut und erkannt haben. Dies setzt natürlich die Präexistenz der menschlichen Geistseele voraus. Die sichtbare Welt ist bloß ein Abbild der Ideenwelt. In seinem berühmten „Höhlengleichnis" zeigt er auf, wie in einer Höhle gefangene Männer sich täuschen ließen, indem sie die Schattenbilder, die ein Feuer auf die Höhlenwand warf, für wirkliche Gestalten hielten. (20)

Im Mittelalter hat der italienische Dominikanermönch Giordano Bruno (1548-1600) die Ansicht gelehrt, es gebe nur ein einziges Sein, das ewig und unwandelbar sei. Desgleichen war der jüdisch-holländische Philosoph Baruch Spinoza (1632-1677) der Meinung, alle Dinge in der Welt seien nur Erscheinungen und Ausdrucksformen einer einzigen geistigen Wirklichkeit, die er Gott nannte. In neuerer Zeit hat Immanuel Kant (1724-1804) die Idee von der uranfänglichen geistigen Einheit wiederbelebt. Danach wäre die Vielheit der Dinge aus dieser einzigen Substanz hervorgegangen, und diese beruhe nur auf einem einzigen geistigen Grundprinzip. Alles Materielle ist aus dieser Sicht nur als vorübergehende äußere Erscheinungsform zu sehen. (21) Er gelangte schließlich zur Einsicht, dass wir die wahre Wirklichkeit nicht erkennen können, wie sie tatsächlich ist, sondern nur so, wie sie uns in unseren gedanklichen Vorstellungen erscheint.

Auch weitere Vertreter des deutschen Idealismus, die Philosophen Johann Gottlieb Fichte (1762-1814) und Georg Wilhelm Hegel (1770-1831) neigten in ihrem philosophischen Denken dem spirituellen Monismus zu. Sie sahen die ganze Geschichte des Kosmos als eine aus dem göttlichen Geist hervorgegangene metaphysische Schöpfung, die sich in der irdischen Welt materialisiert hat.

In letzter Konsequenz führt der spirituelle Monismus zu einem pantheistischen (gr. *pan*: alles; *theos*: Gott) Weltbild, für den alles Gott und Gott alles ist, wie es in der Bhagavad-Gita über diese All-Gottheit heißt: „Du bist alldurchdringend und allumfassend und deshalb bist du alles.“ (22) Danach ist Gott nichts anderes als die Gesamtheit aller Dinge. Dieser Anschauung sieht sich der Buddhismus verpflichtet. Dessen Begründer, der indische Religionsstifter Gautama Buddha (um 560-480 v. Chr.), lehrte, dass alles, was existiert, von geistiger Substanz ist. Seiner Meinung nach gibt es die äußeren Dinge in Wirklichkeit nicht. Diese werden uns durch unsere Sinne bloß vorgetäuscht. Was wir wahrzunehmen glauben und für reale Dinge halten, beruht lediglich auf unseren gedanklichen Vorstellungen und Einbildungen. Wer sich von dieser äußeren Scheinwelt abwendet und sich bewusst ist, dass die materielle Welt nur Täuschung ist, und sich dem Geistigen zuwendet, der kann von allem Leid befreit werden. Er wird dereinst in das absolute Ewige, ins Nirvana, eingehen können. (23)

Was uns das Gesetz der Einheit lehrt, sind nachstehende drei Schlussfolgerungen:

1. Wir sind nicht imstande, die volle Bedeutung der Einheit zu verstehen, solange wir in der Zweiheit unserer dualen Welt sind.

2. Wir können Unendliches nicht erkennen, weil unsere Erkenntnisfähigkeit begrenzt ist und wir uns im Endlichen aufhalten.

3. Wir vermögen Ewiges nicht zu begreifen, solange wir in der Vorstellung von Raum und Zeit gefangen sind.

Diese Überlegungen führen uns zur Einsicht, dass wir nicht imstande sind, uns von Gott, der in der Einheit ist, klare Vorstellungen zu machen. Daher schreibt Augustinus: „Gott ist unausdenkbar und unaussprechbar. Er ist der Eine, so dass kein denkendes Vorstellen ihn erreicht. Von Gott gibt es kein Wissen in der Seele, außer dass sie weiß, wie sie ihn nicht weiß." Er begründet dies so: „Unser Wissen ist gegenüber göttlichem Wissen ein Nichtwissen. Für unsere Gotteserkenntnis gilt: ‚Wenn du ihn begreifst, ist er nicht Gott.' Gott ist nicht fassbar. Wir können leichter sagen, was er nicht ist, als was er ist. Alles kann von Gott gesagt werden, und nichts wird zutreffend von ihm gesagt." (24) Für ihn ist nur auf das Verlass, was Gott uns von sich selbst durch seine Propheten und Apostel geoffenbart hat. Daher setzte er den Glauben vor das Denken und die Gnade des Glaubens vor die menschliche Vernunft.

Thomas von Aquin (um 1225-1274) vermochte das Wesen Gottes nicht in Worte zu fassen. Er gestand: „Das höchste Wissen von Gott, das wir in diesem Leben erlangen können, besteht darin, zu wissen, dass er über allem ist, was wir von ihm denken." So kam er am Ende seines Lebens, nachdem er ein mehrbändiges theologisches Grundlagenwerk geschaffen hat, zur Einsicht: „Ich kann nicht mehr; was ich über Gott geschrieben habe, kommt mir vor wie leergedroschenes Stroh." (25)

Nicht viel weiter kam sein Ordensbruder Meister Eckhart, als er über das Wesen Gottes nachdachte. Er erkannte: „Die Seele ahnt wohl, dass er ist; sie weiß aber nicht, wer und was er ist." Dieses Nichtwissen wurde ihm zum wahren Wissen über Gott. Er nahm aber an: Alle Dinge sind eins in seinem Sein. Er ist die Natur aller Naturerscheinungen, er ist das Licht aller Lichter, er ist das Leben aller Lebenden, er ist das

Wesen aller Wesen. Aber er ist auch mehr als die Summe aller Dinge. „Gott ist namenlos, denn von ihm kann niemand etwas sagen noch verstehen. Er ist die Einheit, unabhängig von aller Zweiheit." (26)

Über unser Nichtwissen von Gott kommt auch der erste neuzeitliche Philosoph, der Kardinal Nikolaus von Cues (1401-1464), nicht hinweg, denn er bekennt: „Ich weiß, dass alles, was ich weiß, nicht Gott ist, und dass all das, was ich begreife, ihm nicht ähnlich ist." (27)

Nur Materie gibt es nicht

Der materielle Monismus behauptet, dass alle Dinge rein materieller Natur sind und es außer der Materie nichts anderes gibt, also weder Geist noch Seele. Die Materialisten behaupten, sie glauben nur, was sie sehen und greifen können. Unsere Erkenntnisse würden allein auf der Wahrnehmung durch unsere Sinne beruhen. Für diese Ansicht, deren frühester Vertreter der Vorsokratiker Demokrit war, ist die materielle Welt die einzige Wirklichkeit – und diese ist unerschaffen und ewig. Von ihm soll die Bemerkung stammen: „Ich will lieber eine einzige Ursache für alles finden als König des Perserreiches werden." Für ihn war das Atom die kleinste, nicht mehr teilbare Einheit der Wirklichkeit. Der materielle Monismus, konsequent zu Ende gedacht, führt schließlich zu einem materialistischen Weltbild, dessen Bekenntnis lautet: Mit dem Tod ist alles aus.

Im 18. Jahrhundert fand der Materialismus als Weltanschauung seine Begründung im Buch „L'homme maschine" (Der Mensch als Maschine) des französischen Arztes und Naturphilosophen Julien Lamettrie (1709-1751). Für ihn ist die Seele lediglich eine physiologische Funktion des Nervensystems. Er schloss daraus, dass die Materie von Natur aus beständig und seit ewigen Zeiten in Bewegung ist. Daher braucht es keinen Gott als ersten Beweger. Seiner Meinung nach ist alles Geistige nur Täuschung, Irrtum und Betrug.

In neuerer Zeit betrachtete der deutsche Zoologie-Professor in Jena, Ernst Haeckel (1834-1919), die materielle Natur als Grundsubstanz von allem, was existiert. Seiner Ansicht nach ist die Welt durch Zufall aus der ewigen Materie entstanden. Was wir die Naturgesetze nennen, seien blind waltende Naturkräfte ohne Sinn und Ziel. Pflanzen, Tiere und Menschen sind nach ihm also reine Zufallsprodukte der Evolution. Auch alles, was wir beim Menschen Seele und Geist nennen, ist für ihn lediglich eine Funktion des Gehirns. Danach haben sich Vernunft, Sprechfähigkeit und Bewusstsein des Menschen aus der Säugetierreihe entwickelt. (28)

Die materielle Denkweise nimmt an, dass alle realen Dinge nichts anderes als stoffliche Gegenstände sind. Was wir als Geist oder Seele bezeichnen, sei lediglich unseren Sinnestäuschungen oder angewöhnten Vorstellungen zuzuschreiben. Diese würden es uns ermöglichen, uns den komplexen Lebensbedingungen anzupassen. Ein neuerer Vertreter dieses einseitigen Denkens war der Biologe und Verhaltensforscher Konrad Lorenz (1903-1989). (29)

Diese Lehre kann nicht erklären, wie es zu den Gegensätzen kommt, die in unserer Welt sichtbar werden, wie etwa Liebe und Hass, Frieden und Krieg, Eintracht und Zwietracht, Wahrheit und Lüge, Gerechtigkeit und Ungerechtigkeit. Sie sieht darin lediglich Auswirkungen des biologischen Kampfes ums Dasein. Auch vermag sie nicht zu sagen, wie und woher das Böse in die Welt gekommen ist. Die Verfechter des Monismus sehen demnach die Wirklichkeit nur einäugig und einseitig, weil sie in unzulässiger Weise die Materie als einzige Realität anerkennen. Die moderne Physik beweist, dass es die Materie an sich gar nicht gibt, sondern dass diese nur eine Erscheinungsform von Energie ist. (30)

Das große Umdenken kam in neuerer Zeit nicht von den Geisteswissenschaften, sondern von den Naturwissenschaften, im Speziellen aus der Teilchenphysik. Diese hat nachgewiesen, dass die sogenannte Materie nicht aus materiellen Teilen aufgebaut ist. Wenn wir das kleinste Element unserer materiellen Welt, das Atom, das man lange Zeit für unteilbar hielt, aufspaltet, bleibt nichts Materielles zurück, sondern nur reine Energie.

So wenden sich seit etwa hundert Jahren die Geistesströmungen zunehmend vom philosophischen Materialismus ab und einer spiritualistischen Weltschau zu. (31) Dieser Wechsel ist weniger einem veränderten religiösen Denken zuzuschreiben als vielmehr neuen naturwissenschaftlichen Erkenntnissen zu verdanken, für die es immer eindeutiger wird, dass der Geist nicht aus der Materie hervorgegangen ist, sondern umgekehrt die Materie aus dem Geist, denn die geistige Welt existierte längst vor der materiellen Welt. Die Atome, aus denen unsere Materie aufgebaut ist, sind nichts Materielles. Dies hat Max Planck (1858-1947), der Begründer der modernen Quantenphysik, bereits im Jahr 1930 auf einem Gelehrtenkongress in Florenz so erklärt: „Meine Herren, als Physiker, also als Mann, der sein ganzes Leben der nüchternen Wissenschaft zur Erforschung der Materie widmete, bin ich sicher von dem Verdacht frei, für einen Schwarmgeist gehalten zu werden. Und so sage ich Ihnen nach meinen Erforschungen des Atoms dieses: Es gibt keine Materie an sich! Alle Materie entsteht und besteht nur durch eine Kraft, welche die Atomteilchen in Schwingung bringt und sie zum winzigsten Sonnensystem des Atoms zusammenhält. Wir müssen hinter dieser Kraft einen bewussten intelligenten Geist annehmen. Dieser Geist ist der Urgrund aller Materie. Nicht die sichtbare, aber vergängliche Materie ist das Reale, Wahre, Wirkliche, sondern der unsichtbare unsterbliche Geist ist das Wahre. Da es aber Geist an sich nicht geben kann und jeder Geist einem geistigen Wesen angehört, so müssen wir zwingend Geistwesen annehmen. Da aber auch Geistwesen nicht aus sich selber sein können, sondern geschaffen sein müssen, so scheue ich mich nicht, diesen geheimnisvollen Schöpfer ebenso zu nennen, wie ihn alle alten Kulturen der Erde genannt haben: Gott." (32)

Eine seit kurzem veröffentlichte Untersuchung ergab, dass heute drei Viertel der Wissenschaftler an erstklassigen amerikanischen Forschungseinrichtungen für spirituelle Gedanken offen und zugänglich sind. Zwanzig Prozent von jenen, die nicht an Gott glauben, bezeichnen sich als „Spirituelle Atheisten". (33)

Das Leib-Seele-Problem

Der griechische Philosoph Aristoteles (384-322 v. Chr) nahm an, dass Körper und Seele des Menschen eine einzige Wirklichkeit darstellen, weil beide ihrer Bestimmung nach immer gemeinsam in Erscheinung treten und zwar als formende Kraft in der geformten Materie. Dagegen sprach sich sein Lehrer Platon dafür aus, im Menschen seien drei verschiedene Seelen tätig, nämlich eine vegetative Seele, eine sensitive Seele und eine rationale Seele, wobei sich die eine aus der anderen entwickelt habe.

Im Mittelalter hat sich Thomas von Aquin der aristotelischen Ansicht angeschlossen, indem er annahm, die menschliche Seele bilde mit dem Leib eine substanzielle Einheit. In dieser scholastischen Philosophie, die für die Katholische Kirche bis zum heutigen Tag maßgebend geblieben ist, wird gelehrt, der Mensch habe nur eine einzige Seele, und diese sei das einzige Reale, während der Körper nur deren Erscheinungsform sei.

Daher dürfe die Seele nie ohne den Leib und der Leib nicht ohne die Seele gedacht werden. (34) In diesem Sinne gab sich der ehemalige Jesuit Ladislaus Boros (1927-1981) überzeugt davon, dass es ohne Leib keine Seele gebe. (35) Der evangelische Theologe Wolfhart Pannenberg (1928-1981) war gleicher Meinung: „Es gibt keine dem Leib gegenüber selbstständige Wirklichkeit der Seele.“ (36)

Dies führte zur irrtümlichen Ganz-Tod-Lehre und zur Lehre von der leiblichen Auferweckung am Jüngsten Tag. Dass diese Ansicht nicht stimmen kann, beweisen die zahlreichen Nahtod-Erlebnisse und die nicht minder häufigen außerkörperlichen Erfahrungen, wie sie heute durch die Parapsychologie und durch die moderne Jenseitsforschung in großer Zahl bekannt geworden sind. Diese begrifflichen Unklarheiten und Fehlentwicklungen sind dadurch entstanden, dass die Theologie unter „Seele“ etwas völlig anderes versteht als beispielsweise die Naturwissenschaften und die Psychologie. Daher ist es wichtig, klar zwischen Vitalseele und Geistseele zu unterscheiden. Unter Vitalseele ist jene Kraft zu verstehen, die macht, dass etwas lebt, also die Lebenskraft. Im Verlauf der Zeit hat diese viele Namen bekommen, darunter Lebensodem, Entelechie, Ruach, élan vital, Psi, Libido oder Orgon. Diese Lebensenergie belebt die gesamte Natur im Pflanzen-, Tier- und Menschenreich. Deshalb kennen wir heute nebst der Humanpsychologie auch eine Pflanzenpsychologie (37) und eine Tierpsychologie. (38)

Damit soll auch die unglückliche begriffliche Unterscheidung des französischen Philosophen René Descartes (1596-1650) zwischen den

„ausgedehnten Dingen“ (*res extensa*) und den „denkenden Dingen“ (*res cogitans*) behoben werden, womit er das Denken als Seelentätigkeit nur dem Menschen zugestand, während er die Pflanzen und Tiere als seelenlose Sachen bezeichnete, was für die Pflanzen- und Tierwelt schwerwiegende Folgen haben sollte, weil er der „stummen Kreatur“ kein Lebensrecht zusprach.

Was sich von der Vitalseele klar unterscheidet, ist die Geistseele des Menschen. Diese ist nicht bloß eine andere Art von Energie, sondern eine eigenständige Substanz und eine bewusstseinsfähige Wesenheit, die aus der geistigen Welt kommt und sich vorübergehend mit dem menschlichen Leib bekleidet, um nach dem Tod wieder in die geistige Welt zurückzukehren. (39) Nur durch diese Dreiteilung von Körper, Vitalseele und Geistseele können wir die unsinnige Verwirrung um den Seelenbegriff, wie sie unter Theologen, Philosophen und Psychologen heute noch besteht, aus der Welt schaffen.

Die christlichen Kirchen halten wegen ihrer Doktrin von der leiblichen Auferstehung an der Lehre von der substanziellen Einheit von Körper und Seele fest, wobei sie unter dem Begriff „Seele“ die unsterbliche Geistseele verstehen. Demnach billigen sie auch dem vom Tod auferweckten Körper eine geläuterte und verklärte Unsterblichkeit zu (1 Ko 15, 42-44). (40) Dieser Denkschwierigkeit können wir aus dem Weg gehen, wenn wir uns die Ansicht der Theosophie und Anthroposophie zu eigen machen, nach deren Lehre wir Menschen neben dem grobstofflichen, sterblichen Körper, der Träger der Vitalseele ist, noch einen Astralkörper und einen Mentalkörper feinstofflicher Beschaffenheit besitzen, die beide in den nachtodlichen Jenseitswelten Träger der Geistseele sind. (41)

2.

Das Gesetz der Zweiheit

Die Zwei ist Zweifel, Zwist, ist Zwietracht,
Zwiespalt, Zwitter;
die Zwei ist Zwillingsfrucht am Zweige
süß und bitter.
FRIEDRICH RÜCKERT

Im jüdischen Weisheitsbuch Sirach ist zu lesen: „Blicke auf alle Werke des Allerhöchsten: Immer sind zwei und zwei geschaffen worden, eines zum andern gehörend." (Sir 33,15) Laut dem apokryphen Henoch-Buch aus dem 3. Jahrhundert v. Chr. soll Gott am Anfang alle Dinge und alle Wesen paarweise ins Leben gerufen haben. Auch im Koran heißt es, dass Allah alle Lebewesen als Paare geschaffen habe. (Sure 20, 53 und 36, 36)

Die Zweiheit entsteht durch einen äußeren oder inneren Impuls, der die Einheit in Bewegung versetzt, wodurch zwei sich ergänzende Teile entstehen. Sehr gut lässt sich dies unter dem Mikroskop bei der Teilung einer lebenden Zelle beobachten, wo sich nach der Kernteilung zwei Hälften des Chromosomensatzes bilden, so dass aus einer Mutterzelle zwei unabhängige Tochterzellen entstehen.

Das Gesetz der Zweiheit entspricht dem philosophischen Dualismus, der lehrt, dass unsere Welt und der Mensch in ihr aus zwei grundverschiedenen Prinzipien besteht, die zueinander gehören, aber sich nicht verursachen. So wirft das Licht keinen Schatten, Dunkelheit ist das Fehlen von Helligkeit, Wärme ist die Abwesenheit von Kälte, der Furcht fehlt der Mut, der Unglaube ist ein Verlust an Glaubenskraft und Hass lässt die Liebe vermissen. Bei Hermes Trismegistos heißt dieses Gesetz: „Ein unausweichlicher Dualismus halbiert die Welt, so dass jedes Ding eine Hälfte ist und ein anderes Ding die andere Hälfte, weil alles in sich gespalten ist.“ (1) Nach dem Dualitätsgesetz ist alles in unserer Welt doppelt angelegt. Ein überzeugender Beweis hierfür ist die Doppelhelix des DNS-Moleküls, welches die Grundlage für alle Lebensformen auf unserer Erde bildet.

So hat jedes Ding und jedes Geschehen seine zwei Seiten: Eine Außenseite und eine Innenseite, eine Lichtseite und eine Schattenseite, eine Plusseite und eine Minusseite. Duale sind zwei Erscheinungsweisen derselben Sache.

Alles ist zweifach

Seht ihr den Mond dort stehen?
Er ist nur halb zu sehen
Und ist doch rund und schön!
So sind wohl manche Sachen,
die wir getrost belachen,
weil unsre Augen sie nicht sehn.

Matthias Claudius

Ein Symbol für diese Zweiheit ist zunächst die Zahl Zwei, die aus der Teilung einer ursprünglichen Einheit hervorgegangen ist. Diese gerade Zahl steht für die materiell-mütterliche Erde, während die ungerade Zahl Eins dem ungeteilten Himmel zugeordnet wird. In der Zahl Zwei spiegeln sich die Gegensätze von gut und schlecht, von aktiv und passiv, von männlich und weiblich. In der Zwei erkennen wir nicht nur die Spaltung und Trennung der Einheit, sondern auch das Verbindende und Ausgewogene. Sie symbolisiert die Bewegung, die jede Entwicklung aus der Einheit in die Zweiheit erst ermöglicht. Alles und jedes trägt in sich seinen Gegenspieler. So auch Anfang und Ende, Vergangenheit und Zukunft, Leben und Tod. (2)

In den Mythologien des Altertums ist häufig die Rede von Götterpaaren, die das Weltgeschehen regieren. Bei den alten Ägyptern wurde das Götterpaar Nut, die Göttin der Nacht, und Re, der Gott des Tages, verehrt. In späteren Zeiten traten Isis und Osiris an deren Stelle. (3) In Indien ist es das göttliche Paar Shiva und Parvati, bei den Griechen Zeus und Hera, bei den Römern Jupiter und Juno und bei den alten Germanen Wotan und Freya. Der römische Gott Janus wurde doppelgesichtig und der Götterbote Hermes wurde doppelgeschlechtlich gedacht. Sein Symbol war der Hermesstab, auch Heroldsstab genannt. Dieser war umschlungen von zwei Schlangen, deren Köpfe einander zugewandt waren, um sich in Sympathie zu ergänzen. (4)

Nicht wenige Schöpfungsmythen sehen unsere Welten und sogar den Götterhimmel in zwei Bereiche gespalten. So beschrieb im alten Persien der Religionsstifter Zarathustra (um 599-523 v. Chr.) zwei geistige Reiche, die seit Ewigkeit bei der Entstehung des Kosmos bereits vorhanden waren. Diese wurden von zwei obersten Gottheiten regiert. Ahura Mazda war der Gott des Lichtes und Ahriman war der Gott der Finsternis. (5)

Aus überlieferten Mythologien, welche uralte Wahrheiten in symbolischen Bildern zum Ausdruck bringen, kennen wir zahlreiche Mischwesen oder Chimären. Diese deuten auf die Doppelnatur des Menschen hin und auf seine zweifache Herkunft: Dem Geiste nach von himmlischer Abkunft, dem Körper nach von der Erde genommen. Derartige Doppelwesen sind die Kentauren, halb Mensch und halb Pferd, oder die Satyren in halb menschlicher, halb tierischer Gestalt. Auch die sagenhaften Meerjungfrauen und Wassernixen, halb Mensch und halb Fisch, sowie der Minotaurus auf der Insel Kreta, ein Ungeheuer mit einem Stierleib und einem Menschengesicht, gehörten dazu. In dieser Bedeutung kommen Doppelwesen sowohl als Totemtiere bei den Naturvölkern als auch in zahlreichen magischen Kulttänzen und Volksbräuchen vor. (6)

Ein ähnliches Symbol für die Zweiheit ist der Hermaphrodit in Menschengestalt, der sowohl männliche als auch weibliche Körpermerkmale aufweist und eine Verbindung der beiden Götter Hermes und Aphrodite darstellt. Nach einer Erzählung von Ovid wurde ein Knabe in den Höhlen auf dem Berg Ida geboren. Im Alter von fünfzehn Jahren verließ er seinen Geburtsort und kam in Karien an einen Teich, wo er der Nymphe Salmakis begegnete. Als die beiden in Liebe zueinander entflammten und sich im Wasser umarmten, wurden sie in ein doppelgeschlechtliches Zwitterwesen verwandelt.

Aus der Märchenwelt wissen wir von den Doppelgestalten „Hänsel und Gretel" oder „Goldmarie und Pechmarie", Aschenputtel und ihr Prinz sowie Schneeweißchen und Rosenrot. Aus der darstellenden Kunst kennen wir die tragischen Liebespaare „Hero und Leander", „Romeo und Julia", „Aida und Ramenes", „Siegfried und Brunhild" sowie „Vivian und Merlin".

Die Lehre von den zwei Seiten will uns sagen, dass jede Sicht der Dinge halbseitig ist. So schrieb der chinesische Weisheitslehrer Laotse im 4. vorchristlichen Jahrhundert in seinem berühmten Buch *Tao Te King* (7):

Wenn wir all das Schöne als Schönheit erkennen,
so ist dies dadurch vom Hässlichen getrennt.
Wenn wir all das Gute als Gutes erkennen,
so ist dadurch das Ungute gesetzt.
Denn das Eine und sein Gegenteil bedingen einander:
Schwer und Leicht gehören zusammen,
Lang und Kurz gestalten sich gegenseitig,
Hoch und Tief ergänzen sich im Raum.
Vorher und Nachher folgen einander.

Wie wir Menschen auch im psychischen Bereich mehr oder minder unbewusst zwei Wesen in einem sind, hat Goethe in seiner „Faust-Dichtung" zum Ausdruck gebracht:

Du bist dir nur des einen Triebs bewusst,
O lerne nie den andern kennen!
Zwei Seelen wohnen, ach! in meiner Brust,
Die eine will sich von der andern trennen;
Die eine hält in derber Liebeslust
Sich an die Welt mit klammernden Organen;
Die andre hebt gewaltsam sich vom Dust
Zu den Gefilden hoher Ahnen.

Der Bruch der Gefäße

Wenn ein Gefäß in die Brüche geht, zersplittert es in zahlreiche Scherben. Ähnliches geschah einst in der geistigen Welt, als der anfängliche harmonische Zusammenhalt unter den Himmelsbewohnern zerbrach. Dadurch fiel das geistige „Gefäß“, das wir den Himmel nennen, auseinander. Deshalb wurde in der Kabbala der Verlust der ursprünglichen Einheit als „Bruch der Gefäße“ bezeichnet. Die himmlische Einheit und Harmonie brach auseinander und vermochte das göttliche Licht nicht mehr aufzunehmen. Deswegen versank ein Teil von ihr in die Finsternis und verdichtete sich dort zur materiellen Welt. Dieser Fall der geeinten Urschöpfung in die Zweiheit fand im Verlauf der Menschheitsgeschichte in mehreren Erzählformen ihren symbolischen Ausdruck. In der biblischen Schöpfungsgeschichte finden sich hierfür mehrere Doppelbilder. Dort ist die Rede von:

- Zwei Bäumen, der eine mit erlaubten Früchten, die das Leben schenken, der andere mit verbotenen Früchten, die den Tod androhen.
- Zwei Flüssen, die den Paradiesgarten bewässerten.
- Zwei Menschen lebten darin, Adam und Eva.
- Der Versucher trat in Gestalt einer Schlange an sie heran und redete mit „gespaltener Zunge“ auf sie ein, damit sie das Verbot des Herrn nicht befolgen sollten. Die Schlange als Symbol der Verführung finden wir in vielen alten Mythen. Im frühen Ägypten war die Schlange Apophis die Widersacherin des Sonnengottes Re und galt als Symbol von Finsternis, Zerstörung und Chaos. (8)
- Nachdem die ersten Menschen von der verbotenen Frucht gegessen hatten, erkannten sie, „dass sie nackt waren“, und ihre zweifache menschliche Natur als Mann und Frau wurde ihnen erst bewusst.
- In der bildhaften Darstellung erscheint der teuflische Versucher oft als doppelgeschlechtliches Wesen, halb Mensch, halb Tier, mit zwei Hörnern, mit gespaltenen Bocksfüßen und mit einer zweizinkigen Gabel in der Hand, um seine Zwiespältigkeit und Falschheit anzudeuten.
- Sein Name ist Diabolus, hergeleitet vom griechischen *diaballein* für durcheinander werfen. *Diabolia* heißt im Griechischen: Hass,

Bosheit oder Verleumdung. Davon abgeleitet wird das Wort diabolisch für teuflisch, boshaft. Der „Diabel“ (franz.: *diable*: Teufel), wie er im Schweizerdeutschen genannt wird, ist daher der Entzweier, welcher Zwietracht und Verzweiflung unter die Menschen bringt.

- Eine ähnliche Symbolfigur ist Baphomet, ein Zwitterwesen, das angeblich im Mittelalter im Templerorden verehrt wurde und den Teufel darstellen soll. Seine Doppelseite wird verdeutlicht durch seine zwei Hörner, durch seinen doppelgeschlechtlichen Körper, durch seine Zwiegestalt halb Mensch halb Tier sowie durch zwei große schwarze Engelsflügel und seine widersprüchliche Armhaltung: Die eine Hand erhebt sich gen Himmel, die andere weist nieder zur Erde. Im Hintergrund erscheinen die beiden Phasen des zunehmenden und des abnehmenden Mondes. (9) Seine Doppelgestalt erscheint auch in der 15. Tarotkarte der großen Arkana als „gehörnter Teufel“ mit Fledermausflügeln. (10)

Das Zerbrechen des Weltganzen steht symbolisch für den Bruch in der ursprünglichen geistigen Schöpfung. Ohne dieses Wissen, das bis heute viel zu wenig offenkundig ist und viel zu wenig bewusst gemacht wird, ist so vieles in unserer brüchigen, verstrittenen und zerrissenen Welt nicht zu verstehen. Bis zum heutigen Tag haben sich berühmte Philosophen und Naturforscher den Kopf darüber zerbrochen, warum und wie es dazu gekommen ist, dass es uns Menschen gibt und was der Sinn unseres Daseins in unserer Welt ist. Sämtliche naturwissenschaftlichen Welterklärungen sind nicht in der Lage, auf diese Fragen einleuchtende Antworten zu geben.

In zahlreichen mythologischen Geschichten wird von einem Kampf der Götter gegeneinander erzählt. Vor allem in den ägyptischen, persischen, babylonischen und indischen Mythen, später auch in den griechischen und römischen Sagen ist mehrfach die Rede von einem Kampf der Göttersöhne um die Vorherrschaft im Himmel. (11) So wird in einem gnostischen Mythos von einem gewaltigen Abfall von Lichtwesen erzählt. „Dabei sind viele Lichtfunken in die dunkle Welt der Körper abgestiegen. Sie haben die Gestalt von Seelen angenommen und sind in menschliche Körper eingeschlossen worden.

Die Mächte der Finsternis haben es verstanden, die göttlichen Funken in der Körperwelt zu fesseln. Deswegen ist das Leben der Menschen leidvoll und beschwerlich. Doch allen, auch den Unterdrückten und Leidenden, bleibt die Hoffnung auf den Wiederaufstieg in die uranfängliche Welt des Lichtes." (12) In einem iranischen Mythos wird erzählt, dass die himmlischen Bewohner des Lichts gegen die Mächte der Finsternis kämpften. Die Niederlage der Dunkelwesen hatte deren Sturz zur Folge. Beide stritten während dreitausend Jahren um ihre alleinige Vorherrschaft. Schließlich wurde der Fürst der Finsternis von den Lichtengeln besiegt und samt seinen Mitkämpfern in die Unterwelt gestürzt. (13)

Die indo-arische Geheimlehre weiß von einem „Fall in die Sünde" durch das überhebliche und egoistische Verhalten eines Teils der hohen Geisterwelt. Diese hat sich von der göttlichen Welt abgesondert, wodurch ein Abstieg des Geistes in die Materie erfolgte. In der religiösen Bewegung der Orphiker, die sich im 6./5. Jh. v. Chr. in Griechenland und Süditalien ausbreitete und deren Name sich auf den mythischen Dichter und Sänger Orpheus beziehen soll, wurde gelehrt, dass die menschliche Seele ursprünglich im Götterhimmel zu Hause war. Wegen eigener Schuld wurde sie von der Gottheit zum irdischen Dasein verurteilt. Dadurch entstand ein tiefer Zwiespalt zwischen Seele und Körper. Auch Pythagoras, der im süditalienischen Krotona, dem heutigen Crotone in Calabrien, eine esoterische Weisheitsschule gründete, lehrte dort seine ausgewählten Schüler, dass die menschliche Seele einst im Götterhimmel daheim war, aber zufolge eigener Schuld zum irdischen Dasein verurteilt wurde, wo sie als Gefangene des Körpers leiden muss. (14)

Der griechische Dichter Hesiod schilderte um 700 v. Chr. den Kampf der Götter mit den Titanen, den Söhnen und Töchtern des Uranos, die vom Göttervater Zeus besiegt und in den höllischen Tartaros geschleudert wurden. Auch im babylonisch-assyrischen Gilgamesch-Epos wird von einem Kampf im Himmel zwischen den gutgesinnten Asuras und den bösgesinnten Devas berichtet.

Auch Platon scheint davon gewusst zu haben. Er lehrte die Präexistenz der menschlichen Seele und deren Fall aus der geistigen Einheit in die materielle Zweiheit, was er in seinem Mythos vom ursprünglich doppelgeschlechtlichen Androgyn beschrieben hat, der von der Gottheit wegen einer Verfehlung zur Strafe in zwei Teile geteilt wurde; in einen männlichen und in einen weiblichen Teil. (15) In ähnlicher Weise beschrieb Plotin den Abfall eines Teils der Himmelsbewohner von Gott als den Anfang allen Unheils. Der Grund war die Überheblichkeit und der Stolz eines Führergeistes und seiner Mitläufer, sich selber zu bestimmen, statt sich der göttlichen Ordnung unterzuordnen. „Und indem sie ihre Lust hatten an dieser Eigenmächtigkeit und sich immer mehr dem selbstsüchtigen Trieb hingaben, liefen sie den entgegengesetzten Weg ins Verderben und machten den Zwiespalt immer größer und vergaßen, dass sie selbst von dorther stammen.“ (16)

In den biblischen Schriften finden wir mehrere Hinweise hierzu, die sich indirekt auf den Fall des Lichtengels Luzifer beziehen können. So heißt es beim Propheten Jesaja (um 740-701 v. Chr.): „Hinabgeschleudert zur Unterwelt ist deine Pracht samt deinen klingenden Harfen. Ach, du bist vom Himmel gefallen, du glänzender Stern, Sohn der Morgenröte!“ (Jes 14,9-20). Noch deutlicher wird der Prophet Ezechiel: „Du warst das Abbild der Vollkommenheit, voller Weisheit und über alle Maßen schön, ein glänzender Cherub. Doch dein Sinn war hochfahrend geworden, wegen deiner Schönheit, und du hattest deine Weisheit außer Acht gelassen um deines Glanzes willen; darum wurdest du auf die Erde hinab geschleudert.“ (Ez 28, 11-18)

Erst Jesus selbst wies während seiner drei Lehrjahre direkt und in klaren Worten auf den Sturz Luzifers und seiner Mitläufer und Sympathisanten hin. So etwa, wenn er davon sprach: „Ich sah den Satan wie einen Blitz vom Himmel fallen.“ (Lk 10,17) Im 2. Petrus-Brief ist zu lesen: „Gott hat nicht einmal gegen die gefallenen Engel Schonung geübt, sondern sie in die Unterwelt hinabgestoßen, hinein in die Höhlen der Finsternis, wo sie so lange festgehalten werden, bis sie sich wieder zu Gott hinwenden.“ (Petr. 2,49) Judas, der Bruder des Johannes, schrieb in einem Brief: „Denkt auch an die Engel, die ihre Würde verloren und den himmlischen Wohnort verlassen haben, den Gott ihnen zugewiesen hatte.“ (Jud. Vers 6)

In der Offenbarung des Johannes lesen wir: „Und es erhob sich ein Streit im Himmel. Michael kämpfte mit seinen Engeln gegen den Drachen. Der Drache schlug mit seinen Engeln gegen sie, aber er wurde besiegt. Er und seine Anhänger durften nicht länger im Himmel bleiben. Der große Drache wurde in die Tiefe gestürzt! Er ist die alte Schlange, die auch Teufel oder Satan genannt wird, und die ganze Welt verführt. Mit all seinen Engeln wurde er in die Tiefe gestürzt und seine Engel wurden mit ihm dorthin geworfen. Dann hörte ich eine mächtige Stimme im Himmel sagen: ‚Jetzt ist es geschehen: Unser Gott hat gesiegt! Jetzt hat er seine Macht gezeigt und seine Herrschaft angetreten. Jetzt liegt die Regentschaft in den Händen des Königs, den er selber eingesetzt hat.' " (Off 12,7-11)

Eine weitere Andeutung auf den Engelssturz findet sich im apokryphen Henoch-Buch. Dieses entstand in der Frühzeit des Christentums und galt im Altertum den Essenern und Gnostikern, im späteren Mittelalter auch den Kabbalisten, als „heiliges Buch". Dieses war während Jahrhunderten verschollen und wurde erst zu Anfang des 19. Jahrhunderts wiederentdeckt. In dieser Schrift wird ausführlich vom Sturz der gefallenen Engel berichtet und in diesem Zusammenhang auch von der Entstehung des Bösen in der Welt. Auch wird dort darauf hingewiesen, dass die gefallenen Engel sich auf unserer Erde als wiedergeborene Menschen verkörpern.

Im mystischen Buch „Sohar" ist mit dem Bild vom zerbrochenen Gefäß eindeutig der Abfall der Engel im himmlischen Paradies gemeint. Dort heißt es, aus den Scherben dieses Gefäßes seien die „dämonischen Gegenwelten des Bösen" hervorgegangen. Auch der jüdische Gelehrte Isaak Luria (1534-1572) erwähnte den „Bruch der Gefäße" und lehrte seine Schüler, es sei Aufgabe jedes Menschen, die „heiligen Scherben" wieder zusammenzufügen und sich darum zu bemühen, die Ur-Einheit des Universums wiederherzustellen.

Auch im Koran wird der Engelssturz mehrfach erwähnt. (Sure 7, 12-18, 15 und 26-43). Danach soll die Weigerung des stolzesten aller Engel, die Ordnung Gottes anzuerkennen, zu diesem Geisterfall geführt haben. So spricht Allah zu dem rebellischen Engelsfürsten Iblis und seinem Anhang: „Hinab mit euch! Einer sei des anderen Feind. Auf der Erde sei von nun an eure Wohnung und Nahrung auf unbestimmte Zeit. Auf ihr sollt ihr leben und sterben und einst aus ihr wieder hervorgehen." (Sure 7,25-26).

Im Manichäismus, einer religiösen Geistesströmung, die das Alte Testament der Juden ablehnte und stattdessen indisches und persisches Gedankengut in sich aufnahm, war in den ersten Jahrhunderten unserer Zeitrechnung im ganzen damaligen Römerreich verbreitet. Die Glaubensrichtung geht auf eine Stiftung des Iraners Mani (215-273) zurück. Dieser lehrte, dass die Menschheit anfänglich aus der Lichtwelt stammte. Vor der Erschaffung der materiellen Welt soll ein Kampf zwischen den guten Mächten des Lichtes und den bösen Mächten der Finsternis stattgefunden haben. In der Folge wurden die besiegten Anhänger der Dunkelwelt zur Strafe für ihren Ungehorsam zu einem menschlichen Dasein auf Erden verurteilt.

Der Kirchengelehrte Origenes (185-254) aus Alexandria, der berühmteste unter den frühchristlichen Theologen, war überzeugt, dass zahlreiche Engel von der Stärke und Überlegenheit des abtrünnigen Engelsfürsten Luzifer beeindruckt waren und sich von ihm verführen ließen. Er und alle, „die ihm folgten, büßten dadurch ihre gottgegebene Geistnatur ein und verloren so das himmlische Bürgerrecht. Durch die Macht Gottes wurden sie aus den Himmeln in die Finsternis des Tartaros gestürzt und an das Böse gebannt, dem sie den Vorzug gegeben haben.“ (17)

Origenes wurde von seiner Kirche schon zu Lebzeiten heftig angefeindet und schließlich verbannt. Im Jahr 543 verwarf eine Kirchenversammlung unter dem Vorsitz des römischen Kaisers Justinian neun seiner Lehrsätze. Nach lange andauernden theologischen Streitigkeiten wurde im Jahr 553 auf dem 5. Ökumenischen Konzil von Konstantinopel seine Lehre vom Engelssturz und von der Präexistenz der Menschenseele als Irrlehre verurteilt. (18)

Im Mittelalter sah die benediktinische Äbtissin Hildegard von Bingen (1098-1179) im Engelssturz die wahre Ursache für den Fall der Schöpfung aus der Einheit in die Zweiheit. Gleichzeitig erkannte sie die Menschwerdung als Möglichkeit für den Wiederaufstieg der Gefallenen. Im 12. Jahrhundert lebte bei den christlichen Gemeinschaften der Katharer und Abingenser, die vorwiegend in Südfrankreich und Oberitalien beheimatet waren, das manichäische Gedankengut erneut auf. Sie lehrten, dass Gott zwei Söhne hatte: Christus und Luzifer. Nach anfänglicher Harmonie soll Luzifer im Himmelreich einen Aufstand gegen seinen Lichtbruder Christus angezettelt haben, um ihm die von Gott verliehene Königswürde streitig zu machen. Zur Strafe wurde er mit seinen Anhängern und Mitläufern aus dem göttlichen Lichtreich vertrieben. Später seien die gefallenen Engel auf Erden zu Menschenkindern geworden. (19)

Auch in der abendländischen Literatur finden wir immer wieder Hinweise auf den präkosmischen Engelsturz. Nach Jakob Böhme (1575-1624) bewirkte die Absonderung vom göttlichen Licht, die als Ur-Sünde gilt, die Selbstdistanzierung Luzifers vom lebenspendenden göttlichen Urquell und damit den geistigen Tod.

Der Teufel ist also nicht bloß eine magische Alibifigur für das Böse in der Welt, die als Kinderschreck oder bei aufgeklärten Freidenkern als gelegentliche Witzfigur herhalten muss, sondern er ist eine reale, ehemals hohe Lichtgestalt im gefallenen Zustand, ein personales Wesen, das als „Schatten Gottes“ und „Geist der Verneinung“ in die Menschheitsgeschichte eingegangen ist. Daher ist es bedauerlich, dass heute selbst bekannte Theologen versuchen, seine Existenz zu leugnen. (20)

Aus der Geistchristlichen Lehre, die in unserer Zeit auf medialem Wege durch hohe jenseitige Lehrer mitgeteilt wurde, erfahren wir, dass im Verlauf der geistigen Entfaltung des Himmelreiches einer der Engelsfürsten, nämlich der Lichtengel Luzifer, anfing, sich gegen das von Gott bestimmte Königtum Christi aufzulehnen und selber die Königswürde anzustreben. So heißt es im aufschlussreichen Buch von Prof. Walther Hinz „Neue Erkenntnisse zu Leben und Wirken Jesu“ (21): „Ganz langsam regte sich in ihm der Wille, dem König Widerstand zu leisten. Er fing an, sich erhaben zu fühlen, und er vergaß, dass er doch einst Christus die Treue gelobt hatte.“ So kam es zum Bruch der himmlischen Gefäße.

Der Rabbiner Daniel Matt schreibt hierzu: „Wären die Gefäße nicht zerbrochen, gäbe es unsere vielfältige Welt nicht. Wir existieren, weil wir die Einheit verloren haben.“ Selbst die moderne Quantenphysik kennt eine Parallele hierzu, indem sie von einer „kosmischen Frakturierung“ spricht, „die der gegenwärtigen Schöpfungsfrequenz“ vorausgegangen ist, und zwar im Sinne eines Brechens der ursprünglichen „Supersymmetrien" in einer höheren Dimension. (22)

Dieser angenommene Symmetriebruch könnte tatsächlich mit dem erwähnten Geisterfall in den Engelwelten zu tun haben, welcher die präkosmische Harmonie entzweite. Seither spricht man von einem Engelssturz oder „gefallenen Geistern". Nach der geistchristlichen Lehre handelt es sich um ehemals gefallene Engel, die selbstverschuldet ihre ehemalige geistige Heimat verlassen mussten, weil sie die göttlichen Ordnungsgesetze nicht annehmen wollten. Durch diese Sünde und Absonderung sind sie in der Folge ins geistige Abseits geraten. Ihr Schicksal ist es, dass sie gegenwärtig entweder immer noch in der Dunkelwelt gefangen sind oder sich bereits auf dem Weg des Wiederaufstiegs befinden, sei es in der Jenseitswelt, sei es in einem erneuten Erdenleben.

So erleben wir noch heute unsere Welt wie ein zerbrochenes Gefäß, zerrissen in Gut und Böse, zerteilt in Lust und Last, zerspalten in Freud und Leid, zerrüttet in Gesundheit und Krankheit, getrennt in Sinn und Unsinn, weit entfernt von der uranfänglichen Unversehrtheit in der Einheit mit der himmlischen Welt. In den „Lebenserinnerungen" von C. G. Jung lesen wir: „Die Welt, in die wir hineingeboren werden, ist roh und grausam und zugleich von göttlicher Schönheit. Es ist eine Temperamentssache zu glauben, was überwiegt, die Sinnlosigkeit oder der Sinn." (23) Ich möchte hinzufügen: Es ist dies weniger eine Frage des Temperaments, als vielmehr eine Frage des Bewusstseins. Heute besteht bei vielen erwachten Menschen die Vermutung und ein inneres Gespür dafür, dass wir nicht dort sind, wo wir eigentlich hingehören, und dass wir nicht jene sind, die wir sein müssten. Mit dem Dramendichter Friedrich Hebbel (1813-1963) könnte manch einer klagen: „Der ich bin grüßt trauernd den, der ich könnte sein." Auch besteht in uns ein Ahnen davon, dass unsere Welt nicht so ist, wie sie aus der Hand Gottes hervorgegangen ist.

Der Fall in die Zweiheit

Alles in unserer Welt hat seine zwei Seiten. Wir sehen meistens nur die eine Seite. Die andere können wir uns im besten Fall nur in Gedanken vorstellen. Das Zweideutige führt zum Mehrdeutigen und Vieldeutigen. Aus der Einheit wird die Vielheit. Die Welt des Unsichtbaren ist das denkbare Ideale, die Welt des Sichtbaren ist das erfahrbare Reale. Letzteres ist nicht mehr eindeutig, sondern zweideutig. So erkennen wir den Raum als hoch oder tief, als schmal oder breit. Die Temperatur empfinden wir als kalt oder warm. Ein Bild empfinden wir als schön oder es widert uns als hässlich an. Eine Frucht schmeckt uns süß oder bitter. Der Grund hierfür liegt letzten Endes darin, dass die ganze Menschheit aus dem ursprünglichen Zustand der Einheit in die Zweiheit gefallen ist. (24)

In den Mythen, bei denen es sich nach C. G. Jung (1875-1961) um Urbilder oder Urerfahrungen, auch Archetypen genannt, der frühen Menschheit handelt, ist stets ein Kern an überliefertem Urwissen gespeichert, das seit Urzeiten in symbolischen Erzählungen und Bildern zum Ausdruck gebracht wird. (25)

In einem indischen Schöpfungsmythos wird erzählt, dass am Anfang nur der Schöpfergott Brahma da war. Er ruhte zeitlos in sich selbst wie in einem goldenen Ei. Dann beschloss er, durch die magische Kraft seiner Gedanken das Ei in zwei Teile zu spalten. Dieses zerbarst in der Mitte und zerfiel in zwei Hälften. Aus der oberen Hälfte entstand die Götterwelt des Himmels, aus der unteren Hälfte wurde die Pflanzen-, Tier- und Menschenwelt auf der Erde geschaffen.

Einer der ältesten Schöpfungsmythen ist jener aus dem 1. Buch des Moses, der aus dem 6. vorchristlichen Jahrhundert stammt. In erdbezogenen Schilderungen wird dort beschrieben, wie Gott am Anfang die Welt in sechs Tagen erschaffen hat. Dies tat er, indem er am 1. Tag aus der Finsternis das Licht entstehen ließ. Am 2. Schöpfungstag schied er die Erde vom Himmel und teilte das Land vom Meer. Am 3. Tag erschuf er die Sonne und den Mond als die zwei Himmelslichter am Firmament. Am 4. Tag trennte er die Wassertiere von den Bewohnern der Luft und am 5. Tag die Nutztiere von den Wildtieren. Schließlich krönte er sein Sechs-Tage-Werk dadurch, dass er Mann und Frau getrennt ins Dasein rief und ihnen eine vegetarische Ernährung anbot und zugleich verbot, eine besondere todbringende Frucht zu essen. (Gen 1, 3-27)

Der Mensch hat später noch zusätzliche Zweiteilungen vorgenommen, um seine Welt, in der er lebt, zu ordnen. So hat er angefangen, bei den Tieren eine Zweiergruppierung vorzunehmen, nämlich Haustiere und Feldtiere, Arbeitstiere und Freizeittiere, zwischen Kleinvieh und Großvieh. Nicht anders verhielt er sich den Pflanzen gegenüber, indem er dazu überging, zwischen Nutzpflanzen und Unkraut, zwischen Heilpflanzen und Giftpflanzen und zwischen essbaren und nicht essbaren Früchten zu unterscheiden.

Selbst unter den Völkern und Nationen entstanden Unterschiede zwischen einzelnen Rassen und Klassen, zwischen Konfessionen und Religionen, aber auch zwischen Herrschenden und Untertanen, zwischen Reichen und Armen, zwischen Gläubigen und Ungläubigen. Damit nicht genug, wurde auch unsere Erde geteilt in Wohlstandsländer und Armutsländer, in Kulturländer und Entwicklungsländer, obwohl dies alles zusammengehört und ursprünglich eine einzige Menschheitsfamilie bildete.

Durch den Fall eines Teils der Schöpfung aus der ursprünglichen Einheit in die Zweiheit kam es auch zur unheilvollen Zweiteilung in Geist und Materie, in Heil und Unheil, in Himmel und Hölle. Diese Teilung setzt sich durch alle Daseinsstufen fort bis hinunter zum winzigsten Atom und zur einfachsten Zelle.

Im Buch „Emanuel", dem mediale Jenseitskundgaben aus der hohen Geisterwelt aus den Jahren 1890 bis 1897 zugrunde liegen, heißt es: „In der Entartung, welche die Folge des Verlassens gesetzlicher Bahnen war, lag der Anfang des Chaos; statt allgemeiner Entwicklung standen sich Entwicklung und Entartung diametral gegenüber. Durch das nicht mehr einheitliche Streben entstand eine elementare Veränderung in der Wesenheit, in dem Stofflichen der Dualgeister, was deren Trennung zur Folge haben musste." (26) Gemäß dieser Jenseitsbelehrung ist die Entstehung und Verdichtung der Materie die Folge des Geisterfalls, wie er sich nach den Berechnungen unserer Astrophysiker vor 13,7 Milliarden ereignet haben soll. (27)

Auch Walter Lutz, der sich auf die medialen Schriften des österreichischen Schreibmediums Jakob Lorber (1800-1864) beruft, hält die

Entstehung der materiellen Welt für die unmittelbare Folge des Geisterfalls. (28) Im gleichen Sinn wurde der katholische Pfarrer Johannes Greber (1876-1944) von der hohen Engelwelt belehrt: Der Aufstand eines großen Teils der Geisterwelt war damals gegen die von Gott eingesetzte geistige Schöpfungsordnung gerichtet. (29) Noch deutlicher wurde der jenseitige Geistlehrer Josef in einem medialen Vortrag, den er am 18. Juni 1961 im Rahmen der „Geistigen Loge Zürich", hielt, wo er offen erklärte: „Ich komme nicht umhin, euch zu sagen, dass ihr Menschen alle gefallene Engelwesen seid." (30)

Auch Elizabeth Prophet greift in ihrem Buch „Gefallene Engel und der Ursprung des Bösen" dieses Thema auf. Dort weist sie nach, dass zahlreiche Welterklärungen davon ausgehen, dass in der uranfänglichen geistigen Schöpfung ein harmonischer, lichterfüllter paradiesischer Zustand herrschte, dass es aber infolge einer Entzweiung in den Engelwelten zu einer Spaltung und damit zu einer Trennung von Licht und Dunkelheit kam. Die abtrünnigen Geister verloren dadurch ihr lichtvolles Bewusstsein und stürzten in die Finsternis, wo sie zu Dämonen und Teufeln wurden. (31)

In diesem Zusammenhang stellt sich die Theodizee-Frage nach dem Ursprung des Bösen in der Welt. Bis zum heutigen Tag wurde diese Wahrheit von den offiziellen Glaubenshütern verschwiegen. Diese wirft freilich nicht nur ein ganz anderes Licht auf die Herkunft des Menschengeschlechtes, sondern auch auf die Herkunft des Bösen in der Welt. Was die christlichen Kirchen in diesem Zusammenhang als „Sündenfall" verstehen wollen und als „Erbsünde" bezeichnet haben, beruht daher auf der Fehldeutung einer Symbolgeschichte, die nichts zu tun hat mit einem Ereignis aus der Urgeschichte der Menschheit hier auf Erden. Vielmehr hat sich dieser Fall lange vor der irdischen Zeit im himmlischen Paradies ereignet. Erst danach kam es vor vielen Jahrmillionen dazu, dass gefallene Geister anfingen, sich als Menschen auf unserem Planeten Erde zu inkarnieren. Wer dies einmal begriffen und akzeptiert hat, der weiß, woher wir kommen und wohin wir gehen.

Wenn wir unseren Fall in die Zweiheit auf diese Weise nicht anerkennen wollen, lassen sich viele Schwierigkeiten, welche die Menschheit seit jeher bedrängen, nicht verständlich erklären. Die christliche Theologie sieht sich nicht in der Lage, den Ursprung des Bösen glaubhaft zu beantworten, weil sie die Lehre vom Geisterfall und von der Präexistenz der Geistseele aufgrund eines fragwürdigen, vorwiegend politisch motivierten Beschlusses des 5. Ökumenischen Konzils von Konstantinopel aus dem Jahre 553 nicht für wahr hält. Die damalige Klerikerversammlung verurteilte die Präexistenzlehre des Origenes von Alexandrien durch folgendes Anathema: „Wer behauptet oder glaubt, die Seelen der Menschen hätten schon vor ihrer Geburt bestanden; sie seien einstmals Vernunftwesen gewesen und hätten heiligen Mächten angehört, sie seien dann der göttlichen Schau überdrüssig geworden und hätten sich dem Bösen zugewandt; dadurch sei ihre Liebe zu Gott erkaltet, weshalb sie die Bezeichnung „Abgefallene" erhielten; zur Strafe seien sie in menschliche Körper einverleibt worden – den treffe der Bannfluch!" (32)

Mit dieser Verurteilung der Präexistenz der Geistseele hat sich die christliche Kirche auch den Zugang zu anderen wichtigen Wahrheiten und Lehren verbaut, nämlich zur Inkarnations- und Reinkarnationslehre und zur Karma-Lehre. Im Mittelalter griff der französische Mathematiker und Philosoph Blaise Pascal (1623-1662) dieses Thema wieder auf und riskierte deswegen beinahe, von der Katholischen Kirche ausgeschlossen zu werden. Er vertrat, ähnlich wie Origenes, die Ansicht, der Mensch sei „offensichtlich verirrt und aus seinem wahren Heimatort herausgefallen. Seither suche er ihn überall, in Unruhe und ohne Erfolg, in undurchdringlichen Finsternissen." Er folgerte daraus, dass wir Menschen einst „auf einer Stufe der Vollkommenheit waren, von der wir unglücklicher Weise herabgefallen sind". Den ungefallenen Zustand nannte Pascal die „erste Natur" des Menschen. Seine „zweite Natur" erhielt er erst durch seine Menschwerdung auf Erden. (33)

Der deutsche Philosoph Friedrich Wilhelm Schelling (1775-1854) ging sogar so weit, dass er den Grund für die Zweiheit und die Zwiespältigkeit in der Welt in Gott selber sah. Dieser habe sich durch Selbstentäußerung von seinen Geschöpfen getrennt und dadurch eine Entzweiung zwischen sich und der geschaffenen Natur entstehen lassen, aus der schließlich der Mensch als zwiespältiges Wesen hervorgegangen sei. Diese „tragische Entfremdung vom Göttlichen" bezeichnet er als den eigentlichen Sündenfall. (34) Die einzige glaubwürdige Erklärung für den Fall in die Zweiheit liegt meiner Meinung nach darin, dass die ursprüngliche Einheit gespalten wurde und in zwei Teile zerfiel, in einen gottzugewandten Teil und in einen gottabgewandten Teil, verursacht durch eine geistige Katastrophe in der präkosmischen Engelwelt, welche die Trennung von Gut und Böse verursachte. Die christlichen Konfessionen machen hierfür den Sündenfall in einem irdischen Paradies verantwortlich. Doch dieser ist bloß ein Symbol für die Entzweiung und Spaltung in der primären Schöpfung, die längst vor der Erschaffung des materiellen Universums in der geistigen Welt stattgefunden hat. Was in der Bibel über den Sündenfall der Stammeltern im irdischen Paradiesgarten geschildert wird, ist als mythologische Erzählung in symbolischen Bildern zu verstehen.

In seinem Buch „Neue Erkenntnisse zu Leben und Wirken Jesu" hat der jenseitskundige Walther Hinz (1906-1992), ehemals Professor für Geschichte des Nahen Ostens an der Universität Göttingen, aufgrund zahlreicher medialer Kundgaben aus der Jenseitswelt die Verhältnisse in den paradiesischen Himmeln beim präkosmischen Engelssturz wie folgt beschrieben: „Der Engelssturz erfolgte nicht schlagartig, sondern er forderte seine Zeit; auch vollzog er sich nicht überall gleich. Alles musste sich nach der geistigen Ordnung und ihren Gesetzen vollziehen." (35)

Bisher hat keine Philosophie und keine Theologie glaubhaft erklären können, wie das Böse tatsächlich in unsere Welt gekommen ist und warum die gesamte Schöpfung unter dem Zwiespalt von Gut und Böse, von Freud und Leid, von Geburt und Tod zu leiden hat. Erst das Geistchristentum, das sich auf Belehrungen durch die hohe Engelwelt berufen kann, vermag diesen Konflikt einleuchtend zu begründen, nämlich durch die Annahme des selbstverursachten Falls eines Teils der Engelwelten in die abtrünnige Gottferne. Ohne diesen ist das Theodizee-Problem in der christlichen Theologie nicht zu lösen. Selbst die esoterischen Geheimlehren deuten nur vage an, was der wahre Grund für den Abfall eines großen Teils der himmlischen Engelwelten, an dem wir Menschen offensichtlich in Urzeiten teilgenommen haben, wirklich gewesen ist. Sie erwähnen bloß, dass der Mensch anfänglich in der geistigen Welt ein sündenloses Wesen war, das in die Materie hinabsteigen musste, um die Trennung und Absonderung von der göttlichen Natur leidvoll zu erfahren, damit er sich seiner geistigen Herkunft bewusst werde und in ihm allmählich wieder die Sehnsucht und der Wille zur Rückkehr in die himmlische Heimat erwache. Von einer eigenen Schuld ist da zumeist nicht die Rede.

Den meisten Menschen scheint es recht schwerzufallen, bei sich eine persönliche Schuld für eine freigewählte Fehlentscheidung einzugestehen und anzuerkennen. Wohl erwacht bei jedem, der über unsere menschliche Situation ernsthaft nachdenkt, ein Ahnen, dass wir nicht dort sind, wo wir eigentlich hingehören, und dass wir nicht die sind, die wir eigentlich sein müssten.

Die vom Apostel Paulus erfundene und vom Kirchenvater Augustinus ausgebaute Erbsündenlehre sollte sich später als theologische Fehlkonstruktion erweisen. Deshalb empfahl der ehemalige Professor für Altes Testament an der Universität Tübingen, der katholische Schweizer Bibelwissenschaftler Herbert Haag (1915-2001), in den 1960er Jahren in einer „Stuttgarter Bibelstudie“, dieselbe ersatzlos aus der christlichen Glaubenslehre zu streichen. (36)

Daher erstaunt es auch nicht, dass der evangelische Theologe Wilfried Härle (*1941), Professor an den Universitäten von Marburg und Heidelberg, eine Antwort auf die alte Theodizee-Frage, wie das Böse in die vom guten Gott geschaffene Welt gekommen sei, „jetzt noch nicht für möglich“ hält. (37) Auch der bekannte, vom Vatikan gemaßregelte frühere katholische Theologieprofessor der Universität Tübingen, Hans Küng (*1928), räumte ein, dass die Frage nach der Herkunft von Leiden, Krankheit und Tod für ihn ein unlösbares Rätsel bleibe. So schreibt er in seinem Buch „Was ich glaube“: „Seit Jahrzehnten habe ich mich mit all den Versuchen der Theodizee in Philosophie und Theologie immer wieder beschäftigt. Und ich bin zu der klaren Überzeugung gekommen: Eine theoretische Antwort auf das Theodizee-Problem gibt es nicht!“ Und weiter schreibt er: „Keiner der großen Geister der Menschheit, die ich studierte – weder Augustin noch Thomas, noch Calvin, weder Leibniz noch Hegel noch Karl Barth –, haben das Urproblem gelöst.“ Er stellt resigniert fest: „So ist denn meine über die Jahrzehnte gewachsene Einsicht, zu der ich bisher keine überzeugende Alternative gefunden habe, die: übergroßes

Leid, unverschuldetes, sinnloses Leid – individuelles wie kollektives – lässt sich nicht theoretisch verstehen, sondern bestenfalls praktisch bestehen." (38)

Diese erstaunlichen Geständnisse theologischer Wissenschaftler unserer Zeit zeigen klar, wie der angeblich unfehlbare Beschluss des ökumenischen Konzils von Konstantinopel aus dem Jahre 553 seit nahezu zweitausend Jahren in eine ausweglose Sackgasse führt und eine klare Antwort verunmöglicht. Außerdem hat dieses Fehlurteil die Entwicklung einer christlichen Reinkarnationslehre jahrhundertelang und bis zum heutigen Tag weitgehend blockiert, wie dies der evangelische Theologe Till A. Mohr in seinem gut dokumentierten Buch „Kehret zurück, ihr Menschenkinder!" (39) belegt.

Es zeigt sich immer deutlicher, dass ohne die Annahme eines präkosmischen Geisterfalls diese tiefgreifende und berechtigte Frage nach dem Anfang der Bosheit nicht zu beantworten ist. Daraus folgt, dass die Erde nicht als paradiesischer Lustgarten oder Vergnügungspark für die Menschheit eingerichtet wurde, sondern vielmehr als harte Lernschule, in der jeder einzelne Mensch die ihm aufgetragenen Lektionen und Prüfungen zu bestehen hat. Schafft er dies nicht, erhält er immerhin eine erneute Möglichkeit, die nicht bestandene Klasse in einem nächsten Leben zu wiederholen. Das Ziel der Menschwerdung ist es also, über mehrere Aufstiegs- und Entwicklungsstufen wieder jenen ursprünglichen Bewusstseinszustand zu erreichen, der uns einst in der ersten Schöpfung zu eigen war. Wer dies verstanden hat, den ergreift ein tiefer Lebensernst, und er fängt an zu verstehen, warum und wozu er hier auf dieser Erde lebt. (40)

Wenn wir wieder heil und ganz werden wollen, müssen wir erneut das werden, was wir ursprünglich waren: Engelgleiche Wesen, die paarweise geschaffen wurden. Nachdem viele Geistpaare als Dualseelen sich beim Engelsturz getrennt oder aus den Augen verloren haben, sind sie als Mensch gewordene Einzelwesen dazu aufgerufen, im Verlauf mehrerer Erdenleben sich zu suchen und sich wieder zu verbinden, was oft durch die gegenseitige Anziehung in Liebe und Partnerschaft geschehen kann. (41)

Hierzu eine kleine Symbolgeschichte: Zwei Engel haben beim Sturz aus den Himmeln je einen ihrer Flügel verloren. Nun sind sie zur Fluguntauglichkeit verurteilt und müssen in der lichtlosen Tiefe ausharren. Eines Tages haben die beiden gefallenen Geister entdeckt, dass sie wieder zwei Flügel haben können, wenn sie sich gegenseitige liebevoll umarmen. Seither versuchen sie immer wieder, sich gemeinsam in lichte Höhen zu schwingen, getragen von der Kraft ihrer gegenseitigen Liebe. So erweist sich die Liebe als eine rettende Kraft, um sich wieder in geistige Höhen zu erheben.

Die sekundäre Schöpfung

Unsere kosmische Welt, wie wir sie heute kennen, kann es nicht immer schon so gegeben haben. Es gibt keine ewige Materie. Sie muss einen Anfang genommen haben. Wenn unser Universum seit Ewigkeit so bestanden hätte, wie manche Philosophen und Astronomen annehmen, dann ist es nicht erklärbar, warum das Licht von Milliarden von Sonnen in weit entfernten Sternsystemen unseren Erdplaneten seit Millionen von Lichtjahren immer noch nicht erreicht hat. Es müsste längst unsere Erde mit hellem und grellem Licht überfluten. Die Erklärung liegt darin, dass die gegenwärtige materielle Welt eine sekundäre, nachfolgende Schöpfung darstellt, die aus der ersten, geistigen Schöpfung erst viel später hervorgegangen ist.

Während die primäre Schöpfung nicht vergeht, da sie von spiritueller Natur ist, erleben wir die sekundäre Schöpfung als eine materielle Welt, die sich durch Trennung und Abspaltung von der geistigen Welt in einer zweiten Schöpfung materialisiert hat. Dadurch entstand aus der anfänglichen Einheit die Zweiheit. Deren Energie wurde nicht vernichtet, sondern hat sich verdichtet und ist in einen diesseitigen Seinszustand übergeführt worden. Unter den Naturwissenschaften findet heute hierzu die Urknall-Theorie allgemeine Anerkennung. Doch ergeben sich daraus ernste Zweifel. Eine Explosion im physikalischen Sinne kann nur in einem begrenzten Raum stattfinden. Die uranfängliche Situation der Singularität, wie sie die Kosmologen heute nennen, war jedoch nicht nur lichtlos, sondern auch raum- und zeitlos. Also konnte es gar nicht zu einer Explosion mit nachfolgendem Knall gekommen sein, die das Weltall erhellte. Die einzig denkbare Lichtquelle konnte nur das göttliche Ur-Licht gewesen sein. Daher ist das sichtbare Licht in zahlreichen Schöpfungsmythen der Völker ein Symbol für die unsichtbare Gottheit.

Als dieses Licht zu den gefallenen Geistern in die Finsternis kam, um diesen die Einladung zur Heimkehr ins himmlische Lichterreich zu überbringen, wurde es dort für kurze Augenblicke hell. Dies war der Moment der sekundären Schöpfung, auf den der biblische Hinweis passt: „Und Gott sprach: Es werde Licht! Und es wurde Licht." (1 Mo 1.3) Freilich kann damit nicht das irdische Tageslicht gemeint sein, denn die Sonne, als dessen Quelle, wurde gemäß der Genesis erst am dritten Tag geschaffen. (1 Mo 1,5)

Erst als es nach vielen Millionen von Erdenjahren auf dem Weg der Evolution zur Entwicklung geeigneter Frühformen im Tierreich kam, welche die Menschwerdung der gefallenen Engel ermöglichte, konnte deren geistiger Aufstieg auf unserem Planeten beginnen. Zu diesem Zweck hat die hohe Geisterwelt einen Erlösungsplan zur Heimführung der gefallenen Engel entworfen. Dieser sollte in der sekundären Schöpfung verwirklicht werden. (42)

Diese Trennung von Geist und Materie, von Idealität und Realität hat Platon mit seinem Mythos vom „Androgyn" verdeutlicht. In seinem Dialog „Das Gastmahl" erzählt er, dass unsere ursprüngliche Natur in der geistigen Welt nicht die gleiche war, wie sie heute ist. Die äußere Gestalt war ehemals kugelförmig und männlich-weiblich zugleich. Sie besaß vier Hände, vier Füße und zwei Gesichter. Da sich dieses Doppelwesen einen Zugang zum Himmel verschaffen wollte, um die Götter anzugreifen, wurde es vom Göttervater Zeus zur Strafe mit einem Schwert in zwei Hälften geteilt, in einen männlichen und in einen weiblichen Teil. So sind aus einem Wesen zwei geworden: Mann und Frau. Auf der Erde erhielten sie den Auftrag, sich zu vermehren und wieder zu vereinen. Dort aber, wo die Trennungswunde klaffte, entstand der Eros, nämlich die Sehnsucht der Liebenden nach Wiedervereinigung. (43)

Im Spätmittelalter verteidigten Cusanus und der böhmische Bischof Johann Comenius (1592-1670), der Seher Emanuel Swedenborg (1688-1772) sowie die Mystikerin Anna Katharina Emmerich (1774-1824) erneut den Gedanken vom Engelsturz als Ursache für die Entstehung der materiellen Welt. (44) Auch in den medialen Gottesdiensten der „Geistigen Loge Zürich" wurde während mehrerer Jahrzehnte (1948-

1982) in zahlreichen Jenseitsvorträgen immer wieder auf den Fall eines Teils der Engelwelten und dessen Folgen für die sekundäre Schöpfung hingewiesen. In einer dieser medialen Jenseitskundgaben heißt es: „Solange die Christenheit nicht davon spricht, dass es einen Engelsturz gegeben hat, wird sie die Wahrheit nicht erfassen." (45) Die Verschleierung des Wissens, dass wir Menschen inkarnierte Geistwesen sind, die in präkosmischer Zeit sich am Fall der Engel beteiligt hatten, verunmöglicht den Zugang zu wichtigen Glaubenswahrheiten und liegt ganz im Interesse der dunklen Geisterwelt, weil sie überall Verwirrung stiftet.

Die heutigen Naturwissenschaften gehen mehrheitlich davon aus, dass die materielle Welt beim Urknall vor 13,7 Milliarden Jahren aus einem einzigen Punkt, den sie kosmische Singularität nennen, explosionsartig entstanden ist. Was vorher war und woher die gewaltige Energie kam, die sich damals explosionsartig entladen hat, vermögen sie nicht zu sagen. (46) Im Jahr 1976 hat das Nachrichtenmagazin „Time" mehrere der bekanntesten Astronomen der USA befragt, was ihrer Meinung nach vor dem Urknall existierte. Als Resultat ergab sich die Tatsache, dass die meisten der Befragten stumm blieben und darauf keine Antwort wussten. (47) Die amerikanische Wissenschaftlerin Renée Weber, Professorin an der US-Princeton-Universität, hat drei Kontinente bereist, um berühmte Naturforscher danach zu fragen: „Woher stammt die Singularität, aus der sich der Urknall entwickelt hat? Was hat das alles beginnen lassen?" Zum Ergebnis ihrer Befragungen schrieb sie: „Ich stieß auf Granit." Daraus schloss sie, dass weder die Naturwissenschaften noch die Geisteswissenschaften in der Lage sind, auf die Frage, wie und warum die materielle Welt entstanden ist, eine einleuchtende Antwort zu geben. (48)

Es ist erstaunlich, dass der weltberühmte Astrophysiker Stephen Hawking bis zu seinem Tod im Jahre 2018 die Ansicht vertrat, dass es ebenso sinnlos sei zu fragen, was vor dem Urknall war, wie wenn man fragen würde, was südlich des Südpols sei. Seine Begründung hierzu war: „Weil es zuvor noch gar keine Zeit gab." (49) Von den Naturwissenschaften ist also nicht zu erwarten, dass sie uns sagen können, was vor der sekundären Schöpfung bereits vorhanden war. Alles dem reinen Zufall zuzuschreiben, ist wohl zu einfach gedacht. (50) Eine seltene Ausnahme unter den heutigen Naturwissenschaftlern ist der Basler Astronom Bruno Binngeli (*1953). Er anerkennt einen ursächlichen Zusammenhang zwischen dem Engelsturz und der Weltentstehung, indem er annimmt, dass anfänglich die Schwerkraft in der Einheit integriert war und der Urknall den ersten Fall aus der Einheit darstellt, was „einem Abfall des Bösen von der ursprünglichen, göttlichen Ganzheit entsprechen muss". (51)

Für derartige Überlegungen sind vorwiegend die Geisteswissenschaften, vor allem die Philosophie und Theologie, zuständig. Sie könnten eine Existenz von Geistwesen *südlich des irdischen Südpols*, aber auf einer höheren Schwingungsebene, für durchaus denkbar halten. Immerhin müssten diese davon ausgehen, dass vor der materiellen Welt zuerst eine geistige Welt bestanden hat. Was wir heute in der Astrophysik als Urknall bezeichnen, war nicht eine Schöpfung aus dem Nichts, sondern muss als Folge einer gewaltigen Energieverschiebung aus himmlischer Höhe in tiefere Dimensionen und auf niedere Schwingungsebenen verstanden werden. (52)

Nun stellt sich die Frage: Woher kam diese kosmische Energie? Aus dem Nichts kann sie gemäß dem thermodynamischen Grundgesetz nicht hervorgegangen sein, denn Energie kann nicht neu geschaffen, sondern nur umgewandelt werden. Also musste sie schon vorher bestanden haben, und zwar in einer anderen Schwingungsform und in einem unermesslich großen Quantum. Diese Energieverschiebung geschah wahrscheinlich durch eine gewaltige Sogwirkung, die alles Licht verschluckte, ähnlich wie bei einem „schwarzen Loch" in den Tiefen des Weltalls, wodurch vollständige Dunkelheit entstand. Dies könnte zur „äußersten Finsternis" (Mt 8,12) geführt haben, die nun zum Aufenthaltsort für die gefallenen Engel wurde. (53)

Es ist erstaunlich, dass Stephen Hawking in seiner neuen „Erklärung des Universums" immer noch glaubt, dass die „spontane Erzeugung aus dem Nichts" der Grund sei, warum es das Universum gibt und warum es uns gibt. Er hält es nicht für nötig, „Gott als den ersten Beweger zu bemühen, der das Licht entzündet und das Universum in Gang gesetzt hat". (54)

Auch die Frage, wie das Leben auf unserer Erde vor ungefähr 3,5 Milliarden Jahren entstanden ist, bleibt für die Naturforschung bis heute immer noch ein Rätsel. (55) Wir wissen auch nicht, ob unser bewohnbarer Erdplanet einen Sonderfall im ganzen Universum darstellt oder ob es außerhalb unseres Sonnensystems noch erdähnliche Himmelskörper gibt, auf denen menschliches oder menschenähnliches Leben möglich ist. Für unsere Theologen würde sich daraus die Frage ergeben, ob auch diese außerirdischen Wesen erlösungsbedürftig sind und an der Erlösung teilhaben können. Wie lange die himmlische Welt vor dem Geisterfall und Urknall bestanden hat und wann diese ins Dasein getreten ist, darüber gibt es keinerlei Zeitangaben. Immerhin musste diese einen zeitlichen Anfang gehabt haben, denn es kann nicht angenommen werden, dass sie seit ewigen Zeiten besteht.

Als Überbleibsel des gewaltigen Lichtblitzes am Anfang der kosmischen Schöpfung wird heute die messbare Hintergrundstrahlung des Weltraums gesehen. Diese Strahlungsenergie im Mikrowellenbereich aus den Tiefen des Weltalls, die im Jahr 1965 erstmals durch die Radioastronomie nachgewiesen wurde, wird als dessen Nachstrahlen erkannt, die aus allen Richtungen auf die Erde zukommt. Wir können heute annehmen, dass die sekundäre Schöpfung vor rund 14 Milliarden Jahren ihren Anfang genommen hat, und zwar aufgrund jener Gesetzmäßigkeiten, die dem anthropischen Prinzip entspricht, welches von Anfang an auf die Entstehung des Menschen und seine Entwicklung ausgerichtet war.

Da die göttliche Welt sich weder rachesüchtig noch nachtragend, sondern barmherzig und verzeihend verhält, hatte sie Mitleid mit den gefallenen Geistgeschwistern in der Tiefe und suchte nach Wegen, um diese wieder heimzuführen ins himmlische Reich. So wurde zunächst in der geistigen Welt ein Heimführungsplan entworfen, der im Verlauf einer langen Zeit verwirklicht werden sollte. Hierzu war vorerst die Schaffung der materiellen Welt und die Organisation verschiedener Aufstiegs- und Entwicklungsmöglichkeiten notwendig. Wie dies geschah, wurde Johannes Greber in einer medialen Belehrung mitgeteilt: „Das Erlösungswerk Christi begann sofort nach dem Abfall der Geisterscharen. Christus war es, der die von Gott vorgesehenen Besserungsstufen geplant hat. Dadurch wurde er zum Erschaffer des ganzen materiellen Universums, das die Stufenleiter für die gefallenen Geister aus der Tiefe zur Höhe des Geisterreiches bildet.“ (56)

Je nach der Schwere ihrer Verfehlung wurden den Gefallenen unterschiedliche Bleibestätten zugewiesen. Diese sollten nicht Aufenthaltsorte für eine ewige Verdammnis sein, wie vielfach behauptet wird, sondern Besinnungs- und Besserungsstufen für die reumütigen, heimkehrwilligen gefallenen Geister. Für deren Rückkehr ins himmlische Reich wurden Aufstiegsorte mit Schulungs- und Entwicklungsstätten eingerichtet sowie lange, beschwerliche Wege über viele Erden- und Menschenleben, die der Wiedergutmachung dienen sollten. Vergessen wir nicht, dass wir alle, die wir im Verlauf der Jahrtausende den Weg der Menschwerdung beschritten haben, ehemals gefallene Engel sind. Hiervon ausgenommen sind nur jene wenigen, die freiwillig das Menschenkleid angezogen haben, um hier auf Erden als berufene Wegbereiter geistige Aufgaben im Dienst des Erlösungsplanes zu erfüllen. Zu diesen gehören jene, die wir als die Heiligen und Erleuchteten in Ost und West bezeichnen.

Allen anderen ist die Möglichkeit gegeben, in längeren oder kürzeren Etappen, die manchmal auch über Umwege, Abwege und Irrwege führen, den Rückweg in die ursprüngliche Schöpfungsordnung im himmlischen Reich zu schaffen; denn eingeladen hierzu sind wir alle. (57)

„Der beschwerliche und lange Rückweg über die Erdenleben, mit all den von Luzifer geschaffenen Stolpersteinen, aber auch der Prüfungen, die das Leben mit sich bringt, müssen von uns selbst bewältigt werden.“ (58)

Es gibt nach der geistchristlichen Lehre, wie sie uns in zahlreichen medialen Jenseitsbotschaften mitgeteilt wurde, einen Heils- und Erlösungsplan, welcher die geistige Welt für die Gefallenen vorgesehen hat, um die Gesamtheit aller gefallenen Wesen wieder ins himmlische Reich heimzuführen. (59)

Es ist für uns Menschen freilich hart, einsehen zu müssen, dass niemand in der Welt für unser Erdenleben und für unser Geschick verantwortlich ist als jeder für sich selbst. Das Ziel unseres Menschseins ist es, in uns und in der ganzen Welt die getrennte Zweiheit in der sekundären Schöpfung zu überwinden und diese wieder in die ursprüngliche Einheit zurückzuführen, damit alle wieder eins sind, wie es nach dem Johannes-Evangelium erwartet werden darf (Jh 17,11).

Die duale Weltsicht

Beim Fall in die Zweiheit wurde die bisherige Schöpfung geteilt in Geist und Materie, in Gut und Böse, in Licht und Schatten, in Frieden und Unfrieden, in Hass und Liebe. Was anfänglich eins und alles war, zerfiel nun in eine gottzugewandte und in eine gottabgewandte Welt. In dieser zweigeteilten Welt haben wir alle Mühe, uns die Einheit vorzustellen. Ein Symbol für den Doppelcharakter der Wirklichkeit ist das Licht, das sowohl als reine Energie als auch aus kleinsten Masseteilchen (Korpuskel) bestehend erkannt wird.

Das duale Denken begegnet uns bereits bei Zarathustra, der aufgrund seiner Weltschau zwei ewige Gottheiten annahm: Ahura Mazda, den Gott des Guten, und Ahriman, den Gott des Bösen. Der griechische Philosoph Heraklit (um 540-480) hat zwei Arten von Seelen unterschieden: Die höhere Geistseele, welche vom Geistfeuer Gottes genährt wird, und die Lebensseele, die den sterblichen Körper lebendig erhält. (60)

René Descartes führte das unterscheidende Denken in die abendländische Philosophie ein, indem er zwei voneinander getrennte Wirklichkeiten annahm: Einerseits die denkenden Dinge (res cogitans) und anderseits die ausgedehnten Dinge (res extensa). Dies führte dazu, dass man der stummen Kreatur bis in unsere Zeit hinein jedes Lebensrecht absprach. Nach den heutigen naturwissenschaftlichen Erkenntnissen sollten wir die scharfe Grenzziehung zwischen Tier und Mensch aufgeben, die unser abendländisches Denken während Jahrhunderten bestimmt hat. Es wäre wohl besser, dem modernen Philosophen Richard David Precht (* 1964) zuzustimmen, der schreibt: „Die bislang gesuchte Grenze zwischen Mensch und Tier verschwindet auf allen Feldern. Die Paläoanthropologie kennt keinen Zeitpunkt, an dem der ‚Mensch' entstand. Und die Erforschung von Menschenaffen rückt uns näher zusammen, als wir den größten Teil unserer Kulturgeschichte lang geglaubt und wahrhaben wollten. Am Ende, so scheint es, ist die Tier-Mensch-Grenze ein ziemlich willkürliches Spiel mit Worten, je nachdem, an welche wackelige Definition man sich gerade klammert. Nüchtern betrachtet, lassen sich aber sowohl ‚Tier' als auch ‚Mensch' nicht eindeutig definieren", (61) jedenfalls nicht aus biologischer Sicht.

Blaise Pascal sah den Menschen als eine Art Doppelwesen, weder

Engel noch Teufel, „Ni ange, ni bête", jedoch von der Herkunft her als Doppelbürger, vom Himmel genommen dem Geiste nach, von der Erde genommen dem Körper nach. Wir leben also in zwei Welten, in einer materiellen und in einer geistigen, in einer reellen und in einer ideellen Welt, auf einer diesseitigen und auf einer jenseitigen Daseinsebene. Deshalb konnte der Schweizer Maler Paul Klee (1879-1940) von sich sagen: „Diesseits bin ich nicht ganz fassbar. Ich lebe ebenso bei den Verstorbenen wie bei den Ungeborenen; etwas näher dem Herzen der Götter als üblich."

Wir leben in einer zweigeteilten Welt und erleben uns im Spannungsfeld zwischen Tag und Nacht, Licht und Schatten, kalt und warm, hoch und tief, hart und weich, innen und außen. Diese Dualität bedeutet oft gar keine unüberbrückbare Gegensätzlichkeit, sondern bloß eine ergänzende Zweiseitigkeit, die wir durch unser trennendes Denken verursachen. So erweist sich das Dunkel als ein Fehlen an Licht, das Böse als eine Abwesenheit des Guten und das Schwache als ein Mangel an Stärke. Ähnlich verhält es sich, wenn wir Kraut und Unkraut, Nützlinge und Schädlinge, Wetter und Unwetter unterscheiden, obwohl es sich dabei stets um dieselbe Sache handelt.

Bereits Plotin wies darauf hin, dass wir das Eine nur gesondert denken können, indem wir der einen Seite eine Gegenseite entgegenstellen. Thorwald Dethlefsen begründete dies mit der Aussage: „Wir können die Einheit nicht denken, solange wir in der Zweiheit sind." (62)

Im psychischen Bereich unterscheiden wir Bewusstes und Unbewusstes, Extraversion und Introversion, Weibliches und Männliches, Lebenstrieb und Todestrieb. Nach der Schicksalspsychologie von Leopold Szondi ist im menschlichen Triebsystem jeder Trieb paarweise angelegt. Dieser besteht in der Wechselwirkung von zwei sich ergänzenden Teiltrieben. Einer der Gründe hierfür liegt darin, dass jede menschliche Triebveranlagung aus zwei sich ergänzenden Bedürfnissen besteht, nämlich aus dem Festhalten und Loslassen, aus dem Beharren und der Veränderung, aus dem Ergreifen und Freigeben, aus Begehren und Hingabe. (63)

In seiner analytischen Psychologie hat C. G. Jung in der menschlichen Seele eine weibliche und eine männliche Seite als *Animus* und *Anima* beschrieben. Animus ist der ungelebte und oft auch ungeliebte männliche Anteil in der Seele der Frau. Anima dagegen ist der unerkannte, nicht selten auch der verdrängte weibliche Seelenanteil in der Psyche des Mannes. Da es sich in den Partnerbeziehungen häufig um projizierte Wunschbilder handelt, die der Realität nicht genügen, kommt es häufig zu Fehlentscheidungen und bald danach zu Enttäuschungen, die den Täuschungen auf dem Fuße folgen. Andererseits sind sie häufig auch die tieferen Ursachen für zahlreiche Missverständnisse, die zu ernsten Beziehungskrisen führen können. Daher schreibt C. G. Jung: „Die Anima des Mannes hat einen erotisch-emotionalen, der Animus der Frau einen räsonierenden Charakter, weshalb das meiste, was die Männer über weibliche Erotik und überhaupt über weibliches Gefühlsleben zu sagen wissen, auf der Projektion ihrer eigenen Anima beruht und daher schief ist. Die erstaunlichen Annahmen und Phantasien der Frauen über die Männer beruhen auf der Wirksamkeit des Animus, der unerschöpflich ist in der Erzeugung unlogischer Urteile und falscher Kausalitäten." (64) Animus und Anima beruhen weniger auf tatsächlichen Erfahrungen im Umgang mit dem anderen Geschlecht, als vielmehr auf angeborenen Vorstellungsbildern vom Wesen von Mann und Frau. Dies bestätigte Goethe mit den Worten: „Meine Idee von den Frauen ist nicht von den Erscheinungen der Wirklichkeit abstrahiert, sondern sie ist mir angeboren oder in mir entstanden, Gott weiß wie." (65) Für die eigene Persönlichkeitsentwicklung ist es unerlässlich, auf dem Weg der Individuation auch diesen „dunklen Partner" in sich kennen zu lernen und ernstzunehmen, dadurch ihn bewusst zu machen und in das eigene Leben und Erleben einzubeziehen. Dieser seelische Prozess gehört unbedingt zur Selbsterkenntnis und Selbstverwirklichung des Menschen.

Das duale System hat sich im Zusammenleben der Menschen insofern bewährt, als es den Konsens und den Kompromiss ermöglicht, sei dies in der Partnerschaft, in der Politik, in der Gesellschaft oder in den ökumenischen Bestrebungen zwischen den Konfessionen sowie in den Vorstellungen von Materie und Geist, von Diesseits und Jenseits, zwischen Lichtwelt und Dunkelwelt. Dabei gibt es keine scharfe Trennungslinie zwischen den zwei Welten. Alles hat seine fließenden Übergänge. Nie ist etwas nur gut oder nur schlecht. Je nach dem Standpunkt oder Gesichtspunkt kann es das eine oder das andere sein.

Daher fragt sich der Kluge bei einem Ungemach: „Wer weiß, wozu das gut ist?“ Allerdings führt das duale Denken oft dazu, dass wir unsere Ansichten in Zweideutigkeiten und Halbherzigkeiten aufspalten. Der französische Dichter Alphonse de Lamartine (1790-1869) meinte einmal: „Wir haben ein Herz für die Menschen und ein anderes Herz für die Tiere.“ Sogar im religiösen Gebet verhalten wir uns oft widersprüchlich, indem wir den Allmächtigen bitten „Dein Reich komme“ und froh sind, wenn es noch lange nicht kommt.

Am tragischsten hat sich die Dualität in der spirituellen Welt ausgewirkt. Nachdem sich diese zeitlos in einem paradiesischen Zustand der völligen Einheit befand, hat sie sich durch den Geisterfall in zwei Bereiche aufgespalten: In die gottzugewandte und in die gottabgewandte Welt, in die Lichtwelt und in die Schattenwelt, in die Engelwelt und in die Welt der Dämonen. Dadurch leidet das Himmelreich Gewalt (Mt11,12). Seither gibt es eine ständige Auseinandersetzung zwischen Recht und Unrecht, zwischen Krieg und Frieden, zwischen Glauben und Unglauben. Das einzig Tröstliche dabei ist, dass die gesamte Schöpfung einem Heils- und Erlösungsplan unterliegt, der darauf abzielt, die gegenwärtige Zerrissenheit zu überwinden und die ursprüngliche Einheit wiederherzustellen.

Wenn wir uns aber über die Herkunft und Zukunft des Menschen klar werden, kommen wir zur folgenden Definition: Der Mensch ist ein geistiges Wesen, leider vor der Zeit selbstverschuldet aus der ursprünglichen Schöpfungsordnung herausgefallen, jetzt auf Erden mit einem irdischen Körper bekleidet, um Stufe um Stufe wieder den Heimweg ins geistige Reich anzutreten. Die gesamte sekundäre Schöpfung ist auf die Heimführung der gefallenen Geister ausgerichtet. Der Plan hierzu ist aufgestellt und auf den Weg gebracht. Doch geht die Auseinandersetzung zwischen den Lichtwesen und den Dunkelwesen heute noch auf mehreren Ebenen unvermindert weiter, wie uns die aktuelle Weltlage eindrücklich vor Augen führt. Dieser Kampf hält so lange an, bis das Licht die Finsternis endgültig durchdrungen und aufgehellt hat.

Dem Dichter Friedrich Hölderlin (1770-1843) war dieses Ziel bewusst, als er schrieb:

Wie der Zwist der Liebenden sind
die Dissonanzen der Welt.
Versöhnung ist mitten im Streit,
und alles Getrennte findet sich wieder.

3.

Das Gesetz der Polarität

Alles hat zwei Pole, alles ist ein Paar
von Gegensätzen: gleich und gleich ist dasselbe;
Polaritäten sind identisch in der ganzen Natur,
nur verschieden im Grad ihrer Ausprägung;
Extreme berühren sich; alle Wahrheiten sind nur
halbe Wahrheiten; alle Widersprüche können
miteinander in Einklang gebracht werden.
KYBALION

Die Polarität gehört zum Grundprinzip der schöpferischen Ordnung. Unter Polarität verstehen wir die Beziehung zweier Positionen in einem geschlossenen System, die zueinander im Gegensatz stehen, aber einander bedingen wie das Ausatmen das Einatmen. Polar ist also das, was zueinander hindrängt, was zusammengehört, aber doch nie zusammenkommt. Ein Pol kann auch nicht einseitig für sich allein bestehen; er braucht seinen Gegenpol, so wie bei einer Stromleitung das rote Pluskabel zum blauen Minuskabel gehört, damit eine elektrische Spannung entstehen kann.

Das Polaritätsgesetz besagt, dass alle Dinge dieser Welt aus zwei polaren Gegensätzen bestehen. Danach trägt jede Situation in sich die Neigung, ins Gegenteil umzuschlagen, wie Ebbe und Flut oder wie der zunehmende Mond zum abnehmenden Mond. Dies gilt für den Wetterumschlag ebenso wie auch für den launenhaften Stimmungswechsel beim Menschen, was sprachlich durch das englische Wort „lunatic“ angedeutet wird.

Wir sind es gewohnt, in polaren Gegensätzen zu denken. So gesellt sich zu jedem Begriff ein Gegenbegriff, zu jedem Satz ein Gegensatz und zu jeder Behauptung eine Gegenbehauptung. Bereits Heraklit hat im 4. Jahrhundert v. Chr. festgestellt, dass alle Dinge durch ihr Gegenteil miteinander verknüpft sind, so das Schwache mit dem Starken, das Leichte mit dem Schweren, aber auch die Ruhe mit der Bewegung, die Gesundheit mit der Krankheit, die Zuneigung mit der Abneigung. Der eine Pol ist in seiner Existenz von seinem Gegenpol abhängig. Zwischen den beiden Polen besteht ein Spannungsverhältnis und eine Wechselwirkung. Zu einem Konflikt kann es kommen, wenn nur der eine Pol angenommen, der Gegenpol aber abgelehnt wird, so wie es in einem Kinderlied heißt: „Was er hat, das will er nicht, und was er will, das hat er nicht“ oder im Sprichwort: „Bald fehlt uns der Becher, bald fehlt uns der Wein.“

Wer das Gesetz der Polarität nicht beachtet, gerät leicht aus dem Gleichgewicht und damit in einen äußeren oder inneren Konflikt, wo gegensätzliche Meinungen oder Erwartungen gegeneinanderprallen. Wer polarisiert, spielt widersprüchliche Meinungen und Ansichten gegeneinander aus, um zu spalten, zu entzweien und zu trennen, nicht um zu versöhnen, was gerade in der Politik häufig genug zu beobachten ist. Es ist unklug, nur stur auf einer einzigen Meinung zu beharren, ohne die gegenteilige Ansicht zu hinterfragen. Nach dem Gesetz der Polarität sollten wir Satz und Gegensatz, Spruch und Widerspruch, Rede und Gegenrede, These und Antithese nicht zu sehr isoliert auseinanderhalten und getrennt beurteilen, um uns der Wahrheit anzunähern. Statt dem harten „Entweder-Oder“ ist manchmal ein weicheres „Sowohl-als-auch“ vorzuziehen.

Auf die Dauer ist ein Ungleichgewicht nicht auszuhalten, denn dieses verlangt nach Ausgleich. Wie bei einem Pendel neigen die beiden gegenläufigen Ausschläge dazu, sich gegenseitig anzugleichen. Der eine Pol bezieht seine Energie von seinem Gegenpol. Dadurch kommt es zu einer Entspannung und verhindert überbordende Auswüchse.

Im Unterschied zur Dualität geht es bei der Polarität nicht um zwei trennbare Hälften, sondern um eine unabdingbare Ergänzung zu einem einheitlichen Zustand. Die beiden Pole sind die zwei gegenüberliegenden Enden derselben Sache oder Angelegenheit. Sie streben zueinander, um sich gegenseitig anzunähern und wieder zu trennen. Die

Polarität erlaubt uns die Wahl zwischen zwei Möglichkeiten. So dient die eine Türe sowohl als Eingang wie auch als Ausgang.

Welt der Gegensätze

Gegensätze sind identisch in der Natur,
nur verschieden im Grad;
alle Wahrheiten sind halbe Wahrheiten:
alle Widersprüche ergänzen sich.

KYBALION

Leben ist pulsierende Energie, die zwischen zwei Polen schwingt. Dies lässt sich gut beobachten beim „springenden Punkt“ (*punctum saliens*), der als roter Blutfleck im befruchteten Hühnerei regelmäßig hin und her springt. Dieser Ausdruck geht zurück auf eine Beobachtung von Aristoteles, der bereits vor über 2000 Jahren dieses Phänomen als die rudimentäre Anlage des pulsierenden Herzens beschrieb. Auch das menschliche Leben verläuft in polaren Gegensätzen. Nur aus der Polarität entsteht Spannung, und diese macht das Leben spannend. Dort, wo Spannung herrscht, sammelt sich Energie an, und nur dort kann Energie freigesetzt werden. Ein spannungsarmes Leben ist langweilig, träge und unerträglich. Dagegen führt die Überspannung zu Stress und Überforderung.

Als Symbole für die polaren Gegensätze von Erde und Himmel wurden im Altertum die Tiere Adler und Schlange verehrt. Auch das chinesische Tai Chi mit den kosmischen Gegenkräften Yin und Yang deutet diese Polarität an. Sowohl in der konfuzianischen Philosophie Chinas als auch in der taoistischen Weisheitslehre Japans spielt diese Figur eine wichtige Rolle zur Welterklärung. Dort wird angenommen, dass die gesamte Schöpfung aus dem Zusammenspiel zweier polarer Kräfte hervorgegangen ist, nämlich aus Aktion und Reaktion, aus der Expansion und Kontraktion, aus Anziehung und Abstoßung. Die Traditionelle Chinesische Medizin richtet sich noch heute nach dem Yin-Yang-Gesetz. Das Yang steht für das warme, helle, aktive und männliche Prinzip. Dem Yin entspricht Ruhe, Hingabe und Passivität. Der Yin-Hälfte entspricht das kalte, ruhende, bewahrende und weibliche Prinzip. In der weißen Halbierung dieses Symbols befindet sich ein kleiner schwarzer Kreis und in der schwarzen Hälfte ein kleiner weißer Kreis. Damit soll angedeutet werden, dass stets das eine im anderen keimhaft enthalten ist. So nimmt das Helle im Dunklen seinen Anfang, so wie es am Ende des Tages beginnt, Nacht zu werden. Umgekehrt fängt der Tag am Ende der Nacht an. So verhält es sich auch, wenn die Gesundheit in eine Krankheit übergeht und das Gesundwerden am Ende des Krankseins beginnt. Daher gibt es auch keinen Menschen, der ausschließlich nur männliche oder nur weibliche Eigenschaften besitzt. „In jedem Mann liegt eine Spur Weibliches und in jeder Frau eine Spur Männliches“ schrieb im Mittelalter der Sufi-Meister Hidayat Khan. (1)

Das Viereck und der gleichseitige Würfel wurden seit Urzeiten als Sinnbild für den materiellen Weltenbau gesehen. Werden die sechs Seiten eines Würfels auseinandergefaltet, entsteht ein Kreuz. Beide Symbole, Kreuz und Quadrat, gelten als Grundschema für viele sakralen Bauten. Der Bischof Gregor von Nyssa (334-394) verstand die Kreuzesform als kosmisches Prägezeichen für die ganze Schöpfung. In einem byzantinischen Hymnus heißt es: „O Kreuz, du Versöhnung des Kosmos, du Umgrenzung der Erdenweite, du Höhe des Himmels, du Tiefe der Erde, du verbindendes Band der Schöpfung, du Weite alles Sichtbaren, du Breite der ganzen Welt.“ In einem apokryphen Schrifttext, der dem Jesus-Jünger Andreas zugeschrieben wird, lesen wir über das Kreuzessymbol: „Du bist in der Erdentiefe verankert, damit du das, was auf der Erde, unter der Erde und im Himmel ist, miteinander verbindest.“

In der mittelalterlichen Alchemie stand die Quaternität der vier Grundelemente Erde, Feuer, Luft und Wasser für die ersten Grundkräfte der Urmaterie, aus denen die Welt entstanden ist.

In der astrologischen Psychologie bilden die entsprechenden Tierkreiszeichen das kardinale Kreuz von Widder, Krebs, Jungfrau und Steinbock.

Schließlich bringt auch das Hexagramm, wie es heute als Emblem im Staatswappen Israels vorkommt, auch Davidsstern oder Salomonsiegel genannt, die Gegensatzspannung in der Polarität zum Ausdruck.

Dieses seit Urzeiten bekannte Symbol stellt einen sechszackigen Stern dar, der gebildet wird aus zwei gegenseitig ineinander geschobenen Dreiecken. Das aufrecht stehende Dreieck mit der Spitze nach oben deutet das männliche, feurige und aktive Schöpfungsprinzip an, das abwärts gerichtete Dreieck mit der Spitze nach unten symbolisiert das weibliche, wässrige und passive Schöpfungsprinzip. Als Ganzes ist das Hexagramm ein Abbild für die Polarität von Makrokosmos und Mikrokosmos, aber auch für die Vereinigung von Geist und Materie oder für die Verbindung von Diesseits und Jenseits. Im Mittelalter galt diese Figur als magisches Schutz- und Abwehrzeichen. In neuerer Zeit ist es als Siegel und Erkennungszeichen von Geheimgesellschaften und Freimaurerlogen im Gebrauch.

In der Welt der Gegensätze gehören die beiden Plus- und Minuspole zusammen. So verhalten Anfang und Ende, Aufstieg und Niedergang, Freud und Leid, Geburt und Tod sich polar zueinander. Dazwischen gibt es keine scharfe Abgrenzung und auch keine starren Standpunkte, sondern nur fließende Übergänge. Die Fixpunkte sind nur von Menschen festgelegte Markierungen, die es eigentlich gar nicht gibt. So können wir keine scharfe Grenzlinie ziehen zwischen Licht und Finsternis, zwischen Lärm und Ruhe, zwischen Tag und Nacht, zwischen Gesundheit und Krankheit.

Die Gesetzmäßigkeit der Polarität können wir in der gesamten Natur beobachten. Denken wir im anorganischen Bereich an den Nord- und Südpol der Himmelskörper, an die beiden Pole eines Stabmagneten oder an den Plus- und Minuspol bei der elektrischen Spannung. Die polare Nord-Süd-Ausrichtung des Erdmagnetfeldes dient den Zugvögeln und manchen Meerestieren wie Schildkröten, Delphinen, Haien und Walen zur Orientierung. Wird dieses gestört, kann dies dazu führen, dass sie an den Küsten stranden.

Im organischen Bereich sind bei vielen Pflanzen die Blätter gegenständig oder wechselständig polar angeordnet. Bei den Tieren und beim Menschen sind die meisten Körperorgane entlang einer Symmetrie-Achse polar angelegt.

Auch die Fortpflanzung lebender Organismen gehorcht dem Polaritätsgesetz. Bei diesem Vorgang teilt sich eine Elternzelle, wobei sich zunächst die Chromosomen im Zellkern der Länge nach aufspalten und dadurch verdoppeln. Alsdann wird je die Hälfte des Chromosomensatzes, in dem das Erbgut gespeichert ist, zu den beiden Polen der Mutterzelle hingezogen, wo sich inzwischen zwei neue Tochterkerne gebildet haben. Gleichzeitig lässt das Zellplasma eine Trennwand in der Zellmitte entstehen, was schließlich dazu führt, dass die Mutterzelle in zwei Teile zerfällt und zwei neue Tochterzellen entstehen. (2)

Auch der menschliche Körper ist polar angelegt. Auch er kennt seinen Nordpol und seinen Südpol, auch er ist auf der einen Seite positiv und auf der Gegenseite negativ gepolt. So ist beim Mann die rechte Seite zumeist die aktive, anregende und die linke eher die passive, beruhigende Seite. Bei der Frau ist dies gerade umgekehrt. Wenn sie sich gegenseitig umarmen, kann es zu einem wohltuenden Energieaustausch kommen – und Harmonie tritt ein. Daher heißt es in einem Gedicht von Linde Keyserlinck:

Das Männliche liebt das Weibliche.
Yin und Yang umarmen sich.
Und zehntausend Dinge leben in Harmonie
durch die Verbindung dieser Kräfte. (3)

Es ist ein Anzeichen von Lebendigkeit, wenn Kräfte zwischen zwei Polen pulsieren. Dadurch kommt es zu einem Energieaustausch. In der Medizin kennt man die polar wirkenden Kräfte der Streck- und Beugemuskulatur sowie der Erregungs- und Hemmungsnerven Sympathikus und Parasympathikus. In der Homöopathie wird mit den polaren Wirkungen von Gift und Gegengift gearbeitet. Bekannt ist auch die polare Wirkung der Antibiotika. Auch lebenswichtige Organe des menschlichen Körpers sind polar angelegt. (4) Die Kopfpartie entspricht dem Nordpol der Erde, die Füße deren Südpol. Es mag sinnvoll sein, im nächtlichen Schlaf die polare Ausrichtung des eigenen Körpers der Polarität unserer Erde anzugleichen, indem man nach Möglichkeit den eigenen Schlafplatz nach der Nord-Süd-Achse ausrichtet, damit keine Störfelder entstehen.

Aus der psychologischen Charakterkunde kennen wir mehrere polare Zweiertypen. So die Optimisten und die Pessimisten, die Morgenmenschen und die Abendmenschen, die Stimmungstypen der Schizothymen und Cyclothymen oder die Einstellungstypen der Extraversion und Introversion. (5) Eine Besonderheit stellt die Reaktionslehre des amerikanisch-deutschen Arztes Manfred Curry (1899-1953) dar. In seinem reich illustrierten Buch „Der Schlüssel zum Leben" (6) geht er der Frage nach, wie die atmosphärische Wetterlage das Verhalten des Menschen verändert und dessen Gesundheit beeinflusst. Diese Typenzugehörigkeit wird geprägt durch das gewohnheitsmäßige Reagieren der Menschen auf Klima, Luftdruck und Luftfeuchtigkeit sowie auf Schwankungen der elektrischen Ladungen und der Ozonwerte in der Atmosphäre. Alle diese Einflüsse wirken auf die vegetativen Lebensvorgänge und auf das biophysische Gleichgewicht unseres Organismus.

Aufgrund seiner Erkenntnisse beschrieb der Autor zwei Menschentypen: den W-Typ und den K-Typ. Die W-Typen reagieren positiv auf eine meteorologische Warmfront und die entsprechenden Warmluftmassen, während die K-Typen auf eine Kaltfront und auf Kaltluftmassen günstig ansprechen. Die W-Gruppe fühlt sich beim Durchgang einer Warmfront recht wohl und aufgeräumt, während bei der K-Gruppe in der gleichen Situation sichtliches Unbehagen und eine miese Stimmung aufkommt. Gerade umgekehrt verhält es sich beim Aufkommen einer Kaltfront.

Durch polare Gegensätze gekennzeichnet ist auch der extravertierte und der introvertierte Einstellungstyp. Der eine ist eher der Außenwelt zugekehrt, kontakt- und gesprächsfreudig und vielseitig interessiert, der andere benimmt sich wortkarg, reserviert in der Kontaktnahme und ist gerne seiner Innenwelt zugewandt. Ähnliches gilt für den zyklothymen und schizothymen Verhaltenstypus. Der erste ist in seinem stimmungsabhängigen Wesen gutmütig, sinnesfreudig und genussfähig, der andere ist empfindsam, leicht störbar und grenzt sich gerne gegenüber der Außenwelt ab.

In der Psychologie und Psychiatrie unterscheiden wir den zykloiden Charaktertyp und den schizoiden Typus. Vom zykloiden Typ lässt sich sagen, dass er bei seinen labilen Gemütsschwankungen „bald himmelhochjauchzend, bald zu Tode betrübt" ist. Daher wird er, so stimmungsabhängig wie er ist, öfter auf eine Achterbahn der Gefühle mit ihren Hochs und Tiefs geschickt. Dagegen gelten für den innerlich zwiespältigen schizoiden Typus die Goethe-Verse aus seiner Faust-Dichtung:

Zwei Seelen wohnen, ach, in meiner Brust:
Die eine will sich von der anderen trennen;
Die eine hält, in derber Liebeslust,
Sich an die Welt mit klammernden Organen;
Die andere hebt gewaltsam sich vom Dust
Zu den Gefilden hoher Ahnen.

In der psychotischen Krankheitsform handelt es sich beim zyclophrenen Typus um das manisch-depressive Irresein, auch Cyclophrenie genannt, und bei der Schizophrenie um das gespaltene Ich-Bewusstsein mit seinen irrealen Wahnvorstellungen.

Die Psychologie von C. G. Jung arbeitet mit den komplementären Gegensätzen von Bewusstem und Unbewusstem. Die Inhalte des Bewusstseins sind unsere Ich-Erfahrungen, die wir akzeptieren, verarbeiten und in Erinnerung behalten. Dagegen ist die polare Gegenseite des Unbewussten der minderwertige Seelenbereich der unentwickelten, verdrängten und vergessenen Seeleninhalte. Das Vordergründige ist uns bewusst, das Hintergründige hält sich zurück im Unbewussten, so wie jede Sonnenstube in einer Hinterkammer ihre Schattenseite hat. Dieses soll im Verlauf des Lebens entfaltet und bewusst gemacht werden. Dieser innere Prozess der Selbstwerdung wird „Individuation" genannt.

Die tiefsten Kenntnisse über unsere Welt und Wirklichkeit beziehen wir in der Regel aus polaren freudvollen und leidvollen Erfahrungen. Dies bestätigt eine Aussage des genialen Komponisten Ludwig van Beethoven (1770-1827): „Wer die Tiefe nicht kennt, kann die Höhe nicht ermessen, und wer das Leid nicht kennt, hat Seligkeit nie geahnt." (7)

Polare Bindungen und Beziehungen

Die Polarität fällt auch bei der Sympathie- und Partnerwahl deutlich ins Gewicht, weil Gegentypen sich anziehen. Paarbeziehungen und Paarbindungen kommen in der Regel aufgrund der Gegensätzlichkeiten zustande. Eine Paar- und Partnerbeziehung ergibt sich in der Regel aus den beiden Polen der Sympathie und der Antipathie, die nur im labilen Gleichgewicht auf Dauer bestehen kann. Daher gelten Dreiviertel aller Liebes- und Ehepaare als Kontrastpartnerschaften. (8)

Es ist von großer Bedeutung für unser Leben, zu lieben und geliebt zu werden. Dadurch können wir viel gegenseitige Wertschätzung, Wohlwollen und Daseinsfreude gewinnen. Im wechselseitigen Austausch von Lebensenergie gewinnen wir Lebenswillen und Lebenssinn, die das Leben lebenswert machen. Selbst eine gleichgeschlechtliche Liebesbeziehung beruht in der Regel auf einer Polarität in Wesensart und Charakter der beiden Partner und darf als Variante der Natur und nicht als Krankheit oder Perversion gesehen werden. Die Partnerschaft ist freilich keine Einbahnstraße. Sie bleibt eine polare Wechselbeziehung. Diese hört auf, wenn die Partner einander sich nichts mehr zu sagen haben, wenn keinerlei Gemeinsamkeiten sie verbindet, wenn sie aneinander nichts mehr Anziehendes oder Gegensätzliches mehr finden, wenn zwischen ihnen sich lähmende Gleichgültigkeit ausbreitet oder totale Funkstille herrscht. Wenn es so weit kommt, ist das wärmende Feuer der Liebe erloschen. Was bleibt, sind meist nur noch äußere Verpflichtungen und Abhängigkeiten oder die Trennung.

Weil in der Polarität nicht nur Anziehungskräfte, sondern auch sich gegenseitig abstoßende Energien wirksam sind, können letztere mit der Zeit die Oberhand gewinnen. Das Auseinandergehen ist dann oft die unvermeidliche Folge dessen, was einst so erwartungsvoll begann. Die amerikanische Schauspielerin Shirley Maclaine hat es erfahren: „Wir verbringen unser Leben damit, einen Menschen zu suchen, der es mit uns teilt. Und wenn wir jemanden finden, der unsere Bedürfnisse erfüllen könnte, ziehen wir uns zurück.“ (9)

Eine dauerhafte Paarbeziehung lebt aus der Polarität von Geben und Nehmen, von Besitzen und Verzichten, von Gemeinsamkeit und Alleinsein, von Annehmen und Freigeben. Vor allem ist es die Ambivalenztoleranz, welche den Erhalt einer Beziehung ermöglicht. Mit dieser anerkennen wir, dass der andere Mensch in mancherlei Hinsicht anders geartet ist und daher anders denkt, fühlt und reagiert, als man es selber tut.

Auf der spirituellen Ebene ist es möglich, in der mystischen Erfahrung der *unio mystica* in einen Bewusstseinszustand zu gelangen, wo jede polare Gegensätzlichkeit aufgehoben ist und der Mensch sich mit allem eins und ganz fühlt. Dieses Erleben kann sich in der Meditation und Kontemplation einstellen.

Extreme berühren sich

Beginne das Schwere, wenn es noch leicht ist.
tue das Große, wenn es noch klein ist,
denn alles Schwere auf Erden
entspringt aus dem Leichten.
LAO-TSE

Wenn man von jemandem sagt, er polarisiere, meint man damit, dass er in Schwarz-Weiß-Bildern denkt, dass er auf Entweder-Oder-Entscheidungen drängt, dass er einen einseitigen Standpunkt vertritt und eine intolerante Haltung einnimmt, und zwar in der gleichen Angelegenheit wie die Gegenseite.

Extreme sind graduelle Unterschiede, die in Maxima und Minima ausufern. Gleich und Ungleich sind also dasselbe; sie unterscheiden sich nur in ihren Auswirkungen. Daher werden sie mit entgegengesetzten Vorzeichen versehen. Übertriebene Werte nach beiden sind immer verdächtig, weil sie von der gesunden Norm abweichen. Dies ist der Fall bei extremen Temperaturunterschieden, bei Hochs und Tiefs des Luftdrucks, bei starken Schwankungen des Blutdrucks und der Pulsfrequenz, aber auch in der blinden Verliebtheit und im blinden Hass, wenn sie zur Hassliebe werden, wie die tragischen Beziehungskonflikte beweisen. Vom griechischen Tragödiendichter Euripides (480-405) stammt der wahre Satz: „Liebe ist das Süßeste und Bitterste zugleich."

Es gibt nichts in unserer ambivalenten Welt, das nur gut oder nur schlecht ist. Wenn wir mit einem schwarzen Stift auf einer schwarzen Schreibfläche oder mit einem weißen Farbstift auf einem weißen Papier schreiben würden, könnten wir das Geschriebene nicht lesen. So ist es mit allem. Immer erkennen wir nur in polaren Gegensätzen. Jakob Böhme hat im 17. Jahrhundert die Erfahrung gemacht, dass Licht erst richtig in Erscheinung tritt, wenn es auf einen dunklen Gegenstand trifft. Und Hermann Hesse beschreibt, wie Siddhartha an einem Fluss zur Erkenntnis gelangt, dass alles Getrennte eigentlich zusammengehört: „Die Klage der Sehnsucht und das Lachen des Wissenden, der Schrei des Zorns und das Stöhnen der Sterbenden, alles war eins, alles war ineinander verwoben und verknüpft, tausendfach verschlungen. Und alles zusammen, alle Stimmen, alle Ziele, alles Sehnen, alle Leiden, alle Lust, alles Gute und Böse; alles zusammen war die Welt. Alles zusammen war der Fluss des Geschehens, war die Musik des Lebens." (10)

Zwischen den beiden Extremen gibt es fließende Übergänge. So können wir nicht genau feststellen, wann sich das Kältegefühl einstellt und das Wärmempfinden aufhört. Oder nehmen wir den Fall vom Höhenrausch in den Alpen und vom Tiefenrausch unter Wasser. Beide haben dieselbe Ursache in veränderter Form, und beide können zu den gleichen Folgen führen, nämlich zum Tod.

In einer Schrift aus dem Jahr 1580 formulierte der französische Schriftsteller Michel de Montaigne (1533-1592) den bekannten Satz: „Les extrêmes se touchent – Extreme berühren sich." Ursula Seiler merkt hierzu an: „Ein Extrem begünstigt die Entstehung des anderen Extrems mit dem Ziel, wieder eine Situation der Harmonie herzustellen." (11)

Symbol dieser wechselseitigen Bewegung ist das schwingende Pendel. Auf dessen Ausschlag in einer Richtung folgt ein Ausschlag in die Gegenrichtung. Durch die Rückkehr zum Gegenpol berühren sich die beiden Extreme. So sind Hitze und Kälte die polaren Spitzenwerte der Temperaturschwankungen. Dunkelheit und Licht sind die beiden Extremwerte auf der Helligkeitsskala. Wenn wir in westlicher Richtung rund um den Erdball wandern, gelangen wir im äußersten Westen an unseren Ausgangsort im Osten zurück. So ist auch der maximale Ausschlag des Pendels in die eine Richtung gleich dessen Ausschlag in die entgegengesetzte Richtung. Der Hinweg ist gleich dem Rückweg.

Jede einseitige Übertreibung kann ins Gegenteil umschlagen. In extremen Lebenssituationen fällt auf: Je älter ein Mensch wird, desto häufiger denkt er an seine Jugend zurück. Je mehr ein Mensch an Hunger leidet, desto öfter denkt er ans Essen. Aber auch: Je weiter sich der Weltraum ausdehnt, desto größer wird das Ausmaß des Unbekannten.

So sind auch alle Aussagen, die wir täglich zu hören bekommen, nur zur Hälfte wahr. Es handelt sich meist um Paradoxien (gr. *para*: gegen, entgegen; *doxa*: Meinung, Ansicht), die zugleich zum Teil wahr und zum Teil falsch sind, wie der chinesische Weise in seinem „Tao Te King" verriet:

Wer da sagt: schön
schafft zugleich: unschön.
Wer da sagt: gut,
schafft zugleich: ungut.
Bestehen bedingt: nicht bestehen,
kompliziert bedingt: einfach,
Hohes bedingt: Tiefes,
Das Laute bedingt: das Leise.

Hierzu eine amüsante Geschichte: Ein Mann wurde vom Gericht wegen Verleumdung zum Widerruf verurteilt, weil er behauptete, in der Hälfte des Gemeinderates sitzen lauter Gauner. Nun rechtfertigte er sich mit der Behauptung: „Die Hälfte des Gemeinderates besteht nicht aus lauter Gaunern."

Auch die Körperseiten des Menschen stehen zueinander in einer polaren Wechselbeziehung, so die Brustseite zur Rückenseite und die rechte Körperhälfte zur linken. Daher kann es vorkommen, dass die Ursache einer Krankheit auf der einen Körperseite liegt, während deren Symptome aber auf der Gegenseite in Erscheinung treten. So sind Kranksein und Gesundsein die zwei polaren Zustände derselben Situation, nämlich der Gesundheit. Daher kann etwas Krankmachendes bei polarer Anwendung das Gesundwerden ermöglichen. Dies kommt im Grundsatz der Homöopathie zum Ausdruck: „*Similia similibus curantur* – Ähnliches wird mit Ähnlichem geheilt." Oder wie es im Volksmund heißt: „Man muss das Böse mit dem Bösen" oder den „Teufel mit dem Beelzebub" austreiben. So kann eine Pflanzensubstanz, die in natürlicher Form giftig ist, in höherer Potenzierung als

Heilmittel eingesetzt werden. Nicht zufällig bedeutet das griechische Wort *pharmacon* sowohl Gift als auch Heilmittel. (12)

Aus der Passivität entsteht die Aktivität, und das Aktive zieht sich in die Passivität zurück.

Dies ist das Geheimnis jedes schöpferischen Vorganges. Die Leistung kommt aus der Ruhe; die Ruhe folgt der Leistung. Schöpferische Menschen sagen von sich, dass sie in der Ruhe tätig, im Tätigsein aber ruhig sind. Im gleichen Sinne lässt sich sagen: Das Schwache ist stark, das Starke ist schwach.

Wie das Schwache oft widerstandsfähiger ist als das Robuste, lehrt uns folgende Symbolgeschichte: Zwei Derwische aus Chorasan unternahmen eine Reise in ihre Hauptstadt. Der eine war schmächtig und mager, denn er hatte sich angewöhnt, nur alle zwei oder drei Tage leichte Nahrung zu sich zu nehmen. Der andere pflegte dreimal am Tage sich satt zu essen und fühlte sich bärenstark. In der Stadt angekommen, schlenderten sie unentschlossen durch die Straßen und schauten sich nach allen Seiten neugierig um. Es ging nicht lange, da wurden die beiden Fremdlinge von den Sittenwächtern verhaftet, weil man sie für Spione oder Diebe hielt. Sie wurden ohne langes Verhör in ein finsteres Verließ eingesperrt und vom Gefängniswärter vergessen. Als dieser sich nach zwei Wochen ihrer erinnerte, da fand man den Starken tot, den Schwachen aber noch am Leben. Als man sich darüber wunderte, entgegnete ein Weiser: „Über das Gegenteil müsste man erstaunt sein, denn jener Tote war ein Vielfraß und hielt es nicht aus, ein paar Tage zu fasten. Jener aber konnte die zwei Wochen ohne zu essen leicht überstehen, denn er war das Fasten gewohnt." So bestätigten sich die Worte des chinesischen Philosophen Lao-tse: „Das Schwache und Weiche ist die wahre Stärke, denn sie ist die Eigenschaft allen Lebens. Das Starke und Harte aber ist dem Tode geweiht." (13)

Es ist längst erwiesen, dass in vielen Belangen das sogenannte schwache Geschlecht das stärkere ist. So ist die Säuglingssterblichkeit beim männlichen Geschlecht häufiger als beim weiblichen Geschlecht. Mädchen sind in der Regel weniger anfällig für Infektionskrankheiten als Knaben. Ihre Widerstandsfähigkeit ist stärker, sie halten mehr aus, sie sind geduldiger, sowohl körperlich als auch seelisch. Frauen leben meist auch gesundheitsbewusster und ernähren sich vernünftiger. Ein Weiser sagte: „Ob die Frauen so viel Vernunft haben wie die Männer, wage ich nicht zu behaupten. Sie haben aber bestimmt nicht so viel Unvernunft." Frauen haben auch eine höhere Lebenserwartung als Männer. Daher hält die Journalistin Beatrice Schlag die Mär vom „schwachen Geschlecht" für ein Wunschdenken der Männer. (14)

In der ganzen Natur sind die weiblichen Elemente Wasser und Erde für das Leben auf die Dauer wichtiger als die männlichen Energien aus Feuer und Luft. Das Wasser wirkt nachhaltiger durch sein stetes Fallen als durch sein tosendes Gefälle; und dass der Wassertropfen den Stein nicht durch seine Kraft höhlt, sondern durch sein häufiges Fallen, beschrieb bereits der römische Dichter Ovid mit seinem Vers: „*Gutta cavat lapidem non vi sed sepe cadendo.*" Daraus entstand das deutsche Sprichwort: „Steter Tropfen höhlt den Stein."

Der Starke behauptet: „Auf einen groben Klotz gehört ein grober Keil" oder „Angriff ist die beste Verteidigung". Ebenso wahr sind aber die Ratschläge des Schwachen: „An den Bäumen des Schweigens wachsen die Früchte des Friedens." Oder: „Die Möwe besiegt den Sturm, indem sie sich ihm überlässt." Hierzu gehört auch das japanische Sprichwort: „Ein echter Samurai siegt ohne zu kämpfen" und die chinesische Empfehlung des „Wu-wei": „Durch unser Nichttun erreichen wir oft mehr als durch unser Tun."

Dass die Friedfertigen und Sanftmütigen oft eher zu ihrem Ziel kommen als die angriffigen Vordränger, die mit gespreizten Ellbogen und breiten Beinen durch die Welt stampfen, weiß auch die *Bergpredigt* mit ihren Seligpreisungen. (Mt 5, 3-12; Lk 6,20-26) Es gehört zur klugen Lebensführung, bei Kleinigkeiten „Fünfe gerade sein zu lassen", nicht dauernd sich verteidigen oder rechtfertigen zu müssen, nicht ständig Recht zu haben oder jedem alles mit gleicher Münze heimzahlen zu wollen.

Polare Gegensätze können beim Menschen zu Spannungsenergien führen, die sich positiv oder negativ auswirken, je nachdem wie diese ausgehalten und umgesetzt werden. So beispielweise zwischen Bedürfnis und Verzicht, zwischen Lust und Frust, zwischen Antrieb und Hemmung, zwischen Arbeit und Muße.

Wie sich zwei Extreme berühren, zeigt sich vielfach am Phänomen der Hochbegabten, so bei genialen Autisten oder bei Savants, die durch ihr exzentrisches Wesen auffallen und durch ihre außerordentlichen Leistungen von der normalen Mitte abrücken. Manchmal halten sich diese am Rande der Verrücktheit auf und schwanken zwischen Genie und Wahnsinn. Häufig kommt dies vor bei bestimmten Formen des Autismus, was auf eine genetische Veranlagung schließen lässt. (15)

Auch bei den bipolaren Erkrankungen, früher als manisch-depressives Irresein oder auch als Cyclophrenie bezeichnet, lassen sich extreme Schwankungen zwischen erhöhter Schaffenskraft und Lebensfreude auf der einen und tiefer Niedergeschlagenheit und lähmender Arbeitsunlust auf der anderen Seite beobachten. (16) Was beim cyclothymen Typus sich als normale Gemütsschwankungen zeigt, das sind beim cycloiden Grenzzustand erhöhte Labilität und Stimmungsabhängigkeiten. Beim cyclophrenen Patienten dagegen kann diese Stimmungsschwankung in eine manisch-depressive Erkrankung ausarten. Das Normale ist also nicht eine rote Linie, sondern ein breites Band zwischen Grenzsituationen und Extremen. Zwischen Gesundheit und Krankheit gibt es also fließende Übergänge und Randerscheinungen. Deshalb verglich C. G. Jung das Kranke mit einem Vergrößerungsglas, mit dem wir das Normale besser sehen.

Die ganze Wirklichkeit besteht demnach aus polaren Teilwirklichkeiten. Wir können nicht das eine bejahen und das andere verneinen. Beides zugleich können wir im Leben nicht haben.

Polare Behauptungen sind paradoxe Aussagen. In jeder Halbwahrheit ist ihr Gegenteil enthalten. Es geht bei der Polarität der Wahrheit selten um ein „Entweder-Oder“, sondern häufig um ein „Sowohl-als-auch“. Betrachten wir nur eine Seite und übersehen wir die andere, liegen wir falsch. So führt die Verneinung einer Teilwahrheit gleichermaßen zur Bejahung der anderen Teilwahrheit.

Der Kluge ist fähig, zwei Extreme einander anzunähern und miteinander in Einklang zu bringen. So konnte der Schriftsteller Karl Otto Schmidt (1904-1977) von sich sagen: „Ich wirke im Ruhen und ruhe im Wirken“, und Paramahansa Yogananda (1893-1952) schrieb: „Ich bin ruhig, wenn ich tätig bin; ich bin tätig, wenn ich ruhig bin.“

Auch das menschliche Bewusstsein ist polar. Entgegengesetzte Bewusstseinszustände sind das Bewusste und das Unbewusste, das Traumbewusstsein und das Wachbewusstsein, das Körperbewusstsein und das Seelenbewusstsein, das Ich-Bewusstsein und das kollektive Wir-Bewusstsein, das Diesseitsbewusstsein und das Jenseitsbewusstsein. Mit unserem polarisierenden Denken spalten wir die Wirklichkeit in Subjekt und Objekt, in Wesentliches und Nebensächliches, in Vordergründiges und Hintergründiges und sehen das Gemeinsame und Ganze eher selten.

Das tatsächlich Hohe ist immer tief.
Das wirklich Schnelle ist immer langsam.
Das höchst Feinfühlige ist unempfindlich.
Das am stärksten Beredsame ist stumm.
Der Ungeführte wird am sichersten geführt.
Jener, der alles hingibt, besitzt doch alles.
MIKAIL NAIMY

Umpolung und Polwechsel

Ändere dein Denken und
die Welt wird sich verändern.
SUNDARY

Obwohl wir wissen, dass alles in unserer Welt seine zwei Seiten hat, nehmen wir allzu oft nur deren eine Hälfte wahr. Erst indem wir unser Denken umpolen, wechseln wir unseren Standpunkt und gewinnen einen neuen Gesichtspunkt. Dadurch kann sich unsere Einstellung zu einer Sache grundlegend ändern.

Zahlreiche Menschen sind wahre Künstler darin, sich Sorgen zu machen. Häufig ist es so, wie Jakob Böhme (1575-1624) einmal treffend schrieb: „Es ist ein ganz jämmerlich Ding, dass der Mensch also dem nachläuft, was ihm doch von selber nachliefe. Er läuft nach Kummer und Sorgen, und das läuft ihm doch selber nach. Es ist, als wäre er immer toll und mache sich Unruhe. Ließe er sich genügen, so hätte er Ruhe."

Eine Umpolung kann auf allen Ebenen der Natur beobachtet werden. Auf der physischen Ebene stellen wir fest: Wenn ein Blitz in einen Stabmagneten einschlägt, kehren sich dessen beiden Pole plötzlich um. Auch zufolge eines starken Temperaturanstiegs kann es zu einem Polwechsel kommen. Ähnliches kann beim Zusammenbruch des Erdmagnetfeldes geschehen. Dies müsste eine Umkehr der Erdpole zur Folge haben und damit eine Verschiebung der Himmelsrichtungen, so dass die Sonne im Westen aufgeht statt im Osten. Historische Hinweise hierüber finden sich beim griechischen Geschichtsschreiber Herodot (500-424 v. Chr.), der sich auf entsprechende altägyptische Aufzeichnungen beruft. Auch Platon erzählt in einem seiner Dialoge von einer kosmischen Katastrophe, welche die Bewegung der Erde veränderte, so dass die Lage der Erde „einmal entgegengesetzt, ein andermal schräg und dann wiederum das unterste zu oberst gekehrt war". Von einer Umkehr der Erdrotation finden sich Hinweise auch in indischen, chinesischen und jüdischen Schriften (Jos 10,12-13) sowie in den Erzählungen der Maya- und Inka-Völker in der westlichen Welt. Solche Polwechsel können nach Ansicht des mit Albert Einstein befreundeten Astronomen Immanuel Velinkowski im erstarrten Lavagestein nachgewiesen werden. (17)

Heute wissen wir, dass das Magnetfeld unserer Erde im Durchschnitt alle 250 000 Jahre seine Richtung ändert, indem es im rhythmischen Wechsel auf- und abgebaut wird. Dieser Vorgang, der durch die Strömung des glühflüssigen Erdkerns ausgelöst wird, soll sich in einer geologischen Zeitspanne von zehntausend Jahren wiederholen. Die letzte Umwälzung dieser Art hat sich vor rund 780 000 Jahren ereignet. Naturwissenschaftler wollen dies durch Messungen an magnetisierten eisenhaltigen Mineralien im prähistorischen Lavagestein festgestellt haben. (18) Zurzeit nimmt das Erdmagnetfeld alle hundert Jahre um 5% ab.

Auch auf der biologischen Ebene vollziehen sich Entwicklung und Wachstum durch eine Umpolung. Ein typisches Beispiel hierfür ist die Teilung der Zelle, wie sie bereits bei den frühesten Einzellern die Regel ist. Nachdem sich der Zellkern in der lebenden Zelle geteilt hat, findet eine Kernumpolung statt. Eine Umpolung kann auch im Bereich des Gesundheitsdenkens von Nutzen sein. Dies kann geschehen durch eine radikale Verhaltensänderung in der Lebens- und Ernährungsweise. Auch findet das Wissen um die polaren Gegensätze in der Behandlung von Verspannungen und Verkrampfungen der Muskulatur und bei Blockaden im Energiefluss seine wohltuende Anwendung. Als „Polarity-Therapie“ wurde diese Methode vom österreichischen Naturarzt Rudolph Bautsch (1890-1981), der sich in Amerika Randolph Stone nannte, als alternative Heilmethode entwickelt. (19) So lässt sich sagen: Krankheit entsteht durch eine Erstarrung im Energiefluss, und zur Heilung kommt es durch Überwindung der Energieblockade. Dies geschieht nach dem Prinzip: Heilung kann nur über den Gegenpol erreicht werden. Dadurch vollzieht sich eine Umpolung im energetischen Heilungsfeld. (20)

Auf der psychischen Ebene kann eine angespannte Gefühlssituation behoben werden durch emotionale Entspannung und Entkrampfung, indem wir uns beruhigen und uns in Gelassenheit üben. Eine wirksame Methode zu dieser Umpolung ist die paradoxe Intention: Indem wir uns das Gegenteil von dem vorstellen, was uns nervt, ärgert oder beunruhigt. Dies hilft auch bei der Entwöhnung einer üblen Gewohnheit, wobei wir uns das vor Augen halten sollten, was wir durch den Verzicht erreichen wollen. Das gleiche Ziel kann erreicht werden durch die autosuggestive Methode von der „gegenteiligen Vorstellung“, indem wir etwa bei einer Suchtentwöhnung nicht ständig an das Suchtmittel Zigarette, Alkohol oder Droge denken, sondern uns das vorstellen, was wir durch den Verzicht als dessen Gegenpol gewinnen können. (21)

Es ist auch im mentalen Bereich eine Umpolung denkbar, nämlich durch einen polaren Wechsel im Gedankenfeld des Einzelnen und ganzer Menschengruppen. Dies kann erreicht werden durch eine Änderung des Bewusstseinsfeldes. Wer sich einmal bewusst wird, was wir alles vorkehren können und müssten, um die Welt zu ändern, sollte zunächst bei sich selber anfangen und sich selber ändern. Hier ist unter Umpolung ein Gesinnungswandel zu verstehen. Dieser kann sich einstellen durch einen Wechsel von materiellen Interessen zu geistigen Interessen, vom egoistischen Ich-Denken zum altruistischen Du-Denken, bei einer Umstellung von Du-Botschaften zu Ich-Botschaften, von Hassgedanken zu Liebesgedanken. Selbst durch unsere Erwartungen schaffen wir Polaritäten. Wer selbstlos und absichtslos das Gute um seiner selbst willen tut, der erwartet dafür keinen Dank und keine Anerkennung, wodurch er sich Enttäuschungen erspart. Eine Umpolung im Denken ist auch das, was wir in der Meditations-Praxis unter dem Begriff „Metanoia“ verstehen. Dieses griechische Wort bedeutet: Umdenken, Neudenken, Gesinnungswandel und Neuorientierung. Dadurch gewinnen wir eine veränderte Weltsicht.

Wenn wir uns in einem finsteren Raum befinden, ist es müßig, versuchen zu wollen, die Dunkelheit hinauszudrängen. Stattdessen ist es sinnvoller, ein Licht anzuzünden, denn die größte Dunkelheit kann das kleinste Licht nicht vernichten. So ist ein einziger positiver Gedanke besser als tausend negative Gedanken. (22)

Eine weitere Möglichkeit der gedanklichen Umpolung liegt in der „Als-ob-Methode“. Diese wurde im 19. Jahrhundert vom amerikanischen Psychologen William James (1842-1910) entwickelt, der das Prinzip aufstellte: „Wahr ist, was sich praktisch bewahrheitet.“ Seine Empfehlung lautet: „Wenn du eine bestimmte Eigenschaft haben willst, handele so, als ob du sie schön hättest.“ Wenige Jahre danach hat der französischen Apotheker Emil Coué (1857-1926) diese Idee in seine autosuggestive Lehre von der Selbstbemeisterung übernommen. Sein Grundsatz lautete: „Jeder Gedanke, den du dir zu eigen machst, hat die Neigung, sich zu verwirklichen.“ Auf diese Weise kann sich, durch einen Polwechsel im Denken, unsere Welt tatsächlich verändern. (23)

Die Meditationslehrerin Silvia Wallimann schreibt in ihrem Buch „Umpolung“: „Wie nie zuvor wird sich der Mensch durch diese Umpolung seiner selbst bewusst. Dieser Vorgang gleicht einem Erwachen aus tiefstem Schlaf, und die Freude darüber ist sehr groß. Wir sind dann nicht mehr gefangen in unseren materiellen Träumen, sondern erkennen die bis jetzt verborgenen Aspekte unseres Seins und ihre Bedeutung in der gesamtheitlichen Entwicklung.“ (24)

Ein solches Umdenken setzt voraus, dass wir überlebte Denkmuster und Denkgewohnheiten aufgeben. So zeichnet sich heute in vielerlei Hinsicht ein Umdenken ab, zum Beispiel im Selbstverständnis der Geschlechter in der Berufs-, Geschäfts- und Arbeitswelt mit der Forderung nach mehr Gleichstellung und Gleichberechtigung. Die Emanzipation des weiblichen Geschlechts lässt überlebte Formen des Zusammenlebens von Mann und Frau allmählich verschwinden, und ein freierer Umgang miteinander wird möglich. Wo dies nicht geschieht, kommt es zur Erstarrung in der Beziehung oder zum Zusammenbruch der Partnerschaft.

Wer hartnäckig nur eine Seite der Wahrheit vertritt und deren Gegenseite nicht wahrhaben will, der denkt einpolig und damit einseitig. Dies ist regelmäßig der Fall bei der psychischen Projektion. Bei diesem Vorgang wird eine subjektive Vorstellung, die der Wahrheit nur teilweise oder überhaupt nicht entspricht, auf ein äußeres Objekt gerichtet und für wahr gehalten. Auf diese Weise kann es zu vorgefassten Meinungen, Verdächtigungen, Vorurteilen und Schuldzuweisungen, ja sogar zu paranoiden Wahnvorstellungen kommen.

Jede Fixierung und jedes Festhalten an einseitigen Positionen wirkt schief und unausgeglichen. Es verhindert alternative Möglichkeiten und steht der Weiterentwicklung und damit dem Fortschritt entgegen. Sobald wir auch die Gegenseite kennen und anerkennen, entsteht eine Polarität, die Energien freisetzt: „Willst du eine unerwünschte Situation beseitigen, wende das Prinzip der Polarität an und konzentriere dich auf den entgegengesetzten Pol dessen, was du unterdrücken willst. Vernichte das Unerwünschte, indem du seine Polarität änderst." (25) Die Biologin Sigrid Lechner-Knecht zieht daraus den Schluss: „An uns liegt es, alles Negative in Positives umzupolen, Ängste und Feindbilder abzubauen und mit unserem Denken und Tun uns für die gesamte Schöpfung verantwortlich zu fühlen." (26)

Ähnliches kann erreicht werden mit der *Paradoxen Intention*. Der Begründer der Logotherapie, der Wiener Psychiater Viktor Frankl (1905-1997), spricht in diesem Zusammenhang von einer Einstellungsmodulation. (27) Diese Denk-Methode kann mit Erfolg angewandt werden bei neurotischen Störungen, indem man jene unliebsame angstauslösende Vorstellung bejaht und akzeptiert, die man bisher zwanghaft bekämpft hat oder zu vermeiden suchte. Dadurch soll das schwache Ich-Bewusstsein gestärkt werden nach dem Motto: „Kommst du als Löwe, bin ich der Esel; kommst du als Esel, bin ich der Löwe." Diese Umpolung soll dem Angstneurotiker dazu verhelfen, seine abwehrende Verteidigungsstellung gegenüber einer vermeintlichen Bedrohung aufzugeben, um gleichsam den Stier bei den Hörnern zu packen und ihn zu bezwingen.

Durch die Anwendung der gegenteiligen Absicht soll der Betroffene lernen, die von ihm unbewusst errichteten Schutzbarrieren und Zwangshandlungen zu durchbrechen und genau das zu tun, was er bisher ängstlich zu vermeiden suchte. Dabei wird er erfahren, dass ihm dabei kein Unheil widerfährt und die Welt deswegen nicht untergeht. Durch bewusstes Nichtbeachten der eingebildeten Gefahr vermindert er diese. Es verhält sich hier wie bei einem Theater; wenn man diesem die Zuschauer nimmt, hört das Spiel von selber auf. Der Erfolg dieser Methode beweist, dass es dabei nicht auf eine forcierte Willensanstrengung ankommt, sondern um die gedankliche Umpolung einer negativen Erwartungshaltung in eine positive.

Ein Anlass für eine Umpolung kann sein: Eine schicksalshafte Begegnung mit einem wesensverwandten Menschen, die Lektüre eines Buches, das neue Orientierung schafft, ein Unfall, der den Menschen aus seiner gewohnten Lebensbahn wirft; ein außerordentliches Erlebnis wie eine Nahtoderfahrung oder ein Wiedererinnern an ein früheres Leben, aber auch eine erschütternde religiöse Erfahrung. Durch einen Gesinnungswandel lässt sich manches Ungemach abwenden, wenn nicht im Großen, so doch im Kleinen.

„Konsequentes Umpolen ist eines der besten, schnellsten und sichersten Mittel, aufzuwachen und sich zu entwickeln“, schreibt Thorwald Dethlefsen. „Jede einseitige Meinung oder Anschauung, jedes Werturteil, das man hat, ist eine Fixierung auf nur einen Pol der Wirklichkeit.“ (28)

Die Lichter umstellen

Wenn die Türe des Glücks geschlossen wird, öffnet sich oft eine andere. Doch allzu lang schauen wir auf die geschlossene Türe und sehen die daneben geöffnete Türe nicht.

Helen Keller

Indem wir die Lichter unseres Bewusstseins umstellen, führen wir einen Gesinnungswandel, einen Meinungsumschwung und eine Verhaltensänderung herbei. Alte Gepflogenheiten und eingeschliffene

Denkgewohnheiten werden aufgegeben und durch bessere ersetzt. Wir fangen an, die Welt mit anderen Augen zu sehen, nämlich aus einer anderen Blickrichtung. Dies lehrt uns die 12. Tarotkarte der Großen Arkana, „Der Hängende", nicht der Gehängte, wie oft falsch gedeutet wird. Das Bild zeigt einen jungen Mann mit offenen, wachen Augen, der kopfüber an einem Baum hängt. Es ist dies ein Symbol für den Menschen, der seine Perspektive vertauscht und damit seine Art, die Dinge zu sehen. Dadurch gewinnt er eine andere Ansicht und eine andere Welt-Anschauung. (29)

Eine ähnliche Symbolik begegnet uns in der mittelalterlichen Alchemie, für die Sonne und Mond die zwei großen Lichter am Himmel bedeuten. Die Sonne als Licht des Tages ist ein Symbol für das Bewusstsein des Menschen, für das aktive männliche Prinzip und für unser Tag- und Wachbewusstsein. Der Mond dagegen, als Licht der Nacht, steht für das Unbewusste, für das passive weibliche Prinzip und für unser Schlaf- und Traumbewusstsein. Stellen wir diese beiden Lichter um, bedeutet dies, dass die Frau auch den männlichen Anteil in ihrer Seele, „Animus" genannt, bewusst zur Entfaltung bringen soll, um ihre ganze Persönlichkeit zu entwickeln. Für den Mann will dies heißen, dass er auch seinen unbewussten weiblichen Seelenanteil, die „Anima", beleben und entfalten soll.

Sonne und Mond, Tag und Nacht weisen uns darauf hin, dass auch unser Leben seine Licht- und Schattenseiten kennt. Es kommt stets auf unsere Sichtweise an und auf die eigene Wertung und Gewichtung einer Sache. Es ist erstaunlich, was wir alles ohne bleibenden Schaden bewältigen können, wenn wir uns darum bemühen, sonnenseitig zu leben und in allem das Gute und Lichtvolle zu sehen. An uns liegt es, ob wir uns auf die Lichtseite oder die Schattenseite des Lebens stellen wollen. Deshalb empfehle ich, sich bei einem Verlust oder Missgeschick stets zu fragen: „Wer weiß, wozu das gut ist?" Dadurch geben wir dem Negativen eine positive Wendung zum Guten hin. Oft erweist sich das, was wir zunächst für gut befunden haben, als schlecht, und das, was wir für nachteilig gehalten haben, erkennen wir später als Vorteil. So bestätigt sich die alte chinesische Weisheit: „Was gut ist, ist schlecht; was schlecht ist, ist gut." (30)

Durch die Umstellungen unserer negativen Erwartungen vermögen wir so manchem Geschehen eine günstige Wendung zu geben, während pessimistische Gedanken ungute Ereignisse geradezu herbeiziehen. Darin liegt auch die Wirkung des positiven Placebo- und die negative Folge des Nocebo-Effekts. Durch übertriebene Furcht- und Sorgegedanken ziehen wir deren Verwirklichung oft heran, und es ergeht uns wie dem biblischen Hiob, der beklagte: „Was ich befürchtet habe, das ist zu mir gekommen.“ (Hi 3,25)

Es kommt also darauf an, was der einzelne Mensch denkt und sich vorstellt, was er erwartet, erhofft oder befürchtet. Im „Dhammapada“ heißt es: „Das, was wir heute sind, folgt aus den Gedanken, die wir gestern dachten, und unser heutiges Denken baut unsere Zukunft, so wie sie morgen sein wird.“ Entscheidend ist demnach, welche Richtung wir unseren gedanklichen Vorstellungen geben. Wollen wir die Welt mit anderen Augen sehen, müssen wir unsere gedanklichen Lichter umstellen, indem wir uns sagen: In den Augen der Guten ist auch die Welt gut.

Wer von innen her nichts an sich ändert, der wird von außen her gezwungen, seine Lichter umzustellen, vielleicht aufgrund von schicksalshaften Ereignissen. „Was du in dir nicht verwirklichst, begegnet dir als Schicksal“, ist eine wichtige Erkenntnis aus der analytischen Psychologie von C. G. Jung. Wer seine inneren Lichter umstellt, wird so manches, was er bis dahin für wichtig genommen hat, nicht mehr gleich gewichten. Nun wird er vieles infrage stellen, für fragwürdig oder überflüssig halten. Es kommt zu einer Umwertung und Neubewertung dessen, was das Leben lebenswert macht. Gleichzeitig meldet sich immer häufiger und drängender die Frage nach dem Sinn des eigenen Bemühens. Die Lösung eigener Probleme wird dann nicht heißen: Wohnungswechsel, Berufswechsel oder Partnerwechsel, sondern Umstellung auf eine veränderte Sichtweise. Diese muss zunächst in der Innenwelt geschehen, ehe sie in der Außenwelt zu neuen Gesinnungen und Anschauungen führt.

Ein Mann beklagte sich einmal bei mir, dass er nach der autosuggestiven Erfolgsmethode sich während Jahren einzureden versuchte: „Mir geht es jeden Tag in jeder Beziehung immer besser und besser.“ Doch nichts habe sich zu seinem Besseren verändert. Er bestätigte mir: „Wir wohnen immer noch in der gleichen alten Wohnung, ich stehe immer noch täglich am gleichen Arbeitsplatz, ich habe nach wie vor den gleichen Lohn und meine Frau kocht nicht besser." Ich versuchte, ihm zu erklären: „Sie haben bisher erwartet, dass sich ihre äußeren Lebensverhältnisse durch einen simplen Gedankentrick ändern lassen. Bevor sich diese verändern können, müssen Sie anfangen, sich selbst zu ändern, indem sie Ihre Einstellung ändern, um in den gleichen äußeren Umständen innerlich zufriedener, ausgeglichener und freundlicher zu werden. Und eines Tages wird Ihr Arbeitgeber Ihnen erklären: ‚Es ist mir aufgefallen, dass Sie in letzter Zeit deutlich fleißiger, zugänglicher und zuverlässiger geworden sind. Deshalb habe ich beschlossen, Sie zu befördern und Ihnen ab Neujahr einen verantwortungsvolleren Posten anzuvertrauen. Nun werden Sie eine neue Arbeit zugewiesen bekommen, die Sie zufriedener macht; Sie werden einen höheren Lohn bekommen, sich eine größere Wohnung leisten, und Ihre Frau wird auch besser kochen können.'"

Was sich in unserer Außenwelt ändern soll, muss sich zuerst in unserer Innenwelt verändern. Die Genfer Philosophin Sudari sagte 1974 in einem Radio-Interview: „Ich wollte die Welt verändern, da veränderte sich nichts. Da fing ich an, mich selber zu verändern, und siehe da, meine Welt fing an sich zu ändern."

In vielen Fällen entsteht zwar der Wunsch nach einer grundlegenden Veränderung, aber diese wird verhindert durch schicksalshafte Gegebenheiten und Verpflichtungen, die nicht zu ändern sind. Dabei geht es nicht in erster Linie darum, dass wir die äußeren Verhältnisse, Bindungen und Abhängigkeiten über den Haufen werden, sondern darum, dass wir diese mit anderen Augen sehen. Dann lässt sich auch unsere Einstellung und Bewertung ihnen gegenüber ändern. Dies hat zur Folge, dass wir unsere bisherigen Denkmuster überdenken, unser Verhalten ändern, eine neue Blickrichtung gewinnen und uns auf einen neuen Standpunkt einstellen. „Es ist sehr wohl möglich", schreibt C. G. Jung, „dass wir die Welt von der verkehrten Seite anschauen, und dass wir die richtige Antwort finden, wenn wir unseren Standpunkt ändern und sie von der anderen Seite her betrachten, das heißt, nicht von außen, sondern von innen." (31)

Stellen wir die Lichter um, bevor diese uns ausgehen. Auch wenn es nur zehn Prozent sind, die dies tun, vermögen diese wenigen vielleicht die vielen umzustimmen und die Schlafenden aufzuwecken. Dieser Idee haben sich all jene verschrieben, die jeden Tag sich gleichzeitig miteinander in einer Meditation zusammenschließen, um gedanklich einen großen geistigen Kreis zu bilden, in dem weite Gegenden und deren Bewohner mit eingeschlossen werden.

Die Lichter umzustellen heißt:

- Wenden wir uns ab vom aufgeblähten Vergnügungs- und Luxusdenken und begnügen wir uns mit einer einfachen und natürlichen Lebensführung.
- Statt ständig Ansprüche und neue Bedürfnisse anzumelden, sollten wir zu einer bescheidenen und genügsamen Lebensweise zurückfinden.
- Beschränken wir unser materielles Gewinn- und Profitstreben und suchen wir vermehrt nach unverlierbaren geistigen Werten.
- Nicht blinder Fortschrittsglaube, der alles für machbar hält, sondern verantwortungsbewusstes Erfolgsdenken sei unser Bemühen.
- Selbstloses Dienen statt selbstsüchtiges Verdienen.
- Geistige Verinnerlichung an Stelle materieller Veräußerlichung.
- Soziales Gemeinschaftsdenken statt selbstbezogenes Ego-Denken.
- Globale Mitverantwortung und Solidarität mit den Benachteiligten statt selbstbezogenes Profitdenken ist zu erstreben.
- Ehrfurcht vor dem Leben und Bewahrung der Schöpfung anstelle einer rücksichtslosen Ausbeutung von Natur und Kreatur.
- Zuversichtliches Zukunftsdenken ohne riskante Abenteuer.
- Kollektives Bewusstsein statt sich von Eigennutz und Beutetrieb antreiben zu lassen.
- Mehr Selbstbeherrschung statt Fremdbeherrschung.
- Mehr kosmisches Bewusstsein statt kosmetische Bewusstseinspflege.
- Ein kleines Licht anzünden ist besser, als sich über den Schatten zu beschweren.
- Solidarisches Gemeinschaftsdenken statt eigennützigem Ego-Denken.

Wenn heute immer häufiger vor dem Klimawandel und dessen Folgen gewarnt wird, könnte auch das Gebet des nordamerikanischen Indianerhäuptlings Seattle uns zu denken geben, der vor mehr als hundert Jahren in seiner Rede vor dem amerikanischen Präsidenten folgende Worte sprach:

„Großer Geist, gib uns Herzen, die verstehen, nie von der Schönheit der Schöpfung mehr zu nehmen, als wir brauchen und ihr auch zurückgeben; nie mutig zu zerstören zur Stillung unserer Hab- und Genussgier; nie unsere Hand zu verweigern, wo es gilt, Not zu lindern und Leben zu erhalten. Gib uns, großer Geist, Herzen, die begreifen, dass wer der Erde Lied zerstört, Verwirrung stiftet; wer ihr Angesicht verwüstet, uns blind macht für die Schönheit unserer Welt; wer ihren Wohlgeruch gefühllos vernichtet, eine Wohnstatt schafft voll Unrat und üblem Geruch. Die Erde ist unsere Mutter, von der wir das Leben bekommen haben. Wenn wir sie mit Liebe und Ehrfurcht umgeben, wird sie auch für uns sorgen.“ (32)

4. Das Gesetz der Entsprechung

Die Lippen der Weisen sind verschlossen,
nur nicht für die Ohren der Verständigen.
KYBALION

Bei der Entsprechung geht es um den Vergleich von zwei ähnlichen oder sinnverwandten Gegebenheiten, ohne dass zwischen beiden ein ursächlicher Zusammenhang besteht. Nach Hermes Trismegistos lautet das Entsprechungsgesetz: „Das Obere gleicht dem Unteren und das Untere dem Oberen; das Inwendige entspricht dem Auswendigen und umgekehrt; das Kleine ist ähnlich dem Großen; der Teil entspricht dem Ganzen; was auf Erden ist, das gilt auch im Himmel und was im Himmel ist, behält seine Gültigkeit auch auf Erden." (1)

Wir können beim Entsprechungs-Gesetz auch von einer Analogie (gr. *ana-logon*: gedanklich gleich, ähnlich) sprechen. Damit ist gemeint, dass zwei Dinge, die sich ähnlich sind, einen inneren analogen Zusammenhang aufweisen. Das Analogiegesetz lautet daher: Ähnliches lässt auf Ähnlichkeit, Unähnliches auf Unähnlichkeit schließen. Wenn von einem Menschen gesagt wird, er kämpfe wie ein Löwe, heißt dies nicht, dass er ein Löwe ist, sondern nur, dass er Löwenmut beweist. Analogien begegnen uns häufig in der Sprache der Symbole, so etwa, wenn Jesus in seinen Gleichnisreden das Himmelreich verglich mit einem Senfkorn, mit einem Sauerteig, mit einem Schatz, der im Acker vergraben liegt, oder mit einem Fischernetz (Mt. 13, 31-32;

33-34; 44-46; 47-50). Die Vergleiche sollen dazu dienen, um unanschauliche Wahrheiten zu veranschaulichen. Deshalb kommt der Analgie keine logische, sondern nur eine analoge Beweiskraft zu.

Wie unten so oben – wie oben so unten

Im „Kybalion" heißt es: „Es gibt im ganzen Universum nichts, das nicht sein Oben und sein Unten kennt." (2) Dieser Lehrsatz lässt sich im somatischen Bereich sehr gut auf unser Körpersystem anwenden. Der Dialog zwischen Gehirn und Bauch ist dabei von entscheidender Bedeutung. Diese beiden lebenswichtigen Organe sind mit zahlreichen Nervensträngen miteinander verbunden und stehen in einer beständigen Wechselwirkung. Wenn diese nicht stimmt, kommt es früher oder später zu gesundheitlichen Entgleisungen, die sich oben wie unten in allerhand Beschwerden und sogar Krankheiten auswirken können.

Diese wechselseitige Beeinflussung geschieht nicht nur über die reich verzweigten Nervenbahnen, sondern auch über das Drüsensystem, das Lymphsystem, über die Muskelzellen, ja über das gesamte Immunsystem. Dieses löst im Gehirn entsprechende Reaktionen aus, die als Botschaften an alle Organe weitergeleitet werden, um diese zur Mitarbeit und Gefahrenabwehr aufzufordern. Auf diese Weise wird der gesamte Stoffwechsel, Metabolismus genannt, beeinflusst, der für die Verarbeitung einer enormen Datenmenge zuständig ist, die vom Kopfhirn gesteuert und vom Bauchhirn umgesetzt wird. Heute wissen wir, dass im menschlichen Darm rund 100 Millionen Mikroorganismen ununterbrochen ihre verborgene Arbeit leisten. Unter diesen befinden sich 1000 verschiedene Arten von Bakterienstämmen, die alle aufeinander abgestimmt sind.

Der amerikanische Arzt Emeran A. Mayer hat vor Kurzem ein wichtiges Buch mit dem Titel „Das zweite Hirn" veröffentlicht. Darin macht er die Ergebnisse seiner Forschungsarbeit von vierzig Jahren an der Universität von Kalifornien in Los Angeles bekannt. Er zeigt auf, dass beim Menschen ein intensives Zusammenwirken zwischen dem Gehirn und dem Darmtrakt besteht, weil Darm und Gehirn durch wechselseitige Signalwege eng miteinander verbunden sind. Dazu gehören Nerven, Hormone und Entzündungsmoleküle. Eine Fülle von

Informationen, die der Darm aussendet, erreicht das Gehirn und umgekehrt. Die engen Wechselwirkungen zwischen diesen Signalwegen spielen eine wichtige Rolle sowohl bei der Entstehung von Emotionen als auch für die normale Funktion des Verdauungstrakts. (3) So kann ein falsches Sorgendenken sowohl Kopfweh als auch Magenbeschwerden auslösen, obwohl die entsprechende Ursache nicht im Körperlichen liegt.

Bei einer gesunden Ernährungsweise behalten wir nicht nur einen klaren Kopf, sondern auch eine beschwerdefreie Magengegend. Dass ein voller Bauch selbst unsere Kopfarbeit beeinträchtigt, bezeugt das lateinische Sprichwort: „*Plenus venter non studet libenter*" oder „Ein voller Bauch studiert nicht gern". Über die vitale Gehirn-Darm-Achse werden fortwährend Energien ausgetauscht. Kopf und Bauch bilden so ein geschlossenes System, in dem die rationale Intelligenz mit der emotionalen Intelligenz in einem klugen Entsprechungsverhältnis steht. (4) Der rationale Denktyp orientiert sich bevorzugt nach dem Kopf, der emotionale Denktyp lässt sich in seinen Entscheidungen, die er oft aus dem „hohlen Bauch" heraus trifft, eher von seinen Gefühlen leiten.

Eine ähnliche Entsprechung wie zwischen Kopf und Bauch besteht zwischen dem Kopf und dem Herz. Beim Kopfdenken wird oft das Herzdenken außer Acht gelassen. Wollen wir das Herz zu Worte kommen lassen, steht uns nicht selten der Kopf im Wege. Zwischen dem Denken mit dem Kopf und dem Denken mit dem Herzen entsteht oft ein Widerspruch. Treffend sagt dies das französische Wortspiel von Blaise Pascal: „*Le cœur a des raisons, que la raison ne connaît pas* – Das Herz hat Gründe, welche der Verstand nicht kennt." Dem nüchternen Kopfdenken steht häufig das warmherzige und weichherzige Gefühlsdenken entgegen. Der große Volkserzieher Heinrich Pestalozzi (1746-1827) hat in seiner Pädagogik immer wieder betont, dass nebst der Hand stets Kopf und Herz zusammengehen müssen, soll das Werk gelingen.

Ein anderes Entsprechungsbeispiel gibt uns die astrologische Psychologie. Diese nimmt an, dass zwischen der Menschenwelt unten und der Sternenwelt oben ein akausaler Zusammenhang besteht, und zwar in dem Sinne, dass der astronomische Sternenhimmel oben gleichsam das kosmische Zifferblatt ist, auf dem wir ablesen können, wie spät es in uns ist. Die häufige Ablehnung, welche der Astrologie und Astrosophie entgegengebracht wird, rührt von der falschen Behauptung, dass der Sternenlauf das menschliche Schicksal bewirken und beeinflussen könne. Richtig ist, was Friedrich Schiller (1759-1805) in seinem Schauspiel „Wallenstein" geschrieben hat: „In deiner Brust sind deines Schicksals Sterne." Es handelt sich bei der Astrologie nicht um eine astronomische Ursachenlehre, sondern um eine vergleichende Signaturenlehre. (5)

Dieses psychologische Bezugssystem, das der seelischen Innenwelt des Menschen entspricht, hat mit den astronomischen Verhältnissen am Sternenhimmel wenig zu tun. Die Tierkreiszeichen am gedachten Fixsternhimmel sind symbolische Entsprechungen für die zwölf menschlichen Verhaltenstypen. (6)

Eindrücklich ist die Symbolik, die der geniale Künstler Leonardo da Vinci (1452-1519) in seinem Bild „Das letzte Abendmahl" sichtbar und erkenntlich macht. Er hat dieses fünfundvierzig Quadratmeter große Wandgemälde in den Jahren 1452 bis 1519 im Refektorium des Dominikanerklosters „Santa Maria delle Grazie" in Mailand gemalt. Mit diesem stellt er den Moment dar, in dem Jesus seinen Jüngern am Vorabend seines Todes eröffnet, dass ihn einer von ihnen verraten werde. Jeder der zwölf Apostel, vom Künstler in vier Dreiergruppen dargestellt, entsprechend den vier Elementen Feuer, Luft, Wasser und Erde und den zwölf Tierkreiszeichen, reagiert in Mimik und Gebärde darauf entsetzt, gemäß seinem Verhaltenstypus.

Auch den Planten schreibt die Astrologie keine verursachende Wirkung auf das menschliche Leben zu. Die Planeten und ihre Positionen im Horoskop werden nicht als materielle Himmelskörper gesehen, sondern als Symbole für menschliche Eigenschaften und Fähigkeiten, die bereits angelegt sind und die es zu entwickeln gilt. Die Planetenpositionen sind Stationen auf der astrologischen Lebensuhr, die aktiviert werden, wenn der Alterspunkt sie auslöst. Hier trifft der Satz des Philosophen Henri Bergson (1859-1941) zu: „Die Ereignisse kommen nicht; sie sind schon da. Wir gehen im Laufe des Lebens an ihnen vorüber."

Eine Entsprechung zwischen oben und unten finden wir auch dort, wo Planetenkräfte mit bestimmten Körperorganen und Kraftzentren (Chakras) im Menschen in Beziehung gesetzt werden.

So wird die Durchsetzungsfähigkeit mit dem Mars und dem Wurzel-Chakra in Übereinstimmung gebracht oder die Vitalität mit der Sonne und dem Herz-Chakra. Auf diese Weise kommt es zu einer Analogie zwischen der himmlischen Sternenwelt und der irdischen Menschenwelt.

In Wahrheit ist die moderne Astrologie eine Typologie im Rahmen der angewandten Psychologie. Diese geht von der Erfahrung aus, dass Sternenwelt und Menschenwelt in einem Entsprechungszusammenhang stehen.

Damit ist eine reichhaltige Typologie entworfen, wie sie sonst kein psychologisches Denkmodell kennt. Dass dabei Ort und Zeit der Geburt maßgebend sein soll, findet seine Erklärung in der Regel: „Jedes Ereignis behält für seine Dauer die Qualität der Zeit, in der es geschieht, ähnlich wie eine seelische Prägung aus der frühen Kindheit den Menschen sein Leben lang begleiten und in ihm nachwirken kann. Es lohnt sich also, in stillen, stummen Nächten den Blick himmelwärts zu richten, um oben an der großen Sternenwelt Maß zu nehmen für das, was unten in der kleinen Menschenwelt geschieht und gelten soll. Von dort werden wir angerührt von ewigen Wahrheiten, die tröstlich in unsere kleine Erdenwelt hineinleuchten. Der Dichter Matthias Claudius (1740-1815) hat dies geahnt, als er schrieb:

Ich sehe oft um Mitternacht,
wenn ich mein Werk getan
und niemand mehr im Hause wacht,
die Sterne am Himmel an.
Sie gehen da, hin und her zerstreut
als Lämmer auf der Flur;
in Rudeln auch, und aufgereiht
wie Perlen an der Schnur;

und funkeln alle weit und breit
und funkeln rein und schön;
ich seh die große Herrlichkeit
ich kann mich satt nicht sehn.
Dann sagt unterm Himmelszelt
mein Herz mir in der Brust:
„Es gibt was Bessres in der Welt
als all ihr Schmerz und Lust.“

Wie innen so außen – wie außen so innen

Willst du dich selber erkennen,
So sieh, wie die andern es treiben.
Willst du die anderen verstehen,
Blick in dein eigenes Herz.
J. W. von Goethe

Nach der Signaturlehre, welche Paracelsus (1493-1541) in die mittelalterliche Heilkunst einführte und die später vom Arzt Samuel Hahnemann (1755-1843) zur Homöopathie ausgebaut wurde, gilt das Gesetz „Ähnliches kann mit Ähnlichem" geheilt werden. Danach soll die äußere Form einer Pflanze auf deren innere Heilwirkung hinweisen. Weil der Kern einer Walnuss in seiner Form dem menschlichen Gehirn ähnlich ist, gilt die Frucht des Nussbaums als Hirnnahrung. Die leberförmigen Blätter des Leberblümchens ähneln in ihrer Form der menschlichen Leber. Daher soll diese als Heilpflanze heilend bei Leberleiden wirken, was von der modernen Naturheillehre bestätigt wird. (7)

Paracelsus nimmt an, dass zwischen der äußeren Form einer Pflanze und deren Heilwirkung nach innen ein entsprechender Zusammenhang besteht. So glaubte man früher, eine nierenförmige Bohne helfe bei Nierenleiden. Pflanzen, die auf sandigem Boden gedeihen, sollen bei Gallen- und Nierensteinen helfen; die Blätter des Frauenmantelgewächses wurden gegen Frauenkrankheiten empfohlen; der Tee vom getupften Lungenkraut soll bei Lungenkrankheiten guttun; herzförmige Blätter würden bei Herzleiden helfen; der gelbe Saft des Schöllkrauts wurde bei Gelbsucht empfohlen. Diese Entsprechungslehre ist nicht nur in der europäischen Homöopathie bekannt, sondern auch in der ayurvedischen und chinesischen Medizin, die nach dem Prinzip vorgeht, Ähnliches mit Ähnlichem zu heilen.

Nach der Symmetrielehre spiegelt sich die Innenseite in der Außenseite. Die Außenwelt entspricht der Innenwelt. Die äußere Welt nehmen wir mit unseren Sinnen wahr, die innere Welt aber ist nur der seelischen Wahrnehmung zugänglich. Unsere Innenwelt kommt uns als Außenwelt entgegen, und was wir in unserer Mitwelt und Umwelt erleben, ist nur eine Spiegelung unserer eigenen Inwendigkeit. Was innen ist, das ist außen, und was außen ist, das ist innen. Daher haben die meisten Menschen entsprechend ihrer inneren Gesinnung und Gestimmtheit nach außen ihre Lieblingsfarbe, ihren Glücksstein, ihre Lieblingsblume, ihr Lieblingstier und ihr Glückssymbol. Alles, was wir in der Außenwelt vorfinden, das findet sich auch in unserer Innenwelt und umgekehrt. Erst durch die richtige Innenschau erkennen wir die äußere Wirklichkeit, die in vielen Fällen nur eine Projektion unserer Inwendigkeit ist. In unserer Welt verhält sich die nach innen gekehrte Erfahrungswelt zu der nach außen gewandten Sinneswelt wie die konkave Seite einer Glaslinse zu deren konvexen.

Unsere Außenwelt ist die Welt, in der wir leben, wenn wir aus uns selbst heraustreten. Diese besteht aus lauter Äußerlichkeiten, die wir mit unseren Sinnen als Objekte wahrnehmen. In unserer subjektiven Innenwelt erleben wir durch Verinnerlichung uns selber als denkendes Wesen. In diesem Sinne leben wir als Bürger zweier Welten auf zwei unterschiedlichen Ebenen: Auf einer materiellen und auf einer geistigen, auf einer sinnlich wahrnehmbaren und auf einer übersinnlichen und unsichtbaren, in einem diesseitigen und einem jenseitigen Daseinsbereich. In diesem Sinne können wir mit C. G. Jung sagen: „Wer nur nach außen sieht, der träumt; wer nach innen schaut, der erwacht.“ (8)

Wir erleben unsere Außenwelt entsprechend unserer Innenwelt. Der Verliebte hält die Welt wie in bunten Farben verzaubert, für den von seiner Geliebten Verlassenen scheint alles trüb und trostlos zu sein. So sieht der Optimist seine Welt wie durch eine rosafarbige Brille, dem Schwarzseher dagegen erscheint sie trist und düster. Der Philosoph Gottfried Wilhelm Leibnitz (1646-1716) war der Meinung, wir würden in der besten aller möglichen Welten leben. Dagegen glaubte der Philosoph Arthur Schopenhauer (1788-1860): „Wir lebten in der schlechtesten aller Welten.“

Wie die seelische Innenwelt in der körperlichen Außenwelt zum Ausdruck kommt, kann sich auch in den menschlichen Gesichts- und Körperformen zeigen, wobei es nicht bloß um deren vererbte Gestaltungen, sondern auch um deren erworbene Spannung und Ausstrahlung geht. Die Gesichtsausdruckskunde, auch Psychophysiognomie genannt, die bereits Goethes Freund Johann Caspar Lavater (1741-1801), Pfarrer und Philosoph in Zürich, eifrig betrieb. Bald danach hat der deutsche Heilpraktiker Carl Huter (1861-1912) dessen physiognomische Charakterkunde unter der Bezeichnung Psychophysiognomik zu einem umfassenden System der praktischen Menschenkenntnis ausgebaut, die heute recht populär geworden ist, obwohl ihr die wissenschaftliche Anerkennung als Typologie versagt blieb. Dagegen ist die genau gleiche Typenbeschreibung des Psychiatrie-Professors Ernst Kretschmer (1888-1964) als Konstitutionslehre in die akademischen Lehrbücher der Medizin und Psychologie aufgenommen worden.

Der Dichter Friedrich von Bodenstedt (1819-1892) hat hierzu eine passende Poesie verfasst:

In jedes Menschen Gesichte
ist seine Geschichte,
sein Hassen und Lieben
ganz deutlich geschrieben;
Sein innerstes Wesen,
es tritt hier ans Licht,
doch nicht jeder kann‘s lesen,
verstehen jeder nicht.

Auch die äußere Körpersprache des Menschen in Mimik und Gestik, in Haltung und Gebärde lässt auf seine innere Wesensart schließen. (9)

Auf die gleiche Weise verrät die persönliche Handschrift, die heutzutage immer weniger gepflegt wird, einiges über das Innenleben des Menschen. Diese wurde früher bei der Stellenbewerbung, bei der Personalauswahl sowie bei der Freundes- und Partnerwahl viel häufiger zu Rate gezogen. Heute haben viele Menschen verlernt, von Hand zu schreiben und damit eine persönliche Charakterschrift zu entwickeln. Was heutzutage über die sozialen Medien als SMS, E-Mail oder WhatsApp auf digitalem Weg vermittelt wird, verrät wenig von der

Persönlichkeit des Schreibers. Damit verarmt nicht nur die psychologische Charakterkunde, sondern auch die Fähigkeit, den eigenen Gedanken und Gefühle schriftlichen Ausdruck zu verleihen. Es ist erwiesen, dass handgeschriebene Lerninhalte nachhaltiger aufgenommen werden als gedruckte Texte. Bei einer Umfrage des Deutschen Lehrervereins wurde festgestellt, dass 31% der Mädchen und 51% der Jungen heute erhebliche Mühe haben, von Hand zu schreiben. (10)

Ein harmonischer Ausgleich zwischen Innenwelt und Außenwelt spielt in vielen sozialen Belangen des menschlichen Zusammenseins eine wichtige Rolle, und zwar sowohl im Umgang im kleinen Kreis als auch im Zusammenleben in größeren Gemeinschaften. Stets ist die Mahnung Goethes zu beachten:

Müsset im Naturbetrachten
Immer eins wie alles achten:
Nichts ist drinnen, nichts ist draußen;
Denn was innen, das ist außen.
So ergreifet ohne Säumnis
Heilig öffentlich Geheimnis.

Wie im Kleinen so im Großen – wie im Großen so im Kleinen

Das Kleine, das wir am Ende finden,
erweist sich als das Große,
das wir am Anfang suchten.
LEOPOLD SZONDI

Zu dieser Entsprechung passt folgende Geschichte: Ein Jurist verlor wegen interner Umstrukturierungen seinen gehobenen Posten in einem größeren Industrieunternehmen. Nun arbeitslos geworden, versuchte er, eine neue Arbeitsstelle zu finden. Diese fand er schließlich nach längerem Bemühen in einer Papierfabrik, allerdings nicht seiner Ausbildung und beruflichen Erfahrung entsprechend, sondern als Hilfsarbeiter in der untersten Lohnklasse. Wochenlang musste er dort im Keller Papiersäcke kleben. Dies tat er mit großer Sorgfalt und Zuverlässigkeit. Eines Tages kam sein Chef bei ihm vorbei, schaute ihm eine Weile bei seiner Tätigkeit zu und erklärte schließlich: „Wenn Sie bei ihrem akademischen Bildungsstand in der Lage sind, eine so anspruchslose Kleinarbeit gewissenhaft und sorgsam auszuführen, dann sind sie auch dazu geeignet, eine größere Verantwortung zu übernehmen. Deshalb ernenne ich Sie ab morgen zu meinem Mitarbeiter in der Chefetage."

Das Kleine hat seine Entsprechung im Großen und umgekehrt. Die Welt im Kleinen steht mit der Welt im Großen in einem Entsprechungsverhältnis. So lässt sich die kleine Welt des Atoms mit der Größe des Sonnensystems vergleichen. Tatsächlich gleicht das Atommodell nach heutiger Erkenntnis unserem Sonnensystem. Wie die Elektronen im Kleinen um den Atomkern kreisen, so kreisen im Großen die Planeten um unser Tagesgestirn. Beide Anordnungen entsprechen einander, weil sie den gleichen physikalischen Gesetzen gehorchen, ohne voneinander unmittelbar abhängig zu sein.

Erkennbar ist diese Entsprechung im chinesischen Symbol des Yin-Yang, das uns veranschaulicht, wie im größeren Yang-Teil immer ein kleiner Yin-Anteil enthalten ist und im größeren Yin-Teil ein kleiner Anteil Yang eingeschlossen ist. Dies kann so verstanden werden, dass im Großen stets das Kleine in seinen Anfängen vorhanden ist und das Große immer seinen Anfang im Kleinen nimmt. (11) Ähnlich verhält es sich zwischen Tag und Nacht oder zwischen Gesundheit und Krankheit. Auch das Gegenteil ist wahr, wie der Dichter Werner Bergengruen (1892-1964) in seinem Gedicht „Der innere Weg" schreibt: „Immerdar erweist das Ende / sich als strahlender Beginn."

Stets ist das Kleine im Großen in seinen Anfängen enthalten. Daher gibt es keine starren Grenzen, sondern immer nur Übergänge. In der ganzen Natur lässt sich diese Gesetzmäßigkeit beobachten. Groß und klein sind relative Begriffe. Manchmal ist das Kleine groß und das Große klein. Daher empfahl der chinesische Lebensphilosoph Laotse im 6. Jahrhundert v. Chr. in seinem berühmten „Tao Te King":

Plane das Schwierige da, wo es noch leicht ist!
Tue das Große dort, wo es noch klein ist!
Alles Schwere auf Erden beginnt stets als Leichtes,
alles Große auf Erden beginnt stets als Kleines. (12)

Wie das Kleine sich zum Großen aufbaut und wieder vom Großen zum Kleinsten abbaut, schildert der amerikanische Astronom Shapley mit folgenden Worten: „Am unteren Ende der Skala findet sich das, was zu klein ist, um erkannt zu werden, weil es nicht Materie, sondern geistbewegte Energie ist. Daran schließen sich die kleinsten subatomaren Partikel an, die Quanten, Protonen und Elektronen. Die nächsthöheren sind die Moleküle als die kleinsten aller Stoffverbindungen. Ihnen folgen die größeren Molekülgruppen, Kristalle, Kolloide und Gesteine. Daran schließen sich die Urbausteine des Lebens an, Viren, Einzeller, Mehrzeller; im Weiteren die Pflanzen, Tiere und Menschen. Im Kosmos setzt sich die Reihe fort mit den Meteoren, Kometen, Nebeln, dann folgen die Monde, Planeten und Sonnen, die Sterngruppen und Sternenschwärme, die kugelförmigen Sternhaufen, schließlich die Galaxien und so fort bis zu den fernsten Welteninseln.“ (13) So entspricht die Mikrophysik der Makrophysik, die Atomphysik der Astrophysik. In allen Welten, im Großen wie im Kleinen, herrschen die gleichen Gesetzmäßigkeiten.

C. G. Jung hat die kleine Lebensgeschichte des Einzelmenschen und die große Geschichte der Menschheit miteinander in ein Entsprechungsverhältnis gesetzt, indem er schrieb: „Was in der Geschichte der Menschen im Großen möglich war, ist im Kleinen auch in jedem Einzelnen möglich.“ (14)

Als die Jünger von Jesus wissen wollten, wer wohl der Größte sei im Himmelreich, wies der Herr auf ein kleines Kind hin und sagte: „Wer so wenig aus sich macht wie dieses Kind, der ist in der Welt Gottes der Größte.“ (Mt 18,1-5) „Wer der Kleinste ist unter euch, der ist der Größte im Himmelreich.“ (Lk 9,48) Damit wollte er wohl sagen: Wer sich selbst überhöht, der wird klein erscheinen, wer dagegen bescheiden auftritt, wird für groß angesehen.

Der Mensch in seiner einfachen Kleinheit sollte einsehen, dass er einem viel größeren Werden auch im Kleinsten treu sein muss. Wie klein ist doch die Welt des Menschen, wenn er kleinlich denkt und in kleinkarierter Art nur sich selber sieht und allein das wahrnimmt, was gerade vor seiner Nase liegt. Wie groß aber kann seine Welt sein, wenn er sich als Teil des großen Ganzen erkennt. An Stelle eines kosmetischen Bewusstseins tritt dann ein kosmisches Bewusstseins. Wenn der Mensch nur sich selber sieht und glaubt, dass die große Welt sich in seinen eigenen Angeln dreht, der fristet sein Leben in sehr engen Grenzen. Indem er sich für die „Krone der Schöpfung" hält und sich eigenmächtig über die Natur und deren stummen Geschöpfe erhebt, muss er lernen, sich zu bescheiden.

Wie das Kleine oft groß und das Große oft klein erscheint, wusste Rainer Maria Rilke in seinem Gedicht „Der Schauende" zu sagen:

Wie ist das klein, womit wir ringen.
Was mit uns ringt, wie ist das groß.
Ließen wir ähnlicher den Dingen
uns vom großen Sturm bezwingen,
wir würden weit und namenlos.
Was wir besiegen ist das Kleine
und der Erfolg macht uns selber klein.
Das Ewige und Ungemeine
will nicht von uns gebogen sein.

Wie im Teil so im Ganzen – wie im Ganzen so im Teil

Wie das Ganze sich in seinen Teilen spiegelt, so ist jeder Teil ein Spiegelbild des Ganzen. Die vielen kleinen Wunder auf unserem winzigen irdischen Plan sind ein Abbild des Wunderbaren im ganzen Universum. Diese Erkenntnis verdanken wir dem Physiker Hermann Helmholtz (1821-1894), der zur Einsicht kam: „Wir Stäubchen auf der Oberfläche unseres Planeten, der selbst nur ein Staubkorn im unendlichen Raume des Weltalls ist, haben wahrlich Grund, stolz zu sein, dass es uns gegeben ist, die unbegreiflich hohen Werke der Schöpfung in treuer Arbeit langsam kennen zu lernen." (15) Danach lebt das Ganze in verkleinerter Form in jedem seiner Teile, und in jedem Teil ist das Ganze enthalten. So ist nach dem biogenetischen Grundgesetz von Ernst Haeckel die biologische Entwicklungsgeschichte eines Lebewesens im Kleinen (Ontogenese) als die verkürzte Wiederholung seiner Stammesgeschichte im Großen (Phylogenese) zu verstehen.

Neuerdings haben Mikrobiologen festgestellt, dass in jeder lebenden Körperzelle das Entstehungsmuster des ganzen Lebewesens enthalten ist. Dies gilt vor allem für die embryonalen Stammzellen, aus denen einzelne Körperteile und ganze Organe gezüchtet werden können. Die Nobelpreisträger für Medizin des Jahres 2012, der Brite John Gurdon und der Japaner Shinya Yamanaka, konnten nachweisen, dass auch jede Körperzelle eines erwachsenen Menschen das gesamte DNS-Erbmaterial enthält. Nach heutiger Erkenntnis ist sogar in jedem kleinsten Blutplättchen der gesamte Bauplan des ganzen Menschen, sein Verhaltenstypus, sein Charakter, seine angeborenen Begabungen und Fähigkeiten, aber auch seine konstitutionellen Schwächen und Krankheitsanfälligkeiten feststellbar. (16)

Bereits der griechische Arzt Hippokrates (um 460-375 v. Chr.), der Begründer der abendländischen Medizin, soll den Satz geschrieben haben: „Das Ganze kann nicht gesund sein, wenn ein Teil von ihm krank ist." Beim „Pars-pro-toto-Denken" nehmen wir stets den Teil für das Ganzen wahr. Dies ist der Fall, wenn es in Schillers „Lied von der Glocke" heißt: „Er zählt die Häupter seiner Lieben..."; oder wenn die Einwohnerzahl eines Dorfes auf 6000 Seelen geschätzt wird; oder indem gesagt wird: „Drei Familien wohnen unter einem Dach (statt in einem Haus)." Dies meint auch die Redewendung: „Vor lauter Bäume den Wald nicht sehen." Vor allem gilt dies für den einengenden Forscherblick des Spezialisten, von dem Fritz Zwicky (1898-1974), der Schweizer Physiker und Astronomie-Professor in Pasadena, einmal treffend sagte, dies sei ein Mensch, „der von immer weniger immer mehr und vom Ganzen nichts verstehe".

Wie ein Teil das Ganze abbildet, zeigt sich bei der Iris-Diagnostik. Diese weist nach, dass die kleine kreisförmige Regenbogenhaut des Auges den gesundheitlichen Zustand des ganzen Menschen anzeigen kann. Diesen Zusammenhang soll der ungarische Arzt Ignatz Pecely entdeckt haben. Der Arzt Petar Stankovic erzählt von ihm: „Als elfjähriger Knabe versuchte er eines Tages, eine Eule zu fangen. Als er sie mit der Hand halten wollte, verkrallte sie sich in seiner Hand so fest, dass sie sich auf keine Weise befreien konnte. So war er genötigt, dem Tier einen Fuß mit Gewalt zu brechen. In diesem Augenblick sah er, dass sich in einem Auge des Vogels ein dunkler Strich zeigte. Der Knabe verband den gebrochenen Fuß. Während sich die Eule erholte und sich sogar zähmen ließ, blieb der dunkle Strich im Auge erhalten, nur mit dem Unterschied, dass dieser noch mit einer weißen Linie umrandet war, was er als Zeichen der Heilung wertete." (17)

Dieses Erlebnis veranlasste den Erzähler, nachdem er als Arzt seine Tätigkeit aufgenommen hatte, bei seinen Patienten die Iris zu beobachten. Immer wieder fand er, dass sich Krankheiten in der Regenbogenhaut durch Farbveränderungen, Unreinheiten, dunkle Linien, Flecken und Punkte abzeichnete. So wurde die Iris-Beobachtung allmählich zur anerkannten Methode bei der Krankheitsdiagnostik. Nach den Worten der Naturärztin Denise Muchenberger soll die Topografie der Iris zahlreiche Krankheitsneigungen, Organveränderungen, Stoffwechselstörungen und Allergien erkennen lassen. (18)

Nebst der Augendiagnostik kann auch die Zungendiagnose wertvolle Hinweise geben über den gesundheitlichen Zustand eines Menschen. Die Zunge mit ihren neun Muskeln ist durch zahlreiche Nerven- und Energiebahnen mit allen Körperorganen verbunden und kann deshalb nach außen offenlegen, was im Inneren des Körpers vor sich geht. Ein auffallend veränderter Zungenbelag oder ungewöhnliche Verfärbungen der Zunge können auf körperliche Mangelerscheinungen, Entzündungen, Verdauungsstörungen und Organerkrankungen oder auf seelische Stress- und Erschöpfungszustände hindeuten.

Recht aufschlussreich ist die Sprache der Hände. Ihre Form und Gestalt verraten viel über deren Eigner. Die ernstzunehmende Wissenschaft der „Chiromantie" (gr. *cheir*: Hand; *mantiké*: Deutung) vermag uns viel über Persönlichkeit, Charakter und Lebenserfahrung des Menschen zu verraten. Hierzu nur ein kleines Detail: Vergleichen wir die Länge des Zeigefingers mit der Länge des Ringfingers, erhalten wir Hinweise auf die Art der Ich-Du-Beziehungen. Ist der Zeigefinger länger als der Ringfinger, deutet dies auf einen Realisten hin, der ichbezogen und vorwiegend der Außenwelt und materiellen Interessen zugewandt ist. Ist dagegen der Ringfinger deutlich länger als der Zeigefinger, ist dies ein Zeichen dafür, dass es sich um einen eher Du-bezogenen Menschen handelt, der mehr gibt als nimmt, für den ideelle, seelische und geistige Interessen vor den materiellen stehen und der mehr der Innenwelt als der Außenwelt zugeneigt ist. (19) Wichtig ist die Deutung der Händflächenlinien. Diese nimmt an, dass die Innenflächen unserer Hände mit ihren Linien, Furchen, Überschneidungen, Inseln und Bergen deutliche Hinweise auf das seelische Innenleben des Menschen, auf seine angeborenen Begabungen, Talente und Neigungen und Charaktereigenschaften hinweisen. Ähnlich wie auf einer Landkarte erkennt der erfahrene Deuter daraus den Verlauf und schicksalshafte Wendungen im Leben eines Menschen.

Die Linien der Hand bilden sich beim ungeborenen Kind bereits in der 3. Schwangerschaftswoche aus und verändern sich im Verlauf des ganzen Lebens nicht mehr. Insofern bedeuten sie doch etwas Individuelles und Persönliches. Die Handform und die inneren Handflächen des Menschen, die während des ganzen Lebens als Signatur erhalten bleiben, sind daher eine Art lebendiger Persönlichkeitsausweis. Sie geben Aufschluss über Erbanlagen des Menschen, über seine körperlichen und seelischen Stärken und Schwächen, über die Begabungen, Talente und Neigungen sowie über seine Verhaltensmuster und seinen Lebensablauf.

Die feinen Papillaren an den Fingerspitzen, die bei jedem Menschen verschieden sind, dienen sogar als Abdruck zu dessen Identifikation bei der Personenkontrolle. Der Psychologe Hellmut Wolff (1906-1986), Begründer des Instituts für angewandte Metaphysik in München, dem ich mehrmals persönlich begegnet bin, stellte in seinen psychologischen Charakteranalysen oft eine erstaunliche Übereinstimmung zwischen dem Handbild eines Menschen und dessen Geburtshoroskop fest.

Besondere Beachtung findet die Lebenslinie, die zwischen Daumen und Zeigefinger beginnt und über den Daumenballen bis zur Handwurzel reicht. Diese soll Aufschluss geben über die Vitalität, Gesundheitsveranlagung und die Lebenserwartung eines Menschen. Heute gilt die wissenschaftliche Chiromantie als erprobte Methode im Rahmen der psychologischen Charakterkunde und der medizinischen Diagnostik, weil die Hand tatsächlich das Wesen, die Eigenart und die Gesundheit eines Menschen spiegeln kann. (20)

Die Lehre von den Reflexzonen der Hände und Füße spielen in der alternativen Heilbehandlung eine wichtige Rolle. Deren schmerzlindernde Wirkung soll bereits bei den alten Ägyptern bekannt gewesen sein. Mit entsprechenden Fingerdruckmethoden können innere Organe entspannt und aktiviert, Blockaden gelöst und Schmerzen behoben werden. (21) Dadurch lassen sich die Selbstheilungskräfte des Organismus anregen und das körperlich-seelische Gleichgewicht wiederherstellen. Diese Therapieform, die vor allem in der östlichen Heilkunde angewandt wird, geht von der Annahme aus, dass zwischen den äußeren Zonen unter der Hautoberfläche und den inneren Organen eine Wechselwirkung besteht. Auch in den westlichen Ländern arbeiten heute Heilpraktiker, Masseure und Physiotherapeuten mit Erfolg mit dieser Methode.

Eine erweiterte Form dieser Akupressur ist die chinesische Akupunktur-Methode (lat. *acus*: Nadel, *punctio*: Stechen). Diese wird vor allem in der Traditionellen Chinesischen und in der japanischen Medizin seit Jahrhunderten angewandt. Dabei werden mit dünnen Nadeln äußere Hautstellen gereizt, was die darunter liegenden entsprechenden kleinen Energiezentren anregen soll, die Lebensenergie wieder zum Fließen zu bringen. (22) Anstelle von Nadeln können die Akupunkturpunkte auch durch Pressen mit den beiden Zeigefingern zu vermehrter Tätigkeit angeregt werden. Ob es sich dabei bloß um einen Placebo-Effekt handelt oder um eine echte Heilwirkung, ist in der westlichen Medizin immer noch umstritten.

Die Aurikulo-Medizin sieht in der Ohrmuschel das verkleinerte Abbild des ganzen menschlichen Organismus. Der französische Arzt Paul Nogier (1908-1996) entdeckte in den 1990er Jahren in Lyon, dass alle Organe des menschlichen Körpers an den Akupunkturpunkten der Ohrmuschel ihre Entsprechung haben, weil am menschlichen Ohr der ganze Mensch in umgekehrter Lage mit dem Kopf nach unten, ähnlich wie beim ungeborenen Kind im Mutterschoß, in verkleinerter Form abgebildet ist. Außerdem enden am äußeren Ohr zahlreiche Meridiane in Form von Reiz- und Resonanzpunkten, über die durch Punktur oder Pressur das gesamte Energiesystem beeinflusst werden kann. Es zeigte sich auch, dass durch das Massieren des äußeren Ohres die

Hirnaktivität gefördert und der Wärmehaushalt des Körpers reguliert werden kann. In unserer Zeit wurde in Anwendung dieser Theorie die Ohr-Akupunktur mit feinen Nadeln und die Ohr-Akupressur durch die Fingerdruck-Methode entwickelt, die es erlaubt, gewisse körperliche Schmerzen oder Schwächen, Allergien und gesundheitliche Anfälligkeiten festzustellen und zu heilen. Behandelt wird bei Rechtshändern das rechte Ohr, bei Linkshändern das linke Ohr.

Alle diese erwähnten Methoden der praktischen Menschenkenntnis und der Heilbehandlung beruhen auf der Entsprechungslehre, die davon ausgeht, dass wir vom Teil auf das Ganze und vom Ganzen auf dessen Teile schließen können.

Wie auf Erden so im Himmel – wie im Himmel so auf Erden

Mensch und Kosmos sind Symbole
und Ausdrucksformen der gleichen
verborgenen Urwirklichkeit.

Sri Aurobindo

Der chinesische Philosoph Shu-Ching schrieb im 2. Jahrtausend v. Chr.: „Es ist ein innerer Zusammenhang zwischen dem Himmel oben und dem Volk unten. Wer das im tiefsten Grund erkennt, ist der wahre Weise.“ (23) Demokrit lehrte im 3. vorchristlichen Jahrhundert: „Der Mensch ist ein Mikrokosmos, welcher alle Möglichkeiten des Makrokosmos in sich trägt.“ Die Stoiker fassten diese Aussage dahin auf, dass die menschliche Seele ein wahres Abbild der allumfassenden Weltseele sei. Diese Idee griff die spätere Erkenntnislehre der Gnosis wieder auf, deren Ziel es war, den seelisch-geistigen Mikrokosmos stufenweise zum Makrokosmos zu erhöhen, um dadurch die materielle Natur zur geistigen Übernatur aufzuwerten.

In den biblischen Schriften begegnet uns die vertraute Gebetsformel: „Wie im Himmel, so auf Erden.“ (Ps 103,11; Mt 16,19; 1 Ko 15,47-49) Erde und Himmel, Mensch und Kosmos bilden eine Einheit. Der Mikrokosmos entspricht dem Makrokosmos, denn der Mensch und die Welt sind eins. Auch die geistige Welt und die materielle, die diesseitige und die jenseitige Welt entsprechen einander. Es handelt sich um die zwei Aspekte der einen Wirklichkeit. Hier gilt der Aphorismus des deutschen Schriftstellers Friedrich Julius Hammer (1810-1862):

Du bist ein Teil des Alls und nicht von solcher Kleinheit,
dass du nicht in dir trägst des großen Ganzen Einheit.

Beide verhalten sich zueinander wie Bild und Gegenbild. Da wir in unserem Menschsein hier wie dort zu Hause sind, können wir uns als Bürger zweier Welten bezeichnen. In der Kabbala steht der Satz: „Was unten sichtbar ist, das ist der Abglanz dessen, was oben unsichtbar ist." (24) Danach stellt jeder Mensch ein Universum im Kleinen dar und bildet ein Abbild des himmlischen Urmenschen. Symbolisch wird diese Entsprechung veranschaulicht im kabbalistischen Weltenbaum. Der orientalische Dichter Rumi (1207-1273) ahnte dies, als er schrieb:

Ich sah empor ins All und sah in allen Räumen Eines,
Ich schaute hinab ins Meer und erblickte in allem nur Eines,
Ich sah ins Herz der Menschen und ich sah dies wie Eines
voll tausend Träume: ich sah in allen Träumen immer Eines.

Die vedische Kosmologie Indiens verstand das Universum als beseelten Körper genauso, wie sie auch die kleinste Einheit der Materie, das Atom, als einen beseelten Körper bezeichnete. (25) Leonardo da Vinci stellte in seinem Gemälde „Der Mensch im Kosmos" diesen mit ausgebreiteten Armen und gespreizten Beinen in den astrologischen Tierkreis hinein, um diesen Zusammenhang deutlich zu machen. Von ihm stammt der Satz: „Da alles, was erschaffen wurde, sowohl im Sichtbaren wie im Unsichtbaren, im Mikrokosmos und im Makrokosmos, aus den gleichen Elementen gebildet wurde, entsprechen sie sich." (26) Diese Idee übernahm auch Swedenborg. Er vertrat die Ansicht, dass der ganze Kosmos sich im Menschen spiegelt. Auch Hildegard von Bingen war der Meinung, der Mensch als Mikrokosmos sei ein Spiegelbild des Makrokosmos. In diesem Sinne bekannte sich der Theosoph Johannes Fährmann zu der Einsicht: „Das Studium der menschlichen Natur und Konstitution erschließt uns die Geheimnisse des Universums." (27)

Tatsächlich herrschen im Makrokosmos und im Mikrokosmos die gleichen Ordnungsprinzipien und Gesetzmäßigkeiten. Aus naturwissenschaftlicher Sicht entspricht die kleine Welt im Mikrokosmos in seiner Struktur weitgehend jener der großen Welt im Makrokosmos. Der österreichische Schriftsteller Heinrich Waggerl (1896-1973) weist auf diese Entsprechung mit folgenden Worten hin: „Die Weisen sagen, es könnte wahr sein, dass alles, was auf Erden geschieht, in Zeichen an den Himmel geschrieben sei, nicht damit wir diese Schrift lesen und deuten, sondern weil alles von gleicher Art ist, Geringes und Großes, und wir inmitten.“ (28)

5. Das Gesetz der Kausalität

Der Zufall ist das sanfte Ruhekissen jener,
die das Göttliche, Sinnvolle und den
Kreaturen ein Ziel Zuwendendes aus dem
ganzen Kosmos ausscheiden möchten.
HERBERT FRITSCHE

Nichts geschieht in unserer Welt ohne ausreichende Ursache. Wer von ursachenlosen Zufällen spricht, der täuscht sich. Jedes nachfolgende Sein setzt ein vorheriges Sein voraus. Es handelt sich um eine allgemeingültige und gesetzmäßige Notwendigkeit, die keine Ausnahme zulässt, denn keine Wirkung kann die Ursache ihrer selbst sein. Ebenso widerspricht es jeder Logik, wenn behauptet wird, dass aus dem Nichts von selbst etwas entstehen könne. Desgleichen gilt: So wie aus einem Nichts nicht etwas entstehen kann, so kann auch nicht etwas Bestehendes wieder in ein Nichts verschwinden. Wer kennt sie nicht, die klugen Fragen unserer kleinen Kinder, die oft auch von Erwachsenen nicht beantwortet werden können: Warum ist der Regenbogen krumm? Warum fällt der Mond nicht vom Himmel? Was macht der Wind, wenn er nicht weht? Warum geht bei uns die Sonne immer im Osten auf und im Westen unter?

Es gibt kein zufälliges Geschehen. Alles geschieht nach vorgegebenen inneren Gesetzen. Das lehrt uns jede winzige Schneeflocke, die an kalten Wintertagen vom Himmel fällt. Diese bilden sich dadurch, dass sich in den Wolken kleine Wassertropfen an schwebenden Staubteilchen andocken und bei tiefen Temperaturen gefrieren. Dabei nehmen diese nicht irgendwelche Zufallsformen an, sondern kristallisieren als strahlenförmige, sechseckige Sternengebilde, wobei keines dem anderen gleicht und dennoch in jedem Fall der gesetzmäßigen Struktur der Wassermoleküle gehorcht.

Ein Ereignis kann nur eine Ursache (Monokausalität) oder mehrere Ursachen zugleich haben. Wenn eine ganze Reihe von Teilursachen zeitlich nacheinander folgen, sprechen wir von einer Ursachenkette oder von einer Verkettung der Ursachen. Aristoteles war der Erste, der das Wesen der Ursache genau erkannte. Er fand dabei eine ganze Ursachenverkettung, die am Entstehen einer Wirkung beteiligt ist. Dies sei an einem Beispiel erklärt. Nehmen wir an, ein Keramiker forme aus Lehm eine Vase. Die erste Ursache für sein Kunstwerk ist das Material, das er dazu braucht. Das ist die Materialursache. Dann gehört zweitens dazu die Form, die er für seine Vase ausgedacht hat. Das ist die Formursache. Als Drittes kommt hinzu das Werkzeug, das er für sein Werk benötigt. Das ist die Werkursache. Schließlich ist damit verbunden die Absicht, die er mit seinem Tun verwirklichen will. Das ist die Wirkursache.

Wir können lediglich festhalten: Als Ursache gilt das, woraus etwas hervorgeht, das es ihm ermöglicht zu existieren. Jenes aber, das aus dieser Ursache hervorgeht, nennen wir die Wirkung. Demzufolge gibt es keine Wirkung ohne die entsprechende Verursachung. Wenn wir die lange Ursachenkette zurückverfolgen, kommen wir zu einer ersten Ursache, die selbst nicht verursacht wurde. Diese Ur-Ursache können wir allerdings nicht historisch beweisen, wir müssen sie aber logischerweise annehmen, weil aus einem anfänglichen Nichts nicht etwas hervorgehen kann.

Keine Wirkung ohne Ursache

Alles, was steht, entsteht durch etwas,
das bereits besteht, und aus etwas, das diesem vorausgeht.

Aristoteles

Den Zusammenhang von Ursache und Wirkung nennen wir das Kausalitätsprinzip. Dieses besagt: Am Anfang jeder Wirkung steht eine Ursache. (lat. *causa*: Ursache; *principium*: Anfang). Es gibt keine ursachenlose Wirkung. Jede gewirkte Bewegung setzt einen bewegenden Grund voraus. Stets geht die Ursache der Wirkung voraus. Nach der Geheimlehre des Hermes Trismegistos lautet dieses Gesetz: Nichts entgeht dem Prinzip von Ursache und Wirkung. „Es gibt jedoch viele Ebenen der Verursachung, die sich auf mehreren Ebenen auswirken können, aber nichts entgeht diesem Gesetz. Dieses Gesetz hilft, das Spiel des Lebens zu spielen.“ (1)

Als ursachenlose Ur-Sache muss eine Erstursache angenommen werden, die selber nicht verursacht wurde und deshalb keinen Anfang und kein Ende kennt, also seit Ewigkeit besteht. Alle großen Weltreligionen sind sich darin einig, dass dieser ursachenlosen Ursache Zeitlosigkeit und Ewigkeit zuerkannt werden muss. (2) Bereits der griechische Philosoph Melissos von Samos lehrte im 5. Jahrhundert v. Chr., dass aus Nichtseiendem nichts entstehen kann. Empedokles formulierte es so: „Es ist unmöglich, dass etwas aus einem noch nicht Vorhandenen entsteht. Und ebenso ist es nicht möglich, dass etwas Vorhandenes zugrunde gehen könnte.“ (3) Der römische Dichter Lukrez (um 90-55 v. Chr.) pflichtete diesem bei: „Aus dem Nichtseienden kann niemals ein Sein hervorgehen.“ Gleicher Meinung war der römische Philosoph Marc Aurel (121-180 n. Chr.). In seinen „Selbstbetrachtungen“ schrieb er: „Denn von nichts kommt nichts, so wenig als etwas Seiendes in das Nichtsein übergehen kann.“ (4)

Alles, was existiert, muss daher eine Ursache haben in etwas, was bereits zuvor existierte, jedoch selbst nicht verursacht wurde. Dies ist nur denkbar, wenn es die erste Ursache von Ewigkeit her gibt. Daher nahm Platon in seiner Schrift „Phaidon“ an, dass die erste Ursache von allem Sein in der Welt der „ewigen Ideen“ liegen müsse. Dort seien die Urbilder und Vorbilder aufbewahrt, nach denen alle sinnlich wahrnehmbaren Dinge geworden sind. (5) Sein Schüler Aristoteles prägte den Satz: „Jedes Sein muss eine Ursache für sein Dasein haben." (6)

Wichtig ist zu wissen, dass jedes sichtbare Ereignis seine unsichtbare Vorgeschichte hat. Es fällt uns nicht aus heiterem Himmel zu. Eine Ursache beginnt nicht erst dort zu wirken, wo sie anfängt, in Erscheinung zu treten. Uns Menschen fehlt schlicht der Überblick. Wenn wir imstande wären, hinter die Dinge zu sehen, würden wir Vorzeichen und Andeutungen wahrnehmen, welche ein Geschehen ankündigen. Dies meint das Dichterwort aus dem Epos „Dreizehnlinden" von Friedrich Wilhelm Weber (1813-1894): „Und da sich die neuen Tage aus dem Schutt der alten bauen, kann ein ungetrübtes Auge rückwärtsblickend vorwärtsschauen."

So ist auch die Ursache einer Fehlentwicklung, die sich für die Zukunft abzeichnet, in der Regel in längst vergangenen Tagen zu suchen. Eine Krankheit beginnt meist nicht erst dann, wenn die ersten Symptome auftreten; sie fängt schleichend in einer frühen symptomfreien Phase an. Daher ist es wichtig, deren Vorauslauf zu kennen und ihr so frühzeitig vorzubeugen. Wenn der Schaden bereits eingetroffen ist, muss man seinen Verlauf bis an dessen Beginn zurückverfolgen, um dort die entsprechende Ursache zu beheben. Dies gilt nicht nur für die Folgen einer Fehlernährung oder einer Suchtkrankheit, sondern auch beim Fehlverhalten in der Erziehung. Deshalb musste der junge Dichter R. M. Rilke einsehen: „Zwanzig Jahre irregeführt und zurückgehen bis zum Anfang, das bin ich." (7)

Ursache und Wirkung eines Geschehens liegen nicht immer auf der gleichen Daseinsebene. Die höhere Ebene beherrscht die niedere Ebene, und die niedere Ebene steht unter der Einwirkung der höheren Ebene. So wirkt sich die mentale Ebene der Gedanken auf die psychische Ebene aus, und diese beeinflusst die körperliche Ebene. Wenn wir dies auf den Gesundheitszustand des Menschen anwenden, so stellen wir fest: Eine Krankheit entsteht durch Fehlhaltungen im Denken, die zu Fehlschaltungen und damit zu Störungen und Blockaden im seelischen Energiesystem führen, die sich ins Körperliche hinein als Krankheitssymptome materialisieren.

Dies macht es manchmal schwierig, den Zusammenhang zwischen beiden herzustellen. Wohl kann eine höher schwingende Ebene eine niedere Daseinsstufe beeinflussen, aber nicht umgekehrt. Häufig ist bei einer Wirkung auf der sichtbaren Ebene eine unerkannte Ursache auf einer unsichtbaren Ebene im Spiel. Ein einfaches Beispiel hierfür liefert uns die Psychosomatik (gr. *psyche*: Seele; *soma*: Körper). Bei einer psychosomatischen Erkrankung ist deren Verursachung auf der psychischen Ebene zu suchen, während deren Auswirkung sich als Symptome auf der somatischen Ebene zeigen. Umgekehrt kann bei auffallenden seelischen Zuständen wie Angst die versteckte Ursache im körperlichen Bereich liegen. Ein solcher Fall begegnete mir vor vielen Jahren, als ein 5-jähriger Knabe wegen Schlafstörungen zu mir in die psychologische Beratung gebracht wurde. Seine Mutter erklärte mir, dass ihr Sohn regelmäßig gegen Mitternacht im Schlaf aufschreie und angstvoll behaupte, er habe Schlangen in seinem Bett. Der Knabe fiel mir dadurch auf, dass er vorwiegend durch den offenen Mund atmete. Ich vermutete, dass seine Nasenatmung durch große Rachenmandeln eingeschränkt wurde. Dies führte dazu, dass der Knabe bei erreichter Schlaftiefe und auf dem Rücken liegend zu wenig Luft bekam. In dieser Situation können sich Angstträume einstellen. Ein solches ängstigendes Traumerlebnis löste bei diesem Knaben einen Angstschrei aus, welcher ihm wieder Atemluft verschaffte. Nach der Ursache seiner Schrecken befragt, erzählte der Knabe von seinem Schlangentraum. Als ein HNO-Arzt die behinderten Atemwege sanierte, war der nächtliche Spuk vorbei.

Häufig kommt es vor, dass uns die Wirkung auf der materiellen Ebene begegnet, während deren Ursache auf einer geistigen Ebene besteht. Ursache und Wirkung können dabei zeitlich verschoben sein. Nicht immer folgt die Wirkung unmittelbar der Ursache, so wie bei Blitz und Donner. So ist es möglich, dass sich im gegenwärtigen Erdenleben auswirkt, was in einem früheren Leben verursacht wurde. Ebenso ist es denkbar, dass so manches, was wir im diesseitigen Leben verursachen, erst in einem jenseitigen Dasein für uns Bedeutung und Bewertung gewinnt. Heißt es doch: „Gottes Mühlen mahlen langsam, aber sicher."

Es muss nicht sein, dass jede Ursache mengenmäßig eine gleiche Wirkung hat. Diese kann durchaus kleiner oder größer als deren Ursache sein. Dies kann zutreffen bei offenen Systemen, die so instabil sind, dass sie sehr schnell auf kleinste Veränderungen in ihrer Umwelt reagieren, welche die Anfangsbedingungen verändern können. Oft genügt ein kleiner Tropfen zu viel, um den Inhalt eines Gefäßes zum Überfließen zu bringen. Es kann auch eine kleine Kraft, wenn sie sich genügend lange wiederholt, eine große Wirkung erzielen.

So können zusätzlich kleine Ursachen hinzukommen, die durch ihre Nachwirkungen zu einer größeren Auswirkung führen. Dies kann der Fall sein beim sogenannten Schmetterlings-Prinzip und beim Schneeball-Effekt. Das Schmetterlings-Prinzip gehorcht der nicht-linearen Dynamik einer Verursachung und meint, dass die geringste Veränderung der Ausgangssituation zu unvorhersehbaren Auswirkungen führen kann. So vermag ein winziger Anstoß einen in Gang befindlichen Vorgang zu verändern, abzulenken oder zu verstärken. Dies trifft vor allem bei offenen Systemen zu, die so labil sind wie beispielsweise eine Wetterlage, sodass diese durch kleinste Einwirkungen sich rasch verändern kann. (8)

Als der Meteorologe Edward Lorenz vom Technologischen Institut in Massachusetts um das Jahr 1960 versuchte, am Computer die Wetterlage zu studieren, stellte er fest, dass minimale Veränderungen der Ausgangsbedingungen zu völlig anderen Wettersituationen und damit zu ganz anderen Wettervorhersagen führen können. Von ihm stammt der seither berühmt gewordene Satz: „Wenn ein Schmetterling in London mit den Flügeln schlägt, kann dies in New York zu einem Schneesturm führen", oder: „Der Flügelschlag einer Möwe in Brasilien kann in Texas einen Tornado auslösen." (9) Bei den Börsianern ist der Spruch bekannt: „Wenn es in Hongkong an der Börse zu einem kleinen Hustenreiz kommt, kann dies an der New Yorker Börse zu einer schweren Erkältung führen."

Ähnlich verhält es sich beim Schneeballeffekt. Hier handelt es sich um eine Kettenreaktion, bei der zur Erstursache noch zusätzlich weitere Ursachen hinzukommen, so dass deren Summe schließlich eine größere Auswirkung nach sich zieht, die weit über die zu erwartende Wirkung der Anfangssituation hinausgeht. Dies ist der Fall, wenn durch einen Schneeball beim Weiterrollen auf einem Schneefeld eine große Lawine ausgelöst wird. Hier kommen zur Erstursache „Schneeball" noch weitere Zweit- und Drittursachen hinzu wie Gefälle, Temperatur oder Gewicht, welche die Schneemasse zusätzlich zu vergrößern und zu beschleunigen vermag. Ist eine Lawine einmal losgetreten, ist diese nicht mehr aufzuhalten. Sie reißt alles mit, was ihr in den Weg kommt. Dies gilt nicht nur auf der materiellen Ebene, sondern auch auf der emotionalen und mentalen Ebene. Auch ein Massenauflauf von Menschen oder eine Massenbewegung nimmt in der Regel im Kleinen ihren Anfang. Dies zeigt sich deutlich bei einem Volksaufstand, der durch eine revolutionäre Idee, durch einen Streikaufruf oder durch eine bedrohliche Notlage in der Bevölkerung ausgelöst werden kann.

Wie kleine Ursachen große Wirkungen nach sich ziehen können, zeigen folgende Beispiele:

- Eine kurze Unaufmerksamkeit kann zu einem schweren Verkehrsunfall führen.
- Wegen eines kleinen Fehlgriffs am Schreibcomputer kann eine ganze Datei gelöscht werden.
- Eine kleine Weichenstellung kann einen Zug in eine völlig andere Richtung lenken.
- Ein einziger Tropfen kann ein Glas Wasser zum Überlaufen bringen.
- Oft genügt ein winziger Feuerfunke, um einen weiten Flächenbrand auszulösen.
- Eine neue Idee vermag eine weitverbreitete alte Theorie ins Wanken zu bringen.
- Was heute als offizielle Meinung gilt, kann morgen schon ein alter Hut sein.

Auch in den zwischenmenschlichen Beziehungen können kleine Ursachen oft große Wirkungen nach sich ziehen. Denken wir an die Liebe auf den ersten Blick oder an eine Zufallsbegegnung auf der Straße; ein flüchtiger Telefonanruf oder ein banales Zufallsereignis können eine Lebenssituation grundlegend verändern. Auch in einer Partnerschaft sind es nicht immer die großen Fehltritte, sondern die kleinlichen Nörgeleien, Gifteleien und Sticheleien, die mit der Zeit, wenn sie sich häufen, zur großen Katastrophe von Trennung und Scheidung führen. Um dem vorzubeugen, gilt der Rat des altrömischen Dichters Ovid: „Widerstehe und wehre den Anfängen, zu spät wird das rettende Heilmittel bereitet."

Nun heißt ein philosophischer Lehrsatz: „Die Wirkung kann nicht größer sein als deren Ursache." Wenn dem nicht so wäre, müssten wir auch nicht-verursachte Wirklichkeiten annehmen. Wäre dagegen eine Ursache als solche größer als ihre Wirkung, gäbe es auch Ursachen ohne Wirkung, was ebenfalls nicht zutreffen kann. (10) Doch nicht immer entspricht einer Ursache eine gleich große Wirkung. Es ist möglich, dass eine Wirkung ihrerseits zu einer neuen Ursache wird. Wir sprechen dann von einer Ursachenkette oder Serie. So kann sich eine Tat in weiteren gleichartigen Taten fortsetzen – und zwar im Guten wie im Bösen. Dies ist wohl gemeint in Friedrich Schillers Drama „Wallenstein" mit dem Satz: „Das eben ist der Fluch der bösen Tat, dass sie, fortzeugend, immer Böses muss gebären."

Auch zeitlich können Ursache und Wirkung deutlich auseinander liegen. Nicht immer folgt die Wirkung unmittelbar der Ursache, so wie bei Blitz und Donner als Knall und Schall. Im geistigen Bereich erfolgt wegen der unterschiedlichen Verhältnisse von Raum und Zeit die Wirkung auf eine Ursache oft viel später, vielleicht in einem anderen Leben oder auf einer anderen Wirklichkeitsebene. Hier zeigt sich ein Unterschied zwischen einem Naturgesetz und einem geistigen Gesetz. Wird ein physikalisches Gesetz nicht eingehalten, „erfolgt die Wirkung oft direkt; wird hingegen ein geistiges Gesetz nicht befolgt, tritt die Wirkung meist erst verspätet ein, vielleicht auch erst nach dem irdischen Tod". (11)

Das Wissen um das Gesetz von Ursache und Wirkung bewahrt uns vor dem Irrtum, unser Tun und Lassen sei vergänglicher Natur und hinterlasse keinerlei bleibenden Spuren, für die wir nicht die Verantwortung tragen. Bedenken wir, dass jede bewusste Tat in Gedanken, Worten und Werken in der Ursachenwelt zu Wirkungen führen wird, die wiederum zur Ursache von neuen Wirkungen werden kann. Für jeden von uns gilt daher das Goethe-Wort aus seiner Faust-Dichtung: „Es kann die Spur von meinen Erdentagen / Nicht in Äonen untergehn."

Im geistigen Bereich kommt noch ein Ewigkeitswert hinzu, da dieser nicht materieller Natur ist und deshalb nicht zerstört werden kann. Der indische Philosoph Rabindranath Togore (1861-1941) war überzeugt: „Die Welt ist zweifellos auf Materie aufgebaut. Ihre höchste Höhe aber ist der Geist. Darum muss das Emporsteigen bis zum Geist auch das Ziel, die Rechtfertigung ihrer Existenz und der Hinweis auf ihre Bedeutung und ihren Zweck sein." (12)

Wenn wir der Aufeinanderfolge von Ursache und Wirkung bis zu deren Beginn nachgehen, kommen wir zu einem ursachenlosen Anfang und zu einer anfangslosen Ursache, aus der alle Wirkungen ausgegangen sind. Da aus einem vorangegangen Nichts nicht etwas entstehen kann, müssen wir notwendig annehmen, dass es eine zeitlose und ewige Ur-Sache geben muss, die wir *Gott* nennen.

Diese Ursachenkette stellt freilich keinen geschlossenen Kreislauf ohne Anfang dar. Ein sich aus eigener Kraft ständig bewegendes „Perpetuum mobile" ohne äußere Energiezufuhr ist bis heute ein Wunschtraum der Menschheit geblieben. So müssen wir annehmen, dass selbst die längste Ursachenkette einen Anfang genommen hat, und zwar durch eine Erstursache, die nicht auf derselben Ebene wie die daraus folgende Wirkung zu suchen ist. Was sich erstmals auf der materiellen Daseinsebene auswirkte, musste auf einer höheren, geistigen Stufe verursacht worden sein. Daher müssen wir annehmen, dass diese uranfängliche Bewegung von einem *unbewegten Beweger* ausgegangen ist, den alle Religionen seit jeher Gott genannt haben.

Wie Ursache und Wirkung nicht voneinander getrennt werden können, so kann auch die materielle Welt nicht ohne vorangehende geistige Welt bestehen. Diese Tatsache führte den Theosophen Erhard Bäzner (1887-1963) zu folgender Überlegung: „Im Diesseits könnten ohne die beständige Einwirkung des Jenseits und der jenseitigen Kräfte keine Formen entstehen und könnte kein Wachstum sich entfalten. Nur durch das immerwährende Ineinander- und Aufeinanderwirken der jenseitigen und diesseitigen Kräfte vollzieht sich die Höherentwicklung und Vervollkommnung der Formen und Wesen." (13)

Warum, wozu und wann die geistige Welt geschaffen wurde, kann die Naturwissenschaft nicht erklären, weil deren Verursachung und Begründung außerhalb unserer menschlichen Erkenntnisfähigkeit liegen. Als Ursache für die geistige Schöpfung nennen Theologen folgende Begründungen, welche nichts anderes als fromme Spekulationen sind:

- Um die Geschöpfe an den Wundern seiner Schöpfung teilnehmen zu lassen.
- Um ein Gegenüber zu haben, dem er seine Liebe schenken kann.
- Um von jenen geistigen Wesen, die er erschaffen hat, anerkannt und verehrt zu werden.

Das Einzige, was wir sagen können, ist dies: Die uranfängliche Ursache aller Ursachen muss im Geistigen liegen, so wie es in einer alten Sanskrit-Schrift heißt:

Vom Geiste gehen alle Dinge aus,
sie sind geistgeboren, geistgezeugt:
Wer bösgesinnten Geistes spricht,
wer bösgesinnten Geistes wirkt,
dem folgt notwendig Leiden nach,
gleich wie das Rad den Hufen folgt.

Vom Geiste gehen die Dinge aus,
sie sind geistgezeugt, geistgewirkt:
Wer wohlgesinnten Geistes spricht,
wer wohlgesinnten Geistes wirkt,
dem folgt notwendig Freude nach,
dem untrennbaren Schatten gleich.

Wie die Saat, so die Ernte

Nach dem kausalen Gesetz von Saat und Ernte können wir im Leben nur das ernten, was wir gesät haben. Vor jeder Aussaat ist zu bedenken, welche Ernte wir erzielen wollen. Daher steht am Anfang stets der Saatgedanke. Im „Dhammapada" können wir lesen: „Das, was wir heute an Gedanken ernten, folgt aus den Gedanken, die wir gestern säten. Unser heutiges Denken baut unser Leben, so wie es morgen sein wird." Alles, was uns im Leben begegnet, ist letzten Endes durch Gedanken verursacht. Alles, was wir im Leben erreichen und verwirklichen wollen, muss zuerst als Plan, Vorsatz und Absicht gedacht werden. So lässt sich mit Fug und Recht behaupten: Am Anfang ist der Gedanke. Dies bestätigen folgende Erfahrungen:

- So wie der Mensch denkt, so ist er. (Salomon)
- Was der Mensch sät, das wird er ernten. (Gal 6,7)
- Wer karg sät, wird karg ernten. Wer aber reich sät, wird reich ernten. (2 Ko 9,11).
- Wir sind das Ergebnis unserer Gedanken. (Mark Aurel)
- Wir sind das Produkt unserer Gedanken. (Schopenhauer)
- Wir sind das, was wir denken. (Albert Ellis)
- Gedanken sind die eigentliche Großmacht, welche die Welt beherrscht. (Emerson)
- Der Mensch ist das, woran er glaubt. (Anton Tschechow)
- Unser persönliches Leben ist die Frucht unserer Gedanken. (Heinrich Helmel)
- Auch die am wenigsten erwarteten Launen des Schicksals nehmen mit der Zeit die Formen unseres Denkens an. (Maeterlinck)

Gedanken sind geistige Kräfte, die sich verselbstständigen und verwirklichen können. Daher kann die Gedankensaat nicht anders aufgehen als die Saatgedanken versprochen haben. Gedanken sind wie Samenkörner, die in das Reich der vorhandenen Möglichkeiten gestreut werden, in dem sie wachsen und reifen können und unter günstigen Bedingungen eine gute Ernte verheißen. Die Gedankensaat keimt zuerst im Verborgenen, schlägt ihre Wurzeln im Unsichtbaren, wächst allmählich empor ins Wahrnehmbare und bedarf regelmäßig des sorgfältigen Unterhalts. So verhält es sich auch mit unseren Gedanken, die wir in der Zukunft verwirklichen wollen. Auf diese Weise kann sich bewahrheiten, was die indischen Upanishanden versprechen: „Was du denkst, das wirst du, und wohin du dich sehnst, dorthin gelangst du." Es ist, wie der amerikanische Arzt und Philosoph Orison Swett Marden (1848-1924) einmal schrieb: „Was du in Gedanken wohnen lässest, ist Same, der in deinem Leben aufgeht und seinesgleichen als reife Frucht hervorbringt."

Da die Ernte nicht anderes sein kann als das, was wir gesät haben, gibt uns K. O. Schmidt in seiner „Lebensschule" den Rat: „Alles, was dich trifft, ist selbst-gedacht, selbst-gewollt, selbst-gewirkt. Alle Fäden deines Schicksals führen zu dir. Knüpfe sie darum bewusst, indem du richtig denkst und handelst und nur zu gutem Geschick die Keime legst." (14)

All unser Denken, sofern es nicht inhaltsleer und belanglos ist, was leider sehr oft der Fall ist, birgt eine schöpferische Kraft in sich, die nach Tag und Jahr in Wort und Werk seine Früchte reifen lässt. Daher ist Herbert Schulz überzeugt:

Gedanken sind voller Kraft und Leben;
sie können nichts oder alles geben:
Die Fülle des Lichts, das Dunkel der Nacht
wird ganz allein durch Gedanken gemacht.

Damit ein Saatgedanke, befruchtet durch die lebendige Kraft einer bewussten und zielstrebigen Vorstellung, seine Wurzeln schlagen kann, müssen wir ihn dem Nährboden unseres Unbewussten anvertrauen, wo ihm seelische und geistige Energien zufließen, um ihn lebendig zu erhalten. Allerdings ist dabei zu beachten, dass sich unser Unbewusstes wenig kritisch verhält; es nimmt alles auf, was ihm zugedacht wird, ähnlich wie unsere Erde, die ohne Unterschied Kraut und Unkraut keimen lässt.

So wie das Saatgut von der warmen Ackererde aufgenommen wird, welches der Sämann aussät, so nehmen unsere tieferen Seelenschichten die Saatgedanken auf, die wir ihnen durch unsere Vorstellungskraft anvertrauen. Dann kann sich aus einem dynamischen Gedankensämling eine fruchtbringende Tat entfalten. Deshalb sollten wir jede Gedankensaat sorgfältig prüfen und unter Kontrolle behalten, um jeden wertlosen Gedankenmüll von uns fernzuhalten. Oberflächliche Gedanken ohne Tiefgang ähneln der Saat, die auf offenem Feld liegen bleibt und bald vom Wind verweht wird. Schließlich lauern in den Tiefenschichten unseres Unbewussten gefährliche Umweltgifte in der Gestalt zahlreicher Unsicherheits- und Minderwertigkeitsgedanken, von Selbstzweifel und Mutlosigkeit, welche das aufkeimende Leben bedrohen.

Ähnlich wie im Samen einer Pflanze von Anfang an alle ihr zustehenden Entwicklungsmöglichkeiten verborgen sind, so enthält ein dynamischer Saatgedanke die Keime zu erfolgreichem Tätigsein. Die keimfähige Gedankensaat birgt stets eine fruchtbringende Idee, die werden und wachsen will, um Gestalt anzunehmen. Denken wir an die kleine Wegerich-Pflanze, die imstande ist, zentimeterdicken Asphalt zu durchstoßen. Wenn dies so einer bescheidenen Kreatur gelingt, wie viel mehr müsste dies einem bewusst durchdachten Kern- und Saatgedanken gelingen. Er vermag die stärksten Widerstände zu überwinden, die ihm entgegengestellt werden. Die Menschheitsgeschichte ist reich an Beispielen, wo ein zielstrebiger Gedanke, eine zündende Idee, ein kreativer Einfall die Welt verändert hat.

Ist die Gedankensaat einmal ausgebracht, ist geduldiges Abwarten und vertrauensvolles Gewährenlassen angebracht. Es müsste den Keimlingen schaden, wollte man diese immer wieder zutage fördern, um nachzusehen, ob sie schon Wurzeln geschlagen haben. Der naturnahe Schriftsteller Karl Heinrich Waggerl hat dies anschaulich geschildert: „Man kann den Birnbaum nicht mit der Peitsche antreiben, damit er vorzeitig Früchte trägt, und den Weizen nicht an der Wurzel kitzeln, damit er schneller reift. Sollte der Mensch um so vieles anders beschaffen sein? Ich glaube es nicht. Auch in ihm herrscht ein ordnendes Gesetz, ihm allein eigen und gemäß. Er kann zu seinem Vorteil, wie er meint, vieles auf der Welt durcheinander bringen, aber an jenes Gesetz darf er nicht rühren, oder es ist sein Verderben." (15) Das Wunder des Werdens gelingt in der Stille und in einem gütigen Abseits.

Wenn die Saat der Gedanken aufgegangen ist und ins Helle des wahrnehmbaren Erfolges hineinwächst, müssen wir das sichtbare Gedeihen sorgfältig fördern, wenn nötig mit weiteren Gedankenstützen versehen. Manch eigenwilliges Pflänzchen muss hochgebunden und höhergezogen werden, damit es dem Licht entgegenwachse, so „wie man eine Rebe bindet, dass sie, statt im Staub zu kriechen, frei sich in die Lüfte windet“, wie es im Gedicht „Dreizehnlinden“ von Friedrich Wilhelm Weber heißt.

Dass die Ernte der Saat entspricht, sehen wir häufig darin, dass die alten Tage eines Menschen das sind, was sie in ihren jungen Jahren gedacht, erstrebt und erhofft haben. Dies zeigt sich oft an deren Gesundheitszustand im Alter. Dieser hängt zum großen Teil von der Art ihrer lebenslangen Denkgewohnheiten ab, die sich aufgrund ihrer Lebens- und Ernährungsweise als „Bodensatz“ niedergeschlagen haben. Als der einst kraftstrotzende Filmschauspieler Curd Jürgens (1915-1982), der in seinen besten Jahren sein Leben in vollen Zügen genoss, wegen schweren Herz- und Kreislaufbeschwerden in ein Wiener Spital eingeliefert wurde und kurz darauf dort starb, wurde der Chefarzt von Journalisten nach der Diagnose gefragt. Dessen Antwort lautete: „Dies ist die Summe aller Sünden eines ganzen Lebens.“

Wer seine alten Tage in Freude und Frieden zubringen will, der säe freudvolle und friedvolle Gedanken in seiner Jugend. Dies allein lässt auf eine gesegnete Ernte mit den Früchten der Zufriedenheit, der Güte, der Weisheit und Liebe hoffen. Dagegen leiden edle Saatgedanken unter der Unbill von Gefühlskälte und frostiger Stimmung, sie erfrieren im eisigen Wind liebloser Kritik oder vertrocknen an der Gluthitze von Wut und Hass, von Neid und Zwietracht.

Es ist dem gerechten Gesetz von Saat und Ernte zuzuschreiben, warum die Glücksgüter dieser Welt oft so ungleich verteilt sind. Weder der blinde Zufall noch irgendwelche dunklen Schicksalsmächte sind dafür verantwortlich, sondern allein wir selbst, weil wir stets ernten, was wir gesät haben – entweder in diesem oder in einem früheren Leben.

Uns Menschen ist die Gelegenheit zur Aussaat nur in engen Grenzen geboten, damit wir in der kurzen Zeit unseres Hierseins Werte und Werke gedeihen lassen, die unser Erdendasein überdauern. Daher mahnt uns der Schriftsteller Hermann Kissener:

Es ist Zeit, dass jeder lebte,
Was im Leben er erkannt.
Dass ein jeder danach strebte,
Saat zu streuen in gutes Land ...
Weiß er, wie die Ernten sind,
Sät er nicht mehr in den Wind.
Es ist Zeit, dass jeder lernte:
Einmal wird aus Saat mir Ernte.

Das sinnvolle Zufallsgeschehen

Es gibt keinen Zufall;
und was blindes Ungefähr nur dünkt,
gerade das steigt aus den tiefsten Quellen.
SCHILLER

Mit dem Wort „Zufall" gehen wir im Allgemeinen viel zu leichtfertig um. Wenn wir ein Geschehen trotz unseres Wissens um die Naturgesetze nicht umgehend erklären können, hilft uns der Zufall bedenkenlos aus der Verlegenheit. Streng genommen gibt es keine Zufälle. Wer von Zufall spricht, der beweist nur, dass er tiefere Zusammenhänge nicht erkennt und nicht versteht. Gäbe es Zufallsereignisse tatsächlich, würde dies dem allgemein gültigen Gesetz von Ursache und Wirkung widersprechen. Weil dieses Prinzip keine Ausnahme zulässt, ist ein ursachenloser Zufall nicht denkbar. Nach unserem Sprachverständnis gilt als Zufall ein Ereignis, bei dem scheinbar kein kausaler Zusammenhang zwischen Ursache und Wirkung erkennbar ist oder bei dem mögliche Wirkungsfaktoren zwar bekannt sind, deren Einfluss aber weder voraussehbar noch berechenbar ist.

Es scheint, dass Dinge oder Ereignisse, die zueinander in einer geheimnisvollen Beziehung stehen, sich gegenseitig anziehen, ohne dass eine Ursache hierfür erkennbar ist. Die Psychotherapeuten Angela und Theodor Seifert haben in ihrem Buch „So ein Zufall" eine Fülle von ähnlichen sinngebenden Zufällen zusammengetragen. (16) Man kann sich fragen: Sind das alles bloß rein zufällige Ereignisse oder steckt ein tieferer Sinn dahinter? Gibt es vielleicht eine unsichtbare Kraft oder Macht, die sinnvoll über uns waltet?

Nach der Lehre des „Kybalion“ geschieht nichts zufällig: „Zufall ist nur der Name für ein unbekanntes Gesetz. Es gibt viele Ebenen der Ursächlichkeit, aber nichts entgeht diesem Gesetz.“ (17) Schopenhauer nannte den Zufall ein absichtsloses Zusammentreffen in der Zeit, das kausal nicht verbunden ist. (18)

Als Zufall können wir daher ein Ereignis bezeichnen, das uns *zufällt*, ohne dass wir dessen Verursachung kennen. Das heißt aber nicht, dass es ursachenlos ist. Gäbe es ein reines Zufallsgeschehen ohne ursächlichen Zusammenhang, würde dies jede Vorhersehbarkeit und Berechenbarkeit verunmöglichen und das Kausalitätsgesetz würde außer Kraft gesetzt. Dies widerspräche der allgemeinen Gültigkeit der kosmischen Gesetze. Dagegen gibt es scheinbare Zufälligkeiten, die einen Sinnzusammenhang vermuten lassen.

Selbst wenn wir das willkürliche Fallen eines Würfels als eine Zufälligkeit bezeichnen wollten, zeigen sich, wenn wir das Werfen des Würfels lange genug fortsetzen, keine Zufälligkeiten mehr, sondern eine deutliche Regelmäßigkeit in den Zahlenergebnissen. Diese stellen sich nach dem *Galton-Prinzip* ein. Der englische Arzt und Anthropologe Francis Galton (1822-1911), ein Vetter von Charles Darwin, fand durch exakte Naturbeobachtung das „Gesetz der großen Zahl“. In der ganzen Natur entdeckte er eine gesetzmäßige Verteilung, die sich auch bei den sogenannten Zufallserscheinungen bestätigte. Bewiesen wurde diese Feststellung durch das Experiment mit dem *Galtonschen Brett*. Es handelt sich um eine senkrecht stehende Holzplatte, deren eine Seite in drei Abschnitte unterteilt ist. Im oberen Teil ist eine Klappe eingebaut, durch deren Öffnung man eine größere Anzahl von Kugeln fallen lässt. Im mittleren Teil des Brettes sind in regelmäßigen Abständen mehrere Reihen von Nägeln angebracht, welche die fallenden Kugeln verteilen sollen. Das untere Drittel ist in dreizehn Kästchen unterteilt, in dem die Kugeln aufgefangen werden. Bei dieser Versuchsanordnung ergibt sich stets, dass nur vereinzelt Kugeln in die beiden Randkästchen fallen, während alle anderen sich glockenförmig verteilen und zur Mitte hin einen Höchststand bilden. Diese Glockenkurve bestätigt, dass die fallenden Kugeln nicht dem Zufall, sondern einem natürlichen Gesetz folgen. Der Mathematiker Carl Friedrich Gauss (1777-1855) hat diese gesetzmäßige Verteilung erstmals berechnet und durch seine bekannte Häufigkeitskurve dargestellt. Nach dieser bilden ein paar wenige Prozente die Randerscheinungen, während der Rest beidseits langsam aufsteigt und im Mittelwert einen Gipfelpunkt erreicht. (19)

Wenn wir für ein Zufallsereignis keine entsprechende Ursache erkennen können, „stellen wir lieber das Ereignis infrage als unser Denken“, folgert die Psychologin Ursula Nuber. (20) In den Naturwissenschaften rechnet man heute nicht mehr mit Zufallsgeschehen, sondern mit Wahrscheinlichkeiten. Dort heißt die Frage: Wie wahrscheinlich ist es, dass zwei Ereignisse, die miteinander keinen kausalen Zusammenhang haben, zusammenfallen? Mit Hilfe der Wahrscheinlichkeitsrechnung ist es möglich, hierzu brauchbare Voraussagen zu machen. Praktische Anwendung findet diese mathematische Methode in der Statistik, im Versicherungswesen, in der Vererbungstheorie, in der Risikoberechnung und bei Glücksspielen.

Der Mathematiker François Fricker hat errechnet, wie häufig es vorkommt, dass bei einer Zusammenkunft von dreiundzwanzig Personen zwei am gleichen Tag Geburtstag haben. In Fachkreisen spricht man von einem Geburtstagsparadoxon. Die Wahrscheinlichkeit, dass dieses Phänomen tatsächlich eintrifft, ist immerhin 50,73%. Bei vierzig bis sechzig Personen beträgt dieser Wert sogar 89% bis 99%. (21)

Auch günstige Glücksfälle oder verhängnisvolle Unfälle sind keine Zufälle. Was wir derartige schicksalshafte Ereignisse nennen, sind meist unbeabsichtigte, aber unbewusst von uns selbst verursachte Geschehnisse. Weder eine überirdische Macht noch magische Schicksalskräfte sind dafür verantwortlich, was uns zustößt. Es kann nichts anderes auf uns zukommen, als was zu uns gehört oder was wir ungewollt anziehen. Jede Wirkung, im Guten wie im Schlechten, ist die Folge einer Tat, die wir irgendwann und irgendwo selbst verursacht oder versäumt haben. Daher konnte C. G. Jung behaupten: „Was du in dir nicht verwirklichst, begegnet dir als Schicksal.“ So gesehen gibt es auch kein unverdientes Leiden. Um dies zu verstehen, müssen wir freilich lernen, in weiten Zeiträumen rückwärts zu denken, weit über unser jetziges Dasein hinaus, nicht selten in frühere Leben. Der

Schriftsteller und Zufallsforscher Arthur Koestler (1905-1983) war der Ansicht: „Was wir als Zufall bezeichnen, ist ein Ereignis, dessen Wurzeln tief in unserer Lebensgeschichte zu suchen sind, die uns aber in den meisten Fällen nicht mehr bewusst sind." (22)

Nehmen wir folgendes Beispiel an: Ein Windstoß reißt einen Dachziegel los. Dieser fällt hinunter auf die Straße, wo im selben Augenblick ein Fußgänger vorübergeht, der durch den fallenden Stein tödlich verletzt wird. Das Zusammentreffen beider Ereignisse kann nur insoweit als Zufall bezeichnet werden, als zwischen beiden auf der äußeren Realitätsebene kein ursächlicher Zusammenhang festgestellt werden kann. Es ist aber denkbar, dass eine Fügung oder Einflussnahme aus einer übergeordneten Ebene wirksam wurde, was zum Tod dieses Menschen führte, weil dieser für ihn zu dieser Zeit schicksalsbedingt vorgesehen war.

Auch zu Krankheiten und Unfällen kommt es nicht ohne vorausgehende Verursachung bei uns selber. Diesen kommt dann häufig ein Hinweis- und Aufforderungs-Charakter zu. Sie weisen uns darauf hin, was bis dahin in unserem Leben falsch gelaufen ist, und sie fordern uns auf, unsere Verhaltensweise zu ändern, um wieder an Körper, Seele und Geist zu gesunden. (23)

Ein *zufällig* beachtetes Zeitungsinserat oder ein Artikel in einer Zeitschrift, der einem *zufällig* in die Augen springt, kann auf eine einmalige Chance hinweisen. Der Begründer der weltweit bekannten Microsoft-Firma, Bill Gates (*1955), erinnert sich in seiner Erfolgsgeschichte an einen solchen *Zufall*. Als Student an der Harvard-Universität plante er zusammen mit einem Studienfreund eine leistungsfähige Software zu vertreiben, doch zunächst ohne Erfolg. Eines Tages kaufte er die Januar-Ausgabe von „Popular Electronics". In dieser Zeitschrift wurde ein kleiner Computer „Altair 8000" vorgestellt und als Bausatz für 397 Dollar angeboten. Dieser hatte weder Tastatur noch Display. Daher konnte er nicht programmiert werden. Was er aber enthielt, war ein Intel-8000-Mikroprozessor als Gehirn. Nun gerieten die beiden Studenten in Panik. „Mensch, das läuft ohne uns. Die schreiben echte Software mit diesen Chips!", riefen sie aus. Bill Gates schrieb später: „Vom Titelblatt dieser Zeitschrift blickte uns die Zukunft an. Sie wartete auf uns. Gleich zu Anfang in die PC-Revolution einzusteigen, erschien uns als die Chance unseres Lebens, und wir ergriffen sie." (24) Heute ist er mit einem geschätzten Vermögen von neunzig Milliarden US-Dollar der zweitreichste Mensch der Welt. So bewahrheitete sich auch hier der Satz, den der Dichter Christoph Martin Wieland (1733-1813) im Jahr 1780 in seinem Werk „Oberon" niederschrieb: „Ein einziger Augenblick kann alles umgestalten."

Auch plötzliche gedankliche Einfälle sind keine Zufälle. Sie kommen durch Gedankenverbindungen zustande, die wir Assoziationen nennen. Die Theosophie gibt hierzu nachfolgende Erklärung an: „Jede Tätigkeit, als Wirkung betrachtet, geht aus einer entsprechenden Ursache hervor, welche bestimmte Wirkungen nach sich zieht. Je nach den äußeren Umständen können die Wirkungen derselben Ursachen verändert, verschoben, verlangsamt oder beschleunigt werden. Es kommt in vielen Fällen nicht immer nur eine einzige Ursache infrage, sondern es gehen meist mehrere Ursachen ineinander über und wirken gemeinsam auf das Geschehnis ein." (25)

Was wir, oberflächlich gedacht, Zufall nennen, ist vielleicht ein Wink des Schicksals, den es zu beachten gilt. Da kann aus einer *zufälligen* Begegnung von zwei Menschen, die sich vorher nicht kannten, auf einmal eine liebende Partnerschaft werden oder eine wichtige Beziehung mit ungeahnten Folgen entstehen. Möglicherweise handelt es sich um ein Wiederbegegnen und Wiedererkennen aus abgelebten Zeiten. Im Leben jedes Menschen gibt es einen „Glücksfaktor", ein geheimnisvolles Element, das unser Schicksal günstig mitbestimmt, ohne dass wir dies beeinflussen können. Wir mögen es Fatum, Fortuna oder Kismet nennen. Der Glücksforscher P. Taubmann von der Universität Pennsylvania stellte im Jahr 1977 aufgrund seiner Untersuchungen an 2468 eineiigen Zwillingen fest, dass deren späterer Lebenserfolg zu 46% von glücklichen Zufälligkeiten abhängt, die meiner Meinung nach wohl eher einer wohlwollenden Fügung und Vorsehung zu verdanken waren. (26)

Mein Enkel Fabio wollte sich in seinem letzten Schuljahr bei einer Treuhandfirma um eine Lehrstelle bewerben. In einem größeren Geschäftshaus mit mehreren Büros verwechselte er die angegebene Adresse und meldete sich an der falschen Tür. Der überraschte Chef wusste nichts von einer Voranmeldung, erklärte aber, es sei wegen einer unerwarteten Absage eines Bewerbers soeben eine Lehrstelle frei geworden. Mein Enkel konnte diese Stelle, die ihm unerwartet und wie „zufällig" zufiel, sogleich antreten. Heute, viele Jahre danach, nimmt er in der obersten Geschäftsleitung dieser Firma einen verantwortungsvollen Posten ein. War der Irrtum an der Türe nun Zufall oder Wink des Schicksals? Vermutlich führte da eine höhere Hand Regie.

Der Erfolgreiche vertraut seinem Glück und lockt es herbei. Dieses sucht ihn auf und lässt sich bei ihm nieder. Der Erfolglose redet sich sein Unglück ständig ein, zieht es dadurch an und es wohnt bei ihm. Der Schriftsteller Wilhelm von Scholz (1874-1969) bekräftigt in seinem Buch „Der Zufall und das Schicksal": „Nichts ist absolut zufällig, sondern auch das Zufällige ist nur auf einem entfernten Wege herangekommen." (27)

Hier zeigt sich deutlich: Was zu dir gehört, das kommt dir zu. Wenn wir in späten Jahren auf unser Leben zurückschauen, erscheint uns so manches, was wir ehemals dem Zufall zugeschrieben haben, als schicksalshafte Weichenstellung oder als eine Art Türöffner. Denken wir an unsere Schulwahl, an die Berufswahl oder an die Partnerwahl. Bei diesen wichtigen Entscheidungen, die wir treffen mussten, half uns nicht der Zufall weiter, sondern ein innerer Plan oder ein Programm, das wir den vorgegebenen Lebensplan nennen können, dem wir in eigener Verantwortung gefolgt oder auch nicht gefolgt sind, was uns Erfolg oder Misserfolg im Leben einbrachte. So bewahrheitete sich immer wieder das Goethe-Wort: „Der Mensch glaubt zu schieben und er wird geschoben." Bereits Sokrates soll den Gedanken geäußert haben: „Es gibt zu viele Zeichen erstaunlicher Anpassung und offensichtlichen Planens, so dass man das ganze Weltgeschehen nicht dem Zufall oder irgendeiner zufälligen Laune der Natur zuschreiben kann."

Ein tieferes Verständnis für derartige Ereignisse gewinnt, wer diese nicht als ursachenlose Zufälle abtut, sondern als Einfälle höherer Ordnung verstehen lernt, ähnlich wie dies bei einem bedeutungsvollen Traum der Fall sein kann, dessen Sinn uns nicht immer sogleich einleuchten mag. Träume sind bei Weitem nicht immer nur Schäume. Fragen wir uns deshalb, was diese für unser persönliches Leben bedeuten könnten und lassen wir uns Zeit, um auf eine Antwort zu warten. Beachten wir, was der Dichter Rainer M. Rilke hierzu meint:

Bedenke, ist irgend Leben mehr erlebt
als deiner Träume Bilder?
Und mehr dein?
Du schläfst allein.
Die Türe ist verriegelt.
Nichts kann geschehen.
Und doch, von dir gespiegelt,
hängt eine fremde Welt
in dich hinein.

Phänomene der Gleichzeitigkeit

Des Menschen Engel ist die Zeit.

FRIEDRICH SCHILLER

Das Prinzip der Gleichzeitigkeit zeigt uns, dass die Verknüpfung von Ereignissen unter Umständen von anderer als von kausaler Natur sein kann und daher nach einer anderen Erklärung verlangt. Carl Gustav Jung sprach in diesem Zusammenhang von *Synchronizität* (gr. *syn*: gleich; *chronos*: die Zeit.) Darunter verstand er zwei oder mehrere Ereignisse, die nicht nur gleichzeitig, sondern auch gleichsinnig eintreten, die jedoch nicht miteinander in einem kausalen Zusammenhang stehen. Daher nannte er sie „akausal". (28) Was auf der einen Ebene abläuft, das kann parallel dazu auf einer anderen Ebene gleichzeitig und gleichsinnig ablaufen.

Synchrone Ereignisse haben häufig eine symbolische Bedeutung und bedürfen einer sinngebenden Deutung. Solche scheinbaren Zufälligkeiten stehen oft miteinander in einem sinnvollen Zusammenhang. Sie zeichnen sich aus durch Zeitübereinstimmung, Themenähnlichkeit und Ereignisgleichheit, so dass man nicht mehr von einem bloßen Zufall sprechen kann. Als Beispiel diene folgender Hinweis aus dem Tagebuch des Kammersängers Rudolf Schock (1915-1986).

Darin bekennt er: „Eigentlich bin ich gar nicht abergläubisch. Aber es gibt eine Stunde in meinem Leben, über die ich froh bin, wenn sie vorüber ist.“ Diese begründet er mit einer Serie von unliebsamen Vorkommnissen, die mit erstaunlicher Regelmäßigkeit während mehrerer Jahre immer am 7. März zwischen 11 und 12 Uhr mittags eintrafen. In seiner späteren Biographie schreibt er: „Es begann am 7. März 1945 um 11 Uhr vormittags. Ich war Feldwebel einer Nebelwerferbatterie. Im Raum Saarbrücken suchte ich eine Feuerstelle für unsere Geschütze. Plötzlich hörte ich in der Mitte der Wiese ein zischendes Geräusch unter meinem Fuß. Ich war auf eine Schützenmine getreten. Ich schloss mit meinem Leben ab. Doch zu meinem Glück funktionierte zwar noch der Mechanismus, aber die Mine explodierte nicht.“ Nun schildert der Künstler, wie dieses Schock-Erlebnis im doppelten Sinne des Wortes, geprägt durch die Qualität von Stunde und Tag des Geschehens, in den folgenden Jahren stets zur gleichen Zeit ähnliche Gefährdungen heraufbeschwor. Er fährt fort: „Am 7. März 1946: Ich wurde beim Überschreiten der Zonengrenze verhaftet und in einen Keller gesperrt. Es war 11 Uhr. So ging es weiter. Fast jedes Jahr passierte etwas Neues zu jener bestimmten Stunde meines Lebens. Ich überspringe Jahre. 7. März 1962: Wieder war es zwischen 11 und 12 Uhr am Vormittag, als ich beim Skifahren verunglückte. Am 7. März 1965 gab es mit meinem Mercedes 600 eine Karambolage, als ich von einem Konzert auf Burg Hechingen kam. Am 7. März 1969, abermals zur gewohnten Stunde, wurde ich von einem Skilift auf der Piste angefahren. Kann man da noch von einem Zufall sprechen?“ (29)

„Synchronizität zu erleben“, schreibt Chris Mackey „und ihre persönliche Bedeutung zu akzeptieren, ist so, als ob man ein Geschenk des Universums auspackt – ein Geschenk, das den Weg nach vorne weist.“ (30) Synchrone Ereignisse sind demnach nicht bedeutungslose Zufälligkeiten. Vielmehr können sie verschlüsselte Botschaften enthalten, die wir beachten sollten. Das kosmische Überbewusstsein oder das persönliche Unbewusste bedienen sich gelegentlich solcher Signale, um unsere Aufmerksamkeit auf Tatsachen zu lenken, die wir sonst leicht übersehen würden. „Sinnvolle Zufälle sind Winke des Schicksals“, schrieb die Psychologin Ursula Nuber. (31) Sie sind wie Botschaften aus einer Überwelt, die wir nicht kennen. Wie das gemeint ist, zeigen folgende Beispiele:

- Es kann geschehen, dass wir in einer schwierigen Situation wie von außen einen Hinweis erhalten, der genau zu unserem Problem passt und eine Lösung verspricht.
- Eine Frau vernimmt am Telefon von ihrer Freundin, dass diese umziehen muss, weil der Hausbesitzer ihr die Wohnung gekündigt hat. Am gleichen Tag erhält auch sie an einem entfernten Ort die Kündigung.
- Als eine mir nahestehende Person starb, blieb die Uhr in meinem Wohnzimmer stehen.

Eine derartige Gleichzeitigkeit spricht für eine geheimnisvolle körperlich-seelische Übereinstimmung, die der Völkerpsychologe Lucien Lévy-Brühl (1857-1939) „participation mystique" nannte, was dem Begriff Sympathie gleichkommt. Synchrone Ereignisse kommen häufig bei eineiigen Zwillingspaaren vor.

Ein gar nicht so seltener Sonderfall von Synchronizität ist die Ähnlichkeit von „astrologischen Zwillingen". Ihre statistische Häufigkeit zeigt, dass auf eine Million Einwohner rund 4000 astrologische Zwillingspaare pro Jahr kommen. Es handelt sich dabei um nicht blutsverwandte Zwillinge, die zur gleichen Zeit an verschiedenen Orten zur Welt gekommen sind. Sie sind oft in auffallender Weise schicksalsverwandt. So haben sie oft übereinstimmende Interessen und wählen gleiche oder ähnliche Berufe. Der Astropsychologe John Addey hat zu diesem Thema im Jahr 1967 eine umfangreiche Studie veröffentlicht, in der er synchronistische Übereinstimmungen bei gleichzeitig geborenen Menschen nachweist, und zwar in deren Wesensart und Lebensweg, insbesondere hinsichtlich ihrer Berufslaufbahn, Partnerwahl, Kinderzahl, Interessen und Lieblingsbeschäftigungen. (32) Astrologische Zwillinge, auch kosmische Zwillingspaare genannt, sind gleichzeitig in das gleiche energetische Spannungsfeld der Erde hineingeboren worden; sie gleichen sich wie zwei Uhren, die gleichzeitig, aber unabhängig voneinander die gleiche Zeit anzeigen. Beide haben also das gleiche Geburtshoroskop, was die synchrone Gleichsinnigkeit auf unterschiedlichen Existenzebenen erklären soll. Zur gleichen Zeit, da Georg III. von England zum König gekrönt wurde, hat sein astrologischer Zwillingsbruder Samuel Hemmings völlig unabhängig davon in London ein eigenes Geschäft eröffnet. Auch haben beide ohne gegenseitige Absprache am gleichen Tag geheiratet. Der Schriftsteller Erich Kästner hat astrologische Zwillingspaare in seinem Roman „Das doppelte Lottchen" beschrieben.

Nicht selten ergeben die Geburts- und Todesdaten von wichtigen Persönlichkeiten eine merkwürdige Gleichzeitigkeit. Der Mathematiker François Fricker hat herausgefunden, dass bei den Lebensdaten von fünfundvierzig US-Präsidenten sich merkwürdige Übereinstimmungen ergeben. So sind James Polk (1795-1849) und Warren Harding (1865-1923) beide an einem 2. November geboren worden. John Adams (1735-1826) und sein Nachfolger im Präsidentenamt, Thomas Jefferson (1743-1826), sowie James Monroe (1758-1831) sind alle drei an einem 4. Juli, am Unabhängigkeitstag, gestorben; zwei von ihnen sogar im gleichen Jahr, nämlich 1826. Millard Fillmore (1800-1874) und William Taft (1857-1930) sind beide an einem 8. März gestorben. Auch Harry Truman (1884-1972) und Gerald Ford (1913-2006) sind beide an einem 26. Dezember gestorben. (33)

Das Gegenteil von Synchronizität ist Asynchronizität, die sich häufig darin zeigt, dass jede zeitliche Übereinstimmung fehlt. Auch dies kann ein Fingerzeig dafür sein, dass etwas zur falschen Zeit unternommen wird. So gibt es Tage, an denen uns nichts recht gelingen will, wo alles wie verhext scheint und eine Pechsträhne der anderen folgt, als ob überall Sand im Getriebe wäre.

Es ist ratsam, im Leben nichts auf Biegen und Brechen erzwingen zu wollen. Geschehenlassen, Zulassen und Fließenlassen verspricht oft mehr Erfolg als auf „Teufel komm heraus!" zu viel zu riskieren, denn „die Zeit beugt sich nicht zu dir, du musst dich ihr beugen" lehrt ein alter Weisheitsspruch. Da ist es angebracht, die Dinge ruhen zu lassen, nichts erzwingen zu wollen, eine Nacht darüber zu schlafen und der chinesischen Weisung des „Wu-Wei" zu folgen, nämlich dem „Tun im Nicht-Tun". (34)

Wenn es in den Hauswänden oder in den Möbeln ächzt und kracht, handelt es sich nicht immer um physikalische Materialspannungen. Es kann auch sein, dass etwas Ungewohntes im Anzug ist oder eine psychodynamische Spannung in der Luft liegt. Ein überzeugendes Beispiel hierfür finden wir in den Lebenserinnerungen von C. G. Jung. Als er im Jahr 1909 bei Sigmund Freud in Wien zu Besuch war, befanden sich beide Psychiater an die zwölf Stunden miteinander in erregtem Gespräch. In dieser spannungsvollen Auseinandersetzung stellte sich eine synchrone Situation ein, die Jung in seinen Lebenserinnerungen folgendermaßen schilderte: „Es schien mir, als ob mein Zwerchfell aus Eisen bestünde und glühend wurde. Und in diesem Augenblick ertönte ein Krach im Bücherschrank, der unmittelbar neben uns stand. Wir dachten, der Schrank fiele über uns zusammen. Genau so hatte es getönt. Ich sagte zu Freud: ‚Das ist jetzt ein sogenanntes katalytisches Exteriorisationsphänomen.' ‚Ach', sagte er, ‚das ist ja ein leibhaftiger Unsinn!' ‚Aber nein', erwiderte ich, ‚Sie irren, Herr Professor. Und zum Beweis, dass ich recht habe, sage ich nun voraus, dass es gleich nochmals so einen Krach geben wird!' – Und tatsächlich: Kaum hatte ich die Worte ausgesprochen, begann der gleiche Krach im Schrank! Ich weiß heute noch nicht, woher ich diese Sicherheit nahm. Aber ich wusste mit Bestimmtheit, dass das Krachen sich wiederholen würde. Freud hat mich nur entsetzt angeschaut. Ich weiß nicht, was er dachte, oder was er schaute! Auf jeden Fall hat dieses Erlebnis sein Misstrauen gegen mich geweckt, und ich hatte das Gefühl, ihm etwas angetan zu haben. Ich sprach nie mehr mit ihm darüber." (35) Jedenfalls erlitt ihre Freundschaft in diesem Augenblick einen ersten Bruch. Die Psychologin Elisabeth Mardorf sieht in diesem Knall einen „symbolischen Ausdruck der nicht ausgelebten, aber doch vorhandenen heftigen und ‚innerlich lauten' Gefühle. Es ist fast so, als ob der synchronistische Knall das auslebt, was die Beteiligten aus verschiedenen Gründen nicht selbst erledigen können. Es kommt zu einer ‚Explosion', aber es geschieht kein wirklicher Schaden. Die Luft ist endlich raus, und wenn die Beteiligten die Botschaft wahrnehmen, ist wieder Platz für die Verantwortung im Umgang mit der eigenen Aggression." (36)

Der Gleichzeitigkeit kommt häufig etwas Wegweisendes oder Verzögerndes zu. Sie kann dafür sorgen, dass wichtige Dinge sich zur rechten Zeit und zur richtigen Stunde ereignen. Eine solche sinnvolle Gleichzeitigkeit erlebte Albert Schweitzer (1875-1965) in seinen Bubenjahren, als er an einem Sonntagmorgen im elsässischen Günsbach auf die Spatzenjagd ging. Als er gerade im Begriff war, mit seiner

Steinschleuder auf einen kleinen Vogel zu zielen, da fingen im selben Moment die Kirchenglocken des Dorfes an zu läuten. Entsetzt warf der junge Albert sein Mordinstrument weit von sich. Das seltsame Zusammentreffen dieser beider Ereignisse erschien ihm wie eine Mahnung vom Himmel, die ihn anwies, keinem Lebewesen ein Leid anzutun. In diesem Augenblick wurde grundgelegt, was später Leben und Werk des berühmten Urwalddoktors beeinflussen sollte, nämlich der Grundsatz von der Ehrfurcht vor dem Leben. (37)

Zum Phänomen der Synchronizität gehört im weiteren Sinne auch das serienmäßige Auftreten von gleichen Ereignissen, die in kurzen Zeitabständen folgen, als würden sie sich gegenseitig anziehen. Wir sprechen dann von Serialität oder vom „Gesetz der Serie". (38) Kommt es zu einer zweifachen und dreifachen Wiederholung, handelt es sich um eine Duplizität und Triplizität der Fälle. So kommt es vor, dass in einer Arztpraxis oder in einem Spital in kurzer Zeit sich Patienten melden mit den gleichen, aber seltenen Krankheitssymptomen und demselben medizinischen Befund. In meinem Dorf wusste der Sakristan unserer Kirche, dass regelmäßig, wenn es zu einem Todesfall kam, diesem in den kommenden Tagen noch weitere folgen würden. Es fällt auf, dass Flugzeugunfälle oder Bahnpannen sich nicht selten innerhalb weniger Tage häufen. Der Volksmund weiß: „Ein Unglück kommt selten allein." (39)

Abergläubische Leute halten magische Vorzeichen für ein gutes oder schlechtes Omen. Damit sind sogenannte Glücksbringer und Unheilsverkünder gemeint, die einem zufällig begegnen. So sollen Marienkäfer, die einem zufliegen, oder ein Kaminfeger, der einem über den Weg läuft, unerwartetes Glück verheißen. Dagegen gilt ein schwarzer Kater, der unseren Weg kreuzt, als Unheilsbote. Solche Vorkommnisse mögen als synchrone Geschehen gelten, die durch naive Erwartungshaltungen, Erfolgswünsche oder Unsicherheitsgefühle und Angstvorstellungen hervorgerufen werden. (40)

Eine spezielle Form der Gleichzeitigkeit ist die Synästhesie (gr. *syn*: gleich; *aistanesthai*: wahrnehmen). Es handelt sich um die gleichzeitige Wahrnehmung von zwei verschiedenen Sinneseindrücken, auch Parallelwahrnehmung genannt. Diese kommt als Sonderbegabung sehr selten vor, nämlich bei rund 4% der Bevölkerung. Ich kannte einen jungen Mann, der bei seinem Klavierspiel die angeschlagenen Töne nicht nur akustisch wahrnahm, sondern auch optisch als Farben sah. Eine junge Frau bestätigte mir, dass sie beim Lesen von Buchstaben und Zahlen gleichzeitig diese als unterschiedliche Geschmacksempfindungen auf der Zunge zu spüren bekam.

Das Phänomen der Gleichzeitigkeit zeigt sich auch dort, wo es zu Erfindungen und Entdeckungen gleichzeitig, aber völlig unabhängig voneinander kommt. Hierzu einige Beispiele: Leibniz und Newton erfanden gleichzeitig die Differentialrechnung. Das periodische System der Elemente wurde vom russischen Chemiker Dimitri Iwanowitsch Mendeljew und fast gleichzeitig auch vom deutschen Chemiker Lothar Meyer gefunden. Alfred Wallace entdeckte das Prinzip der natürlichen Auslese in der Evolution zur selben Zweit wie Charles Darwin. Die Autobauer Gottfried Daimler und Carl Benz konstruierten im Jahr 1985 gleichzeitig das erste Automobil, der eine in Mannheim, der andere in Stuttgart. Unabhängig voneinander meldeten Alexander Graham Bell und zwei weitere Erfinder das Telefon beim Patentamt an. Sigmund Freud und ein Arztkollege fanden zur gleichen Zeit die schmerzstillende Wirkung von Kokain. Der eine erhielt hierfür den Nobelpreis, der andere ging leer aus. Die Erklärung für diese Synchronizität mag darin liegen, dass neue Gedanken tatsächlich sozusagen „in der Luft liegen“ und daher mehrere Forscher gleichzeitig beeinflussen können.

Merkwürdige Tatsachen lassen darauf schließen, dass es in unserer Welt gelegentlich Geschehnisse gibt, die parallel zueinander ablaufen, ohne sich gegenseitig zu verursachen. Es verhält sich dabei wie bei zwei Uhren, die unabhängig voneinander die gleiche Zeit angeben, weil sie demselben Bezugssystem zugeordnet sind. Derartige Ereignisse können auf der gleichen Wirklichkeitsebene oder auf unterschiedlichen Daseinsstufen zugleich oder zeitlich verschoben stattfinden, wie das legendäre Lincoln-Kennedy-Rätsel vermuten lässt, welches eine seltsame Gleichheit im Leben der beiden US-Präsidenten Abraham Lincoln (1809-1865) und John F. Kennedy (1917-1963) zeigt. Lincoln wurde im Jahr 1846 in den Kongress gewählt. Kennedys Wahl in den Kongress erfolgte hundert Jahre später 1946. Die Wahl Lincolns zum Präsidenten fand im Jahr 1860 statt, die von Kennedy hundert Jahre danach 1960. Beide Politiker befassten sich mit dem Problem der Bürgerrechte. Der Sekretär Lincolns hieß Kennedy, der Sekretär Kennedys hieß Lincoln. Dieser riet seinem Präsidenten von dem Theaterbesuch ab, bei dem er getötet wurde. Jener riet dem Präsidenten Kennedy vom Besuch in der Stadt Dallas ab, wo er den Tod fand. Eine Woche vor seiner Ermordung war Lincoln im Urlaub in Monroe im US-Staat Maryland. Eine Woche vor seiner Ermordung war Kennedy im Urlaub mit Marilyn Monroe. Beide Präsidenten wurden an einem Freitag im Beisein ihrer Ehefrauen ermordet. Lincoln starb in einem Theater mit dem Namen „Kennedy“ und Kennedy starb in einem Auto der Ford-Marke „Lincoln“. Der Mörder Lincolns, John W. Booth, kam 1839 zur Welt; der vermutete Attentäter Kennedys, Lee H. Oswald, im Jahr 1939, also hundert Jahre später. Beide Täter wurden ermordet, bevor sie vor Gericht gestellt werden konnten. Der Mörder Lincolns erschoss sein Opfer in einem Theater und flüchtete in ein Lagerhaus, der Mörder Kennedys schoss aus einem Lagerhaus und flüchtete danach in einen Kinosaal. Die Namen der beiden Täter stimmen auch numerologisch überein, insofern beide aus je fünfzehn Buchstaben bestehen. Die Amtsnachfolger beider Präsidenten hießen Johnson. Beide waren Demokraten aus den Südstaaten und waren Mitglieder des Senats. Andrew Johnson wurde 1806 geboren, Lyndon 1906. (41)

Von einer anderen Merkwürdigkeit berichtet Claudia Escher in der Zeitschrift „Welt der Esoterik“: Vierzehn Jahre vor dem tragischen Untergang der „Titanic“ im Jahr 1912 ist in Amerika ein Buch erschienen mit dem Titel „Der Untergang der Titan“. Darin beschrieb der Schriftsteller Morgan Robertson die Fahrt eines Luxusdampfers über den Atlantik. Diesen schilderte er als das größte und sicherste Schiff der damaligen Zeit. Nachdem es einen Eisberg gerammt hatte, sank es mit Hunderten von Passagieren. Nur wenige konnten gerettet werden, weil zu wenige Rettungsboote an Bord waren. Genau so geschah dies ein Jahrzehnt später in der Wirklichkeit einer kalten Aprilnacht im Nordatlantik. Die Übereinstimmung zwischen der Schilderung im frei erfundenen Roman und dem tatsächlichen Geschehen sind verblüffend: Der Name der beiden Schiffe stimmte nahezu überein. Die Titan maß in der Länge 260 Meter, die Titanic 270 Meter. Die Geschwindigkeit bei der Kollision mit einem Eisberg betrug bei der Titan 25, bei der Titanic 24,5 Knoten. Der Monat der Katastrophe war in beiden

Fällen der April. Der romanhafte Zusammenstoß der Titan ereignete sich genau um Mitternacht, bei der Titanic geschah er um 23.40 Uhr. (42)

Über einen eindrücklichen Fall von Synchronizität berichtet der chilenische Diplomat Miguel Serrano in seinem Buch „Meine Begegnungen mit C. G. Jung und Hermann Hesse in visionärer Schau". Bei seinem letzten Besuch im Hause Jung, es war kurz nach dem Tod des großen Seelenforschers, erzählte ihm dessen Tochter, Frau Niehus-Jung: „Als mein Vater starb, fegte ein schrecklicher Sturm über Küsnacht hinweg, wie das zu dieser Jahreszeit sonst nie geschieht. Im Verlauf dieses Sturmes schlug der Blitz in den Baum ein, unter dem mein Vater so gern gesessen hat." (43)

Weil das Kausalitätsgesetz allgemeingültig ist und keine Ausnahme duldet, kann es auch keine ursachenlose Zufallsereignisse geben. Es muss also bei diesen erwähnten Beispielen einen ursächlicher Zusammenhang unterschiedlicher Schwingungsebenen geben.

Wunder sind erklärbar

Es gibt kein Wunder für den,
der sich nicht wundern kann.

M. v. Ebner-Eschenbach

Unter einem Wunder lässt sich ein seltenes Ereignis verstehen, dessen Zustandekommen aufgrund unseres gegenwärtigen Wissenstandes nicht erklärbar ist. Wundergläubige nehmen oft vorschnell das Eingreifen einer außerirdischen Macht an, um ein unerklärbares Geschehen als Wunder zu bezeichnen. Wunder kann man nicht beweisen, man kann nur daran glauben. Heißt es doch in Goethes Faustdichtung: „Das Wunder ist des Glaubens liebstes Kind."

Der Begriff „Wunder" ist nicht eindeutig geklärt, und nicht alles, was nicht erklärbar ist, gilt schon als Wunder. Die ganze uns umgebende Natur ist voller Wunder, die wir bewundern. So sprechen wir von Naturwundern, von Wunderkräften und Wunderwelten, aber auch von Wunderwerken, von Wundermitteln und von Wunderkindern. Tatsächlich können wir nur staunen, was die Natur im Verlauf vieler Jahrmillionen an seltsamen und bewundernswerten Formen und Farben ohne das geringste Dazutun des Menschen hervorgebracht hat. (44)

Es gibt in unserer Welt tatsächlich immer wieder wundersame und geheimnisvolle Geschehnisse, die uns unerklärbar erscheinen. Diese aber vorschnell als Wunder im Sinne einer Ausnahme oder Aufhebung eines Naturgesetzes zu bewerten, ist nicht zulässig.

In der antiken Welt verstand man unter einem Wunder das direkte Eingreifen einer göttlichen Macht oder Kraft. Dagegen wird heute in der Philosophie und Theologie unter einem Wunder ein Ereignis unbekannter und unsichtbarer Verursachung angenommen, das möglicherweise auf das Einwirken einer höheren Intelligenz hindeutet, die den Naturgesetzen nicht unterworfen ist. In neuerer Zeit vermochten die Naturwissenschaften vieles als natürlich zu erklären, was früher noch als Wunder galt. (45) Bewundernswerte, aber durchaus natürliche Naturereignisse wie Sonnen- oder Mondfinsternisse werden bei Naturvölkern noch heute als himmlische Zeichen gedeutet.

In alten Zeiten wurden scheinbar unerklärliche Naturphänomene gerne dem Eingriff der Götter zugeschrieben. So wird im jüdischen Buch „Josua“ vom Kampf der Israeliten gegen die Könige der Amoriter erzählt, dass damals, „an dem Tage, als der Herr die Amoriter den Israeliten preisgab“, der Prophet Josua mit dem Herrn redete und dieser befahl: „Sonne, stehe still zu Gibeon, und Mond im Tal von Ajalon! Da stand die Sonne still, und der Mond blieb stehen, bis das Volk Rache genommen hatte an seinen Feinden.“ Und weiter heißt es: „So stand die Sonne still mitten am Himmel und eilte nicht unterzugehen, beinahe einen ganzen Tag.“ (Jos 10,12-13)

Wie dieses unwahrscheinlich anmutende Ereignis zu verstehen sei, hat der amerikanisch-russische Arzt und Psychoanalytiker Immanuel Velikovsky (1895-1979), der mit Albert Einstein und Sigmund Freud persönlich befreundet war, im Jahr 1950 in seinem Buch „Welten im Zusammenstoß“ zu erläutern versucht. Er ging davon aus, dass im 7. Jahrhundert v. Chr. durch eine starke Annäherung eines Kometen, eines Asteroiden oder eines Planetoiden die Rotation des Erdplaneten für einige Stunden unterbrochen wurde, was den Anschein erweckte, als würde der Lauf von Sonne und Mond angehalten. Naturwissenschaftlich gesehen, ist diese Theorie allerdings bis heute umstritten. (46)

Selbst die biblischen Wunder wie die wunderbare Brotvermehrung (Mt 15,32-39), die Verwandlung von Wasser in Wein (Jh 2,1-12) oder das Gehen Jesu über den See Genezareth (Mk 6,45-52) ließen sich als Frequenzänderungen der Materie erklären, ohne ein Naturgesetz außer Kraft setzen zu müssen. Es kann sich um materielle Entdichtungen und Verdichtungen durch eine stoffliche Zustands- und Schwingungsänderung auf unterschiedlichen Realitätsebenen handeln. (47)

In der Parapsychologie sind derartige Phänomene als Materialisationen und Dematerialisationen bekannt, wobei zweifelsohne außergewöhnliche Kräfte im Spiel sein können. Zahlreiche Erklärungshinweise sind der modernen Parapsychologie zu verdanken, welche die biblischen Wunder als Zustandsänderungen der Materie, gewirkt durch reine Gedankenkraft, verstehen lassen. (48) Es ist durchaus möglich, dass Naturgesetze durch das Einwirken von außergewöhnlichen Kräften zwar nicht aufgehoben, aber kurzfristig überlagert werden von höherschwingenden Energien. Ein hermetisches Gesetz lautet: „Nichts entgeht dem Gesetz von Ursache und Wirkung, aber es gibt viele Ebenen der Ursächlichkeit, und man kann das Gesetz der höheren Ebene verwenden, um das Gesetz der niederen Ebenen zu überwinden." Rudolf Steiner erklärte Wunder als „Erlebnisse, die nur auf einer höheren geistigen Daseinsstufe durchschaut werden können; dann ist es von selbst verständlich, dass sie nicht aus den Gesetzen der niederen Naturordnung begriffen werden können". (49)

Aus theologischer Sicht liegt dann ein Wunder vor, „wenn etwas gegen die Naturgesetze geschieht und wissenschaftlich nicht erklärbar ist". (50) Hans Küng hat allerdings darauf hingewiesen, dass die biblischen Wundererzählungen keine Direktreportagen, keine wissenschaftlich überprüften Dokumentationen, keine historischen, medizinischen oder psychologischen Protokolle, sondern vielmehr unbekümmerte volkstümliche Erzählungen sind, die glaubendes Staunen hervorrufen sollten. Die Menschen in biblischen Zeiten dachten nicht naturwissenschaftlich und verstanden daher die Wunder nicht als ein Durchbrechen von Naturgesetzen und auch nicht als Verletzung von lückenlosen Kausalzusammenhängen, sondern als wunderbare, staunenswerte Vorkommnisse, welche den Glauben an göttliche Fügungen stärken sollten, die aber durchaus eine natürliche Erklärung zulassen. (51)

Diese Bibel-Erzählungen stammen aus einer Zeit, in der die Menschen noch viel wundergläubiger waren als heute und naturwissenschaftliche Erklärungen noch kaum zur Verfügung standen. Daher sollten diese nicht ausschließlich als tatsächlich stattgefundene Ereignisse bewertet werden, sondern eher als Einwirkungen aus einer höheren Wirklichkeitsebene innerhalb der gesetzmäßigen Naturordnung, deren Sinn es ist, die Menschen darauf hinzuweisen, „dass es mehr Dinge gibt zwischen Himmel und Erde, als sich unsere Schulweisheit träumen lässt", wie Shakespeare (1564-1616) seinen „Hamlet" sprechen lässt.

Auch der evangelische Theologieprofessor Rudolf Bultmann (1884-1976) hat mit dem allzu unkritischen biblischen Wunderglauben durch seine Entmythologisierung aufgeräumt und wesentlich dazu beigetragen, dass der religiöse Wunderglaube einem nüchternen Realismus Platz gemacht hat. (52) In die gleiche Richtung denkt auch der Theologe und Psychotherapeut Eugen Drewerman (* 1940), wenn er Wunder und Wunderheilungen auf innerseelische Vorgänge ohne Anspruch auf historische Wahrheit erklärt. Er will die biblischen Wundererzählungen als Hinweise auf zu bewundernde und wunderliche Geschehnisse verstehen, wie es sie allerorts und zu allen Zeiten gibt, um bei den Menschen vertrauende Hoffnung und Glauben zu wecken und damit auch heilend zu wirken. (53)

Nehmen wir als Beispiel das bekannte Sonnenwunder von Fatima aus dem Jahre 1917. (54) Zu diesem liegen mehrere gut dokumentierte Berichte vor. Damals wurde in der Nähe des portugiesischen Ortes Fatima von vielen Zehntausenden von Zuschauern ein erstaunliches Himmelsschauspiel beobachtet. Am 13. Oktober dieses Jahres über die Mittagszeit hörte der Regen auf, die Wolken rissen auf und plötzlich fing die Sonne an, sich am Firmament mit rasender Geschwindigkeit zu drehen. Die Sonnenscheibe zitterte und führte ungewohnte Bewegungen aus, die außerhalb jeglicher physikalischer Gesetzmäßigkeiten lagen. Von zahlreichen Augenzeugen liegen hierzu Berichte vor, in denen es heißt: „Wir konnten, ohne geblendet zu werden, in die Sonne schauen. Sie schien auf und ab zu flackern, sie schoss Strahlen in verschiedene Richtungen ab und tauchte alles in unterschiedliche Farben." Ein anderer Beobachter gab zu Protokoll: „Mit einem Male fing die Sonne an zu tanzen und schien auf uns herabzustürzen." Ein weiterer Zuschauer bestätigte: „Die Sonne begann sich zu bewegen, plötzlich schien sie sich vom Himmel zu lösen und wie ein flammendes Rad auf uns niederzusausen." Eine Lehrerin, die diese seltsame Schau achtzehn Kilometer von Fatima entfernt mitverfolgte, bestätigte später: „Ich schaute in die Sonne, die blass erschien und den Augen nicht weh tat. Sie sah aus wie ein Ball aus Schnee, der sich um sich selbst drehte, und plötzlich schien es, als stürzte die Sonne im Zickzack-Kurs auf die Erde herab." Ein weiterer Zeitzeuge erzählte: „Die Sonne war in einem Moment umgeben von einer scharlachroten Flamme, dann erschien sie wie in Gelb und Purpur getaucht und vollführte außerordentlich schnelle und wirbelnde Bewegungen, manchmal schien sie vom Himmel gelöst zu werden und sich der Erde zu nähern." (55)

Nach etwa acht bis zehn Minuten beruhigte sich dieses seltsame Geschehen, das im weiten Umkreis von geschätzten 70.000 bis 100.000 Zuschauern als durchaus real erlebt wurde. Dieses Phänomen wurde also nicht nur in der Cava da Ira in der Nähe der heutigen Stadt Fatima beobachtet, sondern auch von Menschen, die weit von diesem Ort entfernt waren. Seltsamerweise aber wurde diese aufregende Himmelserscheinung von keiner einzigen irdischen Sternwarte und von keinem astronomischen Observatorium aufgezeichnet. Daraus kann geschlossen werden, dass es sich hier nicht um ein Ereignis handelt, das sich auf der materiellen Ebene ereignet hat. Wäre dies tatsächlich der Fall gewesen, wäre unser solares Planetensystem mit Bestimmtheit aus den Fugen geraten und ins Chaos gestürzt. Auch hat die Sonne ihren Glanz sicher nicht vorübergehend verloren, damit die Zuschauer nicht geblendet wurden. Das Ganze muss sich auf einer anderen, rein psychischen Ebene abgespielt haben, ohne dass dabei ein Naturgesetz außer Kraft gesetzt wurde. Vermutlich hat sich aufgrund der Voraussage eines Engels an die drei Seherkinder ein Jahr zuvor, ein Wunder werde sich am 13. Oktober ereignen, eine spannungsreiche Erwartungshaltung in der großen Menschenmenge aufgebaut, die sehr viel psychische Energie freigesetzt hat. Durch diese wurden die Menschen in einen höheren, visionären Zustand versetzt, in dem sie etwas zu sehen bekamen, was nicht in die damalige diesseitige Schwingungswelt einzuordnen war. Dass es sich dabei um eine „Massensuggestion" oder eine Projektion einer unbewussten „Gruppenseele“ handelte, wie Skeptiker gerne annehmen, ist wenig wahrscheinlich.

Wenn damals wie heute bestimmte Wundertaten dem Wirken einer höheren Macht zugesprochen werden, bleibt es stets offen, ob es sich um ein außerordentliches Geschehen im Sinne eines Wunders handelt oder um ein außergewöhnliches psychisches Erlebnis, das für die Betroffenen durchaus real sein kann. In jedem Fall können wir dem ersten Ministerpräsidenten des heutigen Staates Israel, David Ben Gurion (1868-1973), zustimmen: „Wer nicht an Wunder glaubt, ist kein Realist.“

Um den wahren Zusammenhang zwischen Ursache und Wirkung solcher Geschehnisse richtig beurteilen zu können, ist es wichtig, das Denkgesetz des Franziskanermönches und scholastischen Philosophen Wilhelm von Ockham (1285-1349) anzuwenden. Sein Einfachheitsprinzip verlangt, folgende drei Regeln zu beachten:

1. Eine Erklärung darf nicht über das notwendige Maß hinaus erweitert werden.
2. Was man natürlich erklären kann, bedarf keiner übernatürlichen Ursache.
3. Es ist überflüssig, eine komplizierte Erklärung zu geben, wenn eine einfache genügt. (56)

Gemäß diesen Hinweisen soll zunächst nach einer natürlichen Ursache gefragt werden, bevor man eine außernatürliche oder eine übernatürliche annehmen will. Wenn bei einem Ereignis keine naheliegende sichtbare Ursache festzustellen ist, geschieht dies nicht ursachenlos. Dessen Verursachung kann auf einer anderen, unsichtbaren Seinsstufe liegen, nämlich auf einer emotionalen oder mentalen Ebene, sogar auf einer paranormalen oder metaphysischen Stufe. Was auf einer höheren Ebene verursacht wird, kann sich auf einer niederen Ebene auswirken und umgekehrt, ohne dass wir uns dessen bewusst sind.

Selbst das größte Wunder, welches die Christenheit kennt, das Auferstehungswunder Jesu, kann als wunderbares, aber nicht als einmaliges Ereignis anerkannt werden, das durchaus eine zwar übersinnliche, aber nicht unbedingt eine übernatürliche Erklärung verlangt. Nach

Ansicht vieler moderner Theologen handelt es sich beim sichtbaren Erscheinen des Auferstandenen um visionäre Schauungen und nicht um reale Verkörperungen, die photographierbar gewesen wären. Die Theologin Li Hangartner schreibt hierzu: „Zu sehen gibt es wenig, zu glauben viel." (57) Auch das leere Grab ist erklärbar als eine Umwandlung von materieller Energie in Strahlungsenergie, wobei der grobstoffliche Leichnam verstrahlt wurde, nicht aber der feinstoffliche Astralkörper, der sich später verdichten konnte. Dabei wurde kein einziges Naturgesetz außer Kraft gesetzt, sondern der Auferstandene bediente sich lediglich natürlicher Energiegesetze, die damals unbekannt und daher unverständlich waren. Daher hat Augustinus bereits im Altertum darauf hingewiesen: „Wunder geschehen nicht im Widerspruch zur Natur, sondern im Widerspruch zu dem, was wir von der Natur wissen."

Die Unwissenheit hält so manches Geschehen für ein wahres Wunder, was bei genügender Kenntnis der kosmischen Gesetze natürlich erklärt werden könnte. Der Psychologe Alfred Dalliard schreibt hierzu: „Wer die Kräfte sowohl der grobstofflichen als auch der feinstofflichen Welt kennt, für den gibt es keine ‚Wunder' im üblicherweise verstandenen Sinn. Sogenannte Wunder entstehen durch Anwendung von Naturgesetzen, die den Menschen unbekannt sind." (58)

Auch die sogenannten „Totenerweckungen, von denen die Bibel (Jh 11,1-44) und mehrere Heiligsprechungsprozesse berichten, die in vatikanischen Kreisen gerne als unleugbare Wunder bezeichnet werden, gehören eher in den Umkreis von außergewöhnlichen, jedoch natürlich erklärbaren Vorgängen. Bei einem äußerlich festgestellten Herzstillstand und einem messbaren Ausfall der Hirnaktivität braucht ein Mensch noch lange nicht für tot erklärt zu werden. Bis die Geistseele sich vom Körper endgültig getrennt und gelöst hat, kann es nicht nur Stunden, sondern sogar Tage dauern, ehe die „Silberschnur" reißt. Danach gibt es keine Rückkehr in den leblosen Körper mehr. Wenn heute die Medizin im Zusammenhang mit der Organtransplantation den Zeitpunkt des Todes auf höchstens fünf Minuten nach dem vollständigen Aufhören der Herz- und Gehirnaktivität festlegt, ist dies viel zu eng bemessen. Bezeichnend hierfür ist die Tatsache, dass die angeblich aus dem Totenreich Zurückgekehrten nichts von der Jenseitswelt zu berichten wussten, weil sie noch nicht dort waren. Bei diesen „Totenerweckungen" konnte es sich eher um eine Wiederbelebung oder Reanimation von klinisch totgesagten Menschen gehandelt haben. (59)

Ähnliches lässt sich vom „Wunder der Nahrungslosigkeit" sagen. Von Menschen, die sich jahrelang der grobstofflichen Nahrung enthielten, wie dies vom Schweizer Nationalheiligen Niklaus von Flüe (1417-1487) sowie von indischen Heiligen und von stigmatisierten Frauen und Männern berichtet wird, ist bekannt, dass sich diese von feinstofflichen Kräften, die sie aus der Luft, aus dem Trinkwasser, von Heilkräutern oder von den Photonen des Lichts, aber auch aus dem Äther und der Astralmaterie bezogen, am Leben erhalten haben. Je materieller ein Mensch eingestellt und gesinnt ist, desto mehr bedarf er an grobstofflicher und grobschlächtiger Nahrung. Statt zu essen, um zu leben, leben diese auf der Suche nach etwas Essbarem und Genießbarem. Bereits in der Bhagavad Gita steht die Weisung: „Jene, die auf dem Weg der geistigen Höherentwicklung sind, ernähren sich von lebendiger Nahrung, die zu Kraft und Gesundheit beiträgt, aber auch zur Freude und Heiterkeit. Wer noch auf einer niederen geistigen Stufe steht, der nimmt Verdorbenes und Totes als Nahrung zu sich."

Es muss zugegeben werden, dass es auch in unserer Zeit rätselhafte Phänomene gibt, die tatsächlich an Wunder grenzen und auf natürlichem Weg nicht erklärbar sind. So findet auch heute noch regelmäßig im Dom von Neapel das Blutwunder statt. Dieses bezieht sich auf den Bischof Januarius, der im Jahr 305 während der Christenverfolgung unter dem römischen Kaiser Diokletian enthauptet wurde und dessen Blut in einer Fiole aufbewahrt wird. Dieses soll sich an drei verschiedenen Tagen in jedem Jahr spontan verflüssigen, wobei dessen Gewicht und Volumen sich vorübergehend verändern. Dies hat sich erstmals im Jahr 313 und danach durch alle Jahrhunderte bis in unsere Gegenwart regelmäßig ereignet. Eine wissenschaftliche Erklärung hierfür gibt es bis heute nicht.

Auch unerklärliche Wunderheilungen und Heilungswunder werden aus mehreren Teilen der Welt immer wieder gemeldet. In den großen Wallfahrtsorten von Lourdes und Fatima stehen diese unter strenger kirchlicher und medizinischer Kontrolle von eingesetzten Kommissionen. Nach den Untersuchungen der Historikerinnen Lorraine Dastan und Katharine Park ist der Wunderglaube seit dem Aufkommen der exakten Wissenschaften im 19. und 20. Jahrhundert deutlich geschwunden, weil so manches Wunder eine natürliche Erklärung fand. (60)

Jean Mussard (1888-1967), der ehemalige Generaldirektor von „General Motor Suisse", verfasste in den 1960er Jahren ein dreibändiges Werk mit dem Titel „Gott und der Zufall". Darin bekennt er sich voll und ganz zu den Gesetzen der Natur, die keine Ausnahme kennen, da ihm nie ein übernatürliches Ereignis begegnet sei, das einwandfrei als Wunder zu erkennen wäre. Er schreibt: „Wunder werden eigentlich nur noch für die Heiligsprechung von Personen gebraucht, die sich um eine Kirche besonders verdient gemacht haben." (61)

Rilke ist dem naiven Wunderglauben in seinem zweiten „Stunden-Buch" (62) entgegengetreten, indem er gleichsam an Gott die folgenden Worte richtete:

Alle, welche dich suchen, versuchen dich.
Und die, so dich finden, binden dich
an Bild und Gebärde.
Ich aber will dich begreifen
wie dich die Erde begreift;
mit meinem Reifen
reifet dein Reich.

Ich will von dir keine Eitelkeit,
die dich beweist.
Ich weiß, dass die Zeit
anders heißt als du.
Tu mir kein Wunder zulieb.
Gib deinen Gesetzen recht,
die von Geschlecht zu Geschlecht
sichtbarer sind.

6. Das Gesetz der Ganzheit

Nichts ist ein von allem anderen
getrenntes Ganzes, und nichts
ist ein von anderen Ganzen
getrennter Teil.
JUDY CANNATO

Das Wesen der Ganzheit und die Bedeutung des Ganzen im Verhältnis zu seinen Teilen hat die Wissenschaft seit der Antike beschäftigt. Bereits in der altägyptischen Geheimlehre des Hermes Trismegistos wurde festgehalten: „Alles ist in allem. Wenn Alles im All ist, so ist es in gleicher Weise wahr, dass das All in Allem ist. Derjenige, der diese Wahrheit richtig versteht, hat ein großes Wissen erlangt." (1)

Was ganz ist, das ist vollständig, unverletzt und heil. Ganzheit bedeutet die Gesamtheit aller zusammengehörenden Teile. In jedem Teilbereich wirkt das Ganze und durch das Zusammenwirken aller Teile entsteht etwas Ganzes. In diesem Sinn umfasst das All die gesamte spirituelle und materielle Schöpfung. Diese ist aus dem schöpferischen Ur-Geist oder geistigen Ur-Prinzip hervorgegangen.

Auch wir Menschen sind Teile eines allumfassenden Ganzen. Dieses können wir erreichen, wenn wir ein globales Denken und ein kosmisches Bewusstsein zu entwickeln imstande sind. Wieder ganz zu werden, um wieder heil zu werden, sei daher Sinn und Ziel unseres Bemühens. Dazu gehört, dass wir mehr für möglich und erfahrbar halten, als was wir bloß mit unseren körperabhängigen Sinnen wahrnehmen können. Mit dem Mystiker Angelus Silesius (1624-1677) können wir uns fragen, ob nicht im Ganzen „das Sichtbare an das Unsichtbare, das Hörbare an das Unhörbare und das Denkbare an das Undenkbare grenzt“?

Das All-Ganze

Du bist kein Tropfen im Ozean;
Du bist ein Ozean in einem Tropfen.
RUMI

Am Anfang war das Ganze, und dieses Ganze ist Geist. Diese Ganzheit umschließt alles, was existiert. Da die Welt ein Ganzes ist, gelten im Ganzen die gleichen kosmischen Ordnungsgesetze. Daher bilden auch der Mensch und die Welt ein Ganzes. (2) Wir bezeichnen mit Recht das ganze Universum als die Summe aller Teile der ganzen Welt. Die hermetische Philosophie nennt alles geschaffene Sein das All-Ganze. Sie lehrt uns: Außerhalb dieses Ganzen gibt es nichts, denn sonst wäre es nicht allumfassend. Das All umfasst alles, was ist. Dieses All wird als zeitlos und raumlos gedacht oder als die Schöpfung eines Wesens, das alles aus sich selbst geschaffen hat. Dessen Ursprung muss in einer Wesenheit liegen, die in sich Schöpferkraft, Bewusstsein und Leben vereint. Dieses Wesen kann nur ein reiner Geist sein, der über allem steht und aus dem alles hervorgegangen ist. So wie kein Gewässer höher fließen kann als bis zur Höhe seiner Quelle, so kann auch kein Geschöpf über seinem Schöpfer stehen. Niemand und nichts kann für sich allein existieren. Das All ist ein ganzheitliches System, in dem alle Teile zusammen ein organisiertes Ganzes, einen Organismus bilden.

Lao-tse nannte das Gesamte der Welt das Tao. Symbolisch wird dieses veranschaulicht durch einen Kreis oder durch ein Rad. Wir begegnen dieser Symbolik zu allen Zeiten und in allen Kulturen der Menschheit. Vom chinesischen Philosophen Konfuzius (551-479 v. Chr.) stammt der Satz: „Wenn dereinst das Tao, der große Weg, sich durchsetzt und wieder schließt, bildet unsere Welt ein einziges großes Ganzes.“ (3)

Ein typisches Symbol für diese Ganzheit ist das Mandala, wie es im indischen und tibetischen Buddhismus als Meditationsbild verehrt wird. Dieses stellt bildlich gesprochen das allumfassende Prinzip des Weltganzen dar. (4) Das Sanskritwort „mandala" bedeutet Kreis. Seiner mystischen Bedeutung nach ist es ein Abbild der universellen Ganzheit des Kosmos. In ihm spiegelt sich das allgemeingültige Ordnungsprinzip der ganzen Schöpfung wider. In einem Mandala, dargestellt als Kreis in einem Viereck, werden die beiden Prinzipien Geist und Materie, Himmel und Erde zu einer kosmischen Ganzheit vereint. Deshalb heißt es in einer chinesischen Dichtung: „Der Weg des Himmels ist rund, der Weg der Erde ist viereckig." (5)

Im Mandala steht der vierköpfige Schöpfergott Brahma für das kosmische Weltganze. Seine zwei Armpaare und zwei Beinpaare verkörpern die vier kosmischen Grundkräfte oder Urprinzipien in der Gestalt der vier Grundelemente Erde, Wasser, Luft und Feuer.

Leonardo da Vinci hat in seinem Gemälde „Der kosmische Mensch" den Menschen mit vier Armen und vier Beinen in einen Kreis hineingestellt, um die Idee des universalen Menschen in seiner Ganzheit deutlich zu machen. Die mittelalterliche Naturphilosophie verstand den Ausdruck „unus mundus" als eine Wirklichkeit für das Weltganze und den gesamten Kosmos.

In der Psychologie von C. G. Jung ist das Mandala als archetypisches Urbild ein Symbol für die Ganzheit der Psyche und zugleich ein Projektionsfeld der menschlichen Seelenlandschaft mit ihren bewussten und unbewussten, persönlichen und kollektiven Ausmaßen. Für ihn ist die Dreiheit umgeben von der Vierheit ein Ordnungssystem, das in der gesamten Natur vorkommt. (6) Meistens werden die Mandalas aus Sand geschaffen und nach einer gewissen Zeit wieder zerstört, um dadurch auf die Hinfälligkeit aller Dinge hinzuweisen. Die heutige Naturwissenschaft geht davon aus, dass unser Kosmos ein zusammengehörendes, lebendiges Geflecht bildet, in dem alles mit allem zusammenhängt und verbunden ist. (7)

Zum ganzheitlichen Denken gehört: 1. Das vereinfachende Denken, 2. Das globale Denken und 3. Das universelle Denken.

Eine wichtige Aussage zum vereinfachenden Denken lautet: „Alles Große ist einfach." Daher muss sich unser Denken vom Prinzip der Einfachheit leiten lassen. Nach diesem ist das große Ganze immer einfach und einheitlich strukturiert. Dagegen sitzt der Teufel im Detail. Deshalb heißt ein wichtiger esoterischer Lehrsatz: „Alles Große ist einfach und alles Einfache ist groß.“ Nehmen wir als Beispiel das Modell des Wasserstoff-Atoms, welches den Schlüssel für den Aufbau der gesamten Materie bildet. Dieses besteht aus einem einfach positiv geladenen Atomkern und einem negativ geladenen Elektron. Einfacher geht es wahrhaftig nicht mehr. Mit Recht schreibt der Wagrainer Schriftsteller Heinrich Waggerl in seinem Buch: „Alle wirklich wichtigen Dinge sind von einer ergreifenden, erlösenden Einfachheit. Die Weisen wissen das. Und es war schon immer ein untrügliches Merkmal der Dummheit, dass sie nur Kompliziertes begreift. Das Einfache verstehen sie nicht.“ (8)

Schon die alten Lateiner kannten das Sprichwort. „Simplex sigillum verum – Das Einfache ist das Gütezeichen des Wahren.“ So ist auch die ganze Schöpfung auf der Grundlage einfacher Gesetze aufgebaut und erklärbar. Daher versuchen wir vergeblich, das Große zu begreifen, wenn wir es nur in seinen kleinen Teilen zu verstehen suchen. Goethe fand: „Es verdrießt die Leute, dass die Wahrheit so einfach ist.“ In einem Gespräch mit einem Freund bekräftigte er: „Ach, es ist alles so einfach und immer dasselbe. Es ist wahrhaftig keine Kunst, unser Herrgott zu sein; es gehört ein winziger Gedanke dazu, wenn die Schöpfung da ist. Was vorher war, weiß ich nicht. Aber so einfach und so leicht der Gedanke ist, so schwer lassen es sich die Menschen werden, alles zu zerstückeln. Es verdrießt die Leute, dass die Wahrheit so einfach ist.“ (9)

Aber auch das Gegenteil ist wahr: Wir können vom Kleinen auf das Große schließen, indem wir das Komplizierte vereinfachen. Begabte Menschen können einen komplexen Gedanken in einfache Worte fassen. Das macht den begnadeten Lehrer aus, dass er das gewisse „Etwas“ besitzt, das man pädagogisches Talent nennt: Er vermag seinen Schülern etwas schwer Begreifliches einfach zu erklären. (10)

Auch in den exakten Wissenschaften schätzt man das Prinzip der Einfachheit. Es ist die Aufgabe der Forscher, den Gesetzen der Natur auf die Spur zu kommen und diese mit einfachen Formeln darzustellen, so etwa wie Einstein dies in seiner speziellen Relativitätstheorie tat mit der einfachen und klaren Formel $E=mc^2$, um die Gleichwertigkeit von Energie und Masse zu erklären. Als der große Physiker Max Planck in den Dreißigerjahren in Lausanne an einem internationalen Kongress über seine Quantentheorie einen Vortrag hielt, glaubten ihm die meisten seiner Kollegen nicht, weil ihnen die vorgeschlagenen Lösungen zu einfach schienen. Dennoch blieb er, der erst spät Anerkennung und Zustimmung fand, bei seiner Einsicht, indem er die Meinung vertrat: „Wenn ein Wissenschaftler einem einfachen Menschen auf der Straße seine Erkenntnisse nicht so einfach erklären kann, dass dieser sie versteht, dann müssen sie falsch sein, denn die Natur funktioniert auf den denkbar einfachen Gesetzen im Kleinen wie im Großen."

Einstein war der Ansicht, dass eine Formel nicht wahr sein könne, wenn sie nicht einfach sei. So bediente er sich auch einfacher Beispiele, um seine Relativitätstheorie zu erklären. Seinen Studenten gegenüber tat er dies mit einem einfachen Vergleich: „Wenn ein junger Mann einem netten Mädchen den Hof macht, erscheint ihm eine Stunde wie eine Minute. Wenn er aber auf einem heißen Ofen sitzt, erscheint ihm eine Minute wie eine Stunde. Das ist Relativität." (11)

Der eingebildete Mensch schlägt gerne mit Fremdwörtern und Fachausdrücken um sich, die er selber nicht versteht, um gebildeter zu erscheinen, als er in Wahrheit ist. Der Apotheker von Nancy, Emil Coué (1857-1926), der Begründer der „autosuggestiven Methode zur Selbstbemeisterung", bemerkte einmal: „Es widerfährt mir öfter, dass ich meinen Zuhörern sage: Wenn ich Ihnen etwas sehr Kompliziertes auseinanderzusetzen hätte, so würden Sie mir zustimmen, weil Sie meinen, mich zu verstehen. Dieses aber ist so einfach, dass es, eben wegen seiner Einfachheit, oft schwer zu erfassen ist." (12)

Ähnlich erging es dem früheren UNO-Generalsekretär, dem Burmesen U Thant (1909-1974). Dieser beauftragte seinen Chefbeamten, für ihn eine Rede vorzubereiten. Jener entwarf ihm einen Redetext, der eine Menge von ihm unverständlichen Wörtern enthielt. U Thant wies diesen als unbrauchbar zurück mit der Begründung: „Sehen Sie, ich bin ein einfacher Mann und werde zu einfachen Menschen sprechen. Wenn ich selber nicht verstehe, was ich da sage, werden sie es auch nicht tun. Ich bin der Meinung, dass man sich schlicht und einfach ausdrücken sollte, wenn man eine Welt erschaffen will, in der sich Menschen gegenseitig besser verstehen. Es gibt nichts auf der Welt, was sich nicht einfach erklären ließe. Und wenn es das nicht tut, so ist es nicht wert, dass man darüber spricht, weil es in keinem Zusammenhang mit den Bedürfnissen des Menschen steht." (13)

Das globale Denken schließt die Menschheit als Ganzes mit ein. Der deutsche Dichter Gottfried Herder (1744-1803) hat diesen Ganzheitsgedanken so formuliert: „Das Menschengeschlecht ist ein Ganzes. Wir säen und ernten, wir dulden und leiden." Miteinander muss einbezogen werden in dieses ganzheitliche Denken ebenso die natürliche Umwelt. Als Beispiel diene uns die Rede, welche im Jahr 1855 der Indianerhäuptling Seattle vor dem amerikanischen Präsidenten Franklin Pierce gehalten hat. Diese begann mit den einfachen Worten: „Das wissen wir: Die Erde gehört nicht den Menschen. Die Menschen gehören der Erde. Alles ist miteinander verbunden. Alles, was der Erde widerfährt, trifft auch den Menschen auf der Erde. Wir haben das Netz des Lebens nicht geknüpft. Wir sind darin nur eine Faser. Alles, was wir diesem Gewebe antun, fügen wir uns selber zu. Alle Dinge sind miteinander verbunden. Was die Erde befällt, das befällt auch uns Menschen." (14)

Ein neuerer Verfechter dieser Ganzheitsidee ist der englische Biologe Rupert Sheldrake. Er hält es für „blanke Arroganz zu glauben, dass wir besitzen und benützen können, was uns die Erde zur Verfügung stellt, ohne die Quelle von allem zu achten und uns um den größeren lebendigen Zusammenhang unserer Existenz zu kümmern." (15) Damit appellierte er an die Mitverantwortung des Menschen gegenüber der gesamten Kreatur.

Schließlich soll uns auch das universelle Denken dazu bewegen, die ganze Schöpfung im Licht unserer geistigen Aufstiegsmöglichkeiten zu sehen und dankbar anzuerkennen. Der englische Philosoph David Hume (1711-1776) betrachtete recht fortschrittlich den ganzen Kosmos als ein zusammenhängendes Gewebe, das mehr einem lebendigen Wesen als einer toten Mechanik gleicht. Rupert Sheldrake pflichtete ihm bei mit den Worten: Das Universum sei mehr als ein sich entwickelnder Gesamtorganismus denn als ein physikalischer Mechanismus zu verstehen.

So liegt in allem ein ganzheitliches Weben und Streben, um alles wieder in die ursprüngliche Ganzheit und Einheit zurückzuführen, so wie es sich Goethe in seiner Faust-Dichtung vorgestellt hat:

Wie alles sich zum Ganzen webt,
Eins in dem andern wirkt und webt!
Wie Himmelskräfte auf und nieder steigen
Und sich die goldnen Eimer reichen!
Mit segenduftenden Schwingen
Vom Himmel durch die Erde dringen,
Harmonisch all das All durchklingen!

Der Teil und das Ganze

Ein Baum, der zu Boden kracht,
verursacht mehr lauten Lärm,
als ein ganzer Wald, der wächst.
Tibetisches Sprichwort

In jedem Teil des Ganzen ist immer das Ganze enthalten. Ein Haus ist mehr als die Gesamtheit aller Bausteine. Eine Uhr ist mehr als ihre mechanischen Bauteile zusammen. Ein Buch ist mehr als eine viele Seiten lange Aneinanderreihung von Buchstaben. Eine Symphonie ist mehr als ein bloßes Zusammenklingen von Tönen; und auch der Mensch ist mehr als die Summe seiner Zellen, Muskeln und Organe, aus denen sein Körper besteht. So ist auch der Kosmos ein geordnetes Ganzes, das mehr ist als die Vielzahl aller Sonnen, Planeten und Monde zusammen. Vom chinesischen Weisen Dschuang-tse stammt die Einsicht: „Das Universum und ich existieren zusammen, und alle Dinge und ich sind Teile des Ganzen. Hinter den Teilen ist immer etwas Ungeteiltes." (16) Die bekannte Formulierung „Das Ganze ist mehr als die Summe seiner Teile" ist uns aus dem Jahr 1890 überliefert und wird dem österreichischen Philosophen Christian von Ehrenfels (1859-1932) zugeschrieben.

Der griechische vorsokratische Denker Anaxagoras (um 500-428 v. Chr.) lehrte, dass das Kleine und das Große zum Ganzen gehören. Er hielt den Geist für etwas Einfaches, die Materie für etwas Vielfaches, das aus vielen Körperchen, die er „spermata" nannte, zusammengesetzt ist. Er schrieb: „Denn von dem Kleinen gibt es kein Allerkleinstes, sondern immer noch ein Kleineres, aber kein unendlich kleines. Denn es ist unmöglich, dass das Seiende durch Teilung bis ins Unendliche aufhört zu sein." Und er fügte hinzu: „Aber auch vom Großen gibt es immer noch ein Größeres, aber kein unendlich Großes." (17)

In seiner Nachfolge lehrte Platon wenige Jahrzehnte danach, die Idee sei das Eine, die daraus gewordenen Dinge seien das Viele, was die innere Verwandtschaft von allem mit allem begründet. Im Großen und im Ganzen ist alles eins. Sein Schüler Aristoteles führte das ganzheitliche Denken in die Philosophie ein. Indem er nach dem Wesen der Dinge fragte, gelangte er zur Einsicht, dass alle Dinge nicht als eine Anhäufung von Einzeldingen zu verstehen seien, sondern als eine in sich geschlossene Ganzheit, die er „Entelechie" nannte. Daraus schloss er: Jedes Ding verlangt seiner Bestimmung nach das zu werden, was es seinem Wesen nach ist, nämlich etwas Ganzheitliches, sei es nun Pflanze, Tier oder Mensch. Freilich sehen wir das Ganze an sich nicht, wir können es nur denken. Man sieht nie die ganze Welt, wenn man aus dem Fenster schaut. Es liegt nicht am Ganzen, wenn wir es nicht zu sehen vermögen, sondern an unserer Unfähigkeit, das Ganze mit einem Blick einzufangen.

Wir Menschen als geistige Wesen haben den Blick für das Ganze eingebüßt, als wir vor Urzeiten aus der Einheit in die Zweiheit gefallen sind. Daher haben wir heute alle Mühe, das Ganze zu erkennen. Daran leidet vor allem unsere Gott-Erkenntnis und unsere Gottes-Erfahrung. Über den einen und einzigen Gott vermögen wir lediglich zu sagen, was er nicht ist, nicht, was er ist. Plotin hat uns hierzu eine treffende Anweisung hinterlassen: „Tue alle anderen Dinge fort, wenn du ihn aussagen oder seiner innewerden willst. Und wenn du alles fortgetan und nur ihn selber belassen hast, dann suche nicht danach, was du ihm etwa noch beilegen könntest, sondern danach, ob du nicht vielleicht etwas noch nicht von ihm fortgelassen hast in deinem Denken." (18)

In der gesamten Natur erfolgt die Teilung des Ganzen nicht zufällig, sondern nach den Gesetzen der Symmetrie. Dies trifft zu für die Anordnung der Laub- und Blütenblätter bei den meisten Pflanzen. Auch die Regel des „Goldenen Schnitts", wonach der größere Abschnitt einer Strecke sich zur kleineren verhält wie die ganze Strecke zu derem größerem Teil lässt sich sowohl in der freien Natur als auch in der bildgebenden Kunst beobachten. Dieses Teilungsverhältnis war bereits dem griechischen Mathematiker Euklid (um 300 v. Chr.), dem Begründer der Geometrie, bekannt.

Auch wir Menschen sind ein Teil des Ganzen und sind Teilhaber am Ganzen. Nichts geschieht ohne uns, und ohne uns geschieht nichts, weil alles mit allem verbunden ist. Indem wir uns dessen bewusst sind, fühlen wir uns eins mit allem. Wer also den Weg zum großen Ganzen gehen will, der muss das trennende, unterteilende und unterscheidende Denken aufgeben und sich als Teil des universalen Ganzen sehen. So weiß er sich zum Ganzen gehörend. Sein Ego verliert an Bedeutung. Der Quantenphysiker Hans-Peter Dürr (1929-2014) pflegte zu sagen: „Ich bin nicht Teil, sondern Beteiligter des Ganzen." (19)

Unsere Wissenschaftler bemühen sich heute zunehmend um eine ganzheitliche Sicht, die hinter dem Vielen das Ganze zu erkennen sucht. Dies ist auch der Grundgedanke der Ganzheitsmedizin, die anerkennt, dass Heilung immer nur ganzheitlich zu verstehen ist. Bloße Symptombehandlung beschränkt sich meist nur auf einen kleinen Teil des ganzen Krankheitsgeschehens und macht den Menschen nicht wirklich gesund und heil. Heute setzt sich immer mehr der Gedanke durch, dass der ganze Mensch nicht gesund sein kann, wenn ein Teil von ihm krank ist. Daher genügt es nicht, einzelne Krankheitssymptome zum Verschwinden zu bringen, weil der ganze Mensch mit Körper, Seele und Geist der Heilung bedarf, um wieder heil und ganz zu werden.

Der Dichter Novalis erkannte die Krankheit als einen „Zwist der Organe". Er war der Meinung, dass ein Mensch, der mit sich, mit der Welt und mit Gott in Harmonie ist, nicht krank sein kann, unbesehen von allfälligen Beschwerden, die ihn heimsuchen. Dieser Zusammenhang wird uns klar, wenn wir bedenken, dass eine bösartige Tumorerkrankung dadurch entsteht, dass eine einzelne Körperzelle aus dem organischen Gesamtsystem ausbricht und anfängt, sich eigenwillig zu benehmen und unkontrolliert zu wachsen. Die spirituelle Heilung, die allein echte Geistheilung ist, weil sie aus dem Geiste wirkt, geht ganzheitlich vor. Sie betrachtet und behandelt jedes Krankheitssymptom als ein Weck- und Hilferuf nicht nur des Körpers, sondern auch der Seele und des Geistes, also des ganzen Menschen, dessen eigenes Abwehr- und Reparatursystem versagt hat. (20)

Auch die Ganzheitspsychologie setzt sich für eine ganzheitliche Betrachtungsweise aller seelischen Vorgänge ein. So ist die Wahrnehmung bereits beim Kleinkind eine ganzheitliche, die sich mit der fortschreitenden Entwicklung ausweitet. In seinen Strichzeichnungen stellt es mit einem einzigen Strich den ganzen Menschen dar, nicht bloß einen Teil von ihm. Erst allmählich fügt es weitere Einzelheiten dazu, doch immer meint es damit den ganzen Menschen. (21) Daraus ist klar zu erkennen, dass die seelische Entwicklung stets in der fortschreitenden Ausgestaltung einer von Anfang an vorhandenen Ganzheit besteht.

Aus dem heutigen physikalischen Verständnis der unbelebten Natur wissen wir, dass selbst die Elemente nicht ein isoliertes Einzeldasein führen, sondern sich in das strukturierte Ganze einfügen. Danach wird das, was in einem Teil des Ganzen geschieht, nicht von diesem bestimmt, sondern durch das übergeordnete Gesetz der Ganzheit gelenkt. In neuerer Zeit hat der Physiker Werner Heisenberg (1901-1976) diesen Gedanken in die moderne Quantenphysik eingeführt. (22) Indem sich die Esoterik-Lehrerin Gabrielle Orr auf diese Quantenphysik bezieht, schreibt sie: „Wenn das Universum tatsächlich als ein Netz oder Gewebe zu verstehen ist, folgt ganz logisch, dass es so etwas wie einen Teil gar nicht gibt. Demnach sind wir nicht getrennte Teile des Ganzen, sondern wir sind das Ganze.“ (23)

Auf der biologischen Ebene gilt der Grundsatz: Jeder Teil eines Lebewesens enthält das Muster seiner Ganzheit. So schreibt der Arzt Peter D‘Adamo, dass jedes menschliche Blutplättchen den gesamten genetischen Code und die vererbten Programmierungen des ganzen Menschen enthält. (24) Je einfacher aufgebaut ein lebender Organismus ist, desto eher kann er aus einem seiner Teile sein unversehrtes Ganzes wiederherstellen. Von diesem Prinzip geht auch die moderne Stammzellen-Therapie aus. Ein Forscherteam der amerikanischen Michigan-University hat festgestellt, dass Planarien aus der Plattwurmfamilie in kurzer Zeit wieder zu einem vollständigen Ganzen heranwachsen, nachdem ihnen Kopf und Schwanz abgeschnitten wurde. (25) Dies ist nur dadurch zu erklären, dass die Ganzheit als Grundmuster in jedem seiner Teile vorhanden ist.

Sheldrake sieht dieses Gesetz in der ganzen belebten Natur für gegeben an. Er schreibt: „Auf jeder Ebene enthält das Ganze alle seine Teile, sie sind buchstäblich in ihm. Aber auf jeder Ebene ist das Ganze auch mehr als die Summe seiner Teile, es besitzt Eigenschaften, die sich nicht aus der isolierten Betrachtung seiner Bestandteile erschließen lassen." (26) Was er als „morphogenetische Felder" bezeichnet, dürfte demnach eine Art Gedächtnisspeicher der Natur sein. In jedem lebenden Teil besteht demnach die Neigung, seine ursprüngliche Ganzheit wiederherzustellen. Dies sollte auch das Bestreben von uns Menschen auf der ökologischen Ebne sein. Unter Ökologie (gr. *oikos*: Haus, Hausordnung) verstehen wir das Bemühen von uns Menschen, unsere gesamte Umwelt in Ordnung zu halten, um ein gesundes Zusammenleben zu ermöglichen. Unter einem natürlichen Ökosystem ist daher eine offene, schützenswerte Lebensgemeinschaft von Pflanze, Tier und Mensch in harmonischer Beziehung zu ihrer Umwelt zu verstehen. Zu deren gesundem Erhalt ist ein dynamischer Austausch von Lebensenergien erforderlich. Ebenso sind umweltverträgliche Maßnahmen notwendig, die dem Ganzen die notwendigen Lebensbedingungen schaffen.

Auch in Bezug auf das gesamte Weltall können wir der Aussage des Quantenphysikers David Bohm (1917-1992) zustimmen: „In jedem Einzelteil des Universums ist zugleich das ganze Universum enthalten." Der deutsche Biophysiker Markholf Niemz (*1964) zieht daraus den Schluss: „Die Welt ist ein Ganzes. Deshalb kann ich die Welt nur dann begreifen, wenn ich sie nicht in Teile zerlege. Ich darf mich also insbesondere nicht als von ihr getrennt begreifen, sondern ich muss eins mit ihr sein, um sie zu verstehen." (27)

Auch das Weltklima ist ein ganzheitliches Phänomen. Dieses kann bei der Verfolgung des Klimazieles, wie es die internationalen Klimakonferenzen vorgeben, nur mit globalen Maßnahmen gesteuert und erreicht werden. Daran sollten sich weltweit alle Staaten beteiligen. Hier gilt, was Blaise Pascal bereits vor Jahrhunderten gedacht hat: „Die Teile der Welt stehen alle derart in Zusammenhang, sind miteinander verflochten, dass ich es für unmöglich halte, einen ohne den anderen und ohne das Ganze zu verstehen und zu retten." (28)

So ist auch unser gesamter Kosmos nicht nacheinander in mehreren Schritten geschaffen worden, sondern er ist in einem einzigen großen Wurf, den wir den Urknall nennen, aus einer winzigen Gesamtheit entstanden. Die heutigen Kosmologen sprechen von einer Singularität, in der von Anfang an alles, was im Verlauf von Jahrmilliarden daraus geworden ist, als Möglichkeit bereits vorhanden war. (29) Bereits Hildegard von Bingen sah in ihren visionären Schauungen, dass Gott anfänglich alles im ganzen Kosmos mit allem in Übereinstimmung gebracht und geordnet hat, damit alles auf allen Ebenen am anderen teilhabe.

Diesen Blick für das Ganze machte sich in unserer Zeit der Philosoph Erwin Laszlo (* 1932), der Mitbegründer des „Club of Rome", zu eigen. Er erläutert hierzu: „Der Kosmos ist keine bloße Ansammlung von Materiebrocken, die wahllos zu Sternen, Planeten und Galaxien zusammengeballt sind; er ist ein erstaunlich kohärentes Ganzes in sich." So stellt er eine bewundernswerte Feinabstimmung aller Teile auf das Ganze fest, welches darauf hinweist, dass ein übergeordnetes Ganzes für deren Zusammenhalt sorgt. Er schreibt: „Wenn das frühe Universum sich zum Beispiel um einen milliardsten Teil langsamer ausgedehnt hätte, als es tatsächlich der Fall war, dann wäre es fast sofort wieder in sich zusammengefallen, und wenn es sich um ein Milliardstel schneller ausgedehnt hätte, dann wäre es so schnell auseinander gefallen, dass es nur schwache, kalte Gase hätte bilden können." (30) So ist es verständlich, dass auch wir Menschen dem Körper nach aus dem selben kosmischen Stoff hervorgegangen sind und deshalb „Kinder des Kosmos" (31) genannt werden können. Unsere physische Substanz besteht aus Elementen, die vor Jahrmilliarden in den ersten Sternen, die inzwischen längst erloschen sind, als „Sternenstaub" gebildet wurden. (32)

Auch heute noch ist alles Materielle mit allem aufgrund seines gemeinsamen Ursprungs verbunden. Der ganze Kosmos ist daher nur als ein Ganzes zu denken und zu verstehen. Alles ist mit allem vernetzt. Der amerikanische Astrophysiker Bernard Haisch spricht von einer universellen Vernetzung des Kosmos. (33) Judy Cannato (1949-2011) zieht daraus folgenden Schluss: „Wir sind ein einziges organisches Ganzes, und wenn wir dieses Wissen verinnerlicht haben, sind wir aufgefordert, anders zu leben, vielleicht sogar eine völlig neue Menschenart zu werden." (34)

Was wir im weitesten Sinne als Universum bezeichnen, ist nicht nur die sichtbare und unseren Sinnen zugängliche Welt des Diesseits, sondern auch die außersinnliche Wahrnehmungswelt der Seele und das übersinnliche, jenseitige Reich des Geistes. Sowohl im irdischen Leben wie auch danach in unserem nachtodlichen Leben halten wir uns in der Einheit des Kosmos auf. Einer, der dies an sich selbst erfahren hat, ist Philipp Berman, der nach einer Nahtoderfahrung bestätigen konnte: „Ich hatte überhaupt nicht das Gefühl, von etwas oder jemandem getrennt, sondern vielmehr die wunderbare Empfindung, Teil des Ganzen zu sein." Um diese Sicht zu belegen, zitiert er Albert Einstein mit folgenden Worten: „Der Mensch ist ein Teil des Ganzen, das wir ‚Universum' nennen, ein durch Zeit und Raum begrenzter Teil. Er erlebt sich selbst, seine Gedanken und Gefühle, als etwas von den anderen Getrenntes – eine Art optische Täuschung seines Bewusstseins. Diese Täuschung ist für uns eine Art von Gefängnis, das uns auf unsere persönlichen Erscheinungen und auf die Zuneigung zu den wenigen Nächsten beschränkt. Unsere Aufgabe ist es, uns aus diesem Gefängnis zu befreien, indem wir den Radius unseres Mitgefühls so ausweiten, dass wir alle lebenden Wesen und die ganze Natur in ihrer Schönheit umfassen." (35) Aus dieser Sicht ist auch unser Menschsein im diesseitigen wie im jenseitigen Dasein ein Ganzes, das über Raum und Zeit hinweg stets ein Ganzes ist und bleibt. (36)

Diesen Gedanken bringt der Dichter Friedrich Rückert (1788-1866) mit folgenden Versen zum Ausdruck:

Je weiter du wirst aufwärts gehn,
Dein Blick wird immer allgemeiner,
Stets einen größeren Teil wirst du vom Ganzen sehn;
Doch alles Einzelne wird immer kleiner.

Das Eine und die Vielen

Aus dem vielen Getrennten entsteht
durch das Zusammenspiel ein
zusammenhängendes Ganzes.
HANS-PETER DÜRR

Die Vielheit hat ihren Ursprung in der Einheit. Nichts in unserer Welt existiert für sich allein. Im gesamten Weltall besteht eine großartige Vielfalt. Es zeigt sich aber, dass es kein Ding und kein Wesen gibt, das eigenständig und nur für sich allein existiert, obwohl keines dem anderen vollkommen gleicht. Alle Teile gehören zum Ganzen, denn das oberste Gesetz in der ganzen Natur verlangt Einheitlichkeit. (37)

Die Natur ist derart vielseitig und einfallsreich tätig, dass sie im Verlauf ihrer seit viele Millionen Jahre andauernden Evolution immer wieder neue Lebensformen hervorbrachte. Hierfür gebrauchen wir heute den Ausdruck „Biodiversität", um diese Artenvielfalt zu benennen. Keine Schneeflocke ist genau wie die andere und kein Sandkorn ist dem anderen ebenbürtig. Nicht einmal eineiige Zwillinge gleichen sich aufs Haar.

Platon ging bei seiner Welterklärung von dem Gedanken aus, dass alles Gewordene anfänglich in der Ganzheit der Ideenwelt vorgedacht und daher im Geistigen bereits existierte und das Viele aus dem Einen hervorgegangen ist. (38) Als der eigentliche Begründer der abendländischen Ganzheitslehre darf Demokrit genannt werden. Er formulierte den Satz: „Alles Sein bildet ein Ganzes, das aus einer Vielzahl von unteilbaren (gr. *atomos*: unteilbar) Teilen gebildet wird." Er verstand die Ganzheit als eine Vereinigung von vielem auf der Basis einer höheren Ordnung, die alle Teile zusammenhält. Es ist stets die aus der Einheit entstandene Vielheit, die sich immer wieder in anderen Erscheinungsformen erneuert.

Wenn wir die vielen Dinge einzeln sehen, haben wir den Eindruck, dass es viele sind; wenn wir aber das Vielfältige als zusammengehörend betrachten, sehen wir, dass dieses eine Ganzheit bildet. Das ist der Fall, wenn wir einen Strahl Sonnenlicht durch ein durchsichtiges Glasprisma leiten. Sogleich wird der Sonnenstrahl auf der Projektionsfläche in die bunten Regenbogenfarben vom Infrarot bis zum Ultraviolett aufgefächert. Diese Methode dient bei der Spektralanalyse dazu, die chemische Zusammensetzung und Struktur von Stoffen zu erforschen.

Einer, der von der Idee des Ganzen sein Leben lang begeistert war, obwohl er in seinen Forschungsarbeiten den Teilen der vielfältigen Naturerscheinungen seine leidenschaftliche Aufmerksamkeit schenkte, war der französische Jesuit und Paläontologe Pierre Teilhard de Chardin (1881-1955). In dem vielen, das er in der Materie erforschte, verlor er das Ganze im Geistigen nie aus den Augen, was ihm wertvolle Erkenntnisse über die Einheit der Dinge einbrachte. (39)

Die heutige Quantenbiologie geht davon aus, dass alles Lebendige auf mehreren Organisationsebenen miteinander verbunden ist und daher ein Ganzes bildet, was wir von allen Lebensformen und Lebensarten auf unserem Planten Erde sagen können. Die holländische Biologin Marja de Vries geht noch weiter, indem sie schreibt: „Viele neue wissenschaftliche Entdeckungen lassen darauf schließen, dass das ganze Universum ein von Grund auf verflochtenes Ganzes ist, in dem alles und jedes – klein und groß – durch das Nullpunktfeld miteinander verbunden ist." Ihr Leitgedanke lautet: „Alles, was in Übereinstimmung mit den universellen Gesetzen des Lebens geschieht, vollzieht sich mit minimaler Anstrengung." (40)

Auch sprachlich sind wir nicht in der Lage, eine Ganzheit richtig zu erfassen. Meist brauchen wir eine Vielzahl von Wörtern, um etwas Untrennbares zu benennen. Nicht umsonst kennen wir unteilbare Begriffe wie Gott, Güte oder Frieden nur in der Einzahl. Denken wir nur an die Unzahl von Antworten auf die Frage „Was ist Liebe?", die manches und doch nichts Endgültiges aussagen. Daher ist es ratsamer, die esoterische Weisung zu befolgen: „Wer spricht, weiß nicht; wer weiß, spricht nicht" oder wie der indische Weisheitslehrer Sri Aurobindo (1872-1950) es sagte: „Kleine Dinge haben kleine Worte; große Dinge kennen großes Schweigen." Was man nicht einfach erklären kann, darüber sollte man besser schweigen, um es nicht mit leeren Worten zu zerreden. C. G. Jung kannte dieses Unvermögen, der ganzen Wahrheit zum Ausdruck zu verhelfen, indem er darauf hinwies: „Keine Sprache ist dieser Paradoxie gewachsen. Was man immer sagen kann, kein Wort drückt das Ganze aus. Von Teilaspekten zu sprechen, ist immer zu viel oder zu wenig, wo doch nur das Ganze sinngemäß ist." (41)

In der Mythologie der Völker begegnet uns häufig die Aussage, dass die Vielheit der Dinge aus der uranfänglichen Einheit hervorgegangen ist. Nach einer alten indischen Sage schuf Gott Brahma am Anfang den kosmischen Riesen Purusha in Menschengestalt. Die Gestirne, die Pflanzen, die Tiere und die Menschen waren seine Körperteile. Dieser Urmensch besaß tausend Köpfe. Mit diesen konnte er das ganze Weltall ausfüllen. Da dieser Riese den Göttern allmählich zu mächtig wurde, beschlossen sie, seinen Körper in tausend Teile zu zerstückeln. Aus diesen formten sie alle Dinge dieser Welt. So ist jedes Wesen ein Teil des Urmenschen, und jeder Teil ist mit allen anderen Teilen verwandt und verbunden. (42)

In seinem Buch „Der Urknall“ schreibt Daniel Matt: „Im Anfang war nur eine Existenz ohne ein Zweites. Es, das Eine, dachte bei sich: Ich will viele sein, ich will auswachsen.“ So trat das Es aus sich heraus, um in viele einzugehen. (43)

Die heutige Astrophysik lehrt, dass die Vielheit des Universums aus einem kleinen Ganzen hervorgegangen ist. Sie erklärt dies mit der Annahme einer uranfänglichen Singularität, in der alle Möglichkeiten zur späteren kosmischen Entwicklung vorhanden waren. Aus diesem einzigen, winzigen Ganzen soll sich, wie der amerikanische Astronom Stephen Weinberg (* 1933) annimmt, in den ersten drei Minuten die erste Vielheit der Elemente gebildet haben. (44)

Auch der amerikanische Arzt Larry Dossey sieht in seinem Buch „One Mind“ das Bewusstsein als „singuläre Einheit“, die sich in den vielgestaltigen Einzeldingen reflektiert, im Grunde aber nur ein einziges Bewusstsein ist, das nicht allein von der Funktion eines Gehirns abhängt. Er liefert überzeugende Beispiele dafür, dass jedes individuelle Bewusstsein überhöht wird von einem globalen Bewusstsein, das wir Gott nennen können. (45)

In all den vielen Teilen begegnet uns das Eine, so wie uns hinter vielen Fenstern das eine Licht leuchtet oder wie sich in tausend Seen der eine Mond spiegelt. Dieses Eine war uranfänglich früher als die Vielen. Dieses wird schon immer mit dem Namen „Gott“ in all seinen Variationen genannt. Doch die Frage, wer oder was Gott ist, übersteigt jedes menschliche Vorstellungsvermögen. Nach C. G. Jung handelt es sich um die Idee von einem überweltlichen göttlichen Wesen, das überall und in allem vorhanden ist. Er schreibt: „Ich halte es darum für weiser, die Idee Gottes bewusst anzuerkennen; denn sonst wird einfach irgendetwas anderes zum Gott erklärt, in der Regel etwas sehr Unzulängliches und Dummes, was ein ‚aufgeklärtes' Bewusstsein so etwa aushecken mag. Unser Intellekt weiß schon längst, dass man sich Gott nicht richtig denken, geschweige denn sich vorstellen kann, dass und wie er wirklich existiere. Die Gottesexistenz ist ein für allemal eine unbeantwortbare Frage." (46)

Vielleicht hatte der indische Weisheitslehrer Shankara (788-820) die höchstmögliche menschliche Gotteserkenntnis erreicht, als er schrieb:

Ist auch kein Unterschied erreicht, ich bin aus Dir.
Nicht Du, oh Herr, bist aus mir;
Denn aus dem Meer ist fürwahr die Welle,
doch aus der Welle ist nicht das Meer.

Das ganzheitliche Menschenbild

Immer strebe zum Ganzen.
Und kannst du selber
Kein Ganzes werden,
als dienendes Glied
Schließ dem Ganzen dich an.

J. W. von Goethe

Was ist der Mensch und was ist sein wahrer Seinsgrund? Das ist die Frage, die uns alle angeht. So fragte Hiob seinen Herrn: „Was ist der Mensch, dass du seiner gedenkst?" (Hi 7,17) Die gleiche Frage stellte der Psalmist: „Was ist der Mensch, dass du dich um ihn kümmerst, dass du dich seiner annimmst?" (Ps 8, 5) Dies ist wohl eines der ältesten und tiefgründigsten Probleme, seitdem der Mensch zum Selbstbewusstsein erwacht ist. Alles, was der Mensch von sich weiß und von sich hält, hängt von seinem Selbstbewusstsein ab.

Symbol des ganzheitlichen Menschen ist der „kosmische Mensch", wie ihn Hildegard von Bingen in ihrem Buch „Die göttlichen Werke" als Mikrokosmos im Makrokosmos dargestellt hat. In ihm zeigen sich nicht nur die äußeren Gesetze des Weltganzen, sondern auch die inneren Gesetze des Lebens. Der Mensch ist nur als Ganzheit zu sehen und zu verstehen. Es lebt, liebt und leidet stets der ganze Mensch, nicht nur ein Teil von ihm.

Im Verlauf der Zeit hat sich das Menschenbild immer wieder verändert. In den prähistorischen Urzeiten erlebte der Mensch sich als Mitglied seines Stammes. Er trug keinen eigenen Namen, sondern den Namen der Gemeinschaft, der er angehörte. Er besaß wahrscheinlich mehr ein Stammesbewusstsein und Sippenbewusstsein als ein persönliches Ich-Bewusstsein, ähnlich wie dies bei einem Kleinkind zu beobachten ist.

Auch die jüdischen Propheten des Altertums verliehen dem Menschen kein großes Geistbewusstsein. In den Psalmen des Alten Testamentes können wir nachlesen: „Wir sind nur Staub. Des Menschen Tage sind wie Gras; er blüht wie die Blume des Feldes. Fährt der Wind darüber, ist sie dahin. (Ps 103, 14-15) Oder: „Der Mensch gleicht einem Hauch, seine Tage sind wie ein flüchtiger Schatten.“ (Ps 144, 4)

Erst von den griechischen Philosophen erhielt er ein besseres Selbstwertgefühl. Protagoras (um 490-411 v. Chr.) hielt ihn gar für das „Maß aller Dinge“. Platon nannte ihn ein geistbegabtes Wesen. Für Aristoteles ist der Mensch ein „gesellschaftsfähiges Wesen“ (*zoon politicon*), Pascal bezeichnete ihn als zwiespältiges Wesen, „weder Engel noch Tier“.

Anthropologen sehen in ihm ein aufrecht gehendes Säugetier (*homo erectus*), andere einen „nackten Affen“, auch einen „redenden Affen“. Thomas von Aquin beschrieb ihn als „intelligente Substanz“. Der französische Arzt und Philosoph Lamettrie verglich den Menschen mit einer Maschine. Descartes machte einen klaren Unterschied zwischen dem Menschen als „denkendes Wesen“ und den Tieren als „ausgedehnte Dinge“. Franklin hielt ihn für ein „werkzeugmachendes Tier“. Schopenhauer sprach abschätzig vom „Irrläufer der Natur“. Herder lobte den Menschen als den „ersten Freigelassenen der Schöpfung“. Nietzsche verstand ihn als „kluges Tier“; und Alister Hardy nannte den Menschen das „betende Tier“. Die Biologen halten ihn für die Spitze der Evolution. Erst die jüdisch-christliche Mystik erhob ihn zum „Ebenbild Gottes“. In der wissenschaftlichen Menschenkunde ist heute vom „wissenden Menschen“ (*homo sapiens*) die Rede. Andere nennen ihn einen Grenzgänger zwischen Diesseits und Jenseits. Die spirituell Denkenden sehen in ihm einen gefallenen Engel, der leider nicht mehr in jenem ungebrochenen Geisteszustand ist, in dem er ursprünglich war. Diese kommen der Wahrheit wohl am nächsten.

Mit einem Schichtenmodell lässt sich der Mensch als einschichtiges, zweischichtiges oder dreischichtiges Wesen vorstellen. Das einschichtige Menschenmodell ist monistisch. Für diese Vorstellung, die von den Monisten vertreten wird, besteht der Mensch lediglich aus seelen- und geistloser Materie. Was wir Seele und Geist nennen, wird von diesen lediglich auf elektrische, magnetische und chemische Hirnprozesse zurückgeführt. Begründet wurde dieser materielle Monismus in neuerer Zeit vom deutschen Zoologen Ernst Haeckel (1834-1919). Ein moderner Vertreter dieser Anschauung ist der englische Professor H. J. Campbell. In seinem Buch „Der Irrtum mit der Seele“ behauptet dieser kühn: „Alle reden von der Seele, um das Wundertier Mensch über seine Mittiere zu erheben. Doch Seele, die gibt es nicht, weil der Mensch sie nicht braucht.“ (47)

Der Mensch als zweischichtiges Lebewesen ist das am häufigsten anzutreffende Menschenbild. Diese duale Vorstellung begegnet uns bereits in der Philosophie des Aristoteles. Dieser sah den Menschen als eine Zweiheit von Körper und Seele. Die Seele nannte er das formende Prinzip und den Körper das geformte Prinzip. Zu vergleichen ist dies mit einer Vase, deren materielle Gestalt nach der gedanklichen Vorstellung des Töpfers geformt wurde. Dieses dualistische Denkmodell wurde im Mittelalter von Thomas von Aquin übernommen und in die christliche Scholastik eingeführt, wo es bis heute als fragwürdigende Doktrin gilt.

Eine bedauernswerte Situation entstand daraus, als Theologen die vergängliche Lebenskraft der Seele in eine geistige und unsterbliche Seele umfunktionierten. Daraus entstand eine heillose Begriffsverwirrung, die noch heute zu beobachten ist. Dies führte dazu, dass Psychologen und Theologen ständig aneinander vorbeireden, weil diese den Seelenbegriff auf die Vitalseele beziehen, jene aber auf die Geistseele.

Es ist unglaublich, was selbst gläubige und gebildete Menschen meinen, was die Seele sei. Gemäß einer Umfrage unter Christen aus dem Jahr 2017 sei hierzu eine Auswahl von Antworten gegeben (48):

- Die Ärztin Antje R. meint, die Seele sei ein Energiegemisch aus Bewusstsein und Gefühlen, und dass diese Energie „überall in Seelenwolken verteilt sei wie eine Art unsichtbarer Nebel".
- Die Bäuerin Karin N. ist der Meinung, dass alle Lebewesen eine Seele haben, die Tiere ebenso wie die Menschen.
- Für den Sänger Pascal D. ist Seele das, was in der Melodie eines Liedes mitschwingt und das, was der Künstler in sie hineinlegt.
- Der Neurologe Lutz J. gibt sich überzeugt, dass die Seele nur ein Produkt der neuralen Hirnaktivität, also eine Begleiterscheinung des Gehirns, sei.
- Die Psychologin Marianne M. versteht unter Seele ein lebensverursachendes Prinzip und die Gesamtheit bewusster und unbewusster psychischer Vorgänge.
- Der Umweltingenieur Satish J. bezeichnet die Seele als einen Teil der ewigen Seelenmasse, die von Gott stammt.
- Der Ethnologe Kurt L. glaubt, dass mit dem Tod Körper und Geist vergehen, während die Seele im Jenseits weiterlebt.
- Die Pflegefachfrau Monika D. empfand sich bei einem Nahtod-Erlebnis außerhalb ihres Körpers mit ihrer Seele als mit etwas Persönlichem verbunden.
- Der anthroposophisch orientierte Lehrer Patrick P. hält die Seele für eine Kraft, die unseren Leib bewegt. Nach dem Tod begibt sie sich auf den Weg durch kosmische Sphären. Später kehrt sie wieder auf die Erde zurück, verkörpert sich und trifft dort jene Seelen, mit denen sie karmisch verbunden ist.
- Die Spitalseelsorgerin Susann K. glaubt nicht an die Unsterblichkeit der Seele. Wenn der Körper stirbt, stirbt auch die Seele, weil beide eine untrennbare Einheit sind. Dieses Gefüge bestehe nur, solange der Mensch lebe. Dennoch hofft sie, dass nach dem Tod nicht alles zu Ende ist, sondern dass Seele und Leib wieder zusammenkommen und sich mit dem Unendlichen wieder vereinen, wie der Wassertropfen mit dem Meer.

Diese Unsicherheiten und Mehrdeutigkeiten lassen sich leicht durch das dreischichtige Menschenbild ersetzen, das eine Dreiheit von Körper, Seele und Geist annimmt. Dass diese Dreiheit trennbar ist, geht aus der Tatsache hervor, dass bei einem Nahtod-Erlebnis oder bei einem Seelenaustritt eine vorübergehende Trennung von Vitalseele und Geistseele stattfindet, ohne dass dabei ein Teil verloren geht. Auch in dieser Hinsicht bestehen heute noch zahlreiche Irrtümer und falsche Vorstellungen.

Das mehrdimensionale Menschenbild, das ich für das einzig einleuchtende halte, nimmt, sehr vereinfacht gesagt, an, der Mensch bestehe während seines Daseins auf Erden aus einer Dreiheit von Körper, Seele und Geist: Ein geistiges Wesen, das aus einer jenseitigen Welt komme, zu seiner Menschwerdung in einen lebenden Körper einsteige und diesen nach kurzem oder längerem Erdenaufenthalt wieder verlasse, um in seine geistige Heimat zurückzukehren.

Vergleichsweise lässt sich sagen: Der Körper ist das irdische Fahrzeug, das uns für die Erdenreise geliehen ist. Die Vitalseele im biologischen Sinn ist die Betriebsenergie, die es ermöglicht, dass sich dieses Gefährt regen und bewegen kann. Der Fahrer aber ist die Geistseele des Menschen. Während der Schwangerschaft steigt diese in das Körper-Fahrzeug ein, im Tod steigt es wieder aus. Die kurze Formel für unser irdisch-menschliches Dasein lautet demnach: Der Körper und die Seele, die ich habe, der Geist, der ich bin. So gesehen leben wir für die Dauer unseres Menschenlebens gleichzeitig auf drei verschiedenen Ebenen: Auf einer grobstofflichen materiellen Ebene, auf einer feinstofflichen seelischen Ebene und auf einer unstofflichen geistigen Ebene. Alle drei Schichten des Menschen sind von unterschiedlicher Herkunft:

Dem materiellen Körper nach sind wir aus Erdelementen, besser noch aus Sternenstaub gewonnen. (49) Was unsere Seele als Lebensenergie betrifft, stammt diese aus der Biosphäre der Natur und wird von Generation zu Generation über viele Lebensformen einer Flamme gleich weitergereicht. Der Geist aber, der wir sind, ist von geistiger Abkunft und nur vorübergehend mit irdischem Stoff bekleidet. Demnach nehmen wir Menschen Anteil sowohl an der grobstofflichen Diesseitswelt als auch an der feinstofflichen Jenseitswelt und an der spirituellen

Geisteswelt. So konnte der Maler Paul Klee (1879-1940) von sich sagen: „Diesseits bin ich nicht ganz fassbar. Ich lebe ebenso bei den Verstorbenen wie bei den Ungeborenen. Etwas näher dem Herzen der Götter als üblich."

Allen Weltuntergangs-Prophezeiungen zum Trotz ist anzunehmen, dass die Menschheit nicht am Ende, sondern erst am Anfang ihrer Entwicklung steht. Ich kann mir nicht vorstellen, dass jenes Wagnis, welches wir Menschwerdung nennen, vorzeitig in einer Katastrophe enden soll. Die Menschheit ist im gesamten Schöpfungsplan jenes gewagte und gewaltige Experiment, das uns wieder zur Vergeistigung führen wird. An uns liegt es, dafür zu sorgen, dass dieses hoffnungsvolle Werk gelingt. Lassen wir uns daher von Rudolf Steiner inspirieren: „Nicht nur der Mensch strebt, solange er lebt; es strebt jedes Wesen; die ganze Natur strebt, die ganze Welt strebt; das ganze Universum strebt von Vollkommenheitsstufe zu Vollkommenheitsstufe." (50)

Der einzelne Mensch vermag in einem einmaligen Leben am Gang der Welt kaum etwas zu ändern. Das meiste geschieht nach inneren Gesetzmäßigkeiten, deren Wirkungen wir freilich zum großen Teil selbst verursachen. Was wir dabei wirklich verändern können, sind wir selbst – und zwar zum Besseren oder zum Schlechteren. Darin liegt unsere persönliche Freiheit. Insofern wir uns ändern, verändern wir auch die Welt. Thorwald Dethlefsen sagte es richtig: „Es gibt an dieser Welt nichts zu verbessern, aber sehr viel an sich selbst zu verändern."

Auch den Menschen drängt es hin zur Fülle des Seins. Er will ein Ganzes werden. Der vollkommene Mensch als gefestigte Persönlichkeit ist und bleibt für den Einzelnen ein unerreichbarer Idealzustand, denn zum Wesen des Ideals gehört dessen Unerreichbarkeit. In der fernöstlichen Philosophie wird dieses Ziel das Tao genannt. Im Tao zu sein, bedeutet Vollendung, Ganzheit, Erfüllung und Verwirklichung aller gegebenen Möglichkeiten. Doch kann er dieses Ziel in einem einzigen Leben kaum je erreichen, dafür ist ein einziges Menschenleben viel zu kurz. Daher die Forderung des Einsichtigen nach wiederholten Erdenleben.

Selbst das Menschenbild, von dem wir sprechen, hängt davon ab, was wir Menschen von unserem Menschsein zu wissen glauben. Der französische Kanzelredner Pierre Charon (1541-1603) predigte: „Die wahre Wissenschaft und das richtige Studium des Menschen ist der Mensch." Ähnlich schrieb Goethe in seiner Erzählung „Wilhelm Meisters Lehrjahre": „Der Mensch ist dem Menschen das Interessanteste und sollte ihn vielleicht ganz allein interessieren." (51)

Zur Ganzheit des Menschen gehört sein Gesundsein. Medikamente verschaffen dem Kranken im besten Fall Symptomfreiheit. Doch heilen kann er nur sich selbst. Gesund zu sein, heißt, heil zu sein, heißt, ganz zu sein. Ganz ist der Mensch, wenn er mit seinem Körper, mit seiner Seele und mit seinem Geist in wechselseitigem harmonischen Einklang steht. Was uns retten und helfen kann, ist der Glaube an etwas Höheres, Großes und Machtvolles, das uns auffängt und hält, wie ein Blatt, das vom Baume fällt. In seinem Herbstgedicht hat Rainer Maria Rilke dieser Hoffnung Ausdruck verliehen:

Die Blätter fallen, fallen wie von weit,
als welkten in den Himmeln ferne Gärten;
sie fallen mit verneinender Gebärde.
Und in den Nächten fällt die schwere Erde
aus allen Sternen in die Einsamkeit.

Wir alle fallen. Diese Hand da fällt.
Und sieh dir andre an: es ist in allen.
Und doch ist Einer, welcher dieses Fallen
unendlich sanft in seinen Händen hält.

Das globale Weltbild

Was für ein Weltbild man hat, das hängt mit Gewissheit davon ab,
was für ein Mensch man ist.

Johann Gottlieb Fichte

Unser heutiges Weltbild erweitert sich stetig durch die neuen Erkenntnisse und Forschungsergebnisse in den Natur- und Geisteswissenschaften. Das Bild von der Welt, das wir haben, leitet sich von der

Art und Weise ab, mit der wir unsere Welt anschauen. Daraus ergibt sich unsere Weltanschauung. Während unsere Vorstellung von der Außenwelt von unserer Sinneserfahrung abhängt, bezieht sich unsere Weltanschauung auf das innere Wissen vom Wesen der Welt und ihrer Bedeutung für die Menschheit. Das Weltbild vermittelt uns ein Bild, wie die Welt entstanden ist und wie sie funktioniert. Die Weltanschauung dagegen erklärt uns, warum und wozu die Welt so ist, wie sie beschaffen ist. Sie dient ihm zur Sinnerklärung. Mit dem Wandel des Bildes, das sich der denkende Mensch von der Welt macht, verändert er auch sich selber. Das Bild vom Aufbau und der Beschaffenheit der Welt, in der wir leben, hat sich im Verlauf der Menschheitsgeschichte immer wieder verändert und erweitert. Hierzu haben die Menschen immer wieder neue Symbole als Denkmodelle entworfen, so das Ei, der Kreis und die Kugel.

Das älteste dieser Symbole ist wohl das Weltenei. Bereits die alten Ägypter dachten sich, dass die ganze Welt aus einem eiförmigen Ganzen entstanden sei, das ihr Gott Chnum auf seiner Töpferscheibe aus Lehm geformt habe. (52) Auf einem Pyramidentext heißt es, dass Gott Ptah ein großes Ei geschaffen hat, aus dem alle Geschöpfe hervorgegangen sind. Auch im „Rigveda" steht geschrieben: „Die ganze Welt liegt im Ei." Nach einer japanischen Symbolgeschichte war am Anfang ein riesiges Hühnerei, in dem alle Wachstumskräfte eingeschlossen waren. Aus diesem wuchs ein Schilfrohr, und aus diesem bildete sich ein göttliches Wesen. Dieses besaß alle Macht und alle Kraft, um alle anderen Dinge und Wesen im Himmel und auf Erden zu schaffen. Nach der Lehre des Pythagoras soll sich das Weltenei aus den wirbelnden Strömungen des Meeres gebildet haben.

Die nordischen Völker stellten sich die Welt vor als riesigen Baum, dessen Wurzeln an der Erde haften, dessen Krone aber bis zum Himmelsgewölbe reicht. Yggdrasil war der Name dieses Weltenbaumes. Die Germanen nannten sie Weltenesche und hielten sie für den prächtigsten und mächtigsten Baum der Welt, in dessen Schatten die Götter ihr Gericht hielten. Dieser Baum steht in der Mitte der Welt, und seine Äste umspannen das All. Nach der altnordischen Dichtung „Edda" dehnt sich die Welt nur so weit aus, wie seine Wurzeln und Zweige sich ausbreiten, und die Welt besteht nur so lange, als dieser Baum besteht.

Ein anderer Mythos aus Sibirien erzählt: „Am Anfang war ein riesiges Vogelei. Dieses zerfiel in zwei Teile: In eine untere und in eine obere Hälfte. Aus dem unteren Teil wurde die Erde geformt und alle Wesen, die auf ihr leben. Aus dem oberen Teil entstanden die Himmelskörper, auf denen die Götter wohnen. (53)

Ein weiteres Symbol für die Welt ist der Kreis. Deshalb sprechen wir vom Erdkreis und vom runden Himmelsgewölbe. So verehrten zahlreiche Völker im Altertum das kreisrunde Sonnenrad als die Ursprungsform der Welt und verehrten die Sonne als Symbol der Gottheit. Des ägyptische Pharao Amenophis IV. (1375-1358 v. Chr.), der sich Echnaton nannte, führte mit seinem Sonnenkult den ersten Eingottglauben ein. Er verherrlichte seinen Sonnengott „Aton" mit seinem berühmten „Sonnengesang", in dem er ihn preist:

Du erscheinst so schön am Horizont des Himmels,
Du lebendige Sonne, die mit Leben begann;
Du bist im östlichen Horizont und hast alle Lande
mit deiner Schönheit erfüllt.
Deine Strahlen umfassen die Länder bis zum Ende
all dessen, was du geschaffen hast.
Du schenkst die Länder deinem geliebten Sohn,
König Echnaton. (54)

In der 21. Tarotkarte der Großen Arkana wird die Welt dargestellt als schwangere Frau, umgeben von einem kreisförmigen Blütenkranz, Symbol für das All. (55)

Im Verlauf der Menschheitsgeschichte hat sich das Bild von der Welt immer wieder verändert. Doch stets ist es ein ganzheitliches Vorstellungsbild gewesen, welches das gesamte damals bekannte Weltall meinte. In diesem Sinne lassen sich sechs Stufen im Weltverständnis unterscheiden:

I. Das prähistorische Weltbild

In prähistorischer Zeit hatten die Urmenschen ein recht bescheidenes Weltbild, weil sie über ihr begrenztes Stammesgebiet kaum hinauskamen. In ihrer Vorstellung war die Welt eine flache Scheibe, die auf dem Urozean schwimmt. Selbst noch im jüdischen Henoch-Buch wird von einer flachen Erde berichtet, die auf Säulen ruht. Darüber sind die zwei Lichter Sonne und Mond an Fäden aufgehängt, die um die Erde kreisen.

In der mythologischen Zeit vermittelten Götter- und Heldengeschichten, wie die Upanishaden in Indien, die Sagen von Illias und Odyssee von Homer oder die Edda der Germanen den Menschen ein Bild von der damaligen Welt. Selbst die ionischen Naturphilosophen Griechenlands, die Vorsokratiker Tales von Milet, Anaximander und Anaximenes, verließen sich bei ihren Welterklärungen mehr auf Spekulation als auf exakte Beobachtungen. Auch die religiösen Weltvorstellungen der alten Ägypter, Babylonier, Perser und Griechen mit ihrem Götterhimmel, der nichts anderes war als menschliche Glaubensvorstellungen, vermochten kein objektives Bild von der Welt zu geben. Mit diesen versuchte man zu erklären, warum die Welt so ist, wie sie erlebt wird, und nicht, wie sie tatsächlich beschaffen ist.

2. Das geozentrische Weltbild

Das Weltbild der Antike nahm erstmals die Kugelgestalt der Erde an. Damals entdeckten babylonische Astronomen beim Beobachten von Sonnen- und Mondfinsternissen, dass die Erde eine Kugel sein muss. Der griechische Astronom Philolaus, geboren um 470 v. Chr., war wohl der Erste, der davon sprach, es gebe in der Mitte des Kosmos ein ewiges Feuer, um das die Erde und die Gestirne kreisen. Andere nahmen an, dass die Erdkugel von dem Riesen Atlas auf den Schultern getragen werde. Erst mit Pythagoras und seiner Schule in Krotona in Süditalien gelang es im 6. vorchristlichen Jahrhundert, die Erde und ihre Stellung im All genauer zu beschreiben, indem man die Zählkunst der Mathematik und die Messkunst der Geometrie zu Hilfe nahm. So gelang es, die Kugelgestalt der Erde genauer zu bestimmen und die Entfernung Erde-Mond annähernd genau zu berechnen.

Der weitgereiste Vorsokratiker Demokrit von Abdera entwarf ein ganzheitliches Weltbild, indem er das Weltall als etwas Ganzes verstand, das seiner Meinung nach ewig sein müsse, weil es von niemandem erschaffen wurde. Er war der erste Astronom, der eine Selbstorganisation der Materie aus dem Nichts annahm. Für ihn war das

Universum höchst dynamisch, weil in ihm fortwährend Welten entstehen und vergehen. (56)

Nach Aristoteles ist die Welt ein Stufenbau. Das Fundament bilden die leblosen materiellen Dinge des Mineralreichs. Darüber entfaltet sich die belebte Welt des Pflanzenreichs. Aus diesem ist das gesamte Tierreich hervorgegangen. Dieses hat dank der sensitiven Seele, die allen Tieren eigen ist, die Möglichkeit, sinnliche Eindrücke wahrzunehmen. Auf der nächsthöheren Stufe steht der Mensch. Mit seiner geistigen Seele hat er die Fähigkeit, vernünftig tätig zu sein und geistige Werte zu erkennen. Überhöht wird die Menschheitsstufe vom Geisterreich, in dem die körperlosen Planetengeister, die Verstorbenen und die Götter wohnen. (57)

Im Altertum galt bei den meisten Kosmologen die Ansicht, dass sich im Mittelpunkt des Weltalls die Erde befindet. Allerdings gab es schon damals einzelne Himmelsbeobachter, welche die Sonne für das ruhende Zentrum des Universums hielten. Zu diesen gehörte der griechische Astronom Aristarch von Samos (320-250 v. Chr.). Dieser kam bei der Beobachtung einer Sonnenfinsternis zur Überzeugung, dass die Sonne viel größer sein müsse als die Erde und die Erde daher nicht im Mittelpunkt unseres Planetensystems sein könne. Er vermutete richtig, dass die Sterne weit von der Erde entfernte Sonnen sind.

Im 2. nachchristlichen Jahrhundert entwarf der ägyptische Astronom Claudius Ptolemäus (um 87-165 n. Chr.) ein ausgeklügeltes und kompliziertes Sonnensystem, welches während eineinhalb Jahrtausenden für gültig anerkannt wurde. In seinem dreizehnbändigen Werk „Almagest" stellte er die Erde in den Mittelpunkt, um den die Sonne mit ihren Planeten sich in kreisförmigen Bahnen bewegen. Auch nahm er an, dass die Fixsterne an rotierenden Sphären, die wie durchsichtige Hohlkugeln aussehen, befestigt sind. Auch diese würden sich um die Erdachse drehen.

Diese geozentrische Weltsicht wurde während mehreren Jahrhunderten auch von der christlichen Kirche gestützt, weil dieses der biblischen Aussage zu entsprechen schien, nach der Gott die Erde am ersten Schöpfungstag, die Sonne aber erst am dritten Schöpfungstag ins Dasein gerufen habe. Auch die Voraussage im Neuen Testament in Bezug auf das Weltende: „Die Sterne werden vom Himmel fallen" (Mt 24,29) ist nur geozentrisch zu verstehen. Das Gleiche gilt für die biblische Textstelle in der Offenbarung (Off 3,12), wo nach dem Weltgericht das neue Jerusalem vom Himmel auf die Erde herabkommen soll, um hier die tausendjährige Herrschaft Christi aufzurichten. (Off 21, 1-6; 21,9-22,5) Einer der wenigen, der es wagte, diesem Denksystem zu widersprechen, war der italienische Mönchsphilosoph, Dichter und Astronom Giordano Bruno (1548-1600), der vom römischen Inquisitionsgericht wegen Ketzerei und Magie zum Tode verurteilt und auf dem Capo dei Fiori in Rom dem Scheiterhaufen übergeben wurde.

Das geozentrische Denken ist noch heute nicht ganz überwunden. Nach einer Gallup-Umfrage aus dem Jahr 1960 sollen noch heute 18% der Amerikaner glauben, dass die Sonne sich um die Erde dreht, und nicht wenige sind nach wie vor überzeugt, die Erde sei eine flache Scheibe. (58)

3. Das heliozentrische Weltbild

Erst um das Jahr 1543 kam es zu einem grundlegenden Wechsel im Weltbilddenken, und zwar durch das heliozentrische (gr. *helios*: die Sonne) Weltsystem, welches unsere Sonne ins Zentrum der Planetenfamilie stellte. Dieses wurde erstmals vom preussischen Domherrn und Naturforscher Nikolaus Kopernikus (1473-1543) unter Zuhilfenahme von jahrzehntelangen Aufzeichnungen aus früheren Planetenbeobachtungen berechnet. Aus Angst vor Verfolgung hielt Kopernikus seine Entdeckungen lange geheim. Diese wurden unter der Überschrift „Über die Umläufe der Himmelskörper" erst in seinem letzten Lebensjahr veröffentlicht. Dadurch hat er wie kein anderer das damalige Weltbild verändert. (59)

Dieser Systemwechsel stieß zunächst auf heftigen Widerstand bei den Vertretern der Kirche. Sein Buch kam auf die Liste der verbotenen Schriften. Während der nachfolgenden 300 Jahre durfte es bei Androhung ewiger Höllenstrafe von keiner kirchentreuen Person gelesen werden. Trotzdem gewann die Kopernikanische Wende immer mehr an Zustimmung. Viel dazu beigetragen hat der italienische Physiker Galileo Galilei (1564-1642). Als Erster entdeckte er mit seinem selbstgebauten Fernrohr die Jupitermonde, den Saturnring und die wechselnden Phasen der Venus. Durch seine Himmelsbeobachtungen sah er das neue Weltbild bestätigt. Uneinsichtige Kleriker in Rom weigerten sich, durch sein Fernrohr zu schauen, weil sie dieses Instrument für eine Erfindung des Teufels hielten. Durch das kirchliche Inquisitionsgericht im Jahr 1633 wurde ihm der Prozess gemacht, dessen Verurteilung er nur dadurch entging, dass er seine Theorie zum Schein widerrief. Erst im Jahr 1992 wurde er vom Papst offiziell rehabilitiert.

Im 17. Jahrhundert wurde das heliozentrische Weltmodell durch die Berechnungen des deutschen Astronomen Johannes Kepler (1571-1630) und des englischen Physikers Isaak Newton (1643-1727) vereinfacht und wesentlich verbessert. Sie berechneten die Planetenbahnen und deren gesetzmäßige Bewegungen neu. (60)

Im ausgehenden Mittelalter und vor allem im 18. und 19. Jahrhundert änderte sich mit dem Aufkommen der Naturwissenschaften das mittelalterliche Weltbild. Es setze sich immer stärker ein wissenschaftliches Forscherdenken durch. Das materialistische Weltbild, das nun auf den Schild gehoben wurde, hält einzig die sichtbare Materie für real, die schon seit jeher existiert haben muss, also keinen Anfang und auch keinen Schöpfer kennt. Aus diesem Grunde zählten damals die meisten Naturforscher zu den Atheisten oder zumindest zu den Agnostikern, deren es heute immer weniger gibt.

4. Das kosmozentrische Weltbild

Dieses moderne Weltbild geht von dem Gedanken aus, dass sich unser Weltall seit dem Urknall vor 13,7 Milliarden Jahren nach allen Richtungen ausdehnt und bei zunehmender Fluchtgeschwindigkeit in immer größeren Raumdimensionen ausweitet. Die heutige Astronomie lehrt, dass unsere Sonne mit ihren Planeten sich keineswegs im Zentrum des Universums befindet, sondern als bescheidener Stern in einem Seitenarm unseres Milchstraßensystems unter Milliarden anderer Sterne um das galaktische Zentrum kreist. Sie rechnet auch damit, dass unser Erdplanet nicht der einzige Himmelskörper ist, auf dem höheres Leben existiert. Der NASA-Satellit „Kepler“ hat bis heute mehr als 2000 Exoplaneten außerhalb unseres Sonnensystems entdeckt. Viele gleichen unserer Erde und könnten Lebensformen beherbergen. Bereits der griechische Philosoph Metodoros von Chios (* um 350 v. Chr.) hielt es für ebenso unwahrscheinlich, dass es im gesamten

Weltall nur eine einzige Erde gebe, als wenn auf einem Acker nur ein einziger Getreidehalm wachsen würde. (61)

Der modernen astronomischen Forschung stehen seit einigen Jahrzehnten leistungsfähige Instrumente zur Himmelsbeobachtung zur Verfügung: Spiegelteleskope, Radioantennen, Raumsonden, Weltraumteleskope, Satelliten und Weltraumstationen. Mit diesen ist es heute möglich, in die Tiefen des Weltraums vorzudringen und Himmelsobjekte zu beobachten, die Millionen von Lichtjahren (1 Lichtjahr: 9,46 Billionen km) von uns entfernt sind. Nebst der Entdeckung neuer Welteninseln geht es vor allem um die Erforschung der dunklen Materie, die zu 96% den gesamten Weltraum ausfüllt, und der dunklen Energie, die zu 72% das ganze Universum ausmacht. Dabei geht es auch um die Frage, wie Sternsysteme entstehen und vergehen, ob es Leben auf fernen Himmelskörpern gibt und warum unser Universum so ist, wie es ist.

Moderne Kosmologen denken sogar so weit, dass wir mit mehr als bloß einem einzigen Universum zu rechnen haben. Sie nehmen mehrere Universen, sogenannte Multiversen, an, die nebeneinander oder nacheinander entstanden sind. Sir Martin Rees (*1942), Professor für Astronomie an der Universität Cambridge, schreibt hierzu: „Was man gegenwärtig ‚Universum' nennt, könnte nämlich ein Teil einer größeren Gesamtheit sein. Es könnte zahllose Universen geben, in denen andere Gesetze gelten. Vielleicht ist unser gegenwärtiges Universum nur eine Insel im kosmischen Archipel." (62)

Stephen Hawking korrigierte vor wenigen Jahren sein Urknall-Modell mit den Aussagen: „Vor unserem Universum könnte bereits ein anderes Vorgänger-Universum existiert haben. Der Urknall, den es zweifellos gab, könnte nur eine Art Übergang gewesen sein." (63)

Der Kosmos und wir sind eins. Zu diesem Schluss kommen wir, wenn wir uns als Teil der kosmischen Ganzheit betrachten. Mindestens was unsere materielle Existenz in unserer Welt angeht, sind wir nicht bloß von der Erde genommen, sondern all die chemischen Elemente, aus denen unser Körper besteht, sind ursprünglich in Sternen entstanden. Wir sind aus Sternenstaub gebildet; wir sind in gewissem Sinne „Kinder des Kosmos". (64)

5. Das holistische Weltbild

Eine neue Richtung der Ganzheitsbetrachtung nennt sich Holismus (gr. *holos*: ganz, vollständig). Dieser Begriff wurde in den 1920er Jahren vom südafrikanischen Philosophen und Staatsmann Jan Smuts (1870-1950) vorgeschlagen. Heute versteht man darunter das ganzheitliche Verständnis von Natur, Leben und Geist und meint damit den gesamten Kosmos als einen einzigen lebendigen Organismus, der nur als Ganzes richtig zu verstehen ist. Dies meint das holistische Weltbild. (65)

Die Holos-Theorie als Ganzheitslehre sieht sich dem Gedanken verpflichtet, dass unsere Welt nur als ein Ganzes zu verstehen ist und nur als Ganzes richtig funktioniert und nicht aus dem Zusammenwirken ihrer einzelnen Teile. Sie steht dafür ein, dass alle Teile des Kosmos als eine Einheit zu sehen sind und nichts als etwas Abgetrenntes von allem anderen zu betrachten ist, denn alles ist mit allem durch Resonanz verbunden.

Der Holismus betont die Einheit der Natur. Die Welt ist ein Holon, das sowohl als ein selbstständiges Ganzes als auch als Teil eines übergeordneten Ganzen zu betrachten ist. Alles wirkt auf alles, und alles wird von allem beeinflusst. Er nimmt an, dass in unserer Welt alles mit allem verbunden und ein einheitliches Geflecht ist, in dem alles miteinander verknüpft ist. Danach gleicht der ganze Kosmos einem Hologramm, in dem jeder Teil eines holografischen Bildes das ganze Bild enthält. (66)

Unsere heutigen Astrophysiker suchen immer noch nach einer einheitlichen mathematischen Formel oder nach einem einheitlichen Standardmodell für eine „Theorie von allem“. Doch dieses ist nicht in der materiellen Welt, sondern nur in einer spirituellen Welt zu finden.

6. Das spirituelle Weltbild

Durch die neuen Forschungsergebnisse der Physiker Albert Einstein, Max Planck und Werner Heisenberg entstand ein neues Denken, das sich vom bisher materiellen Weltbild verabschieden musste und sich immer mehr einem spirituellen Weltbild zuneigte. Nach neuesten physikalischen Erkenntnissen macht die grobe Materie nur scheinbar den

Eindruck von etwas Festem, Greifbarem und Sichtbarem. In Wirklichkeit ist sie eine Zusammenballung von unsichtbarer Energie, deren Quelle im Geistigen zu suchen ist. Der amerikanische Astronom James Jeans (1877-1946) schrieb bereits im Jahr 1931: „Heute ist man sich ziemlich einig darüber, und auf der physikalischen Seite der Wissenschaft fast ganz einig, dass der Wissensstrom auf eine nichtmechanische Wirklichkeit zufließt. Das Weltall sieht allmählich mehr wie ein großer Gedanke als wie eine Maschine aus. Der Geist scheint im Bereich der Materie nicht mehr wie ein zufälliger Eindringling. Wir beginnen zu ahnen, dass wir ihn eher als den Schöpfer und Beherrscher des Reichs der Materie begrüßen sollten – natürlich nicht unseren individuellen Geist, sondern den Geist, aus dem unser individueller Geist entstanden ist." (67) Zur gleichen Erkenntnis gelangte der englische Astronom Arthur Eddington (1882-1944) in der Aussage: „Einfach gesagt – alles Weltliche ist geistig. Der Stoff der Welt ist der Stoff des Geistes." (68)

Einer der bekanntesten Physiker unserer Zeit, Hans-Peter Dürr, bemerkt in seinem Buch „Geist, Kosmos und Physik": „Anfang des letzten Jahrhunderts stieß die Physik auf ganz neue Phänomene, die mit der bisher so erfolgreichen und, aufgrund ihrer strukturellen Konsistenz, als streng gültig betrachteten klassischen Physik nicht mehr erklärt werden konnten." Er begründet dies mit folgenden Worten: „Das Fundament unserer Wirklichkeit ist nicht die Materie, sondern etwas Spirituelles, das gar nicht begreifbar ist. (69) Mit wenigen Worten sagte es der Quantenphysiker David Bohm: „Materie ist gefrorener Geist."

Bereits Albert Einstein hat sich dem spirituellen Weltbild angenähert, als er sich in seinem „Geistigen Testament" zu folgender Aussage bekannte: „Das Schönste und Tiefste, das ein Mensch erfahren kann, ist das Gefühl des Geheimnisvollen. Es liegt der Religion sowie allem höheren Streben in Kunst und Wissenschaft zugrunde. Wer dies nicht erlebt hat, erscheint mir, wenn nicht wie ein Toter, so doch wie ein Blinder. Zu empfinden, dass hinter dem Erlebbaren ein für unseren Geist unerreichbar Verborgenes liegt, dessen Schönheit und Erhabenheit uns nur mittelbar und in schwachem Wiederschein erreicht, das ist Religion. In diesem Sinne bin ich religiös. Es ist mir genug, dieses Geheimnis staunend zu erahnen und zu versuchen, von der erhabenen

Struktur des Seienden in Demut ein mattes Abbild geistig zu erahnen." (70)

Auf die Frage, woher die unermesslich große Energie kommt, die beim Urknall freigesetzt wurde und aus der die materielle Welt entstanden ist, gibt es bis heute keine naturwissenschaftliche Erklärung. Zu behaupten, diese sei aus dem Nichts entstanden, widerspricht dem Kausalitätsgesetz. Nach der Ansicht des Kosmologen Daniel C. Matt, Professor an der Theologischen Hochschule in Berkeley, USA, setzt sich heute immer mehr die Erkenntnis durch, dass hinter der ganzen materiellen Schöpfung ein göttlicher Geist wirkt und waltet. (71)

Wir müssen heute zur Einsicht kommen, dass der Urquell der gesamten kosmischen Energie, aus der unsere materielle Welt hervorgegangen ist, in einer nicht-materiellen Welt zu suchen ist. Damit würde das Weltall nicht zu einer Manifestation der Materie, sondern zu einem Erscheinungsbild des Geistes. Geist und Materie gelten heute nicht mehr als zwei streng getrennte Gegensätze, sondern als zwei verschiedene Seinszustände, als zwei verschiedene Arten der Anschauung derselben Wirklichkeit, die sich schwingungsmäßig allerdings auf zwei unterschiedlichen Ebenen manifestieren und daher nur scheinbar miteinander im Widerspruch stehen.

Die gegenwärtige Astrophysik bestätigt uns, dass sich unser Kosmos immer schneller und immer weiter ausdehnt. Dies wird zur Folge haben, dass die grobstoffliche Welt immer mehr in einen feinstofflichen und schließlich in einen unstofflichen Seinszustand übergehen wird. Unsere materielle Welt wird dereinst nicht in einem katastrophalen Kollaps enden, sondern sie wird sich stetig auf einer immer höheren Seinsstufe erneuern, bis sie wieder jenen geistigen Zustand erreicht hat, der ihrem ursprünglichen Zustand entspricht, wo alles wieder eins wird. Die gesamte Materie wird dabei in reine Lichtenergie umgewandelt. Der Physiker Lothar Schäfer schließt sich diesem Gedanken an, indem er schreibt: „Die Grenzen der Wirklichkeit enden nicht im Nichts. Sie gehen über in den Bereich des Metaphysischen." (72)

In unserer Zeit haben wir zur Kenntnis zu nehmen, dass sich der Weltraum stetig und immer schneller ausdehnt und gleichzeitig auch unser

Wissen über das Weltall ständig zunimmt. Ein Ende von beidem ist nicht abzusehen. So bleibt für uns die hoffnungsvolle Zuversicht, dass wir tatsächlich auf dem Wege in die Unendlichkeit sind.

Teil II: Die sechs Entwicklungsgesetze

Alles Wachsen ist ein Sterben,
jedes Werden ein Vergehen,
alles Lassen ist ein Erleben,
jeder Tod ein Auferstehen.
RABINDRANATH TAGORE

Alles Lebendige entwickelt sich nicht zufällig, sondern nach einem vorgegebenen Plan, dem eine innere Gesetzmäßigkeit zugrunde liegt. Nach dieser vollzieht sich jede Entwicklung in drei Schritten, die wir nach außen als Entfaltung, Wachstum und Reifung beobachten können. Jede Entwicklungsstufe gründet auf der vorangehenden und ist die Voraussetzung für die folgende. Dabei wechselt je eine Bewegungsphase mit einer Beruhigungsphase ab. Bei jeder Entwicklung sind drei vitale Grundkräfte am Werk, nämlich die gestaltende, die erhaltende und die umwandelnde Energie. Diese bilden nicht einen geschlossenen Kreislauf, sondern eine offene und sich nach oben windende Spirale.

Es kommt heute öfter vor, dass die körperliche und die seelische Entwicklung junger Menschen nicht zeitgleich Schritt hält, sondern unterschiedlich langsam verläuft, so dass bei vielen Jugendlichen in einem reifen Körper eine unreife Seele wohnt. Diese Entwicklungs-Asynchronie erinnert an folgende Episode: Europäische Alpinisten bestiegen, zusammen mit ihren Sherpas, die Gipfel des Himalaya. Eines Tages weigerten sich die einheimischen Lastenträger weiterzugehen mit der Begründung: „Wir sind zu schnell aufgestiegen. Wir müssen hier warten, bis unsere Seelen nachgekommen sind.“

Im Bereich des Lebendigen sind zwei verschiedene Entwicklungswege zu unterscheiden, nämlich die Stammesentwicklung oder Phylogenese (gr. *phylon*: Stamm, Gattung; *genesis*: Entwicklung) und die Einzelentwicklung eines Lebewesens, auch Ontogenese (gr. *on*: das Seiende; *genesis*: Entstehung) genannt. Nach dem biogenetischen Grundgesetz von Ernst Haeckel stellt die Einzelentwicklung eines Lebewesens die verkürzte Wiederholung seiner Stammesentwicklung dar. Es ist aber auch möglich, dass es im Verlauf der Evolution durch spontane Veränderungen (Mutationen) und Umweltanpassungen zu Neubildungen kommen kann. (1) Dieser fortschreitende Entwicklungsvorgang gilt nicht nur für die biologische, sondern auch für die psychologische Entwicklung des Menschen. Daher hat der amerikanische Psychologe Stanley Hall (1844-1924) im Jahr 1904 parallel dazu das psychogenetische Grundgesetz formuliert. Nach diesem wiederholt sich auch die seelische Entwicklung des Einzelmenschen in abgekürzter Form wie die psychische Entwicklung der ganzen Menschheit. Wir tragen, mehr unbewusst als bewusst, die Menschheitserfahrungen von Jahrtausenden unterschwellig in unserem Unbewussten als Urbilder (Archetypen), gespeichert von Generation zu Generation.

7. Das Gesetz der Energie

Doch nichts vergeht und nichts verdirbt;
denn was da ist, ist Geist zugleich,
und wo ein Leib dem Blick entstirbt,
da tauscht sein Wesen nur ein Reich.
CHRISTIAN MORGENSTERN

Leben ist fließende und pulsierende Energie. Was alle Lebewesen lebendig macht, ist die Lebensenergie. Unter Energie (gr. *energeia*: Kraft, Tätigkeit) ist eine allgemeine Grundkraft der Natur zu verstehen. Je nach dem Grad ihrer Verdichtung gibt es diese in grobstofflicher, feinstofflicher oder unstofflicher Form. Sie belebt Körper, Seele und Geist auf unterschiedlichen Daseinseben. Auf der untersten Stufe der Energieskala befindet sich der Punkt der größten Verdichtung, den wir die feste Materie nennen. Der höchste Punkt mit der geringsten Verdichtung ist der reine Geist, der am Anfang war.

Der Unterschied liegt in der Wellenlänge der Schwingungen; also nicht in der Essenz, sondern in der Frequenz. Die moderne Physik bestätigt uns mit der mathematischen Formel von Albert Einstein ($E=mc^2$), dass zwischen dem Licht mit der höchsten Schwingung und der groben Materie mit der niedrigsten Schwingungszahl kein Wesensunterschied besteht. Die heutige Kosmologie geht davon aus, dass unsere gegenwärtige Welt aus einer gewaltigen Konzentration von Urenergie entstanden ist, die sich beim Urknall explosionsartig ausgedehnt hat und bis heute immer noch ausdehnt. (2) Den naturwissenschaftlichen Beweis hierfür liefert uns die Hintergrundstrahlung als Nachwirkung dieses uranfänglichen kosmischen Geschehens, die heute immer noch festzustellen ist. (3) Bereits eine Stunde danach soll sich die volle Garnitur der chemischen Elemente gebildet haben, aus denen sich im Verlauf von mehreren Milliarden von Jahren das gesamte Universum gestaltet hat.

Auf die Frage, woher diese Energie gekommen ist, vermag die heutige Naturwissenschaft nichts zu sagen. Die häufigste Ansicht, der wir auch unter den heutigen Naturwissenschaftlern zunehmend begegnen, ist die Annahme, dass unsere Welt nicht zufällig aus einem ursachenlosen Nichts entstanden ist, sondern aus einem gemeinsamen und einzigen Ursprung hervorgegangen ist. Grundsätzlich gibt es hierüber zwei Ansichten. Die eine behauptet, die kosmische Energie bestehe seit Ewigkeit. Die andere schreibt die Gesamtenergie einem göttlichen Schöpfer zu, der als die Quelle der gesamten universellen Energie gesehen wird. (4) Diese beiden Ansichten können durch naturwissenschaftliche Beobachtungen weder widerlegt noch bewiesen werden. Eine einzige mathematische Formel oder eine einheitliche physikalische Theorie zu finden, die alle Kräfte erklären könnten, ist bis heute ein Traum der Naturforscher geblieben. (5) Schließlich sind wir immer noch sehr im Ungewissen darüber, ob es im ganzen Universum in anderen Dimensionen, auf anderen Daseinsebenen noch andere Energieformen gibt, die bisher noch nicht entdeckt wurden. Mehrere Kosmologen sind der Meinung, dass unser gegenwärtiges Weltall aus einem früheren Universum hervorgegangen ist und dieses wiederum mehrere Vorgänger-Universen hatte, wie ihm auch noch spätere Universen folgen könnten. (6)

Nach den neuesten Erkenntnissen des philosophischen Holismus (7) bildet das ganze Universum eine geschlossene Energie-Ganzheit, in der das Gesetz von der Erhaltung der Energie seine Gültigkeit bewahrt. Diese Theorie, zu Ende gedacht, führt uns zur Einsicht, dass die unterschiedlichen Energiearten, die wir kennen, letztlich auf eine Ur-Energie zurückzuführen sind, deren einzige Quelle der religiös denkende Mensch Gott nennt.

In seinem „Buch vom mönchischen Leben“ spricht Rainer Maria Rilke davon, wie schwer diese denkbare Tatsache zu fassen ist:

Ich liebe dich, du sanftes Gesetz,
an dem wir reiften, da wir mit ihm rangen;
du großes Heimweh, das wir nicht bezwangen,
du Wald, aus dem wir nie hinausgegangen,
du Lied, das wir mit jedem Schweigen sangen,
Du dunkles Netz,
darin sich flüchtend die Gefühle fangen. (8)

Alles ist Energie

Alle Energie, alles Licht, alle Wärme
und alles pflanzliche und tierische Leben
hat seinen Ursprung und seinen Unterhalt
in der Strahlenfülle der Sonne.
ANGELO SECCHI

Platon beschrieb in seinem Dialog „Timaios" eine Urkraft, die rein kosmischer Natur ist. Für Aristoteles ist Energie der Urstoff der Welt, den er „materia prima" nannte. Er beschrieb die Energie als eine Kraft, die alles in Bewegung setzt. Da alles in der Welt in ständiger Bewegung ist, vom Kleinsten in der Mikrowelt bis zum Größten in der Makrowelt, muss eine universelle Energie angenommen werden, die alles durchfließt und beatmet. Energie ist demnach der Grundstoff der Welt. Bereits in den biblischen Schriften ist mehrmals die Rede von einer „ewigen Kraft", die von Gott kommt (Ps 18,33; Jer 10,12; Mt 6,13 oder Lk 5,17) und die am Anfang aller geschaffenen Dinge stand.

Jede Seinsart kann daher eine Energiequelle sein. Der Grad ihrer Verdichtung bestimmt ihre Schwingungszahl. Diese nennen wir Frequenz und bezeichnen damit die Zahl der Schwingungen in der Sekunde. Der Abstand zweier Schwingungen heißt Wellenlänge. Je höher die Schwingungszahl ist, desto kurzwelliger ist sie. Wenn der Psychiater Hoimar von Ditfurth (1921-1989) einem seiner Bücher vor bald vierzig Jahren den Titel gab „Am Anfang war der Wasserstoff" (9), so müssen wir heute berichtigend einwenden: Am Anfang war nicht der Wasserstoff, sondern am Anfang war die Energie, welche die Atome des Wasserstoffs zusammenhält. Da in der ganzen Natur alles mit allem verbunden ist, können unterschiedliche Energiearten zusammenwirken und sich gegenseitig verstärken und unterstützen.

Energie gibt es in passiver und in aktiver Form. Die passive Form, auch potenzielle Energie genannt, kennen wir als Lage-Energie. In ihr ist die Energie gespeichert wie in einem Stausee, in einer Batterie oder in einer gespannten Stahlfeder. Die aktive Form, auch als kinetische (gr. *kinein*: bewegen) Energie benannt, wird durch Bewegung in einem Dynamo oder Wasserrad freigesetzt und in Licht, Wärme oder Leistung umgewandelt. Wichtig ist das vom deutschen Arzt Robert Mayer (1814-1878) entdeckte Energieerhaltungsgesetz. Nach diesem bleibt die Gesamtenergie eines abgeschlossenen Systems stets gleich; sie kann weder erzeugt noch vernichtet, sondern nur umgewandelt werden. Dabei bleibt die Energiebilanz unverändert.

Die wichtigsten Lebenstätigkeiten werden durch elektrische und magnetische Energieströme bewirkt. Bereits Goethe erkannte: „Wir haben alle etwas von elektrischen und magnetischen Kräften in uns und üben wie der Magnet selber eine anziehende und abstoßende Gewalt aus, je nachdem wir mit etwas Gleichem oder Ungleichem in Berührung kommen.“ (10)

Zur Hauptsache wird diese Energie beim Menschen vom Gehirn aus gesteuert und in den ganzen Körper mithilfe von 100 Milliarden Nervenzellen (Neuronen) über 10.000 Kontaktstellen (Synapsen) durch weitverzweigte Energiebahnen (Meridiane) verteilt, was erst unser gesamtes physisches und psychisches Leben ermöglicht. Diese Lebensenergie kann mit Hilfe elektronischer Apparate (EEG, EKG, EMG) gemessen und aufgezeichnet werden. Jeder Gedanke, jede Gefühlsregung und jede körperliche Bewegung äußern sich durch elektromagnetische Aktivitäten. Die wohl wichtigste dieser Lebenskräfte, die wir hier auf Erden kennen, ist die menschliche Gedankenkraft. Durch sie sind großartige Leistungen vollbracht worden, die zu ungeahnten Entdeckungen, zu erstaunlichen Erfindungen, zu bewundernswerten Heldentaten, aber auch zu den schändlichsten Verbrechen und Missetaten geführt haben. Durch die Kraft der Gedanken sind ganze Weltreiche entstanden und auch wieder zerstört worden.

Ein aufregender Versuch mit gedanklicher Fernsteuerung wurde vor Kurzem in der Stadt Luzern durchgeführt. Die 22-jährige Artistin Athene Radar lenkte mit verbunden. Augen einen schweren Pontiac durch mehrere kurvenreiche Straßen der Innenstadt, gedanklich geführt von ihrem Vater Jacki Steel, der ihr in größerem Abstand in einem zweiten Wagen folgte. Dies alles geschah unter der Kontrolle von Polizeikommandant Kurt Fehlmann, der ebenfalls im ersten Wagen saß. Ähnliche Blindfahrten wurden später in sechs weiteren Städten durchgeführt. (11)

Forschergruppen auf der ganzen Welt ist es in letzter Zeit gelungen, Apparate zu entwickeln, die lediglich mit Gedankenkraft zu steuern sind. Heute ist es möglich, Gehirnströme, welche bei jedem bewussten Denkvorgang entstehen, direkt als elektromechanische Signale auf einen Computer zu übertragen, damit diese Gedankenbefehle die gewünschten Impulse auslösen und Maschinen in Bewegung setzen und lenken können. Dies kommt Menschen, die an schweren Nerven- und Muskellähmungen leiden, zugute. (12)

Spontane Gedankensendungen können vor allem zwischen gleichgesinnten und wesensähnlichen Menschen beobachtet werden, die auf der gleichen Wellenlänge miteinander in Verbindung stehen. Häufig geschieht dies zwischen Zwillingspaaren, zwischen Eltern und ihren Kindern, zwischen seelenverwandten Geschwistern und Freunden sowie zwischen harmonischen Liebes- und Ehepaaren. Wie oft kommt es doch vor, dass wir bei einem Telefonempfang dem Anrufer bestätigen: „Soeben habe ich an dich gedacht." Im Gespräch sagte ein Freund, dessen Gedanken ich erriet, zu mir: „Du nimmst mir die Worte gerade aus dem Mund" oder „Du kannst in mein Gehirn hineinsehen." Der amerikanische Schriftsteller Upton Sinclair war gerade beim Zeitungslesen, als seine Frau ihn fragte, ob er gerade an Blumen gedacht habe. Dieser bestätigte ihr: „Ja, ich lese gerade einen Artikel über Blumenpflege." Diese als Telepathie bekannten Phänomene beruhen auf der Tatsache, dass Gedankenkräfte über große Entfernungen ohne technische Hilfsmittel gesendet und empfangen werden können. Diese gedankliche Kontaktnahme ist sogar dort möglich, wo normalerweise kein Funkkontakt zustande kommt, etwa aus der Meerestiefe oder von der Mondrückseite.

Nach der Lehre der Bioenergetik entscheidet der Energiehaushalt über die körperlich-seelische Gesundheit eines Menschen. Ein ausgewogenes Verhältnis zwischen Energieaufnahme und Energieabgabe ist wichtig für unser Wohlbefinden. Offensichtlich besteht eine ständige Wechselwirkung zwischen der muskulären Bewegung und dem seelischen Befinden. Jedes länger andauernde Ungleichgewicht zwischen Anspannung und Entspannung durch Stress, Überforderung oder Energieverlust kann zu Gesundheitsschäden führen. Wo der natürliche Energiefluss gehemmt oder gestört ist, entstehen mit der Zeit krankmachende Stauungen und Verkrampfungen. Um diese zu beheben, eignen sich aktive Spannungs- und Entspannungsübungen und passive Lösungs- und Lockerungsmethoden wie das Autogene Training oder die aus der chinesischen Medizin bekannte Akupunktur und Akupressur.

Wer mit seiner Lebensenergie haushälterisch und sparsam umgehen möchte, der muss Leerläufe vermeiden, die ihn viel Zeit und Kraft kosten und doch nichts bringen. Denken wir an die vielen banalen Zeitvertreibe, an die nutzlosen Alltagsgespräche, an oberflächliche Vergnügungen, an alberne Lustbarkeiten und an die sinnlose Betriebsamkeit, die viel Energie rauben und wenig Nützliches geben.

Da alle Lebensvorgänge durch den Energieverbrauch aufrechterhalten werden, müssen wir unser Energiepotenzial von Zeit zu Zeit wieder aufladen, wie bei einer elektrischen Batterie. Dies kann geschehen durch genügend Schlaf und Bewegung, durch Ruhe und Erholung, durch Tiefenatmung an der frischen Luft, durch genügend Flüssigkeitszufuhr in Form von klarem Wasser und durch vitalreiche vegetarische Ernährung.

Energieräuber sind Überforderung und Übermüdung, ferner alle Genussgifte, seelische Konflikte, soziale Spannungen und geistige Fehlhaltungen verbunden mit Sinnlosigkeitsgefühlen. Unser Energieverbrauch hängt auch von unserer körperlichen, seelischen und geistigen Widerstandskraft und Toleranz ab, von unserem sozialen Umfeld und davon, welche Kraftquellen uns aus Natur und Übernatur zukommen. Letzten Endes hängt sehr viel davon ab, wie und was wir in Gedanken uns zu eigen machen, denn jeder Gedanke, ob gut oder schlecht, trägt in sich die Neigung, sich zu verwirklichen. Wir können unsere Gedanken mit einer Art Kraftstrom vergleichen, der durch den denkenden

Geist in seine Bahnen gelenkt und zu seinem gedachten Ziel hingeführt wird. Die Art unseres Denkens hat einen unmittelbaren Einfluss auf unsere gesamte Lebenswirklichkeit.

Dabei kommt es nicht nur auf die quantitative Anzahl der Gedankenschwingungen an, sondern auch auf deren Qualität. Im positiven Fall kann diese den Menschen in eine Hochstimmung versetzen. Im negativen Fall kann sie bei ihm eine depressive Verstimmung auslösen. Gleichartige Gedanken und gleichschwingende Gefühle können sich gegenseitig aufladen und enorme Kraft entwickeln. So ist es möglich, dass sich in einer Menschenansammlung, wie bei einer Demonstration, bei einem Streik oder einer Revolte, aber auch bei einer Massenveranstaltung plötzlich eine unkontrollierte Eigendynamik entwickelt, die in explosive Gewalt ausbrechen kann.

Da auch Gedanken eine Art von Energie sind, haben diese, wie jede andere Energie, die Fähigkeit, Kraftfelder aufzubauen. Dies sind Informationsträger, denen weder Schwellen noch Schranken entgegenstehen. Ihre Reichweite hängt nicht nur von ihrer Quantität, sondern auch von ihrer Qualität ab. Energiefelder, die mit wohlwollenden Wunsch- und Segensgedanken aufgeladen werden, wirken aufbauend, erhebend und heilend sowohl auf den Sender als auch auf den Empfänger. Die mit bösartigen Schimpf- und Fluchwörtern belasteten übelwollenden Hassgedanken dagegen wirken nach beiden Seiten hin niederreißend und zerstörend.

Wenn also unsere Gedanken tatsächlich eine der stärksten Kräfte sind, die wir kennen, wenn Gedankenenergien gezielt gesendet und empfangen werden können, wenn sich diese verselbstständigen und mentale Informationen in die Welt hinaustragen und ihre Spuren hinterlassen können, dann müssen wir doch ernsthaft bedenken, was wir tagaus und tagein an Gedanken denken, zulassen oder an andere weitergeben: Die Gespräche, die wir führen, die Schriften, die wir lesen, die Filme, die wir ansehen, und die Informationen, die wir weitertragen, sie alle können entscheidend sein für unsere Gedankenwelt, in der wir und andere leben.

Die nachfolgende Symbolgeschichte von den „drei Sieben“ mag uns dies verdeutlichen: Zu Sokrates, dem weisen Philosophen von Athen, kam einer seiner eifrigen Schüler und rief schon von Weitem: „Höre, Sokrates, ich muss dir sofort berichten, was ich auf dem Markt über einen deiner Freude gehört habe. „Halt ein!", gebot ihm der Weise, „hast du das, was du mir so eilig berichten willst, zuerst durch die drei Siebe hindurchgelassen?" „Was für drei Siebe? ", fragte der Junge mit unschuldiger Miene.

Der Meister belehrte ihn auf folgende Weise: „Das erste Sieb ist das der Wahrheit. Ist das, was du mir mitteilen willst, überhaupt wahr?" „Ich weiß davon nur vom Hörensagen; ich habe es nicht überprüft", gestand der Zuträger.

„Dann musst du es durch das zweite Sieb läutern. Es ist das Sieb des Guten. Bedenke also, ist es gut für dich, dass du mir diese Geschichte erzählst; ist es gut für meinen Freund, um den es sich dabei handelt, dass du es weitererzählst, und schließlich, ist es gut für mich, dass ich davon erfahre?"

Wie der Gefragte beschämt verstummte, wollte Sokrates von ihm erfahren, ob er wenigstens an das dritte Sieb gedacht habe, nämlich an das Sieb der Notwendigkeit. So erkundigte er sich: „Ist es notwendig für dich, dass du mir hinterträgst, was du erfahren hast? Ist es notwendig für den, um den es sich handelt? Ist es schließlich notwendig für mich, dass ich darum weiß?" Der Angesprochene zuckte mit den Schultern und meinte verlegen: „Notwendig ist es für alle drei nicht."

„Nun gut", sagte der kluge Philosoph, „wenn das, was du mir von meinem Freund überbringen willst, weder wahr, noch gut, noch notwendig ist, dann behalte die Geschichte für dich; ich will nichts davon weder hören noch wissen!" (13)

Nicht nur der einzelne Mensch wird durch seine Gedanken bewegt und in eine bestimmte Richtung gelenkt. Auch Menschengruppen werden durch Gedanken, die sie gemeinsam denken oder die ihnen durch andere vorgedacht werden, in ihren Gesinnungen, Ansichten und Handlungen beeinflusst. So bestätigt sich, wovon der römische Dichter Vergil (70-19 v. Chr.) schon vor 2000 Jahren überzeugt war, als er in seiner „Aeneis" schrieb: „*Mens agitat molem.* – Der Geist vermag die Masse zu bewegen." Diese unleugbare Tatsache sollte uns veranlassen, das materialistische Weltbild aufzugeben und der Empfehlung des Physikers Michael Faraday (1791-1867) zu folgen, welcher der Meinung war: In dem Moment, wo es möglich sein wird, nur mit der Kraft der Gedanken einen einzigen Strohhalm zu bewegen, müssen wir unser Weltbild ändern." Heute sind wir so weit.

Vom Dichter Friedrich Rückert (1788-1866) kommen die folgenden Verse:

Die Welt ist Gottes unausdenklicher Gedanke
und göttlich der Beruf zu denken, ohne Schranken.
Nichts auf der Welt, das nicht Gedankenkraft enthält,
und kein Gedanke; der nicht mitbaut an der Welt.
Drum liebt mein Geist die Welt, weil er das Denken liebt,
und sie ihm überall so viel zu denken gibt.

Grundkräfte der Natur

Jeder Gedanke, den wir denken,
positiv oder negativ, hat eine Wirkung
auf uns, auf jeden anderen,
und auf die ganze Natur.
PIM VAN LOMMEL

Die Energie ist die antreibende Betriebskraft in der ganzen Natur. Sie tritt auf unterschiedlichen Schwingungsebenen und in verschiedenen Verdichtungsgraden auf.

Auf der physikalischen Ebene sind die kleinsten Energiequellen im Bereich der Atome und Moleküle zu finden. Diese werden von unsichtbaren schnellschwingenden Energiewirbeln gebildet. Wir kennen sie als die vier Grundkräfte der Natur. Es sind dies:

1. Die Schwerekraft, auch Gravitation genannt, die auf alles im ganzen Universum anziehend wirkt. Sie ist die schwächste der vier Grundkräfte und ist verantwortlich für die gegenseitige Anziehung der Objekte mit Masse.

2. Der Elektromagnetismus, der auf die Teilchen mit einer elektrischen Ladung wirkt und die Elektronen um den Atomkern kreisen lässt. Er ist für alle chemischen und biologischen Vorgänge in der Natur verantwortlich.
3. Die schwache Kraft oder schwache Wechselwirkung, die den radioaktiven Zerfall im Atom bewirkt. Sie spielt eine wesentliche Rolle bei der Entstehung der Elemente in den Sternen.
4. Die starke Kraft oder starke Wechselwirkung, welche im Atom die Protonen und Neutronen bindet und so den Kern des Atoms zusammenhält.

Aus diesen vier Grundkräften der Natur gestaltet sich unsere materielle Welt. Diese erscheint uns als Kraft, Wärme, Schall, Strahlung und Licht. Wir nehmen sie wahr als mechanische, chemische, elektrische, magnetische und thermische Energie, und zwar in verschiedenen Verdichtungsgraden als feste, flüssige und gasförmige Körper.

Auf der biologischen Ebene erscheint die gleiche Kraft als Lebensenergie. Es sind die lebenden Zellen, die beständig Energie ausstrahlen. In der Bibel wird diese „Odem des Lebens“ (1 Mo 2,7) genannt. Beim persischen Religionsphilosophen Zarathustra heißt sie „Lebensfeuer“ und bei Aristoteles „Entelechie“. Als „Seelenfünklein“ wird sie von Meister Eckhart erwähnt. Von „élan vital“ sprach Henri Bergson. Als „Libido“ beschrieb sie Sigmund Freud“, und der Psychoanalytiker Wilhelm Reich gab ihr den Namen „Orgon“. In der indischen Yoga-Lehre kennt man die Lebenskraft als „Prana“, in der chinesischen Medizin spricht man von „Chi““ und in der japanischen Zen-Sprache von „Ki“.

In der modernen Molekular-Biologie erforscht man die Zell-Energie. Diese durchströmt jedes Lebewesen und verleiht ihm Lebenslust und Daseinsfreude und ist auf intelligente Lösungen bedacht. Die kleinste Einheit eines lebenden Organismus ist die Körperzelle. Diese ist die Trägerin der Lebensenergie. Eine gesunde Körperzelle weist die Spannkraft von 60 bis 100 Millivolt auf. Eine kranke Zelle besitzt höchstens noch ein Drittel davon. Eines der schlimmsten Zellgifte ist der Alkohol. (14)

Beim Aufbau von Körperzellen werden Biophotonen aufgenommen. Diese sind eine Art gebundenes Licht, welches die biochemischen Vorgänge in den Zellen steuern. Das größte Energiepotenzial beim Menschen haben gesunde Neugeborene, nämlich rund 42.000 Angström-Einheiten (AE). Jugendliche verfügen noch über 15.000 bis 18.000 und ein Erwachsener zwischen dem 21. und 25. Lebensjahr nur noch 7.000 AE-Einheiten. In der Lebensmitte, um das 36. Lebensjahr, ist selbst bei gesunder Lebensweise bereits die Hälfte der vitalen Energie aufgebraucht. Von da an beginnt das Altern.

Wie die Lebenskraft als Selbstheilungskraft mit den Jahren ständig abnimmt, zeigt folgender Vergleich: Eine Hautwunde von 10 cm Länge heilt bei einem zehnjährigen Kind innerhalb einer Woche, bei einem 18-jährigen Jugendlichen in zehn Tagen, bei einem dreißigjährigen Erwachsenen in zwei Wochen, bei einem Vierzigjährigen in achtzehn Tagen, bei einem Fünfzigjährigen in fünfundzwanzig Tagen und bei einem Sechzigjährigen in zwei Monaten.

Die verfügbare Bioenergie hängt ab von der Veranlagung, vom Lebensalter, vom Energieverbrauch und von der Wiederaufladung an Lebensenergie. Das ungehemmte und ungestörte Fließen der vitalen Energie garantiert Lebensfrische und Leistungsfähigkeit. Die Alterung eines Lebewesens beginnt, wenn der Energieverbrauch nicht mehr durch genügend Energiezufuhr ausgeglichen wird.

Wir können alle Lebenstätigkeiten mit dem Begriff Biodynamik zusammenfassen. Jedem Menschen ist von Natur aus ein bestimmtes Quantum an Bioenergie zugemessen. Was er daraus macht, liegt in seinen eigenen Möglichkeiten und Fähigkeiten. Im menschlichen Körper fließen mehrere Energieströme in vorgegebenen Bahnen, die in der indischen Heilkunde des Ayurveda als Meridiane und Nadis bezeichnet werden. Deren harmonisches Zusammenspiel begründet unsere körperliche und seelische Gesundheit. Nach dieser Lehre sind im feinstofflichen Körper sieben Energieumsetzer, die sogenannten Haupt-Chakras, eingelagert, deren Aufgabe es ist, die Lebensenergie im ganzen Körper in Umlauf zu bringen und auf alle Organe zu verteilen. (15) In der westlichen Medizin kennt man diesem Energiesystem entsprechend den Blutkreislauf, die Lymphbahnen, die Atemwege und die Nervenbahnen, welche für die Energieversorgung zuständig sind.

Auf der psychischen Ebene sprechen wir von der Energetik der Seele. (16) Darunter ist das Fließen der Seelenenergie zu verstehen. Diese gilt als Antriebskraft für alle bewussten und unbewussten seelischen Vorgänge. Wir nehmen sie wahr als Triebkräfte, als Affekt- und Gefühlsregungen, als Wahrnehmungen und Reaktionen der Sinne sowie als Stimmungs- und Gemütszustände. In jeder Freude und Trauer, in jedem Ausdruck von Begeisterung oder Niedergeschlagenheit und in jeder Trieb- und Willenshandlung ist sie als treibende Kraft involviert. Besonders deutlich spüren wir sie im dynamischen Wechselspiel von seelischen Gegenkräften wie Antrieb und Hemmung oder Spannung und Ausgleich. Je höher die seelische Spannung ist und je kontrollierter diese in den Dienst einer Aufgabe oder eines Auftrags gestellt wird, desto wirksamer ist sie. Es fällt auf, dass in vielen kreativen Menschen enorme seelische Gegensatzspannungen vorhanden sind, die im günstigen Falle in großartige Leistungen umgesetzt werden können. Dagegen sind impulsive Menschen oft nicht imstande, ihre Energieausbrüche zu beherrschen, um deren explosive Entladung gegen sich oder gegen andere zu verhindern.

Demgegenüber leben antriebsschwache Menschen energetisch auf Sparflamme, sei es, dass diese „Braven und Netten“ von Natur aus wenig seelische Energie zur Verfügung haben oder ihre psychische Dynamik blockiert ist. Oft liegt der Grund dafür, dass sie kein Wässerchen trüben und keine Stricke zerreißen können, in ihrer Antriebsschwäche, in ihrer allzu großen Angepasstheit, wobei sich ihre Sittsamkeit oft nur als Mangel an Gelegenheit erweist. An diese mag wohl der französische Schriftsteller Anatole France (1844-1924) gedacht haben, als er schrieb: „Ein großer Teil des Unheils in der Welt geht auf das Konto der vielen, vielen guten Menschen, die nichts weiter als gute Menschen sind.“

Auf der mentalen Ebene erfahren wir dieselbe Energie als Gedankenkraft in Form von Ideen, Vorstellungen, Phantasien oder Wünschen, aber auch bei Einsichten, Ansichten und Absichten so wie bei unseren Überzeugungen und freien Willensentscheidungen. Es handelt sich um Denkprozesse mithilfe der Gedankenkraft. Gedanken werden nicht vom Gehirn erzeugt, so wenig die Stunden von der Uhr geschaffen werden. Es gibt nachweislich auch ein hirnunabhängiges

Denken, wie außerkörperliche Erfahrungen bei Nahtod-Erfahrungen und Astralreisen beweisen. Daher müssen wir annehmen, dass Gedanken eine spezielle Art von Energie sind, die unabhängig von Raum und Zeit wirken können. Es handelt sich um hochfrequente Energien, die Informationen über große Entfernungen weitertragen, und zwar ohne technische Hilfsmittel. So konnte experimentell nachgewiesen werden, dass Gedanken schneller sind als das Licht, das annähernd 300 000 km in der Sekunde zurücklegt. Dass Gedanken schneller sind als das Licht, können wir selber feststellen, indem wir die Sonne mit unseren Gedanken anpeilen, wo sie in weniger als einer Sekunde dort ankommen, während das Licht für diese Entfernung von rund 150 Millionen Kilometern immerhin sieben bis acht Minuten braucht.

Der Psychologe Harold Sherman teilte in seinem Buch über „Außersinnliche Kräfte" mit, wie er in den Jahren 1937-1938 über Tausende Meilen von New York aus mit dem Polarforscher Sir Hubert Wilkis in der Antarktis in regelmäßigem mentalen Kontakt stand und dabei keine andere Energie gebrauchte als seine eigene Gedankenkraft. Dabei wurden im Bruchteil einer Sekunde Informationen über riesige Entfernungen übermittelt. Dieses Experiment dauerte über fünf Monate lang an. Seine Gedankenbotschaften gelangten jeweils am folgenden Tag per Briefpost an das Psychologische Institut der Universität Columbia zur Kontrolle und Dokumentation. Eine spätere Überprüfung der mehreren hundert aufgezeichneten telepathischen Mitteilungen ergab, dass rund 70% nach Zeit und Inhalt genau übereinstimmten. (17) Auch dort, wo sonst keine Empfangsmöglichkeit besteht, lassen sich in Sekundenschnelle auf diese Weise Botschaften übertragen. Dies beweisen folgende Beispiele:

Im Jahr 1965 erkannte die Testperson Stepanek an Bord des Atom-U-Bootes Nautilus in wiederholten Versuchen im Durchschnitt sieben von zehn Symbolkarten richtig, die zur gleichen Zeit mehrere tausend Kilometer entfernt im Hauptquartier der US-Luftwaffen auf den Tisch gelegt wurden. Von insgesamt 2000 Versuchen erwiesen sich 1158 als zutreffend. Ein ähnliches Experiment führte Prof. E. Douglas aus einer Taucherglocke vom Meeresgrund vor Florida in ein Labor nach Zürich durch, wo seine Gedankensendungen wortgetreu empfangen wurden. (18)

Der amerikanische Astronaut Edgar Mitchell (1930-2016) hat im Februar 1971, anlässlich seines Fluges mit dem Raumschiff Apollo-14 zum Mond, von dessen Rückseite ohne technische Hilfsmittel über eine Entfernung von 400 000 Kilometern vier Sensitiven in Houston mehrere Mitteilungen zukommen lassen, welche von diesen korrekt empfangen wurden. (19)

Nach dem Parapsychologen Joseph B. Rhine (1895-1980) sind Gedanken messbare Kräfte des Geistes, welche auf die Materie einwirken können. Aufgrund seiner zahlreichen Versuchsreihen mit Symbolkarten kommt er zum Ergebnis, dass Gedanken sich über die zeitlich-räumlichen Schranken der physikalischen Welt hinwegsetzen können und in ihrer Natur etwas Außerphysikalisches liegt. (20)

Auf der spirituellen Ebene zeigt sich diese Energie als schöpferische Kraft, als Glaubenskraft und als Liebeskraft. Hier ereignen sich geistiges Heilen und die Gebetserhörungen. Von der Glaubenskraft heißt es, sie vermöge gleichsam Berge zu versetzen (Mt 17,20), und von der Liebe sagte der Apostel Paulus, sie sei das stärkste Band, das alles zusammenhält. (Kol 3,14) Nur durch den bewussten Missbrauch dieser Energien entsteht das Böse, das es als eigenständige Kraft gar nicht gibt.

Von Friedrich Rückert stammt folgender Vers:

Nichts ist auf der Welt, das nicht Geisteskraft enthält,
und kein Gedanke, der nicht mitbaut an der Welt.
Drum liebt mein Geist die Welt, weil er das Denken liebt,
und sie ihm überall so viel zu denken gibt.

Der kosmische Tanz

Alles, was existiert, ist in Bewegung,
denn alles ist Energie, und Energie ruht nie.
Marja de Vries

In seinem Buch „Der kosmische Reigen" erzählt der Atomphysiker Fridjof Capra (*1939), wie er an einem freien Nachmittag am Strand von Kalifornien lag. Er spürte den rieselnden Sand zu seinen Füßen, er sah die vorbeiziehenden Wolken hoch über ihm, er hörte die Brandung der Meereswogen, er nahm den Wind wahr, der ihm Kühle zuwehte, und er beobachtete über sich einen Mückenschwarm, der in der Luft tanzte. Auch fühlte er seinen Atem gehen, er vernahm das leise Pochen seines Herzschlags, und plötzlich wurde es ihm bewusst: Alles in mir, alles über mir und alles um mich herum ist nichts anderes als schwingende, pulsierende, vibrierende und tanzende Energie. Alles ist wie ein kosmischer Reigen. (21)

Im indischen Tantra-Yoga wird gelehrt, dass unser ganzes Universum einem großen Tanz von gegensätzlichen Kräften gleicht. Der Hinduismus verehrt Gott Shiva als Meister des kosmischen Tanzes. Dieser wird häufig dargestellt in tanzender Position mit vier Händen und zwei Beinen. In der erhobenen rechten Hand hält er die Sanduhrtrommel, mit der er den Schöpfungston erzeugt. In der linken erhobenen Hand trägt er als Gegenkraft die Flamme der Zerstörung. Mit der dritten abwärts gerichteten Hand deutet er auf sein linkes erhobenes Tanzbein hin, was als Geste der Furchtlosigkeit gilt. Mit seiner vierten Hand weist er auf sein rechtes Standbein hin, mit dem er auf dem Dämon der Unwissenheit und Dummheit steht, der leicht sein Gleichgewicht stören könnte. So verkörpert er, umgeben von einem ovalen Flammenkreis, das ursprüngliche Schöpfungsei. Die Schlange, die den Leib des Shiva umschlingt, ist hier ein Symbol für die Lebensenergie und zugleich ein Sinnbild des Werdens und Vergehens und Wiedererstehens in der ganzen Natur. So verkörpert sie die erschaffende, die zerstörende und die erneuernde Kraft im ganzen Universum. In vielen Kulturen gilt daher die Schlange als heiliges Tier. Denken wir an die königliche Uräusschlange bei den alten Ägyptern, an die heilende Kraft der ehernen Schlange des Moses, an die Aeskulapschlange in der antiken Heilkunst, an die Kundalini-Schlange im Tantra-Yoga oder an die sagenhafte Regenbogenschlange bei den australischen Aborigines.

Wir können uns dieses dynamische Geschehen mit vier Leitsätzen vor Augen halten:

1. Alles regt sich und bewegt sich.

Vom kleinsten Atom bis zur fernsten Sonne ist alles in ständiger Bewegung. Es gibt nirgends stabile Ruhe; es gibt keinen Stillstand. Diese Einsicht gewann schon Hermes Trismegistos, indem er auf der *Smaragdenen Tafel* vermerkte: „Nichts ist in Ruhe, alles bewegt sich. Von den kleinsten Elementarteilchen des Atoms bis hin zu den fernsten Welten im Universum befindet sich alles in Bewegung." (22) Bewegung bedeutet Leben. Was lebt, regt und bewegt sich. Wo jede Bewegung aufhört, tritt der Tod ein. Das vitale Leben besteht darin, dass in einem geschlossenen Energiesystem ein Energiepotenzial von einem Pol zum anderen wechselt und dabei Energie abgibt. Dies lässt sich als „Springender Punkt" im befruchteten Hühnerei trefflich beobachten. Auch der Herzschlag, den wir am Handgelenk spüren, beruht auf dieser pulsierenden Bewegung. So sind alle Lebensäußerungen das Ergebnis unterschiedlicher Bewegungen von Energie.

2. Alles fließt und flieht.

Jede Bewegung führt dazu, dass sich alles stetig ändert und nichts in einem einmaligen Zustand verharrt. Diesen Gedanken fasste Heraklit in den berühmt gewordenen Satz: „Panta rhei – alles fließt" oder „Man steigt nicht zweimal in den gleichen Fluss." Den gleichen Gedanken fasste Goethe in den Vierzeiler seines Gedichtes „Dauer im Wechsel":

Gleich mit jedem Regengusse
Ändert sich dein hohes Tal;
Ach, und in diesem Flusse
Schwimmst du nicht zum zweiten Mal.

Eine fließende Bewegung schreiben wir auch der Zeit zu, die keinen Stillstand und keinen Rückwärtsgang duldet. Keine Woge und keine Welle im Strom der Zeit entsteht, besteht und vergeht für sich allein; stets lebt sie aus der Kraft der vorangehenden und gibt ihre Energie an die nachfolgende weiter. Deshalb sprechen wir vom Zeitenstrom. Der Zeitgeist mit seinem Wechsel an Meinung und Mode erscheint uns wie die Wellen der Gezeiten, die kommen und gehen, steigen und fallen. Jede Zeitepoche ist wie ein wuchtiger Wellenberg mit seinem Hoch und Tief. Gegenwärtig scheint bei uns die Technik einen Gipfel erreicht zu haben, während die schönen Künste in einem Wellental darnieder liegen. Jede irdische Geistesströmung wird mit der Zeit verebben, so neuzeitlich sie uns auch scheinen mag, um dann der nächsten Platz zu machen. Gerade dies führt zum Fortschritt in unserer Welt.

Auch das gesunde Leben besteht im ungehinderten Fließen der Lebenskräfte und Lebenssäfte. Wo dieses Fließen gestört ist, kommt es zu Krankheiten und Konflikten. Wer sich davor bewahren will, dem sei das chinesische „Wu-Wei“ empfohlen – ein Tun im Nichttun. Dies meint ein natürliches Fließenlassen durch kluges Geschehenlassen, durch das Handeln ohne zu handeln, das Begreifen ohne einzugreifen. Der chinesische Philosoph Lao Tse schildert diese gelassene Haltung so: „Der Weise tut nichts. Er lässt geschehen. Darum misslingt ihm auch nichts. Er reißt nichts an sich, darum vermisst er auch nichts; er streitet nicht um etwas, weil er nichts beansprucht. Er redet nicht und findet die richtige Antwort wie von selbst. Er ruft niemanden herbei, denn der Berufene kommt ungerufen zu ihm. Kein größeres Unheil gibt es für ihn, als aufgeregtes Tätigsein und unbedachtes Handeln.“ (23)

Auch in uns selbst ist alles im Fluss, solange wir leben. Dieses macht unsere Lebendigkeit aus, solange der Lebensstrom in uns fließt, nämlich im Blutkreislauf, als Wellenbewegung der elektrischen Hirnströme, als unaufhörlicher Atemstrom und als Säftefluss der Hormone und Sekrete. Jeder totale Stillstand würde den Tod herbeiführen. Auch von unseren Gefühlen spüren wir, dass diese den Stimmungen entsprechend auf- und abströmen, manchmal sogar überströmen und überborden, weil sie in ihrem Überschwang nicht mehr einzudämmen sind. Auch im geistigen Bereich sprechen wir vom Gedankenfluss und meinen damit unsere Gedankeneinfälle, die dauernd kommen und gehen und keine Ruhe geben, solange wir denken können.

Dies gilt nicht nur für den Einzelmenschen, sondern auch für die ganze Natur. Rabindranath Tagore schreibt: „Derselbe Lebensstrom, der Tag und Nacht durch meine Adern fließt, strömt durch die Welt und tanzt in rhythmischen Massen und Mengen. Es ist dasselbe Leben, das in Gestalt zahlloser Gräser durch den Staub der Erde nach oben schießt und sich in wirbelnden Wellen von Blättern und Blumen ergießt. Es ist dasselbe Leben, das geschaukelt wird auf der Meereswoge von Geburt und Tod."

In jedem Atom kreisen Elektronen um den zentralen Kern. Auch die Spiralnebel und Milchstraßen-Systeme haben ihr Zentrum, um das Milliarden von Sonnen kreisen. Das gesamte Weltall wird durchströmt von Energiewellen. Wenn sich in den Tiefen des Alls Schwarze Löcher als alles verschlingende Energiewirbel bilden, entstehen kosmische Gravitationswellen, die von Albert Einstein bereits um 1915 in seiner Relativitätstheorie angenommen wurden, aber erst im Jahr 2015 von den US-Astronomen Weiß, Barish und Thorne gemessen werden konnten, was diesen den Nobelpreis für Physik 2017 einbrachte. (24)

3. Alles schwingt und schwebt

Die Schwingungszahl eines Gegenstandes hängt von dessen Beschaffenheit und stofflicher Dichte ab. Je geringer er verdichtet ist, desto höher ist die Frequenz seiner Eigenschwingung. Je schneller er schwingt, desto weniger erscheint er uns als feste Materie. Dies wird uns klar, sobald ein ruhender Flugzeugpropeller in eine hohe Drehzahl übergeht und beinahe unsichtbar wird. Sobald ein Gegenstand bei abnehmender Dichte schwerelos wird, weil die Anziehungskraft erlahmt, fängt er an, verstärkt zu schwingen und zu schweben. Dies ist dann der Fall, wenn sich sein materieller Verdichtungsgrad vermindert, wie dies bei den parapsychischen Phänomenen der Levitation oder der Dematerialisation geschieht. Es handelt sich dabei nicht um ein Wunder, sondern um einen ganz natürlichen Vorgang, der zu wenig als solcher erkannt wird.

Es gibt verschiedene Schwingungsgrade und Schwingungsebenen, die sich voneinander durch ihre Schwingungszahl unterscheiden, nämlich durch die Anzahl und den Abstand ihrer eigenen Schwingungswellen. Je schneller etwas schwingt, umso höher steht es auf der Skala der Dimensionen. Der Physiker Heinrich Hertz (1857-1894) hat entdeckt, dass die Energie in Quanten fließt oder schwingt. Die Anzahl Schwingungen in der Sekunde werden ihm zu Ehren in Hertz (Hz) gemessen. Die kleinste Schwingungszahl weist die feste Materie auf, die höchste besitzt ein bewusster Gedanke, der sich schneller fortsetzen kann als das Licht.

Auch das menschliche Gehirn sendet je nach seiner Tätigkeit messbare elektromagnetische Wellen aus. Es sind dies hochfrequente Delta-Wellen mit 14-35 Schwingungen pro Sekunde, die sich während des Schlafes oder in der tiefen Entspannung einstellen. Mittelfrequente Alpha-Wellen mit 9-12 Schwingungen pro Sekunde werden im entspannten Wachzustand gebildet. Beta-Wellen mit 14-35 Schwingungen in der Sekunde sind typisch für den Wachzustand bei alltäglichen Verrichtungen. Tieffrequente Theta-Wellen mit 4-7 Schwingungen in der Sekunde sind bei Stress und körperlich-seelischen Anstrengungen zu beobachten.

Die Schwingungsebene, auf der wir uns aufhalten, hängt ab vom Grad unseres Bewusstseins, insbesondere von unseren Denkgewohnheiten, von unserem geistigen Entwicklungs- und Wissensstand und von unserer Gesinnung. So lebt jeder Mensch in seiner angewöhnten und bevorzugten Schwingungswelt. Darin unterscheidet er sich von seinem persönlichen Umfeld. Dementsprechend zieht er jene Verhältnisse und jene Lebensumstände an, die seiner eigenen Schwingung entsprechen. Will er diese ändern, muss er sich selber ändern.

4. Alles strahlt und leuchtet

Der Physiker Fritz-Albert Popp hat um das Jahr 1970 nachgewiesen, dass nicht nur alles fließt und schwingt, sondern auch alles strahlt und leuchtet. Ein jeder Gegenstand, jeder Stein, jeder Pflanze und jedes Tier hat seine eigene Ausstrahlung, so auch jeder Mensch. Nach dem Strahlungsgesetz des Physikers Gustav Robert Kirchhoff (1824-1887) vermag jeder Gegenstand, der Strahlen außendet, im gleichen Maß auch Strahlen zu empfangen; er ist also Sender und Empfänger zugleich. Im Bereich des Lebendigen strahlt jede Körperzelle fortwährend ein schwaches Licht in Form eines leuchtenden Photonenstrahls aus. (25)

Wir sind dauernd umgeben von Strahlen verschiedenster Art, die auf uns einwirken und unser Befinden beeinflussen. Freilich sind wir uns dessen kaum bewusst, weil wir einen großen Teil dieser Strahlungen mit unseren Sinnen nicht wahrnehmen können. Nur besonders strahlensensible Menschen reagieren auf elektromagnetische Schwingungen, die von Hochspannungsleitungen, Mobilfunkantennen und zahlreichen elektrischen Anlagen ausgehen. Elektrosensible Menschen reagieren auch auf digitale Kleingeräte wie Handy, Natel, Smartphone oder Tablet, deren Strahlung wir uns aussetzen. Gleiches gilt auch für Radio- und Fernsehapparate, aber auch für Computer, Drucker, Kopier- und Faxgeräte. Deren Ausstrahlung erhöht die Stressgefahr und kann verantwortlich sein für Übermüdungen, Schlafstörungen, Schwindelgefühle, Migräne und Nervosität. Nach neuesten physikalischen Forschungsergebnissen sind rund 5% der Bevölkerung anfällig für derartige Strahleneinwirkungen und leiden darunter. (26)

Die Forscher Nancy Wertheimer und Eduard Leeper untersuchten in Denver die Ursachen von Leukämie bei Kindern. Sie bestätigten die Vermutung, dass bei Kindern, die in der Nähe von frei hängenden Starkstromleitungen und Transformatoren-Stationen wohnen, das Risiko an dieser Blutkrebsform zu erkranken um 100% bis 200% höher ist. Bei Erwachsenen soll diese Krankheitshäufigkeit um 40% erhöht sein. (27)

Auch der Mensch ist ein Magnet, der von Kopf bis Fuß schwache Energien ausstrahlt. Es handelt sich um eine unsichtbare, hauchartige Hülle, die den ganzen Körper umgibt. Bereits im Altertum hat der griechische Naturforscher Empedokles (490-430) gelehrt, dass dem menschlichen Körper eine lichtschwache Substanz aus Licht entströmt. Im Mittelalter beschrieb Paracelsus eine leuchtende Ausstrahlung des feinstofflichen menschlichen Körpers. Im Jahr 1852 hat der Chemiker Carl Ludwig von Reichenbach (1788-1869) mit Unterstützung von Sensitiven nachgewiesen, dass diese in abgedunkelten Räumen an Menschen eine Art „odische Lohe“ wahrnehmen konnten. Dies bestätigte auch der französische Psychologe Albert de Rochas

(1837-1914), der in der Aura des Menschen eine hochfrequente elektrische Strahlung nachwies.

Die stärkste Ausstrahlung hat die Kopfregion. Sie wird als Aura (lat.: *aura*: Schein, Schimmer) bezeichnet. Dem Arzt Walter Kilner (1847-1920) ist es gelungen, die menschliche Aura durch Glasscheiben, die mit Dizyanit beschichtet waren, sichtbar zu machen. In ihr spiegeln sich in mehreren farbigen Schichten sowohl unsere körperliche Gesundheit als auch unsere seelische Gemütslage und unsere geistigen Gedankenmuster. Beim Menschen wird die Aura als Energiepotenzial erklärt, das aus den Chakras und den wichtigsten Akupunkturpunkten als lichtschwache Strahlenbündel entströmt. Mit dieser Ausstrahlung schafft sich jeder Mensch seine eigene Umwelt, die er im Licht seiner geistigen Gesinnung als harmonisch oder unharmonisch erlebt und die auch ihresgleichen anzieht. In den Jahren 1939 bis 1958 haben russische Elektro-Ingenieure eine Methode entwickelt, mit der es ihnen gelang, die Aura nicht nur von Menschen, sondern auch von Pflanzen und Tieren zu fotografieren. (28)

Auch jede lebende Zelle ist eine Kraftquelle ganz besonderer Art, die uns vor allem bei kleinen Kindern durch das Leuchten ihrer Augen, durch ihr strahlendes Lächeln und durch ihr sonniges Wesen auffällt. Diese Licht- und Wärmestrahlung der lebenden Körperzellen wird uns von der modernen Mikrobiologie bestätigt. Durch die Bio-Photonen befinden sich die einzelnen Zellen miteinander in ständigem Informationsaustausch. Nach der Biologin Florianne Koechlin (*1948) stehen in einem Zellverband Gene, Moleküle und Zellen in fortwährender Verbindung miteinander und tauschen gegenseitig ihre Erfahrungen aus. Daher nennt sie ihr Buch „Zellgeflüster“. (29)

Eine besondere magnetische Kraft kann von unseren Händen ausgehen. Schon der griechische Arzt Hippokrates sprach von einer Kraft, die von unseren Händen ausstrahlt. Franz Anton Messmer (1734-1815) nannte diese „animalischer Magnetismus“. Heute wird sie oft als Biomagnetismus bezeichnet. Bei speziell begabten Menschen, die wir Heiler nennen, vermag deren Handausstrahlung beruhigend, schmerzstillend und heilend zu wirken. Selbst das behütende Liebkosen eines Kindes, das zärtliche Berühren seines Liebespartners, das behutsame Streicheln eines liebgewonnenen Tieres oder das wohlwollende Bemühen um eine Pflanze kann zu einem stärkenden Energieaustausch führen und trägt nicht nur zu deren Wohlgfühl, sondern auch zu deren Gesundheit bei.

Ein altbewährtes Heilverfahren ist das Handauflegen. Dieses gehört zweifelsfrei zu den ältesten religiösen Ritualen und therapeutischen Behandlungsmethoden, die wir kennen. Es ist seit Jahrtausenden üblich, um jemanden zu segnen oder zu heilen. Auch Jesus und seine Apostel vermochten dadurch Kranken und Besessenen zu helfen (1 Ti 4,14; 5,22; Apg 8,18). In unserer Zeit ist sie unter dem Begriff „Touch for Health" bekannt geworden. Dadurch soll mentale und spirituelle Energie übertragen werden, die den Empfänger stärken, aufrichten oder beruhigen soll. In zunehmendem Maße wird dieses Heilverfahren auch in der alternativen Medizin und in der Kinesiologie angewandt, um die vitalen Selbstheilungskräfte anzuregen, Blockaden und Verspannungen aufzulösen und chronische Schmerzen zu lindern. (30)

Auch unsere Erde als Ganzes strahlt. Die Geophysik erforscht die Erdstrahlung und den Erdmagnetismus, die Strahlung von unterirdischen Wasserläufen, die sensiblen Menschen zu schaffen macht, sowie die Ausstrahlung bestimmter Kraftorte auf der Erde. Hinzu kommt die kosmische Strahlung. Erdnahe Himmelskörper wie unsere Sonne und unser Mond haben gewiss einen merkbaren Einfluss auf manches Naturgeschehen. Ohne Sonneneinstrahlung gäbe es kein Leben auf unserer Erde, und dass zu starke UV-Strahlung zu gefährlichen Hautveränderungen führen kann, ist bekannt. Wie der Mond nicht nur das Wachstum beeinflusst, sondern auch das Seelenleben der Menschen beeinträchtigen kann, ist ebenso erwiesen. Dafür spricht schon die Wortähnlichkeit von Laune und Luna oder der englische Ausdruck „lunatic" für psychische Störungen.

Es ist statistisch belegt, dass in Vollmondphasen die Häufigkeit von Verkehrsunfällen, Herzinfarkten oder Gewalttaten signifikant zunimmt. Wir stehen unter dem Dauerbeschuss von Strahlungen aus dem Weltall, von dem wir allerdings nichts direkt zu spüren bekommen, außer vom gelegentlichen Sonnenwind, der in Form von elektrisch geladenen Teilchen von der Sonnenoberfläche in alle Richtungen ausströmt und sensible Erdbewohner nervös macht. Dieser Solarwind wird durch das irdische Magnetfeld zum größten Teil von der Erde abgelenkt. Trotzdem vermag er gelegentlich Radiosendungen im Kurzwellenbereich, Signalanlagen bei der Bahn und die Satellitenverbindungen zu stören. Selbst aus den Tiefen des Weltraums beeinflussen kosmische Strahlungen unser Kommunikationssystem. Der ganze Kosmos bildet ein einziges zusammengehöriges Strahlungsfeld. Dieses entsteht durch die Rotation sowohl der Elementarteilchen um die eigene Achse in jedem Atom im Mikrokosmos als auch durch die kreisenden Bewegungen von Sonnen, Planeten, Monden und Galaxien im Makrokosmos.

Auch im spirituellen Bereich werden geistige Einstrahlungen auf unserer Erde angenommen. So beschreiben die geisteswissenschaftlichen Lehren der Theosophie und der Anthroposophie sieben kosmische Leitstrahlen, von denen alle 2500 Jahre ein anderer Strahl die Erde berühren und eine neue Entwicklungsepoche der Menschheit auslösen soll. (31) Es besteht die berechtigte Hoffnung, dass durch diese Einwirkungen aus höheren Dimensionen und Bewusstseinsstufen die ganze Menschheit mit der Zeit auf eine höhere Entwicklungsebene gehoben wird, damit sie vermehrt aufwärts, geistwärts und himmelwärts strebt, was dringend zu wünschen ist.

Kraftlinien und Kraftorte

Kraftlinien sind wie Kanäle oder Bahnen, durch die Energien fließen. Von besonderer Bedeutung für uns Menschen sind die natürlichen Kraftlinien des Magnetismus und der Elektrizität, weil diese uns ständig umgeben. Das liegt auch daran, dass unser Erdplanet, auf dem wir leben, ein riesiger Elektromagnet ist, der diese Strömungen erzeugt. Deshalb sprechen wir vom Nordpol und vom Südpol der Erde. Die Kraftlinien der Erde entstehen durch die ständigen Bewegungen des schweren Eisenkerns in der feuerflüssigen Magmaschicht in der Mitte unseres Planeten, die verursacht werden durch die Rotation unserer Erde um ihre eigene Achse.

Natürliche Kraftlinien sind überall dort wirksam, wo Pflanzen, Tiere und Menschen sich wohlfühlen, weil sie von diesen mit Energie versorgt werden. Sie sind entscheidend für das Leben und Überleben aller Lebensformen auf unserer Erde. Mit Hilfe von magnetischen Kraftlinien finden unsere Zugvögel im Herbst ihren Weg in die viele tausend Kilometer entfernten südlichen Winterquartiere und im Frühjahr wieder zurück. Offenbar lassen sie sich von einem inneren Kompass leiten, der sich nach dem Magnetfeld der Erde ausrichtet. Auch die Wanderwege vieler wildlebender Viehherden in der afrikanischen Savanne lassen vermuten, dass die Tiere unaufhaltsam äsend und kopfnickend im gleichen Trab und Trott unsichtbaren Kraftlinien folgen, die sie sicher zur Tränke an Flüssen und Seen führen.

Auch bei unseren weidenden Haustieren auf großräumigen Feldern fällt auf, dass diese vorwiegend in nord-südlicher Richtung voranschreiten. Dies stellte im Jahr 2008 der Zoologe Hynek Burda von der Universität Essen anhand von 300 Luftaufnahmen von Viehweiden fest, auf denen sich rund 8500 Kühe aufhielten. Es zeigte sich, dass diese Tierherden nicht wahllos durcheinander liefen, sondern sich in geordneten Bahnen auf einer Nord-Südachse ausrichteten, als ob sie unsichtbaren Kraftlinien folgen würden. Größere Abweichungen gab es nur in der Nähe von Starkstromleitungen, weil durch diese das Erdmagnetfeld gestört wird. (32)

Auch der Mensch neigt dazu, gewohnheitsmäßig ausgetretenen Pfaden zu folgen, die sich bewährt haben. Es ist denkbar, dass sie dabei vorgegebenen Kraftlinien folgen, was bei uralten Wallfahrtswegen der Fall sein mag. Beispiele hierfür sind der Jakobsweg nach dem spanischen Santiago de Compostela oder die Pilgerwege zu bekannten Heiligtümern und Gnadenorten. Ob dabei mentale oder erdmagnetische Kraftlinien eine Rolle spielen, ist schwer festzustellen.

Auf ähnliche Weise laufen zwischenmenschliche Beziehungen über seelische Kraftlinien ab, welche die Kontakte erleichtern. Ein freundlicher Gruß, ein aufmunterndes Wort, eine Hand, die uns mit Zuneigung berührt, begleitet von einem sympathischen Lächeln – das alles sind Momente, wo Energien fließen und Kräfte übertragen werden. „Give me a smile!“, pflegte der Chef seiner Sekretärin zu sagen, wenn er am Morgen schlecht gelaunt ins Büro kam. Solche Signale laufen über Kraftlinien, die positive Botschaften vermitteln können. Sie sind oft wahre Lichtblicke, welche die Seelenfinsternis verunsicherter oder unzufriedener Menschen erhellen können. Selbst wenn wir schweigend an einem fremden Menschen vorübergehen, können wir uns still ihm zuwenden mit dem Gedanken: „Ich grüße das göttliche Licht in dir!“ Dadurch beschenken wir ihn unbemerkt mit segensreichen Energien. Gedanken fließen entlang von mentalen Kraftlinien dorthin, wo wir sie hinlenken – und sie können dort lange verbleiben. Die Theosophin Annie Besant (1847-1933) hat schon vor hundert Jahren ein Buch geschrieben mit dem Titel „Gedankenkraft“, in dem sie die Wirkkraft mentaler Gedankenströme erläutert. (33)

Ähnlich wie bei einer Wärmeanlage in einem Gebäudekomplex haben wir auch im menschlichen Körper ein weitverzweigtes Energiesystem, bei dem durch die Energiebahnen belebende Kräfte geleitet werden. So wie es zu einem Energieverlust kommen kann, wenn diese Leitungen durchlässig oder blockiert sind; so ist es auch beim menschlichen Energiesystem. Dort, wo die natürliche Energiezufuhr beeinträchtigt ist, führt dies zu einer Energieblockade oder zu einem Energieverlust. Die Folgen können sein: Leistungsabfall, Überforderung, Ermüdung bis zur Erschöpfung, Lustlosigkeit, Antriebsschwäche, Appetitlosigkeit, Schlafstörungen und dergleichen mehr. Diese Symptome werden häufig verursacht durch Dauerstress, Krankheiten, ungesunde oder unzureichende Ernährung, Missbrauch von Genussmitteln und Drogen, aber auch durch Schlafmanko, Dauerkonflikte, Depressionen und häufige Sinnlosigkeitsgefühle. Ein Energieverlust kann auch eintreten, wenn wir zu viel Kraft und Zeit für unwichtige Tätigkeiten und nebensächliche Beschäftigungen aufwenden, die nur Leerlauf bringen. Würden wir uns auf Wichtiges und Wesentliches beschränken, hätten wir viel mehr Zeit und Energie zur Verfügung.

Deshalb ist es wichtig, von Zeit zu Zeit eine Bilanz über unseren körperlichen und seelischen Energieverbrauch zu ziehen und eine Gewinn- und Verlustrechnung aufzustellen. Hierzu sollten Prioritäten gesetzt werden, um die gestellten Anforderungen in vier Kategorien aufzuteilen:

1. In wichtige und dringende Aufgaben, die sofort zu erledigen sind.
2. In wichtige, aber nicht dringende Aufgaben, die bei Zeit und Gelegenheit abzuarbeiten sind.
3. In wichtige Aufgaben, die aufgeschoben oder delegiert werden können.

4. In unwesentliche und unwichtige Erwartungen, die nicht der Mühe wert sind, sich damit zu beschäftigen.

Um einen größeren Energieverlust oder einen längeren Energieausfall zu vermeiden, sollten wir um einen gesunden Energieausgleich bemüht sein, indem wir für regelmäßigen Energieaustausch sorgen und nach Möglichkeit kurze oder längere Erholungsphasen und Ruhepausen einschalten. Je besser und widerstandsloser die Energien fließen, desto stärker sind deren Kraftfelder, die Gesundheit und Leistungsfähigkeit bewirken.

Wir können viel Energie sparen, wenn wir bei alltäglichen Anforderungen klar zu unterscheiden wissen, wo die Grenzen liegen zwischen perfekter und optimaler Ausführung. Der Perfektionist neigt aus innerem Zwang, aus persönlichem Ehrgeiz oder wegen seines übersteigerten Pflichtgefühls dazu, möglichst nur perfekte Leistungen zu erbringen, und verbraucht dabei überdurchschnittlich viel Energie. Der Optimist dagegen gibt sich zufrieden mit guten Leistungen und spart dabei eine Menge an Kraft. Es ist also entscheidend, wo perfekte und wo optimale Leistungen zweckmäßig sind. Das Ergebnis sollte in einem vernünftigen Verhältnis zur aufgewendeten Kraft stehen und nicht vom persönlichen Ehrgeiz oder von unbewussten Zwängen abhängen. Seien wir uns bewusst: Eine perfekte Arbeit benötigt gut 20% mehr Energie als eine optimale. (34)

Auch Orte der Kraft können wertvolle Energiespender sein. Es handelt sich um natürliche Erdzonen mit verstärkter Energieausstrahlung, die mit kosmischen Kräften in Verbindung stehen. So hat Lama Anagarika Govinda in seinem Buch „Der Weg der weißen Wolken“ geheimnisvolle Orte und mystische Heiligtümer im Hochland von Tibet geschildert, von denen eine inspirierende Kraft ausgeht. (35)

Im Umkreis von Pflanzen, Tieren und Menschen kann oft ein starkes erhöhtes Kraftfeld wahrgenommen werden. Es ist bekannt, dass Tiere gerne bestimmte Kraftorte als Schlaf- und Ruheplätze aufsuchen. So bevorzugen Katzen und Ameisen schwache geomagnetische Felder, während Rinder und Hunde sich eher auf einem starken Erdmagnetfeld ausruhen. Eine Pionierin der Kraftfeld-Forschung war die Schweizer Geobiologin Blanche Merz (1919-2002). Sie hat geografische Karten entworfen, in denen wichtige Kraftorte eingezeichnet sind. (36) Es handelt sich um Plätze von besonderer Ausstrahlung, die auf Menschen eine beruhigende und heilende Wirkung haben. Dies können magische oder mythische prähistorische Kultstätten sein wie die Pyramiden von Giseh in Ägypten, die Steinkreise von Stonehenge in England oder die Externsteine im deutschen Teutoburger Wald. Es können Menhire aus der keltischen Megalith-Kultur der Jungsteinzeit sein, aber auch Dolmen als urzeitliche Opfer- und Begräbnisstätten, wie sie in der französischen Bretagne zu finden sind. Manchmal handelt es sich um natürliche Höhlen, um Grotten und Schluchten oder um natürliche Wasserläufe, denen eine heilende oder reinigende Wirkung zugeschrieben wird. Vereinzelt sind es große Meteorblöcke, die angeblich vom Himmel gefallen sind, wie der Ayers Rock in Australien oder der schwarze Monolith, der in der Kaaba von Mekka viel Verehrung erfährt. Auch religiöse Bauten gehören dazu wie die Hagia Sophia in Istanbul, der Petersdom in Rom oder die Kathedrale Notre-Dame in Paris. Es können auch Orte sein, die während Jahrhunderten durch fromme Gebete und Gesänge energetisch aufgeladen wurden, wie die Mönchsklöster in Tibet oder jene auf dem Berg Athos in Griechenland. (37)

So manches hängt von der Glaubensvorstellung der Beteiligten ab. Dem Menschen hilft ohnehin nur das, woran er glaubt. Selbst Jesus, der größte Heiler aller Zeiten, konnte nicht allen Hilfesuchenden helfen, sondern nur jenen, die an seine heilende Kraft glaubten. Diesen konnte er bestätigen: „Dein Glaube hat dir geholfen." (Mt 9,22) „Wo das Wissen aufhört, beginnt der Glaube", soll Augustinus einmal gesagt haben. Beizufügen wäre noch: Und wo der Glaube aufhört, da wuchert der Aberglaube.

Umgekehrt können energetische Störfelder unsere Gesundheit schädigen. Es ist erwiesen, dass elektrosensible Menschen unter dem Einfluss von niederfrequenten elektrischen und magnetischen Feldern tatsächlich zu leiden haben. Von der medizinischen Wissenschaft wird heute anerkannt, dass Störsender den Körperzellen falsche Informationen liefern, so dass sich diese fehlverhalten oder entarten und Krankheiten verursachen können. (38)

Im Volksglauben sind auch manche Pflanzen mit negativen Namen besetzt. Beispiele hierfür sind die Teufelskralle, der Satansröhrling oder der Judassilberling. Die Erfahrung, dass diesen Pflanzen nicht nur eine schädliche, sondern auch eine heilende Wirkung zugeschrieben wird, erfährt in der Heilpflanzenkunde ihre Bestätigung. Dabei ist es auch entscheidend, ob wir mit unseren Gedanken einem Gegenstand oder einem Wesen eine gute oder üble Kraft zuschreiben; entsprechend ist seine positive oder negative Wirkung.

Durch unsere Gedanken beeinflussen wir unsere Außenwelt, die ihrerseits wiederum auf unsere Innenwelt zurückstrahlt. Wir gestalten durch unser Denken die Welt, in der wir leben. Daher schreibt Theodor Hemblin: „In einer bestimmten Richtung denken heißt somit, sich in einer bestimmten Richtung entwickeln" und Bô Yin Râ fügt hinzu: „Gedanken sind wie geflügelte Rosse. Ungezügelt stürmen sie mit dir davon, wohin du nicht willst. Weißt du aber sie zu lenken, so wirst du deines Schicksals Meister."

Im Dhammapada wird gesagt:

Von Gedanken gehen alle Dinge aus,
sie sind geistentsprungen, geistgelenkt:
wer bösgesinnten Geistes spricht,
wer übelgesinnten Geistes wirkt,
dem folgt notwendig Leiden nach,
gleich wie das Rad den Hufen folgt.

Von Gedanken gehen alle Dinge aus,
sie sind geistgeboren, geistgefügt:
wer gutgesinnten Geistes spricht,
wer wohlgesinnten Geistes wirkt,
dem folgt notwendig Freude nach,
dem untrennbaren Schatten gleich.

Die formgebenden Energiefelder

Jedes energetische Feld, das wie ein
dicht gewobenes Netz zu wirken scheint,
stellt eine Art Brücke dar zwischen
den inneren und äußeren Welten.
PIERRE FRANCKH

Ein wichtiger physikalischer Lehrsatz lautet: Wo Energie fließt, da baut sich ein Kraftfeld auf. Diese Aussage lässt sich durch ein einfaches Experiment beweisen: Wenn wir einen dünnen Eisendraht durch ein waagrecht gehaltenes Blatt Papier stechen und dessen unteres Ende an eine geladene Batterie anschließen, fließt elektrischer Strom durch diesen hindurch, und es entsteht auf der Höhe des Blattes ein Kraftfeld. Wenn wir nun Eisenspäne auf das Blatt streuen, bilden sich sogleich auf diesen magnetische Feldlinien, welche die Eisenteilchen entsprechend ausrichten und in Ketten anordnen. Sobald die Stromquelle unterbrochen wird, fallen diese wieder in sich zusammen.

Der Begriff Kraftfeld wurde im Jahr 1830 vom englischen Physiker Michael Faraday (1791-1867) eingeführt. Ein Kraftfeld ist nicht materiell. Daher ist es nicht sichtbar und nicht greifbar. Es enthält eine Kraft, die Strukturen schafft. Jede Abstrahlung von Energie lässt ein Kraftfeld entstehen. Da alles um uns herum strahlt, leben wir beständig in Kraftfeldern. Diese sind zum großen Teil natürlicher Art, an die wir uns im Verlauf der Evolution angepasst haben, nämlich Erdstrahlen, Wasserstrahlen oder Sonnenstrahlen. Daneben gibt es auch Strahlen und Felder, die unsere Gesundheit beeinträchtigen können. Zu diesen gehören UV-Strahlen, Röntgenstrahlen, elektromagnetische Strahlen von Starkstromleitungen oder Strahlen von Richtstrahl-Antennen.

Nach der allgemeinen Feldtheorie erzeugt jeder Körper um sich ein Energiefeld von bestimmter Stärke, das am Ort eines anderen Körpers eine Wirkung ausübt, die Feldstärke genannt wird. Energiefelder sind Träger von Informationen (lat. *informare*: bilden, formen, gestalten), welche sich in der Gestaltung von Formen auswirken. Unter Information ist eine Art unsichtbarer Bau- oder Gestaltungsplan zu verstehen, der jeder geformten Gestalt zugrunde liegt. Ohne diesen Plan wäre jede Masse formlos und gestaltlos. Daher setzt jede Gestaltwerdung eine formgebende Information voraus. In diesem Sinne können wir folgende Felder unterscheiden: Physikalische, biologische, emotionale, mentale und soziale.

Dazu kommen Psi-Felder und Bewusstseinsfelder.

1. Das physikalische Feld: Im Bereich der physikalischen Kraftfelder zeigt sich deren Bedeutung sehr eindrücklich bei der Kristallisation von Mineralien. Diese hängt ab von der chemischen Zusammensetzung eines gegebenen Grundstoffes, der ein unsichtbares raumgitterartiges Muster oder Modell entsprechend seiner inneren Struktur bildet. So ist ein Kristallgitter, wie es die Mineralogie kennt, ein unsichtbares Schwingungsfeld, das von den molekularen Gegebenheiten der beteiligten Elemente bestimmt ist. In diesem ist die Form und Ausgestaltung eines Kristalls gleichsam als Webmuster bereits vorgegeben.

Nach diesen Informationen lagern sich Atome, Ionen und Moleküle so aneinander an, dass ein Kristall im Verlauf sehr langer Zeit langsam dreidimensional heranwächst. So ist beim Bergkristall seine sechseckige Form durch die Verbindung von Sauerstoff und Silizium strukturell vorgegeben. Auch die Bildung von Schneeflocken, deren sechs Ecken stets einen Winkelabstand von 60 Grad aufweisen, erhalten ihre kristalline Form durch die Struktur des Wasser-Moleküls.

2. Das biologische Feld: Auch in jedem lebenden Organismus fließen Energien, die von Millionen von Körperzellen ausgestrahlt werden und durch die körpereigenen Aktivitäten in Umlauf gesetzt werden. Mit Hilfe hochempfindlicher Messgeräte gelingt der Nachweis, dass jede lebende Zelle von einem Kraftfeld umgeben ist. Dieses Biofeld steuert alle Körperfunktionen wie ein „innerer Kompass“, nach dem sich die Lebenskräfte ausrichten, wachsen und gedeihen können. (39) Das Leben ist bereits ein inwendiges Energiefeld, bevor es äußere Formen annimmt.

Eine völlig neue Hypothese zum biologischen Feld bringt die Theorie vom morphogenetischen (gr. *morphé*: Form, Gestalt; *gené*: Abstammung) Feld, die vom englischen Biochemiker Rupert Sheldrake seit den 1970er Jahren vertreten wird. Danach soll es in der Natur einer Lebensform leichter fallen, sich an einem Ort neu zu entfalten, wenn diese an einem anderen entfernten Ort bereits vorhanden ist. In diesem Zusammenhang spricht er vom „Gedächtnis der Natur". (40) So kommt es zur Bildung einer Kopie von einem schon bestehenden Verhaltensmuster, weil das formgebende Informationsfeld schon vorhanden ist. Die unsichtbare Prägungsform ist bereits gegeben. Seiner Meinung nach können in Energiefeldern unsere Lernerfahrungen und Gedächtnisinhalte gespeichert werden. Wer sich einem solchen Informationsfeld anschließt, kann leicht daran teilnehmen und schnell davon profitieren. Dies ist der Fall beim Nachahmen eines Verhaltensmusters, beim Einüben einer Fertigkeit oder beim Erlernen einer Fähigkeit, die von anderen bereits beherrscht wird. So ist zu erklären, warum unsere jüngere Generation es viel leichter hat, mit neuen Technologien und Kommunikationsmitteln umzugehen, als ältere Menschen, die sich oft damit schwer tun. Lerninhalte werden demnach nicht im Gehirn gespeichert, sondern in den morphogenetischen Informationsfeldern des Menschen.

Hierzu ein Beispiel, das vom Philosophen Richard D. Precht mitgeteilt wurde: Japanische Verhaltensforscher haben bei freilebenden Makaken auf der Insel Koshima beobachtet, wie einzelne Tiere ihre Kartoffeln vor dem Verzehr im Wasser gewaschen haben – und zwar ohne menschliche Anleitung. Dieses Vorgehen wurde bald von anderen Mitgliedern ihrer Affenkolonie nachgeahmt. Nach kurzer Zeit haben ihre Artgenossen auf den benachbarten Inseln dieses Verhaltensmuster umgesetzt, und dieses wurde auch von ihren Nachkommen übernommen. (41) Mit seiner Theorie meint Sheldrake erklären zu können, warum ein Hund die Heimkehr seines Herrn eine halbe Stunde vor dessen Ankunft erspürt oder warum Brieftauben, die an einem fremden Ort ausgesetzt werden, zu ihrem Taubenschlag zurückfinden. Gleiches gilt für Bienen, die mit erstaunlicher Sicherheit zu ihrem Volk zurückkehren. Dies könnte auch erklären, warum Zugvögel alljährlich über tausende von Kilometern ihren Weg in den Süden und wieder zurück zu ihren Standplätzen finden. Hier muss eine Art energetische Informationsspur angenommen werden. Es konnte auch beobachtet werden, dass Ratten in einem Labyrinth schneller den Ausgang fanden, wenn dies bereits früheren Rattengenerationen gelungen ist und sie dadurch vorgespurt haben.

Dies macht es auch erklärlich, wie unter Pflanzen und Tieren Informationen ausgetauscht werden, damit sie Wachstums- und Verteidigungsstrategien entwickeln können, um sich neuen Umweltbedingungen anzupassen und sich zielstrebig auf Reifung und Arterhaltung hin zu entfalten. Auch beim Menschen verhält es sich nicht anders. (42)

Ein Beweis hierfür ist das Schwarmverhalten der Zugvögel, Schmetterlinge, Bienen und Fische, die sich manchmal wie ein zusammengehörendes Ganzes fortbewegen, als würden sie von einer einzigen Schwarmintelligenz zusammengehalten und gelenkt. Verantwortlich hierfür ist nicht eine Art Kollektivseele, wie gerne angenommen wird, sondern es sind die vielen einzelnen Energiefelder, die durch ein gemeinsames Schwingungsfeld zusammengehalten werden.

3. Das emotionale Feld: Auch unsere seelischen Gemüts- und Gefühlsbewegungen gleichen fließenden Energien, die emotionale Kraftfelder entstehen lassen. Dadurch schafft jeder Mensch um sich ein unsichtbares Gefühlsfeld, das Hellsichtige als strahlendes Aura-Feld wahrnehmen können. (43) Mit diesen seelischen Energien ermöglichen wir das Fließen von Sympathie und Empathie zu anderen Lebewesen. Als Sympathie (gr. *syn*: zusammen; *pathein*: fühlen, empfinden, leiden) bezeichnen wir das gleichsinnige Mitfühlen und Mitempfinden von seelischen Zuständen mit anderen Lebewesen. Unter Empathie (gr. *en*, *em*: mit: *pathein*: fühlen, empfinden, leiden) verstehen wir die Fähigkeit, mit anderen Lebewesen mitzufühlen, fremdes Erleben gefühlsmäßig nachzuerleben, an ihrem Gefühlsleben, an ihrer seelischen Gestimmtheit und an ihren Gemütsbewegungen teilzunehmen. (44)

Empathie schafft ein Feld des Mitgefühls und des Mitempfindens. Die amerikanische Autorin Judy Cannato beschreibt dieses als die seelische Kraft der Anteilnahme, der Fähigkeit, für andere Verzichtsleistungen zu erbringen auf gegenseitiger Achtung und selbstlosem Interesse zum Wohl einer Gemeinschaft, was unter Solidarität und Nächstenliebe zu verstehen ist. (45)

Ähnlich wie der Atomkern sehr viel Energie an sich bindet, so neigt das selbstsüchtige Ego-Denken dazu, eine Menge an seelischer Energie an sich zu ziehen, was zu einem aufgeblähten, inflationären Verhalten führen kann. Dieses blockiert das Loslassen und Freigeben seelischer Energien.

4. Das mentale Feld: Unsere Erinnerungen, die wir dem Gedächtnis zuschreiben, werden nicht als Engramme im menschlichen Gehirn eingraviert oder imprägniert. Der Sitz des Gedächtnisses ist nicht das Gehirn. Unser Hirnorgan funktioniert wie ein Transformer im Funkverkehr, der ein Signal oder eine Information von einer höheren Frequenz in eine niedere umsetzt und dadurch für uns vernehmbar macht. Der Psychiater C. G. Jung konnte als Sanitätsoffizier im Zweiten Weltkrieg bei seinen Auslandeinsätzen beobachten, wie selbst schwer hirnverletzte Soldaten keine Erinnerungsausfälle hatten. (46)

Es gibt auch ein vom Gehirn unabhängiges Denken und Erinnern. So sind Fälle bekannt, wo Menschen mit krankhaften Hirnveränderungen keinerlei Gedächtnisverluste aufwiesen. Ebenso weiß die Hirnforschung von Patienten zu berichten, die im Alter an schwerer Demenz litten, sich in ihren letzten Lebenstagen aber klar wieder an ihre Jugendjahre erinnern konnten, sich in ihrer näheren Umwelt wieder wie in früheren Zeiten normal zu orientieren vermochten und sogar fähig waren, Lieder zu singen, die sie in ihrer Kindheit gelernt haben. Bei einer Vollnarkose oder bei einem Unfall mit schweren Kopfverletzungen kommt es häufig zu einer retrograden Amnesie, die bewirkt, dass bei der betroffenen Person ein vorausgehender Eingriff oder ein Ereignis gelöscht wird, so als ob wir auf einem Tonband eine Aufnahmespur löschen würden. Gedächtnisinhalte werden aber als hochfrequente Energiespuren in unserem feinstofflichen Mentalfeld aufbewahrt, das wir durch unsere Denk- und Lernprozesse aufnahmebereit halten. Unser Erinnerungsvermögen kann verglichen werden mit der Kapazität eines elektronischen Datenspeichers, in dem eine riesige Menge an Informationen erfasst werden können, ohne dass diese irgendwo in materieller Form aufbewahrt werden müssen. Durch Bewusstseinsvorgänge sind sie dort auch abrufbar. Zum Vergessen kann es kommen durch eine Blockade oder durch einen Verlust an mentaler Energie in den entsprechenden Gedächtnisfeldern.

Gedankenströme verursachen mentale Kraftfelder mit einem bestimmten Energiepotenzial. Diese können sich verdichten und sich in sogenannten Elementalen verselbstständigen und unabhängig von der Gedankenquelle weiterentwickeln. Je nach der Qualität und Quantität der Energieladung eines Gedankens ist seine Wirkung verschieden. Geballte Gedankenenergie in Form einer klaren Idee, verbunden mit

Begeisterung und Überzeugungskraft, ist sicher viel wirksamer als ein lahmer Wunschgedanke, dem es zufolge Unsicherheit und Zweifel an eigener Schwungkraft fehlt.

Auch wenn mehrere Menschen gleichzeitig und gleichsinnig sich auf einen Gedanken konzentrieren, wird das Gedankenfeld und dessen Energie verstärkt. Dies mag der Fall sein, wenn eine Menschengruppe sich für ein gemeinsames Ziel einsetzt oder eine gleiche Absicht verfolgt, wie dies bei einer Versammlung, bei einer Demonstration oder bei einem Massenauflauf geschieht, was sogar eine explosive Kraft bis zu einer Revolte freisetzen kann. Diese Tatsachen machen sich Propaganda- und Reklameschlager zunutze. Sie beeinflussen so den Zeitgeist und Modeerscheinungen und erzeugen kollektive Gesinnungen und Massenbewegungen. Der indische Yoga-Meister Shirdi Sai Baba (1856-1918) gab einmal folgenden Hinweis: „Jeder von uns, der die richtige Schwingung aussendet, kann auf diese Weise dabei helfen, die innere Einstellung von mehr und mehr Menschen zu ändern, bis die Welt mit positiven Schwingungen und richtigen Handlungen pulsiert.“ (47)

Durch das regelmäßige Wiederholen bestimmter Gedanken verstärken wir deren Energiefeld und dadurch ihr Wirkungsfeld. Dies kann auch geschehen durch das wiederholte Anrufen heiliger Namen, beispielsweise in frommen Litaneien, Gesängen, Mantras und Gebeten.

Mit unseren mentalen Kraftfeldern ziehen wir stets das an, was wir denken. Es gibt nicht nur eine Anziehungskraft zwischen gleichgesinnten Menschen, sondern auch zwischen gleichartigen Gedanken. Es kommt auch vor, dass wir uns in bestimmten Gedankengängen wie in einem Netz verfangen oder uns von ihnen gefangen nehmen lassen. Dies ist typisch beim neurotischen Beziehungsdenken, das uns in eine unrealistische Richtung lenkt und lange nicht mehr loslässt.

Auch die Tatsache, dass neue Ideen, neue Erfindungen oder neue Entdeckungen oft gleichzeitig an verschiedenen Orten auftauchen, hat ihren Grund darin, dass deren Energiefelder sozusagen „in der Luft liegen“. Dies erklärt Rupert Sheldrake mit dem Hinweis: „Je mehr Menschen gleichzeitig in einer bestimmten Richtung denken und forschen, desto eher stellen sich gleichartige Lösungen ein.“ (48)

Gedanken sind nicht nur Energieträger, sondern auch Informationsträger. Aus der großen Fülle von mentalen Botschaften, die in der Welt der Gedanken vorhanden sind, sprechen wir meistens nur auf jene an, auf deren Wellenlänge wir mit unserem eigenen Denken eingestellt sind. So kommt es vor, dass wir Gedanken, die sozusagen „in der Luft liegen", von anderen übernehmen und diese dann für unsere eigenen halten. Der Schriftsteller Paul Lindau (1839-1919) erzählte, dass er in einem seiner Romane die von ihm frei erfundene Geschichte einer Familie aus Berlin beschrieb. Nach geraumer Zeit wurde er in einem Gasthaus von einer Frau angesprochen, die ihn fragte, woher er ihre Familiengeschichte so genau kenne: Die Namen stimmten genau, auch der Beruf ihres Vaters und dessen tragisches Trinkerschicksal sowie der Freitod ihrer jüngeren Schwester stimmten überein. „Von all diesen Tatsachen, deren Richtigkeit ich ohne Mühe ziemlich vollständig nachprüfen konnte, habe ich wirklich kein Sterbenswort gewusst, als ich meinen Roman schrieb", gestand der Verfasser dieser Geschichte. (49) Offenbar hat er diese aus einem verborgenen Gedankenpool nichtsahnend abgezapft.

Die Informationsfelder, die wir durch unser Denken verursachen, beeinflussen unsere nähere Umwelt und Mitwelt. Es gibt auf unserem Planeten nicht nur eine materielle Umweltverschmutzung, sondern auch eine mentale, erzeugt durch unseren eigenen Gedankenmüll. Gemessen an den täglichen Unheilsbotschaften, die durch unsere Medien verbreitet werden, ist unsere Erde nicht der blaue Planet, sondern der dunkle, denn sein mentales Schwingungsfeld wird viel zu sehr durch trübe und traurige Nachrichten getrübt, nach dem journalistischen Motto: „Bad news are good news." Statt nur über Krisen, Kriege und Katastrophen zu senden, sollte vermehrt auch von den tausenden freiwilligen Hilfseinsätzen in Hunger- und Elendsgebieten und von den ungezählten guten Taten in Spitälern, in Kliniken, in Alters- und Pflegeheimen berichtet werden, um zumindest ein mentales Gleichgewicht herzustellen.

5. Das Beziehungsfeld: Eine der wichtigsten Erkenntnisse der modernen Quantenphysik heißt: Die Materie ist nicht eine Ansammlung von Teilchen, sondern ein Netzwerk von Beziehungen. Dies trifft sicher

auch im Bereich des menschlichen Zusammenlebens zu. Es gibt Beziehungsfelder im sozialen Bereich der Partnerschaft, der Familie, der Schule und in der Ausbildung; desgleichen im Umfeld von Beruf, Arbeit und Freizeit. Im griechischen Altertum soll Aristoteles den Satz geprägt haben, der Mensch sei ein „zoon politikon“, ein gesellschaftsfähiges, ein gesellschaftswilliges und ein gesellschaftsbildendes Lebewesen. Diese Fähigkeit führt dazu, dass unter den Menschen kleinere und größere Beziehungsfelder und Lebensgemeinschaften entstehen können, nämlich Wohngemeinschaften sowie familiäre und verwandtschaftliche Lebensgemeinschaften. Im Großen bilden sich Gemeinschaften in Form von Dörfern, Städten, Länder und Nationen.

All diese Beziehungsfelder sind wichtig für unsere zwischenmenschlichen Kontakte. Sie bilden sich, indem Menschengruppen gemeinsam die gleichen Ideen und Interessen entwickeln, sich die gleichen Aufgaben stellen, den gleichgerichteten Tätigkeiten nachgehen und übereinstimmende Ziele verfolgen. Dies kann in einer Partnerbeziehung geschehen, in einer Wohngruppe, in einer Lebens- und Arbeitsgemeinschaft oder in einer Interessengemeinschaft. Das Zusammenwirken vereinter Kräfte verstärkt die Gruppendynamik. Was der Einzelne oft nicht vermag, das gelingt vielen durch gemeinsames Bemühen in einer Gemeinschaftsarbeit. Alle bilden ein lebendiges Netz, dessen Geflecht aus vielen einzelnen Fäden besteht, die zusammenhalten müssen, soll es als Ganzes bestehen. Wer da glaubt, niemandem etwas schuldig und auf niemanden angewiesen zu sein, der vereinsamt mit den Jahren.

Es können auch andere Sorgen aufgrund von zwischenmenschlichen Schwierigkeiten die Menschen heimsuchen. Zu wenig wird hinterfragt, wie es dazu gekommen ist, was wir daraus zu lernen haben und wie diese zu vermeiden sind. Es kann gut sein, dass wir als Menschen in vorbestimmte Beziehungsfelder hineingeboren werden, die uns zu gewissen Aufgaben anhalten oder verpflichten. Das Autoren-Paar Katarina und Peter Michel schreibt über das *Heilungsfeld*: „Unser Denken bestimmt entscheidend unser Befinden und das Befinden unserer Umwelt! Jeder unserer Gedanken, jede Gedankenform wirkt auf die Welt; alle Gedanken und Gedankenformen, die in der Welt gedacht werden, wirken auf uns zurück.“ (50)

Gleiches gilt auch für die Krankheit. Gesundsein und Kranksein ist ein energetischer Schwingungszustand von Körper, Seele und Geist in der näheren Mit- und Umwelt. Ist unser Existenzfeld, und dazu gehört auch das Beziehungsfeld, in Harmonie, haben wir gute Aussichten, gesund zu bleiben. Der anglikanische Priester Don MacGregor ist überzeugt, dass wir durch ein ausgeglichenes Energiefeld in uns und um uns nicht nur uns selber, sondern auch andere Menschen heilen können. (51)

Beziehungsfelder sind oft auch Spannungsfelder, die das Zusammenleben in einer Gemeinschaft erschweren können. Die Symbolgeschichte vom „verkleideten Engel“ mag uns dies verdeutlichen: „Ein Mönchskloster litt unter Nachwuchsmangel. Junge Männer, die zu Besuch kamen, um Klosterluft zu schnuppern, waren bald enttäuscht, weil die dort lebenden Mönche wenig friedlich miteinander umgingen. Deshalb wollte auch keiner bei ihnen eintreten. Der Abt, der sich deswegen um den Fortbestand seiner kleinen Klostergemeinde große Sorgen machte, ging eines Tages zu einem Eremiten und fragte ihn um Rat. Dieser wusste ihm nicht mehr zu sagen als dies: ‚Einer unter euch Mönchen ist ein verkleideter Engel‘, doch mehr wollte er ihm nicht verraten. Mit diesem seltsamen Bescheid ging der Klostervorsteher zurück zu seinen Mitbrüdern und teilte ihnen mit, was er vom Einsiedler gehört hatte. Da fing unter den Mönchen ein großes Rätselraten an. Ein jeder fragte sich: ‚Wer unter uns mag wohl dieser Engel sein? Vielleicht der Bruder Pförtner oder der Bruder Koch? Ist es jener, dem der Klostergarten anvertraut ist oder jener, der das Vieh im Stall versorgt? Vielleicht ist es gar der Abt selber?‘ Keiner der Mönche konnte das Geheimnis lüften. Aber von diesem Tag an war der Umgang der Klosterbrüder untereinander auffallend freundlich, liebenswürdig und rücksichtsvoll; keiner konnte ja wissen, wer der vermutete Engel sein könnte. Als in den kommenden Wochen junge Männer kamen, um eine Probewoche im Kloster zu verbringen, waren diese immer wieder beeindruckt von der friedlichen Gesinnung unter den Mönchen. So kam es, dass der eine oder andere um Aufnahme in die Klostergemeinschaft bat. Nach wenigen Jahren hatte der Abt keine Nachwuchssorgen mehr. (52)

Vielleicht ist es tatsächlich so, dass unter uns der eine oder andere ein Engel ist, der freiwillig Mensch geworden ist, um seinen Brüdern und Schwestern hier auf Erden belehrend und beschützend beizustehen. Viel zu wenige sind sich bewusst, dass wir Menschen eigentlich gefallene Engel sind, die sich um ihren Wiederaufstieg bemühen sollten. Wüssten wir es, würden wir uns in vielem anders verhalten. Es gäbe weniger Streit und Unfrieden unter den Erdbewohnern; weniger Rivalitäten, Machtkämpfe und Feindseligkeiten, denn wir sitzen alle im gleichen Boot. Zu sehr ist der Einzelne auf sich selbst bezogen, ohne zu wissen, dass er ein Teil der Gesamtheit ist. Je mehr der einzelne Mensch meint, nur für sich allein leben zu können, umso mehr gibt es vereinsamte Einzelgänger, die sich fühlen wie Wanderer im dichten Nebel; sie sehen nur sich selber. So sah es auch Hermann Hesse in seinem Gedicht „Im Nebel“:

Seltsam, im Nebel zu wandern!
Leben heißt Einsamsein.
Kein Mensch kennt den andern,
Jeder ist allein.

6. Das spirituelle Bewusstseinsfeld: Im Gegensatz zu den Tieren haben wir Menschen den Vorzug, uns selber bewusst zu werden. Damit ist gemeint, dass wir auf dem Weg sind zu wissen, wer wir sind, was wir sind und warum wir sind. Die meisten Menschen machen sich hierüber freilich keine großen Gedanken. Es genügt ihnen, da zu sein. Die Frage, warum und wozu sie hier sind, ist nicht ihr Ding. Damit sind sie sich ihrer selbst kaum bewusst. Dabei verpassen sie ein großes Stück ihrer Lebenswirklichkeit. Die meisten stampfen und strampeln mühsam vor sich hin wie in einem Hamsterrad, ohne mit sich selber irgendwo hinzukommen. Dies aus dem einfachen Grund, weil sie sich nicht fragen, woher sie kommen und wohin sie gehen. (53)

Für viele Menschen bleibt das Leben ein Traum, der sich nie verwirklicht. Viele gehen traumwandlerisch durchs Leben, ohne sich ernsthaft zu fragen, wohin ihre Reise geht. Der spanische Dramatiker Don Pedro Calderon (1600-1681) hat ein Theaterstück geschrieben mit dem Titel „Das Leben ein Traum“, und der deutsche Kulturphilosoph Johann Gottfried Herder (1744-1803) hat diesen Gedanken in treffende Worte gefasst:

Ein Traum ist unser Leben auf Erden hier,
Wie Schatten auf den Wogen schweben und schwinden wir,
und messen uns're trägen Tritte nach Raum und Zeit;
und sind – und wissen's nicht – in Mitte der Ewigkeit.

Manch einem mag es gehen wie jenem Mann, der sich am Morgen beim Erwachen erinnerte, dass er geträumt habe, er wäre ein Schmetterling. Nun fragte er sich: Bin ich ein Mensch, der träumte, er sei ein Schmetterling, oder bin ich ein Schmetterling, der träumte, er sei ein Mensch?

Im Zentrum des Bewusstseinsfeldes steht das eigene Ich. Dieses enthält das Wissen um unsere persönliche Eigenheit und Besonderheit. Es ist dies der kleine Wissenskreis um die eigene Person, welcher dem Tier fremd ist. Ein Hund weiß nicht, dass er ein Hund ist und zur Säugetierreihe gehört. Deshalb konnte Schopenhauer mit Recht behaupten: „Sobald mein Hund zum ersten Mal ‚ich' sagt, ziehe ich meinen Hut vor ihm ab." Das Bewusstseinsfeld bildet die Grundlage für die vielgepriesene Selbsterkenntnis. Sigmund Freud verglich das Bewusstsein mit der Spitze eines Eisberges, dessen größter Teil unter dem Meeresspiegel sozusagen im Bereich des Unbewussten liegt. C. G. Jung nannte das Bewusstsein eine kleine Insel auf dem Meer des Unbewussten. Er meinte: „Mein Bewusstsein ist wie ein Auge, das fernste Räume in sich fasst, das psychische Nicht-Ich aber ist das, was diesen Raum unräumlich erfüllt." (54) Der Raum des eigenen Bewusstseinsfeldes wird abgesteckt, sobald der jugendliche Mensch anfängt, sein eigenes Ich zu entdecken und ein Selbstbewusstsein zu entwickeln. Dies geschieht in der Regel erstmals im Trotzalter um das 6./7. Lebensjahr und verfestigt sich im Jugendalter um das 17./18. Jahr.

Das Bewusstseinsfeld grenzt das eigene Ich von anderen Personen ab und schafft den Bereich des Selbstbewusstseins. Eindrücklich fällt dies auch beim Schmerzbewusstsein auf. Wird dieses nämlich im Zustand der Narkose oder Hypnose ausgeschaltet, wird der Schmerz nicht mehr wahrgenommen. Gleiches geschieht bei einer Bewusstseinsveränderung im Rausch, in einem Schockzustand, manchmal auch im Tiefschlaf oder in der Trance oder Ekstase, wenn sich das seelische Empfindungsvermögen aus dem Körper vorübergehend getrennt hat.

So sind wir über uns selber weitgehend im Ungewissen. Wenn wir alles von uns und über uns wüssten, würden wir uns wahrscheinlich in mancherlei Hinsicht anders verhalten. Der französische Arzt und Nobelpreisträger Alexis Carrel (1873-1944) hat einem seiner Bücher den Titel gegeben: „Der Mensch, das unbekannte Wesen."

In der Theosophie und Anthroposophie spricht man von einem universellen Bewusstseinsfeld, in dem alle Ereignisse, alle Erfahrungen und alle Erkenntnisse, welche die gesamte Menschheit im Verlauf ihrer Geschichte erlebt und erlitten hat, aufgezeichnet sind. In der östlichen Philosophie steht hierfür das Sanskritwort „Akasha-Chronik". (55) Ervin Laszlo beschreibt in seiner Holos-Theorie die Wirkkraft dieser Kraftfelder. Seiner Ansicht nach liegen diese allen Dingen im ganzen Universum als Grundstruktur zugrunde. Sie sorgen dafür, dass Informationen zwischen ihnen regelmäßig ausgetauscht werden können, unabhängig von ihrer räumlichen Entfernung.

Eine weitere Möglichkeit besteht darin, dass hohe Geister in unsere Erdenwelt herabsteigen, um uns Menschen als Lehrer und Wegbereiter beizustehen. In den Geheimwissenschaften werden diese als *Avatare* bezeichnet. Es sind dies geistige Wesen, die freiwillig die Menschwerdung auf sich genommen haben, um ihren zurückgebliebenen Brüdern und Schwestern beizustehen. (56)

Unser Leben gleicht einer Bergwanderung. Je höher wir steigen, umso mehr lichten sich die Nebel, umso klarer wird die Sicht, umso mehr weiten sich die fernen Horizonte. Mit jeder neuen Erkenntnis, mit jedem Zuwachs an Erfahrung und mit jedem Gewinn an Einsicht vergrößert sich unser Bewusstseinsfeld. Wir leben in stets sich erweiternden Bewusstseinskreisen, wie R. M. Rilke dies empfand, als er in seinem *Stunden-Buch* dichtete:

Ich lebe mein Leben in wachsenden Ringen,
die sich über die Dinge ziehn.
Ich werde den letzten vielleicht nicht vollbringen,
aber versuchen will ich ihn.

Ich kreise um Gott, um den uralten Turm,
und ich kreise jahrtausendelang;
und ich weiß noch nicht: bin ich ein Falke, ein Sturm
oder ein großer Gesang.

8.

Das Gesetz der Wandlung

Im wiederholten Ablauf von Leben, Tod
und erneutem Leben werden immer mehr
Wesen und schließlich die ganze
Schöpfung zur Freiheit gelangen.
VIVEKANANDA

Das Wandlungsgesetz des ägyptischen Weisheitslehrers Hermes Trismegistos lautet: „Alles in unserer Welt wandelt und verändert sich, nichts bleibt unwandelbar und unverändert. Wandel ist in allem, von Zustand zu Zustand, von Grad zu Grad, von Lage zu Lage, von Pol zu Pol, von Schwingung zu Schwingung. Es gibt in unserer Welt nichts Beständiges und Dauerhaftes. Das einzig Beständige ist nur der Wandel." (1)

Das Wort Wandeln hat einen doppelten Sinn. Einerseits bedeutet es so viel wie umhergehen, wandern. Andererseits ist es gleichbedeutend mit verwandeln, verändern, abändern und umwandeln. In diesem letzteren Sinne verstehen wir darunter eine physische Zustandsänderung oder einen psychischen Gesinnungs- oder Meinungswandel. Eine Wandlung kann auf unterschiedlichen Daseinsebenen stattfinden. In seinen „Metamorphosen" dichtet der römische Autor Ovid (43 v. Chr. - 17 n. Chr.): „Alles verwandelt sich, alles ändert sich, nichts geht verloren; es wandelt sich der Lebenshauch, doch niemals vergeht er. Niemals bewahrt er dieselbe Form, doch es ändert im Wesen sich nichts." (2)

Die Wandlung ergibt sich aus dem Wirken gegensätzlicher Kräfte. Diese führen zu Aufstieg und Abstieg, zu Aufbau und Niedergang. Der stetige Wechsel polarer Gegensätze verursacht den Wandel, ohne dass dabei Energie vernichtet wird. Deshalb führt auch das Gesetz von der Erhaltung der Energie zur Wandlung, denn alles, was nicht vernichtet werden kann, kann sich wandeln.

Jede Wandlung beginnt mit einer Bewegung, und diese läuft rhythmisch ab. Keine Gestalt und kein Geschehen ist von Dauer. Alles bewegt und verändert sich. Auf jedes Ende folgt ein Neubeginn, nach jedem Abstieg beginnt ein Aufstieg; alles wandelt sich im rhythmischen und zyklischen Wechsel.

Die Schüler in den Philosophenschulen von Athen hießen „Peripatetikos", die Herumwandelnden, weil sie in Wandelhallen unterrichtet wurden. Zeugnis davon gibt uns das berühmte Gemälde in der vatikanischen Privatbibliothek des Papstes Julius II. (1443-1513), das in den Jahren 1509-1511 vom italienischen Maler Raffael (1483-1520) geschaffen wurde. Auf diesem Fresco stellt der Künstler eine Gruppe von achtundfünfzig Studierenden und Gelehrten dar, die sich in einer Säulenhalle umherwandernd angeregt unterhielten. (3)

Alles, was kommt und geht, bringt Veränderung und Verwandlung mit sich. Alles, was sich nicht wandelt, kann sich auch nicht erneuern und am Leben erhalten. Dem beständigen Wandel und Wechsel hat Goethe sein Gedicht „Eins und Alles" gewidmet:

Es soll sich regen, schaffend handeln,
Erst sich gestalten, dann verwandeln.
Nur scheinbar stehen Momente still.
Das Ewige regt sich fort in allem,
Denn alles muss ins Nichts zerfallen,
Wenn es im Sein beharren will.

Alles wechselt und wandelt sich

Ich muss bereit sein, das aufzugeben, was ich bin,
um das zu werden, was ich sein kann.

Albert Einstein

Als Symbol der Wandlung, wie es uns aus Mythologie und Traumpsychologie bekannt ist, gilt vor allem die sich häutende Schlange. Bei den Mysterien-Kulten im alten Ägypten und in Griechenland wurde die Schlange als heiliges Tier verehrt, aber auch wegen ihres tödlichen Giftes gefürchtet. Noch heute gilt die sich emporwindende Schlange am Äskulapstab als Symbol der Heilung beim medizinischen und pharmazeutischen Berufsstand. (4)

Im philosophischen Denken der Alchemisten im Mittelalter wurde die Verwandlung von unedlem Metall in edles zum Abbild für die psychische Transformation. Für sie war das symbolische Herstellen von Gold aus Blei gleichbedeutend wie das Finden des „Steins der Weisen" (*lapis philosophorum*). Diese „heilige Arbeit" wurde zum Ritual für die Einweihung der Adepten in das geheime Wissen des Meisters. (5)

In der hermetischen Alchemie spielte der seelische Läuterungsprozess eine wichtige Rolle. Dieser kommt im Wort VITRIOL zum Ausdruck, das aus den Anfangsbuchstaben des magischen Satzes „Visita interiora terrae, rectificando invenies occultum lapidem" gebildet wird. In der deutschen Übersetzung lautet dieser: „Suche das Innere der Erde auf, und indem du dich wandelst, wirst du den Stein der Weisen finden." Dieser Wandlungsgedanke bezieht sich auf das Aufnahmeritual bei den Geheimgesellschaften der Rosenkreuzer und Freimaurer. Dieses soll früher darin bestanden haben, dass der Kandidat eine Nacht in einer Dunkelkammer oder in einem finsteren Verlies zum Zweck der inneren Läuterung zubringen musste, um danach geläutert in den Kreis der Eingeweihten aufgenommen zu werden. (6)

Ein kunstvolles musikalisches Beispiel für diesen Einweihungsweg ist die Oper „Die Zauberflöte" von W. A. Mozart (1756-1791). Dieser Bewusstseinswandel wurde dem Psychologen Carl Gustav Jung in seiner analytischen Therapie zum Symbol für die angestrebte „Individuation" und „Transmutation" seiner Analysanden. Sein Behandlungsziel war das vollständige Bewusstwerden der menschlichen Psyche. (7)

Als ein weiteres Symbol für die fortschreitende Höherentwicklung des Menschen gilt auch die Spirale. Schon in prähistorischer Zeit diente sie als Ornament zur Verzierung von Schalen, Amphoren und Vasen. In der mittelalterlichen Architektur fand die Spirale dekorative Anwendung, um Fenster- und Türbogen zu verzieren. Die Spirale ist auch in der Natur als Schöpfungsmuster anzutreffen und zwar sowohl in den Sternsystemen der Spiralnebel als auch in der spiralförmigen Doppelhelix der DNS, in der die Erbinformationen der Lebewesen gespeichert sind. In der Pflanzenwelt sehen wir die Spirale in der Blüte der Sonnenblume oder im Wachstum der Zaunwinde und der Hopfenseide, die sich an der Wirtspflanze rechtsdrehend emporwindet. Im Reich der niederen Tiere begegnet uns die spiralige Form in der Gestalt von Ammoniten, Muscheln, Schnecken oder in den Fangnetzen zahlreicher Spinnentiere.

Die sich aufwärts windende Spirale ist auch ein Sinnbild für die geistige Höherentwicklung des menschlichen Geistes. Deshalb verfasste der Religionsphilosoph Jakob Wilhelm Hauer (1881-1962) auf die Spiralfom folgendes Loblied:

Heil'ges Sinnbild du, Spirale,
Kräftig quellen deine Ringe
Aus der ewig-einen Mitte,
Endlos kreisend, das All umgreifend,
Vom Unendlichen umfangen,
Haltend alles ird'sche Werden,
Schwingend in der großen Ordnung.

Bei der Wandlung geht es nicht um die Wiederholung des Gleichen, sondern um die Erneuerung des Ähnlichen. (8) Der englische Philosoph Herbert Spencer (1820-1903) nahm in seiner Lehre von der „Allgemeinen Evolution" bei allen Dingen eine fortlaufende Wandlung an, die aus einer kosmischen Urkraft hervorgeht. Für ihn ist nichts beständig außer dem ewigen Wandel, und Henri Bergson schrieb in seiner „Philosophie der Veränderung“, dass alles Geschehen dem Gesetz der Wandlung unterworfen ist. Für ihn ist die ständige Wandlung das Merkmal der kosmischen Aktivität. So findet Wandlung auf vielen Seinsebenen statt. (9)

In der physikalischen Welt ist alles in ständigem Wandel begriffen. Ein typisches Beispiel liefert uns die wechselnde Witterung. Seit mehreren Jahrzehnten führe ich ein Wetterbuch. Täglich notiere ich darin Temperatur und Wetterlage am Morgen und um die Mittagszeit. Immer wieder darf ich dabei beobachten, dass die Wetterlage sich ständig wechselt und wandelt; kein Tag ist gleich wie der andere. Wenn ich das Wetter früherer Tage rühmen höre, erinnert mich dies an einen Ausspruch des französischen Schriftstellers Anatole France (1844-1924): „Nichts ist so sehr verantwortlich für die gute alte Zeit wie ein schlechtes Gedächtnis.“

Heute ist viel die Rede vom Klimawandel. Geologische Tiefenbohrungen, die viele Meter lange Bohrkerne zu Tage förderten, zeigen, wie das Klima auf unserer Erde sich im Verlauf der Jahrtausende immer wieder gewandelt hat. Über sehr weite Zeitabschnitte wechselten Wärmeperioden mit Kälteeinbrüchen ab.

Auch auf der biologischen Ebene erkennen wir in der gesamten Natur vielfältige Anzeichen von Verwandlung, besonders im jahreszeitlichen Wechsel und Wandel der Vegetation. In der Pflanzen- und Tierkunde ist das Wort Mutation (lat. *mutare*: verwandeln) ein wichtiger Begriff. Es handelt sich in der biologischen Evolutionslehre um die spontane Veränderung des Erbgutes, welche zu neuen Merkmalen führt, die an die Nachkommen weitervererbt werden. Auf diesem Weg ist es zur heutigen Biodiversität gekommen. Die ganze Natur kennt keinen Untergang, sondern nur Übergänge.

Von Metamorphose (gr. *meta*: zwischen; *morphe*: Form, Gestalt) im Sinne einer entwicklungsbedingten Zwischenform sprechen wir, wenn es bei niederen Tieren, vorwiegend bei Insekten und Amphibien, zu vorübergehenden Wachstumsstadien innerhalb ihrer Entwicklung kommt. So wandeln Schmetterlinge ihr Aussehen von der Larve über die Puppe bis zum beflügelten Falter. Auch beim Menschen kommt es im Verlauf seines körperlichen Wachstums mehrmals zu einem Gestaltwandel. Dies ist erstmals der Fall um das 6./7. Lebensjahr. Äußere Anzeichen sind der natürliche Zahnwechsel und die Veränderung der Körperproportionen. In der Pubertät erfolgt ein zweiter Gestaltwandel durch die Entwicklung der sekundären Geschlechtsmerkmale. Auch in den Jahren der biologischen Rückbildung, Klimakterium (lat. *climax*: Höhepunkt, Übergang) genannt, kommt es bei Frau und Mann zufolge der hormonellen Umstellung erneut zu einem körperlichen und seelischen Wandel. Selbst unser Körper wandelt und verändert sich alle paar Jahre. Hautzellen bilden sich alle paar Tage neu, und von den Epithelzellen wird angenommen, dass sie sich innerhalb weniger Stunden erneuern.

Im psychischen Bereich kommt es immer wieder zu Wandlungen im Gefühls- und Stimmungsleben, welche das Verhalten verwandeln. Dies hat Richard Wilhelm mit seiner Übersetzung des „I Ging“ aufgezeigt. In einem Kommentar hierzu schreibt er: „Die Welt ist in stetem Wechsel und Wandel begriffen. Alles, was ist, ist eben deshalb dem Tode verfallen. Denn Geburt und Tod sind zwar Gegensätze, aber sie sind notwendig aneinander geknüpft.“ (10) Dieses philosophische Weisheitsbuch aus dem 2. vorchristlichen Jahrhundert enthält in Form von 64 Standardtexten, die durch ebenso viele Strichzeichen gekennzeichnet sind, kluge Handlungsanleitungen für den Alltag. Deshalb hat es auch als Orakelbuch breite Anerkennung gefunden. Für C. G. Jung, der sich über dreißig Jahre lang mit dieser Methode eingehend befasste, wurde das I-Ging zum wichtigen Schlüssel und Türöffner bei seiner Erforschung der Tiefenseele des Menschen. Er beschreibt seine Begegnung mit Richard Wilhelm mit folgenden Worten: „Ich kannte den I Ging, als ich WILHELM Anfangs der zwanziger Jahre zum ersten Mal begegnete, schon ziemlich gut. Es war mir aber trotzdem ein Erlebnis, als ich ihn selber bei der Arbeit sah und mit eigenen Augen verfolgen konnte, wie er die Resultate praktisch verwertete. Zu meiner großen Genugtuung konnte ich feststellen, dass meine Kenntnisse der Psychologie des Unbewussten mir nützlichste Dienste leisteten.“ (11)

In der heutigen Psychotherapie wird dem psychischen Umwandlungsprozess, der eine seelische Wesensveränderung zum Ziel hat, große Bedeutung zugemessen. (12) Manchmal braucht es nur eine geringfügige äußere Veränderung, um einen großen inneren Wandel herbeizuführen. Dies zeigt folgende wahre Episode, welche die Weltlage verwandelte: Als sich zur Zeit des „kalten Krieges“ zwischen Ost und West die beiden damals mächtigsten Politgrößen, nämlich der amerikanische Präsident Ronald Reagan und der sowjetische Generalsekretär Michael Gorbatschow, im März 1985 in Genf zum ersten Mal und mit bescheidenen Erwartungen begegneten, soll der Amerikaner dem Russen einen Witz erzählt haben, worauf beide in lautes Lachen ausbrachen. Seit diesem Moment, und das ist historisch belegt, schmolz das Eis des Misstrauens zwischen beiden und wurde zum Beginn einer jahrelangen Männerfreundschaft, welche die Welt verwandelte und schließlich sogar die berüchtigte Berliner Mauer zum Einstürzen brachte. (13)

Auch im mentalen Bereich ist vieles in ständigem Wandel begriffen. So fällt es uns Menschen sehr schwer, einen bestimmten Gedanken festzuhalten. Wir sind kaum imstande, den Zustand der Gedankenstille oder gar der Gedankenleere mehr als eine Minute durchzuhalten. Daher wird die Gedankenflucht oft mit einer unruhigen Horde wilder Affen verglichen. Wenn es im Denken keinen Wandel gäbe, käme es zu keiner Entwicklung, zu keinem Fortschritt, zu keinem Aufstieg und damit zu keinem Wesens- und Weltenwandel. Es würde nur das ewige Einerlei herrschen, dessen Zustand zu Gleichmacherei und langweiliger Gleichgültigkeit führen müsste.

Beim Wandel des Bewusstseins kann eine spirituelle Bewusstwerdung angestrebt werden. Dies geschieht durch eine bessere Einsicht in sein eigenes wahres Wesen oder durch einen ernsthaften Gesinnungswandel. Auch in der transpersonalen Psychotherapie wird ein erweiterter Bewusstseinszustand angestrebt, der spirituelle Erfahrungen ermöglichen soll. (14)

In diesem Sinne besteht der innere Wandlungsprozess darin, sich neue Erkenntnisse zu erarbeiten, neue Erfahrungen zu sammeln, eine neue Denkrichtung einzuschlagen, eine neue Geisteshaltung anzunehmen und eine neue Gesinnung zu gewinnen, so dass unser Leben immer wieder neu und anders wird. Die Weisung heißt dann nicht: „Bleibe, was du bist“, sondern „Werde, was du kannst“ ganz im Sinne des Dichters Franz Grillparzer (1791-1872):

Werde, was du noch nicht bist.
Bleibe, was du jetzt schon bist;
In diesem Bleiben und Werden
Liegt alles Schöne hier auf Erden.

Dieses Umdenken wird bei meditativen Übungen gerne mit dem griechischen Wort „Metanoia“ als gedankliche Umkehr und Neuorientierung beschrieben. Viele Menschen erfahren nach einer schweren Erkrankung, nach einem gefahrvollen Unfall, nach einem Nahtod-Erlebnis oder aufgrund einer posttraumatischen Erfahrung eine tiefe innere Wandlung, als wären sie wieder neu ins Leben zurückgekehrt oder wie neugeboren, um sich grundlegend neu zu orientieren. Ein beredtes Bekenntnis hierzu stammt vom österreichischen Dichter Nikolaus Lenau (1802-1850): „Ich habe meine Augen mit Tränen gewaschen und nun einen schärferen Blick gewonnen.“

Auch der Zeitgeist wandelt sich fortlaufend. Meinung und Mode wechseln ihre Denkrichtung wie eine Wetterfahne im Wind. Was gestern noch modern war, ist heute ein alter Hut. So sind die Erkenntnisse von heute vielfach die Irrtümer von gestern und die Illusionen von morgen. Es kann sich mit dem Zeitenwandel auch die Denkrichtung der Menschen wandeln. Da die äußeren Zeiterscheinungen bloß Spiegelbilder der inneren Geisteshaltung der Menschen sind, wird deren Gesinnungsänderung zu einem Wandel der allgemeinen Mentalität führen. Die innere Haltung der Menschen wird auch die äußere Umwelt verwandeln. Wer seine innere Sicht verändert, der sieht danach die äußere Welt mit anderen Augen an. Deshalb empfahl Mahatma Gandhi: „Sei du selbst die Veränderung, die du dir wünschest auf Erden!“, und die französische Philosophin Sundari, die in Paris die Lehre des Essentialismus begründete und eine Lebensschule unter dem Titel „Philosophie des nouveaux temps“ leitet, riet dazu: „Wandle dein Denken, und die Welt wird sich verwandeln.“ (15)

Aber nicht nur die Zeiten ändern sich, sondern auch wir Menschen ändern uns mit der Zeit, wie dies der deutsche Kaiser Lothar I. (795-855) sprachlich kunstvoll formuliert hat mit dem lateinischen Sinnspruch des römischen Dichters Ovid: „Tempora mutantur, nos et mutamur in illis." – Die Zeiten ändern sich, und wir ändern uns in ihnen."

Auf der spirituellen Ebene findet ein Bewusstseinswandel statt, indem es zu einer Erhöhung und Ausweitung des geistigen Erkennens und Verstehens kommt. Heute spricht man immer häufiger von „spiritueller Transformation" und meint damit eine Identitätsumwandlung bis hin zur Erleuchtung und Gotteserfahrung. Dabei kann eine religiöse Umkehr geschehen, die eine grundlegende Änderung in der inneren Haltung und Gesinnung herbeiführen kann. Hier wird die Wandlung zur Gnade. (16)

Eine spirituelle Wandlung kann auch herbeigeführt werden durch geistige Lehrer, die Meister und Avatare genannt werden. Es handelt sich um höher entwickelte Geistwesen, die sich freiwillig zur erneuten Menschwerdung bereit erklärt haben, um als Lehrmeister ihren Beitrag zur spirituellen Entwicklung der Menschheit zu leisten. (17) Durch sie soll es zunehmend heller und lichter werden auf unserem dunklen Planeten, damit Korruption, Terror, Machtgier und Gewalt abnehmen und schließlich ganz verschwinden. Höhere Wesenheiten werden zu geistigen Führern von Nationen und Staaten. Durch sie kann es zu einem Machtwechsel auf der Erde kommen. (18)

Auf diese Weise wird hoffentlich mit den Jahrhunderten und Jahrtausenden ein friedlicheres Zusammenleben aller Menschen auf Erden möglich werden. Dies würde der Zukunftsvision des Sehers von der Insel Patmos entsprechen, die uns in den apokalyptischen Schriften der Bibel vom tausendjährigen Friedensreich auf Erden verheißen sind. (Off 3, 12; 20, 1-6)

Auch der heutige Wiedergeburtsgedanke schließt eine Wandlung durch wiederholte Erdenleben ein. Selbst der Tod beschert uns nichts Endgültiges, denn er ist bloß ein Brückenschlag von einem Dasein zum nächsten in einer anderen Welt. Das ganze Leben ist von der Geburt bis zum Tode ein ständiger Wandel. Selbst vom Tod, dem großen Verwandler, erwarten wir, dass er uns nicht das Ende, sondern die Wandlung in ein neues Leben bringt. (19)

Auch der Aufenthalt in der Jenseitswelt bringt Wandlung und Verwandlung mit sich. Wir bleiben nicht auf einer Stufe stehen, sondern steigen von einer Schwingungsebene zur nächsten auf, bis wir jenen geistigen Entwicklungsstand erreicht haben, der uns am Anfang der Schöpfung zugedacht war. Wie sich alles wandelt und neu gestaltet, besingt der Dichter Hermann Hesse in seinem „Lied des Lebens“:

Blätter wehen vom Baume,
Lieder vom Lebenstraume
Wehen spielend dahin;
Vieles ist untergegangen,
Seit wir zuerst sie sangen, zärtliche Melodien.
Sterblich sind auch die Lieder,
Keines tönt ewig wieder,
Alle verweht der Wind:
Blumen und Schmetterlinge,
Die unvergänglichen Dinge
Flüchtiges Gleichnis sind.

Vom rhythmischen Wechsel

Rhythmus ist das Grundmuster
allen Lebens.
Stört man den Rhythmus,
zerstört man Leben.
THORWALD DETHLEFSEN

Nichts geschieht zufällig und im wirren Durcheinander. Alles folgt im rhythmischen Wechsel aufeinander und nacheinander. Unter einem Rhythmus (gr. *rhythmos*: geregelte Bewegung) ist die wiederholte Bewegung einer Schwingung zu verstehen. Diese setzt sich im Raum nicht linear, sondern wellenförmig in der Gestalt einer Sinuskurve fort. Der Abstand zweier phasengleicher Punkte im Wellenband nennen wir Wellenlänge, deren Schwingungsweite bezeichnen wir als Amplitude. Die Anzahl der Schwingungen pro Sekunde heißt Frequenz. Jede Energiewelle zeichnet sich durch einen Talpunkt und einen Gipfelpunkt aus. Die untere und die obere Kippstelle leitet jeweils den Wechsel ein. Wenn sich dieser in stets gleicher oder ähnlicher Form wiederholt, sprechen wir von Rhythmus. Dieser verhindert Extreme und wirkt daher ausgleichend. Wo immer ein Höhepunkt erreicht ist, folgt unwillkürlich wieder ein Abstieg zum Tiefpunkt und von hier wieder zum Aufstieg. So wechseln sich düstere Zeiten regelmäßig mit aufgehellten Zeiten ab. Der ägyptische Josef wusste den Traum des Pharao von den sieben mageren Kühen und den sieben fetten Kühen, von den vollen Ähren und den leeren Ähren, dahin zu deuten, dass ertragreiche Ernten mit kargen Ernten regelmäßig abwechseln. (1 Mo 41, 1-36) Dies ist auch beim modernen Börsengeschäft nicht anders.

Auch das ganze Weltgeschehen läuft rhythmisch ab. Herrscher und Regenten, Könige und deren Reiche kommen und gehen. Sogar im ganzen Kosmos nimmt vieles einen zyklischen Verlauf. Auch hier herrscht nicht ein statischer Zustand. Alles entspricht einem dynamischen Vorgang in einem rhythmischen Zeitablauf. (20)

Auf der physikalischen Ebene sind die solaren, planetaren und lunaren Rhythmen zu erwähnen, die in wiederholten Zyklen und Perioden ablaufen. Denken wir an die Sonnen- und Mondfinsternisse, an den Rhythmus der Sonnen- und Planetenbahnen, an den elfjährigen Sonnenfleckenzyklus, an die regelmäßige Wiederkehr der periodischen Kometen und Sternenschwärme und an die pulsierenden Sterne in unserem gesamten Milchstraßen-System. (21) Dem rhythmischen Wechsel gehorchen die Gezeiten von Ebbe und Flut, die vom Lauf des Mondes um die Erde in 24 Stunden und 50 Minuten abhängt. Daher wechseln alle rund 6 Stunden Niedrigwasser und Hochwasser miteinander ab. Je nach der Küstenform, der Meerestiefe und der Meeresströmung gibt es verschiedene Arten von Gezeitenwechsel bei unterschiedlichem Höchststand des Meeresspiegels. Dieser beträgt beispielsweise an der geschützten Ostsee kaum 30 cm, an der Nordsee über 4 Meter und in Saint-Malo in Frankreich sogar bis zu 12 Meter. (22)

So ist auch der Klimawandel, über den heute so viel gesprochen wird, kein neues Phänomen, da es mit der seit Jahrmillionen andauernden Erdentwicklung zusammenhängt. Seit Urzeiten gibt es den Wechsel von Wärme- und Kälteperioden, bedingt vorwiegend durch die rhythmischen Schwankungen der Erdachse sowie durch die wechselnde Stellung des Mondes zur Sonne. Das ganze Weltgeschehen nimmt einen rhythmischen Verlauf. Es scheint, dass gegenwärtig in mancherlei Hinsicht ein Umbruch und eine geistige Neuorientierung stattfindet. Das rein materielle Denken wird zunehmend abgelöst von einem spirituellen Erwachen in weiten Bevölkerungskreisen. Es findet eine Art Umdenken statt, welches das kollektive Bewusstsein erneuert und auf eine höhere Ebene stellt, und zwar aus der Einsicht, dass es so wie bisher auf die Dauer nicht weitergehen kann.

Die biologische Uhr

Alles menschliche Leben hat seine
Jahreszeiten und Zyklen, und kein
persönliches Chaos kann von Dauer sein.

TRUMAN CAPOTE

Auch das Leben auf unserer Erde läuft wellenförmig dahin. Hier begegnen uns vielfältige Rhythmen, weil alles Leben einen rhythmischen Verlauf nimmt. Es ist ein ständiges Kommen und Gehen, ein fortwährendes Entstehen und Vergehen in der gesamten Natur. Bemerkenswert sind ihre regelmäßig wiederkehrenden Fruchtbarkeits-, Wachstums- und Reifungsperioden. Auch wir Menschen unterliegen diesem rhythmischen Geschehen. Die biologische Uhr auf unserer Erde hat eine Umlaufszeit von 25 Stunden. Wird diese Zeit bei Flugreisen verkürzt oder verlängert, kommt es, je nachdem ob man dem Sonnenaufgang entgegen fliegt oder sich dem Sonnenuntergang beschleunigt nähert, zu dem bekannten Jet-Lag-Phänomen mit seinen unangenehmen Folgen.

Die frühesten Rhythmen, die sich dem Menschenkind bereits vor der Geburt einprägen und sein Leben lang begleiten, sind die rhythmischen Bewegungen im mütterlichen Schoß. Diese setzen sich in den wiegenden Bewegungen fort, die das Kleinkind auf den Armen seiner Eltern und pflegenden Personen als Beruhigungsrituale erlebt. Später finden diese ihre Fortsetzung beim Schaukeln, Wiegen und Wippen auf den Kinderspielplätzen und im Erwachsenenalter beim Schunkeln und Tanzen in fröhlicher Gesellschaft. Bei Mangel am Geborgenheitsgefühl sind derartige Bewegungsrhythmen des eigenen Körpers, „Jactationen" genannt, öfter bei verwahrlosten, psychisch behinderten und autistischen Kindern und erwachsenen Patienten in Heimen und Kliniken zu beobachten. Diese stereotypen Rhythmen von Kopf und Oberkörper sollen offenbar der Selbstberuhigung dienen. Bei den Naturvölkern werden gleichförmige Arbeiten gerne mit monotonen und rhythmischen Gesängen begleitet. In der heutigen Musiktherapie sollen rhythmische Klänge der Entspannung und Heilung von Körper und Seele dienen. (23)

Wie musikalische Rhythmen Ordnung ins Chaos der Töne bringen, hat der berühmte Geiger Yehudi Menuhin (1916-1999) bestätigt, indem er darauf hinwies, dass harmonische Musik das Auseinanderstrebende zur Einmütigkeit, das Zusammenhanglose in Zusammenhang bringt und das Unverträgliche verträglich macht. (24)

Auf der biologischen Ebene treten die Lebensrhythmen als vererbte Verhaltensmuster in Erscheinung. In der gesamten lebendigen Natur tickt eine Uhr, welche die Lebensabläufe von Pflanze, Tier und Mensch reguliert. Ihr Rhythmus überlässt nichts dem Zufall und nichts der Willkür. Er steuert die inneren Lebensvorgänge und passt diese den äußeren Lebensbedingungen an. Wer den Tag- und Nachtrhythmus von Pflanzen beobachtet, der stellt fest, dass viele Tagblüher ihre Blütenkelche tagsüber öffnen und bei Nacht schließen. Gerade umgekehrt ist es bei der Nachtkerze, die in Italien den Namen „bella di notte" – die Schöne der Nacht" – trägt.

Im Jahr 2017 haben die drei Amerikaner Jeffrey Hall, Michael Rosbash und Michael Young den Nobelpreis für Medizin erhalten, und zwar für den wissenschaftlichen Nachweis, dass die innere Uhr der Lebewesen durch drei verschiedene Gene im Zellkern gesteuert wird. (25)

Wer gesund und leistungsfähig bleiben will, sollte sich an die Taktgebung der eigenen Bio-Uhr halten, damit nichts aus dem Ruder läuft. Diese biologischen Rhythmen wurden durch die genaue Naturbeobachtung bestätigt. Ihre Gesetzmäßigkeiten beruhen auf uraltem Erfahrungswissen. (26) So stellen wir bei den Pflanzen verschiedene Phasen des Wachstums, der Reifung und der Ruhe fest, die sich regelmäßig abwechseln. Bio-Bauern richten sich bei der Aussaat, beim Pflanzen von

Setzlingen und Stecklingen und bei der Ernte nach dem Mondkalender. Aus diesem Wissen stammt die Weisung, was aus der Erde heraus keimen und wachsen soll, ist bei zunehmendem Mond in Angriff zu nehmen, was aber in der Erde gedeihen soll, ist bei abnehmendem Mond anzugehen. Dass diese alte Bauernregel nicht ein naiver Aberglaube ist, sondern durch langjährige Erfahrung bestätigt wird, hat die Biologin Lily Kolisko in den 1930er Jahren aufgrund ausgedehnter Feldforschungen an Gartenpflanzen nachgewiesen. Dabei hat sie festgestellt, dass Gemüse und Salate, die bei aufgehendem Mond ausgesät wurden, eindeutig besser und schneller gediehen und in ihrem Reifezustand dreimal schwerer waren, wobei der Ernteertrag um rund 40% größer war als bei jenen, die bei abnehmendem Mond gepflanzt wurden. (27)

Auch bei Tier und Mensch gibt es eine biologische Uhr. Deren Verhalten wird durch die Erdrotation mitbestimmt. Dagegen hängt ihr jahreszeitlicher Ablauf auch von der Sonneneinstrahlung ab. Dies lässt sich an den Wanderflügen der Zugvögel gut beobachten. Deren Langstreckenflüge hängen nicht in erster Linie von Wind und Wetter ab, sondern von der Tageslänge. Selbst gefangen gehaltene Vögel werden von innerer Unruhe erfasst, sobald ihre zyklische Wanderlust erwacht. Dagegen richtet sich das Paarungsverhalten vieler Tierarten nach der inneren Hormonuhr. (28) Diese diktiert auch bestimmte Verhaltensweisen im Dienste der Arterhaltung, die ebenfalls einem zyklischen Wechsel folgen.

Für die menschliche Gesundheit spielt der rhythmische Verlauf der Hirn-, Herz- und Lungentätigkeit sowie des Stoffwechsels (Metabolismus) und der Hormonausschüttung eine wesentliche Rolle. Den Beweis hierfür erbrachte ein Forscher-Team des Max-Planck-Instituts für Verhaltensforschung bei München. In den Jahren 1960 und 1989 wurden mehrere Versuchspersonen während mehreren Wochen in einem eigens dafür gebauten Bunker in strenge Isolation gesetzt. Sie lebten dort ohne Tageslicht, sie hatten keinerlei Kontakte mit der Außenwelt und wachten und schliefen nach ihrem eigenen Bedürfnis. Ihr Tagesablauf richtete sich ausschließlich nach ihrer inneren Uhr. Diese war um eine Stunde länger als die offizielle Uhrzeit. (29)

Auch wichtige vitale Körperfunktionen folgen dem Rhythmusgesetz. So vollzieht sich die Atmung in fortgesetzten Rhythmen. Ohne feste Nahrung könnten wir Menschen einige Wochen überleben, ohne

Flüssigkeitszufuhr halten wir es wenige Tage aus. Aber ohne Atmung erlischt unsere Lebensenergie schon nach wenigen Minuten. Wir vermögen den Atem in der Regel auch nicht mehr als ein bis zwei Minuten anzuhalten. Der rhythmische Wechsel von Einatmen und Ausatmen, der mit dem ersten Atemzug bei der Geburt seinen natürlichen Anfang nimmt und beim letzten Atemzug im Tod erlischt, wird vom Atemzentrum im Gehirn gesteuert, gibt den Takt für alle Lebensvorgänge im Körper an und umfasst die Zellatmung, die Hautatmung und die Lungenatmung.

Durch den Atemrhythmus vollzieht sich die Aufnahme von brauchbarem Sauerstoff und die Abgabe von verbrauchter Luft in Form von Kohlensäuregas. Wir erkennen dies daran, dass unser mit Sauerstoff gesättigtes Blut hellrot erscheint, während das mit Kohlensäure belastete Blut dunkelrot ist. Bei der Atmung der Pflanzen geschieht das Gegenteil, so dass zwischen Pflanzenwelt und Menschenwelt ein regelmäßiger Austausch von vitalen Energien besteht. Mit Recht werden die großen Naturwälder die Lungen der Mutter Erde genannt. Daher ist es wichtig, sich von Zeit zu Zeit zu ausgedehnten Atemübungen in Wäldern aufzuhalten.

Die meisten Menschen atmen zu flach, zu hastig und zu unregelmäßig. Daher ist die gesunde Energiezufuhr ungenügend. Der normale Atemrhythmus sollte mit fließenden Übergängen in folgenden vier Phasen ablaufen: Dem tiefen Einatmen in den Bauchraum folgt das Hochziehen der Atemluft in den Brustraum. Danach kommt es zu einem kurzen Anhalten der Atembewegung, gefolgt von einem erneuten Herunterziehen der Luft in den Bauch mit anschließendem langen und entspannten Ausatmen. In diesem Rhythmus kann uns die gedankliche Vorstellung begleiten, dass wir beim Einatmen möglichst gesunde und heilende Energie in uns aufnehmen; beim Ausatmen dagegen alles Ungute und Ungesunde von uns weggeben. (30) Von diesem rhythmischen Atmen schreibt Goethe im „West-östlichen Divan“:

Im Atemholen sind zweierlei Gnaden:
Die Luft einziehen, sich ihrer entladen,
jenes bedrängt, dieses erfrischt,
so wunderbar ist das Leben gemischt.

Für die körperliche und seelische Gesundheit ist der Schlafrhythmus von großer Wichtigkeit. Dieser hängt nicht von der Gewöhnung ab, sondern er ist bei allen Lebewesen genetisch vorgegeben.

Der Tiefschlaf vor Mitternacht scheint für die Erholung wichtiger zu sein als die Schlafenszeit nach Mitternacht. Dies haben Messungen an Atmung, Puls, Körpertemperatur und Hirnaktivität ergeben. Ein Sprichwort heißt daher: Eine Stunde Schlaf vor Mitternacht wiegen zwei Stunden Schlaf nach Mitternacht auf. Die Mitte des Schlafrhythmus liegt zwischen 3 und 4 Uhr morgens.

Beim Wach-Schlaf-Rhythmus spielt auch der Einfluss des Tageslichts eine wichtige Rolle, weil dieser die regelmäßige Ausschüttung der Hormone Seratonin und Melatonin in die Blutbahn reguliert. Saratonin fördert den Wachzustand, Melatonin dagegen wirkt schlafanstoßend. Der menschliche Organismus schüttet umso mehr Wachhormone aus, je mehr Tageshelle auf ihn einwirkt. Schlafstörungen, an denen 40% der Menschen leiden sollen, hat sicher damit zu tun, dass wir mit künstlichem Licht die Nacht zum Tage machen. Auch die Sommerzeit begünstigt die wachen Zeiten gegenüber der Winterzeit. In den sonnenärmeren Wintermonaten sind die Melatoninwerte deutlich erhöht, wodurch das Schlafbedürfnis bei Mensch und Tier größer ist. Wird dieser gesunde Rhythmus während längerer Zeit durch Schlafmangel, Schlafstörungen oder Nachtschichtarbeit beeinträchtigt, kann es zu gesundheitlichen Störungen wie Schlaflosigkeit, erhöhtes oder fehlendes Schlafbedürfnis, überhöhte Müdigkeit und Depressionen kommen.

An der Universität von Exeter im Südwesten Englands wurden vor Kurzem die Daten von 700 000 Menschen ausgewertet, deren Erbgut vollständig analysiert war. Alle Teilnehmer gaben an, zu welchem Schlaftyp sie eher gehören. Für 85 000 dieser Personen standen auch objektive Messdaten über deren Aktivität im Tagesverlauf zur Verfügung. Dabei ergaben sich folgende Typenunterschiede: Frühaufsteher bewerteten ihr allgemeines Wohlbefinden höher als die Morgenmuffel und haben ein geringeres Risiko, an Depressionen oder Psychosen zu erkranken. Dagegen war die Anfälligkeit für psychische Störungen bei den „Eulen“ deutlich erhöht. Im Studienbericht wird vermerkt: „Neben dem Tageslicht als wichtigstem äußeren Signalgeber wirken sich auch Gene, Ernährung, Temperatur und körperliche Aktivität darauf aus, wie gut die innere Uhr mit dem natürlichen Tagesrhythmus im Einklang steht." (31)

Im Schlaf leben wir sozusagen auf Sparflamme, denn die Atmung ist verlangsamt, die Körpertemperatur sinkt, die Verdauungstätigkeit nimmt ab und die Hirnwellen werden zunehmend länger. Es tritt beim Schlafen ein entspannter Zustand ein. Wer nicht regelmäßig seine 7-8 Stunden schläft, der treibt Raubbau an seinen Lebenskräften. Freilich kann das individuelle Schlafbedürfnis diesen Durchschnittswert unterschreiten oder überschreiten. Schlafforscher haben errechnet, dass 4% der Erwachsenen mit weniger als fünf Stunden auskommen, während 4% bis zu zehn Stunden pro Nacht schlafen können. Wer über längere Zeit gegen seine innere Uhr lebt, der schädigt seine Gesundheit.

Die Phase der Nachtruhe ist keinesfalls eine untätige, verlorene Zeit. Im Gegenteil: Unsere vegetativen Organe leisten wichtige Arbeit, indem sie verarbeiten, was wir tagsüber im Schnelllauf aufgenommen haben. Auch unsere vegetative Seele ist eine Art „Wiederkäuertyp", denn in unseren Träumen bewältigen wir unverdaute Tageserlebnisse.

Langschläfer gelten als sensible, introvertierte und kreative Menschen. Für sie mag das Psalmwort gelten: „Der Herr gibt es den Seinen im Schlaf." (Ps 127,2) Zu ihnen gehörten George B. Shaw, Kurt Tucholsky oder Albert Einstein. Dagegen begnügen sich ausgesprochene Kurzschläfer, zu denen Napoleon, Edison oder die „Eiserne Lady" Margarete Thatcher gehörten, mit wenig Schlaf.

Es lassen sich zwei unterschiedliche Schlaf-Wach-Typen unterscheiden: Die „Lerchen", die gerne früh aufstehen und sich abends bei Zeiten zur Ruhe begeben, und die „Eulen", die erst zu später Stunde in Fahrt kommen, dafür aber die Morgenstunden gerne verschlafen. Dieser Rhythmus verändert sich im Verlauf der Jahre. Jüngere Menschen gehören eher zu den abend- und nachtaktiven Typen, Seniorinnen und Senioren werden, je älter sie werden, zu den Frühaufstehern. Bei der Umstellung von der Winterzeit zur Sommerzeit haben die „Eulen" mehr Mühe als die „Lerchen".

Wenn wir die Tagesleistung eines gesunden Menschen aufzeichnen, ergibt sich auch hier eine Sinuskurve mit typenabhängigen Unterschieden. Der Morgenarbeiter ist ein Frühaufsteher. Er passt sich schnell an neue Arbeitssituationen an und erreicht sein Leistungshoch bereits in den Vormittagsstunden, gefolgt von einem Leistungstief in den frühen Nachmittagsstunden. Dann klingt seine Leistungsfreude allmählich ab. In den Abendstunden bedarf er der Erholung und Ruhe. Der Abendarbeiter dagegen benötigt am Morgen eine längere Anlaufzeit. Er erreicht seinen Leistungshöhepunkt meist in den Abend- und Nachtstunden. Die Erfahrung zeigt, dass etwa ein Drittel der Werktätigen zu den Mischtypen gehören. Ihre Leistungskurve passt sich den vorgeschriebenen Arbeitszeiten an. Nur kreative Freischaffende arbeiten bewusst zu ihren besten Tag- und Nachtzeiten. Typische Nachtarbeiter waren Honoré de Balzac, Dostojewski, Friedrich Nietzsche und E. T. A. Hoffmann. Dagegen komponierte Beethoven nur vormittags. Am produktivsten arbeiteten am Vormittag Gerhard Hauptmann, George B. Shaw oder August Strindberg, um nur einige zu nennen.

Aus der chinesischen Medizin ist uns die Organuhr bekannt, welche den täglichen Energiekreislauf und die Arbeitsteilung der wichtigsten Organe des menschlichen Organismus im Zweistunden-Takt aufzeigt. Nach dieser Lehre besitzt der menschliche Körper zwölf Meridiane, durch die jedes wichtige Organ mit der nötigen Lebensenergie versorgt wird. Jede Energiebahn erhöht täglich innerhalb von zwei Stunden ihre Tätigkeit, was zu einem erhöhten Energiezufluss führt. Im täglichen Energiekreislauf hat jedes Körperorgan eine Phase der aktiven Tätigkeit und eine Phase der passiven Ruhe und Erholung. (32)

Auch unsere Ernährungsweise sollte sich an einen natürlichen Rhythmus gewöhnen können. Aus eigener Erfahrung kann ich die 3x8-Stundenregel empfehlen. Diese Intervall-Methode sieht vor, nur während acht Stunden feste Nahrung zu sich zu nehmen, am besten in den Vormittags- und Mittagsstunden (6-14 Uhr). Danach sollten in den folgenden acht Stunden nur noch Flüssigkeiten, am besten genügend Wasser oder Tee, aufgenommen werden. Für die restlichen acht Stunden des 24-Stundentages ist auf feste und flüssige Nahrung zu verzichten, um den inneren Organen die nötige Ruhepausen zu gönnen. Es ist dies ein vorzügliche Methode, um sein Normalgewicht zu bewahren, um einen ruhigen Schlaf zu finden und um seinen Stoffwechsel in Ordnung zu halten. Damit gönnen wir dem hoch komplizierten Laboratorium unseres Verdauungssystems die notwendige

Ruhepause und tragen viel bei zur Erhaltung unserer Gesundheit und Leistungsfähigkeit.

Wer seine täglichen physischen und psychischen Leistungen beachtet, stellt fest, dass diese einer rhythmischen Sinus-Kurve entsprechen. Ein leichter Leistungsabfall stellt sich bereits nach zehn Minuten ein. Eine erste Ermüdungsphase ist nach fünfundvierzig Minuten zu beobachten. Dann sollte eine kurze Pause von zehn Minuten folgen. Längere Arbeitsunterbrechungen lenken eher von der Arbeit ab und erweisen sich als unproduktiv. Im gewöhnlichen Tagesrhythmus kommt es in der Regel zwischen 8-12 Uhr zu einem ersten Leistungshoch. Der Nachmittag beschert uns zwischen 14-15 Uhr ein erstes Leistungstief. Von 15-17 Uhr folgt ein zweites Leistungshoch, danach folgt ein zweites Leistungstief zwischen 17 und 20 Uhr. Abendmenschen erfahren in der Zeit von 21-22 Uhr oft eine dritte Leistungsspitze. Danach fällt die Leistungskurve meist schnell ab. (33)

Wissenschaftliche Untersuchungen haben ergeben, dass die meisten Menschen alle anderthalb Stunden eine Arbeitspause von fünfzehn bis zwanzig Minuten für erforderlich halten, um ihre Leistungsspitze während mehreren Stunden aufrechtzuerhalten. Der Psychobiologe Ernest Rossi schreibt hierzu, dass die Natur alle neunzig bis hundertzwanzig Minuten ein Fenster öffnet, um Körper, Seele und Geist eine willkommene Gelegenheit zu bieten, sich zu erholen und dadurch im inneren Gleichgewicht zu bleiben. (34)

Selbst innerhalb von aufeinander folgenden Tagen und Wochen kommt es zu periodischen Leistungsschwankungen. So kennen wir Tage, in denen wir uns in einem Tief befinden, wo so manches schiefläuft und nicht gelingen will. Eine Pechsträhne folgt der anderen, als wäre alles wie verhext oder Sand im Getriebe. Dann folgen wieder Tage, da fühlen wir uns in Hochform, die Arbeit geht leicht von Kopf und Hand, vieles läuft wie geschmiert und geölt und gelingt uns fast wie von selbst.

Wie wir von diesen rhythmischen Schwankungen betroffen sind, hat Goethe in seinem Gedicht „Der gute Rat“ beschrieben:

Geschieht wohl, dass man einen Tag
Weder sich noch andere leiden mag,
Will nichts dir nach dem Herzen ein;
Sollt's in der Kunst wohl anders sein?
Drum hetzte nicht zur schlimmen Zeit,
Denn Füll und Kraft sind nimmer weit:
Hast in der bösen Stund geruht,
Ist dir die gute doppelt gut.

Ratsam ist es also, den rhythmischen Wechsel von Arbeit und Muße einfach hinzunehmen und nichts erzwingen zu wollen. Kreative Menschen wie Rilke haben es erfahren: „Ich habe mich oft gefragt, ob die Tage, die wir gezwungen sind müßig zu sein, nicht diejenigen sind, die wir in tiefster Tätigkeit verbringen. Ob nicht unser Handeln, selbst wenn es spät kommt, nur der Nachklang einer großen Bewegung ist, die in untätigen Tagen uns geschieht? Jedenfalls ist es wichtig, mit Vertrauen müßig zu sein, wenn möglich mit Freude." (35) Bô Yin Râ gibt uns den Rat:

Will dir heute nichts gelingen,
Hör auf es zu erzwingen!
Kannst du heute nicht begreifen,
Lass' dich ruhig weiterreifen!
Was dir heute noch verborgen,
Wird dir klar – vielleicht schon morgen. (36)

Die normalen Leistungsschwankungen werden durch unsere chronobiologischen Rhythmen bestimmt, die ohne Unterlass in uns ablaufen. Diese vermögen unsere Lebenstätigkeiten zu regulieren und unsere Gesundheit, unsere Leistungsfähigkeit und unseren Gemütszustand zu beeinflussen.

Die Lehre von den Biorhythmen wurde vom Berliner Arzt Wilhelm Fließ (1858-1928), einem langjährigen Freund und Mitarbeiter von Sigmund Freud, begründet. Nach seiner Theorie laufen in jedem Menschen von der Geburt an drei unterschiedlich lange biologische

Rhythmen ab, nämlich der körperliche Rhythmus mit einer Periodenlänge von 23 Tagen, der emotionale Rhythmus mit einer Dauer von 28 Tagen und der intellektuelle Rhythmus, der sich alle 33 Tage erneuert. Die graphische Aufzeichnung dieser drei Rhythmen als verschiedenfarbiges Wellenband bildet das Biorhythmogramm, welches die tägliche körperliche, seelische und geistige Rhythmenlage mit ihren wechselnden Hochs und Tiefs veranschaulicht. Da diese drei biologischen Rhythmen unterschiedlich lange andauern, überschneiden sie sich gegenseitig und zeigen uns an, wann wir uns in einer Aufbau- oder Abbauphase des Energiestromes befinden. Der eigene Biorhythmus ist bei der Einnahme von Medikamenten und Stärkungsmitteln zu beachten, weil deren Aufnahmefähigkeit und damit ihre Wirksamkeit von der biologischen Rhythmenlage abhängt. Das persönliche Rhythmogramm kann durch Eingabe des Geburtsdatums im Internet online abgerufen werden. (37)

Als besonders kritisch erweisen sich die Übergangstage von der Plusphase zur Minusphase und umgekehrt, weil dann eine erhöhte Neigung zu Infektionen, Herz- und Hirnschlägen, Anfällen, Unfällen, Organversagen sowie zu Risiken und erhöhten Blutungen bei Operationen besteht.

Als ein hilfreiches Instrument erweist sich auch die Organuhr. Gemäß der chinesischen Tradition unterliegen die menschlichen Körperorgane in ihren lebenswichtigen Funktionen einem täglichen Rhythmus. Diese sind nicht rund um die Uhr im Einsatz, sondern haben zu bestimmten Tag- oder Nachtzeiten ihre aktiven und passiven Phasen. Deren zyklische Schwankungen hängen mit der Sonneneinstrahlung zusammen. Diese gibt Aufschluss über die zeitliche Verträglichkeit von Lebensmitteln, über die empfehlenswerten Ernährungsgewohnheiten, über die Schwankungen der eigenen Schmerzempfindlichkeit und über die beste Zeit der Heilmittelaufnahme. Auf der Organuhr werden dem täglichen Energiekreislauf entsprechend im Zweistundentakt die wichtigsten inneren Organe zugeordnet, in denen diese besonders aktiv sind. So zum Beispiel die Lunge in der Zeit von 03-05 Uhr, der Dickdarm von 05-07 Uhr, das Herz 11-13 Uhr, der Dünndarm von 13-15 Uhr, die Harnblase von 15-17 Uhr, die Nieren 17-19 Uhr, die Gallenblase von 23-01 Uhr und die Leber 01-03 Uhr. (38)

Auch im kosmischen Geburtsbild eines Menschen wird dessen persönliche Veranlagung und Eigenart abgebildet. Darin lässt sich wie auf einer Uhr der Verlauf des Lebens erkennen. Diese Lebensuhr gibt uns die wichtigsten Wegmarkierungen unseres Lebensweges an, denen wir bewusst oder mehr noch unbewusst folgen. Sie zeigt uns an, wie wir altern und wie wir reifen. Es ist interessant zu beobachten, wie wir zu Beginn eines neuen Lebensjahres immer wieder einen neuen Lebensimpuls erfahren, wie wir erneuten Lebensmut verspüren und wie neue neue Idee, neue Vorsätze und neue Pläne sich anmelden. Es fällt aber auch auf, dass um den eigenen Geburtstag gesundheitliche Störungen sich häufen. (39)

Wie das gesamte menschliche Leben in fortgesetzten Rhythmen und Zyklen abläuft, erkennen wir aus Langzeitbeobachtungen. Dabei fällt ein 6-Jahreszyklus und ein 7-Jahreszyklus auf.

Auf der psychischen Ebene fällt vorwiegend der Sechser-Zyklus ins Gewicht. Hier reihen sich die Lebensjahre wie aufeinander folgende Wellen oder wie die Stunden auf der Lebensuhr. Die Sechsereinteilung findet insbesondere in der astrologischen Deutungskunst ihre einleuchtende Erklärung, insofern jedem der zwölf Häuser oder Felder des Horoskops ein Tätigkeits- und Wirkungsbereich des Menschen entspricht.

Eine Besonderheit dieser Methode ist die Altersprogression. Diese hängt zusammen mit dem astronomischen Frühlingspunkt. Dieser verschiebt sich in 72 Jahren um ein Grad gegen den Uhrzeigersinn. Im Leben des einzelnen Menschen startet dieser Alterspunkt bei der Geburt am Aszendenten. Von da durchläuft er in sechs Jahren je einen der zwölf Lebensabschnitte. Im Verlauf von 72 Jahren umrundet er den ganzen Tierkreis. Aus seiner Position im Geburtshorokop wird ersichtlich, welches Lebensthema in welchem Lebensalter besonders zu beachten und zu verwirklichen ist. Aber auch, welche inneren Kräfte dabei ausgelöst werden und wo Lebenskrisen zu erwarten sind. Die Zahl 72 ist nicht ein zufälliges Konstrukt, sondern sie erhält in der Mythologie der Völker, aber auch in vielen heiligen Schriften eine wichtige symbolische Bedeutung, wie aus folgenden Hinweisen hervorgeht: (40)

- Die Gebetsschnur des Propheten Zarathustra soll aus 72 Fäden bestanden haben.
- Nach der Zerstörung des Turms von Babylon entstanden 72 Weltsprachen.
- Nach einer jüdischen Geheimlehre trägt Gott Jehova 72 Namen in 72 Sprachen.
- Gemäß einer altjüdischen Überlieferung gibt es 72 Engelnamen.
- Laut den biblischen Psalmen beträgt das durchschnittliche Lebensalter des Menschen 72 Jahre (Ps 90,10).
- Der Ältestenrat zu Jerusalem bestand aus 72 Mitgliedern.
- Die Legende berichtet von 72 Gelehrten, die während 72 Tagen die hebräische Thora in die griechische Septuaginta übersetzt haben.
- Im Obergewand des Hohepriesters waren 72 Glöckchen befestigt.
- Jesus versammelte 72 Jünger um sich.
- Im Islam kennt man die 72 Märtyrer von Aschura.
- Nach dem Koran gibt es im Paradies 72 Jungfrauen, welche die Märtyrer bedienen.
- Der Prophet Mohammed soll von 72 Kriegern unterstützt worden sein.
- Im Islam gibt es 72 verschiedene Glaubensauslegungen des Koran.
- Im chinesischen Taoismus ist die Rede von 72 himmlischen Orten des Glücks.
- Der chinesische Religionsphilosoph Konfuzius hatte 72 Jünger.
- Der Glaubensbund der Katharer hatte 72 Bischöfe.
- Der Templerorden kennt 72 Ordensregeln.
- Im Daoismus werden 72 heilige Orte und 72 Orte der Glückseligkeit genannt.
- In Zentral-Asien wird die Zahl 72 als die Zahl der ganzen Welt verehrt.
- 72 Stunden ist die Frist, welche nach christlichem Brauch zwischen dem Tod eines Menschen und dessen Beisetzung einzuhalten ist.

In der Theosophie scheint das Sieben immer wieder auf, so in den 7 Lebensströmen, in den 7 Menschentypen, in den 7 Schwingungsebenen, in den 7 Chakras und in den 7 kosmischen Strahlen. (41)

Auch nach der Anthroposophie von Rudolf Steiner steht im menschlichen Wachstum und Reifen alle sieben Jahre ein deutlicher Entwicklungsschub an. (42) Er stellt die 7-jährigen Entwicklungsphasen in Zusammenhang mit den sieben alten Planeten, welche beim Aufbau des grobstofflichen Leibes und der sechs feinstofflichen Körper mitwirken sollen. Dementsprechend entfaltet sich das menschliche Wesen alle sieben Jahre um eine Stufe höher und nähert sich mit dreiundsechzig Jahren dem Geistmenschen. Auch die Münchner Rhythmenlehre nach Wolfgang Döbereiner rechnet mit 7-jährigen Entwicklungsschritten im Leben des Menschen. (43) Teilen wir den ganzen Lebenskreis von 360° in vier Quadranten, ergeben sich daraus die vier Zeitalter des Menschenlebens, nämlich die Kindheit und Jugendzeit von der Geburt bis zum 21. Lebensjahr, das frühe Erwachsenenalter vom 21. bis zum 42. Altersjahr, das späte Erwachsenenalter vom 42. bis zum 63. Lebensjahr und das Seniorenalter vom 63. bis zum 84. Lebensjahr. Was uns an weiteren Jahren dazugegeben wird, kann dem nächsten Lebenszyklus zugerechnet werden, was den Menschen in die nächste Kindheit führt. Jeder siebenjährige Lebensabschnitt löst einen neuen und erneuernden Entwicklungsschub aus. Der Übergang von einer Entwicklungsphase zur nächsten bringt in der Regel eine vorübergehende Beunruhigung und Veränderung mit sich, die sich in den darauf folgenden Jahren allmählich beruhigt und verfestigt.

Setzen wir im Sinne der Anthroposophie die sieben lunaren, solaren und planetaren Einflüsse des Kosmos in Beziehung zu den sieben Lebensaltern des Menschen, ergeben sich sieben Entwicklungsphasen.

Krisenzeiten sind Wandlungszeiten

Von guten Mächten wunderbar geborgen,
erwarten wir getrost, was kommen mag.
Gott ist mit uns am Abend und am Morgen
und ganz gewiss an jedem neuen Tag.
DIETRICH BONHOEFFER

Das Wort Krise wird abgeleitet vom griechischen Wort „krisis“ im Sinne von Wendepunkt, kritische Lage, Entscheidung. Die Chinesen brauchen hierfür das Zeichen Wu-ji, das Gefahr und Chance, Bedrohung und günstige Gelegenheit zugleich bedeutet. Jede Krise enthält für uns einen Hinweis und eine Aufforderung. Sie weist uns darauf hin, dass ein Zustand zu Ende geht und etwas Neues seinen Anfang nimmt. Gleichzeitig fordert sie uns auf, eine Neuorientierung zu wagen. Diese Übergänge können kritisch sein. Daher veranlassen uns Krisenzeiten stets zum Umdenken und zur Neubesinnung, damit wir veraltete Denkmuster aufgeben und überholte Gewohnheiten ablegen. Dies gelingt nur dem, der mutig Entscheidungen trifft.

Von einer Krise sprechen wir zumeist erst dann, wenn die Gefahr besteht, dass etwas außer Kontrolle gerät, wenn man sich einer Sache nicht mehr gewachsen fühlt, wenn Fehlentscheidungen drohen und Misserfolge sich abzeichnen. Eine Krise kommt nicht wie ein Blitz aus heiterem Himmel. Sie schleicht sich tastend heran. Wenn sie offenkundig wird, ist es höchste Zeit, diese in den Griff zu bekommen. Dies gilt für gesundheitliche Krisen ebenso wie für Krisen in der Partnerschaft oder in einem Unternehmen. Anfänglich sucht man gerne nach Entschuldigungen und Ausreden oder verliert den Bezug zur Realität. Jedenfalls sieht man sich noch nicht veranlasst, am guten Fortgang der Dinge zu zweifeln, obwohl es da und dort bedenklich zu kriseln beginnt. Ehe eine Krise offen ausbricht, kündet sie sich meist unterschwellig an, ähnlich wie ein Vulkanausbruch, der sich durch unterirdisches Grollen und Rumoren ankündigt. Versteckte Anzeichen persönlicher Krisen sind sowohl im körperlichen als auch im seelischen Bereich erkennbar. Es kann zu nervöser Unruhe, zu Schlafstörungen, chronischer Müdigkeit, Gereiztheit, Ungeduld oder depressiven Verstimmungen kommen, was heute als Burnout-Syndrom bezeichnet wird. Früher sprach man von einem Nervenzusammenbruch. Im intellektuellen Bereich fallen Konzentrations- und Gedächtnisschwäche, Fehlleistungen bei alltäglichen Routinearbeiten und Ideenarmut auf. Wer sich dann in den Alkohol-, Nikotin-, Drogen- und Medikamentenmissbrauch flüchtet, gerät leicht in Teufels Küche. Nicht selten muss sich eine kritische Situation gefährlich zuspitzen und sogar in einen offenen Konflikt ausarten, bis es zur notwendigen Einsicht kommt, die eine Wende herbeiführen kann.

Jede Krise will eine Wandlung herbeiführen. In der Regel läuft sie in vier Phasen ab, ähnlich wie eine Fieberkurve. In der ersten Phase bahnt sie sich allmählich an und baut sich langsam auf. In der zweiten Phase nimmt sie bedrohliche Formen an, so dass man sie nicht mehr übersehen kann. In der dritten Phase erreicht sie ihren Höhepunkt. Nun wird einem die Tragweite des Konflikts bewusst und man begreift, dass es so nicht mehr weitergehen kann. Ein Anhalten und Besinnen ist nun angesagt. In der vierten Phase geschieht entweder ein Absturz oder es kommt ein rettender Ausweg in Sicht.

Eine Krise läuft stets auf einen Höhepunkt oder Scheitelpunkt zu, der zur Kippstelle wird. Diese ist als notwendiger Wende- und Umkehrpunkt zu werten, der eine Kurskorrektur verlangt, ehe eine gesunde Weiterentwicklung möglich wird. Demnach ist die Krise eine Zeit des Übergangs und der Veränderung. Erst im Nachhinein erkennen wir, ob sie zu einem Glücksfall oder zu einem Unglücksfall geführt hat. Die Botschaft der Krise lautet auf jeden Fall: Verändere deinen Gesichtspunkt, wechsele deinen Standpunkt, richte dich neu aus und suche nach neuen Wegen!

Da das menschliche Leben in Rhythmen verläuft, kommt es regelmäßig zu Tiefpunkten und Höhepunkten. Diese Extreme sind besonders anfällig für Krisenzeiten. Die Erfahrung lehrt uns, dass es vor allem bei den großen Übergängen der vier Lebensalter zu einschneidenden Veränderungen kommen kann. Diese stellen sich aufgrund innerer Wachstums- und Entwicklungsvorgänge naturbedingt ein. Sie leiten einen neuen Entwicklungsschub ein, um dem Reifungsprozess der werdenden Persönlichkeit einen neuen Impuls zu geben. Dabei kommt es regelmäßig zu Lebenskrisen. Nachfolgend sollen die großen Krisenzeiten des menschlichen Lebens beschrieben werden:

Die erste Krise, als Geburtskrise, steht am Anfang des Lebens. Aus der Geborgenheit im mütterlichen Schoß in die Welt hinausgeboren zu werden, ist die erste große und oft gefahrenreiche Leistung, die das Menschenkind zu bestehen hat. C. G. Jung vergleicht dies mit der schmerzvollen Vertreibung aus dem Paradies und schreibt: „Ich würde sagen, es ist von großer Bedeutung für das Ich, dass es geboren wird; es ist in hohem Maße traumatisch, aus dem Himmel herauszufallen.“ (44)

Die Geburt ist zwar ein natürliches, aber dennoch für Mutter und Kind risikoreiches Ereignis. Die meisten Fachleute in Medizin und Psychologie sehen in der Geburt für das Neugeborene ein Erlebnis von nachhaltiger Wirkung. Dieses kann verantwortlich sein für zahlreiche spätere Lebens- und Daseinsängste. So nimmt die heutige psychologische Verhaltensforschung an, dass der Ursprung vieler späterer Trennungs-, Ablösungs- und Überforderungsängste auf ein unbewältigtes Geburtserlebnis zurückzuführen ist. Das deutsche Wort „Angst" wird abgeleitet vom lateinischen Wort „angustus" für eng und schmal, was auf das Gefühl der Beengung bei der Passage durch den Geburtskanal hindeutet. Dieses kann sich später bis ins Erwachsenenalter in Träumen wiederholen, insbesondere bei Situationen, wo man sich einer Anforderung nicht gewachsen fühlt.

Der Arzt Friedrich Kruse hat bei 1500 Neurose-Patienten festgestellt, dass 63% von ihnen eine schwere oder komplizierte Geburt erlebten. (45)

Eine zweite Krise im Ablauf der menschlichen Jugend stellt sich um das 17./18. Lebensjahr ein. Es handelt sich um die Jugendkrise, die auch als seelische Ablösungskrise bezeichnet werden kann. In dieser Zeit ist der junge Mensch auf der Suche nach sich selbst. Er steht vor der Frage: Wer bin ich? Was soll aus mir werden? Was halten die anderen von mir? Ein Jugendlicher schrieb in sein Tagebuch: „Wer bin ich? Warum bin ich überhaupt da? Solche Fragen drängen sich mir auf, wenn ich allein bin. Dann fühle ich mich oft recht allein und vereinsamt. Was soll das Leben? Wir werden geboren, wachsen heran, leben und sterben – tot, alles vorbei. Wo liegt der Sinn? Wozu der ganze Aufwand?" (46)

Diese Selbstbespiegelung beschäftigt den Jugendlichen andauernd und verunsichert ihn auch. Ständig ist er auf der Suche nach seiner wahren Identität. Daher spricht man auch von der Identitätskrise. In diesem Alter reagiert er besonders empfindlich auf Mobbing. Die Zahl der Selbsttötungen ist in diesem Alter auffallend hoch.

Hinzu kommt, dass er körperlich wie erwachsen scheint, seelisch aber in mancher Hinsicht noch recht unreif wirkt, so dass man sagen kann: In einem reifen Körper wohnt eine unreife Seele. Der jugendliche Mensch fängt nun an, nach außen Ansprüche und Forderungen nach Freiheit, Unabhängigkeit und Selbstbestimmung zu stellen, denen er innerlich noch nicht gewachsen ist. Die Eltern haben weiterhin für ihre Töchter und Söhne gewisse Verantwortungen zu übernehmen, was sich nicht alle Jugendlichen kritiklos und widerspruchlos gefallen lassen wollen. Damit ist der Generationenkonflikt vorprogrammiert. In dieser Phase der zunehmenden Verselbstständigung muss Gewohntes und Vertrautes aufgegeben werden, um neue Lebensmöglichkeiten zu erproben, um seinen Platz in der Erwachsenenwelt zu finden.

Jetzt meldet sich ernsthaft auch die Frage nach dem Sinn des Lebens, und es beginnt die Suche nach einem tragfähigen Welt- und Menschenbild. Es kommt zu religiösen und weltanschaulichen Krisen, weil nicht mehr alles für wahr gehalten wird, was Elternhaus, Schule und Kirche früher vermittelt haben. Diese Jugendjahre bringen nicht selten auch Krisen in der schulischen und beruflichen Ausbildung. Diese Stimmungen schleichen sich ein, oft auch depressive Gemütslagen bis zum Lebensüberdruss. Wer da in sich noch zu wenig gefestigt ist und noch kein stabiles Umfeld hat, greift leicht zu Genussmitteln oder Drogen, um die inneren Abgründe der Selbstzweifel zu überbrücken, und kommt später nur schwer davon los.

Die Sehnsucht nach einem verständigen, liebenswerten Du kann neue Zuversicht, aber auch manche Enttäuschung ins junge Leben bringen. Dies gehört zu den wichtigen Lebenserfahrungen. Hier gilt das Nietzsche-Wort: „Was dich nicht umbringt, macht dich stärker."

Die dritte Lebenskrise stellt sich um die Lebensmitte ein, nämlich um das 36. Lebensjahr. Es ist die sogenannte „Midlife Crisis", die kritischste Zeit um den mittleren Lebensabschnitt. Sie gleicht einer Brücke, die in die zweite Lebenshälfte hinüber führt. Es ist die Zeit der Lebenswende. Es handelt sich um einen recht kritischen Lebensabschnitt, in dem sich Interessen, Neigungen, Bindungen und Beziehungen ändern und neue Bahnen eingeschlagen werden können. Häufig findet im Beruf oder in der Partnerbeziehung eine Neuorientierung statt. In diese Lebensphase hinein fällt die berüchtigte Zeit um das 42. Lebensjahr, welches gerne als der gefährliche Talpunkt und Qualpunkt des Lebens bezeichnet wird. An dieser kritischen Station des Lebens muss manches sterben, was bisher soliden Bestand zu haben schien. Häufig kommt es zu einem Abbruch, Umbruch und Ausbruch im gewohnten Lebenslauf. Der Wunsch nach einem Wohnortswechsel, Stellenwechsel, Berufswechsel und Partnerwechsel meldet sich zunächst heimlich, dann offen an. In manchen Fällen entsteht zwar das Bedürfnis nach einer tiefgehenden Veränderung, weil manches wie abgenützt und totgelaufen scheint, doch die Konsequenzen werden aus Rücksicht auf Familie und Gesellschaft nicht gezogen. Es ist daher nicht verwunderlich, dass in diesen Jahren die persönliche Unzufriedenheit am Tiefpunkt angelangt ist, wie eine Studie aus England gezeigt hat. (47)

Manchen Mann beschleicht jetzt das Gefühl, etwas Wesentliches versäumt oder vernachlässigt zu haben. Er sieht sich in der Eintönigkeit des Alltags wie gefangen und stellt bei sich einen Nachholbedarf fest, zumal ihm die Jahre immer schneller davoneilen. Leicht kann es nun geschehen, dass er sich in eine Außenbeziehung verliert oder verliebt. Auch manche Frau entdeckt um die Mitte ihres Lebens die maskuline Seite ihres Wesens. Sie lässt sich nicht mehr nur von ihren gefühlsbetonten Abhängigkeiten leiten. Vielmehr fängt sie an, vernunftbetont ihre eigenen Ansprüche bewusster als bisher wahrzunehmen und diesen nachzuleben. Neue Lebensmöglichkeiten mit anderen beruflichen Tätigkeiten tun sich ihr auf.

Es ist mir in der psychologischen Eheberatung immer wieder aufgefallen, wie viele Paarbeziehungen um das 44./45. Altersjahr zu scheitern drohen und tatsächlich auch geschieden werden. Einer der Gründe ist vielfach der Umstand, dass die eigenen Kinder nun ausgeflogen sind. Das ausgediente Elternpaar ist nun allein und muss feststellen, dass es jahrelang weitgehend auf seine Töchter oder Söhne und den Familienalltag fixiert war und die eheliche Liebesbeziehung vernachlässigt wurde. Dieser Verlust der Elternrolle kann zu einer Identitätskrise führen. Nun scheint es, dass sich das Ehepaar nichts mehr zu sagen hat, weil es sich inzwischen auseinandergelebt hat. Die verbliebenen Lebensgewohnheiten und manche familiären Abhängigkeiten und Verpflichtungen verhindern nicht selten den entscheidenden Schritt zur Trennung und Scheidung. Das ist wahrscheinlich auch gut so, weil man dadurch vor größeren Dummheiten und tragischen Folgen bewahrt bleibt.

Jetzt ist es wichtig, sich wieder vermehrt auf die früheren und verbliebenen Gemeinsamkeiten zu besinnen, diese vermehrt zu pflegen und auf die Suche zu gehen nach neuen Wegen des Zusammengehens.

Manche Frau spürt, dass ihre Jugendfrische langsam verwelkt und sich erste Anzeichen des Älterwerdens melden. Mancher Mann entdeckt nicht nur seinen „zweiten Frühling“, sondern auch seine bisher vernachlässigte weiche Gefühlsseite. Wer jetzt in eine Torschlusspanik gerät, neigt zu übereilten Entschlüssen. Leicht kann es nun geschehen, dass sein Herz anderswo zu tun bekommt. Ähnliches kann auch einer Frau geschehen, wenn sie anfängt, ihre maskuline Seele zu leben. „Sehr häufig sind diese Verwandlungen begleitet", schreibt C. G. Jung, „von Ehekatastrophen aller Art, denn es ist nicht allzu schwer, sich vorzustellen, was es dann gibt, wenn der Mann seine zarten Gefühle und die Frau ihren Verstand entdeckt." (48)

Es findet um die Lebensmitte unbemerkt eine Art Umpolung in der menschlichen Psyche statt. So manches, was bisher im Unbewussten schlummerte, taucht nun auf und drängt ins Bewusstsein. Was bis dahin im bewussten Seelenleben tonangebend war, versinkt ins Unbewusste und gerät damit außer Kontrolle. Eine neue Bewusstseinslage tritt nun ein und damit auch eine neue Ausrichtung auf das eigene Leben.

Um das 54. Lebensjahr erreicht der Mensch den äußeren Höhepunkt seines beruflichen und gesellschaftlichen Strebens. Er gelangt in den Genuss seiner jahrzehntelangen Lebenserfahrungen. Dadurch wird er, falls er erfolgreich war, zur anerkannten Autorität auf seinem Fachgebiet. Er steht also am Höhepunkt seines Wirkens. Jetzt müssten sich seine Erwartungen weitgehend erfüllt haben und gesteckte Ziele sollten erreicht sein. Was man bis jetzt nicht erreicht hat, lässt sich wohl schwer noch auf den Weg bringen. Die Verse aus Rilkes Herbstgedicht bestätigen sich: „Wer jetzt kein Haus hat, baut sich keines mehr."

Am Übergang zum nächsten Quadranten auf der biologischen Uhr kann es erneut zu einer Lebenskrise kommen, nämlich zur Autoritätskrise. Jetzt gilt es, echt und wahr zu sein nach der Aussage von Joseph von Eichendorff (1788-1857) „Nur was wahr in dir, wird sich gestalten; das andere ist erbärmlich Ding." Nur wer diesem Anspruch genügt, kann als Autorität bestehen. Jetzt muss der Mensch Farbe bekennen, sich auf seine Echtheit prüfen lassen, seine wahre Gesinnung zeigen und seine Ziele offenbaren. Was jetzt nicht standhält, wird vom Sockel gestoßen. Scheinerfolge werden entschleiert und Gewinne, die auf unwahren Wegen erschlichen wurden, werden entlarvt. Jetzt schlägt die Stunde der Wahrheit.

In seinem Buch „Alles Wahre ist einfach" schreibt Karl Heinrich Waggerl: „Es kommt für jeden der Augenblick, in dem er die Höhe seines Lebens überschreitet. In dieser Zeit sieht man weit voraus und weit zurück, man lebt noch wie sonst und freut sich seiner Kraft und der bunten Fülle um einen her. Aber schließlich merkt man doch, dass einem nichts mehr zuwächst, dass man in den Schatten hinuntersteigt und eigentlich immer Abschied nimmt." (49)

Wenn es über die Sechzigerjahre hinausgeht, lässt die Spannkraft und Leistungsfähigkeit deutlich nach. So mancher spürt, was die Schlagersängerin Hildegard Knef einst sang: „Von nun an gings bergab." Jetzt wird man anfangen, langsam kürzer zu treten. Man möchte die Verantwortung allmählich an Jüngere abgeben. Wer dies nicht wahrhaben will und meint, er könne oder müsse auch weiterhin voll im Einsatz seiner Kräfte bleiben, wird dies bald mit gesundheitlichen Schwächen oder Störungen bezahlen. Körperlich machen sich die ersten „Materialermüdungserscheinungen" bemerkbar, begleitet vom unübersehbaren Anzeichen des Alterns. Es handelt sich um die Krisenzeit der eigenen Grenzerfahrungen. Nun kann man aus dem harten Gestein des gelungenen Lebens jenen geistigen „Funken schlagen, der zum Lichterlebnis dieser Jahre wird". (50)

Eine tiefe Dankbarkeit kann nun das vom Lebenskampf ermattete Herz erfüllen. Mit Hans Habe mag der in die Jahre gekommene Mensch sagen:

Ich blicke zurück ohne Bitterkeit, trotz manchem Bitteren.
Ich blicke zurück ohne Schmerz, trotz manchem Schmerzlichen
Ich blicke zurück mit der Erkenntnis, dass wir alle Teil sind
eines großen und herrlichen Planes,
dass wir alle bezahlen von der Geburt bis zum Tode,
dass wir dem Leben aber immer noch schuldig bleiben
für seine glücklichen Augenblicke,
für seine späten Bestätigungen,
für seine großen Offenbarungen.
Ich blicke zurück mit tiefer Dankbarkeit auch für Empfangenes,
für Irrtum und Genugtuung,
für Freuden und Leiden,
für Wunden und Heilung.

Der reife Mensch wendet sich zunehmend von der betriebsamen Außenwelt ab und kehrt am liebsten bei sich selber ein, so wie der Dichter Rilke in seinen „Aufzeichnungen des Malte Laurids Brigge“ schrieb: „Ich lerne sehen. Ich weiß nicht, woran es liegt, es geht alles tiefer in mich ein und bleibt nicht an der Stelle, wo es sonst immer zu Ende war. Ich habe ein Inneres, von dem ich nicht wusste. Alles geht jetzt dort hin. Ich weiß nicht, was dort geschieht.“ (51)

Wenn der Mensch im Rentenalter sich von seinen beruflichen Verpflichtungen zurückzieht, kann er seine Zeit mehr für sich selber nutzen. Wenn er seinem Leben zwar nicht mehr Jahre zu geben vermag, kann er seinen Jahren mehr Leben geben. Nun ist ihm Gelegenheit geboten, seine Innenwelt zu entdecken und manchen verborgenen Schatz zu heben, der ihn bereichern wird.

Im Seniorenalter wartet eine letzte Krisenzeit auf uns: die Bilanzkrise. Der Herbst des Lebens ist die Zeit der Ernte. Hier erweist sich nun, ob sich das eigene Leben gelohnt hat und ob dieses mehr Gewinn oder mehr Verlust eingebracht hat. Am Ertrag oder an der Bilanz lässt sich dies ermessen. Wer in seinen besten Jahren reichlich gesät hat, wird in seinen späten Tagen reichlich ernten können. Wer gesundheitsbewusst gelebt und nicht Raubbau getrieben hat an seinen Lebenskräften, der kann auch bis ins 9. Lebensjahrzehnt hinein rüstig und leistungsfähig bleiben. C. G. Jung war in seinem hohen Alter von 86 Jahren überzeugt: „Der Mensch würde gewiss keine siebzig oder achtzig Jahre alt, wenn diese Langlebigkeit dem Sinn seiner Art nicht entspräche. Deshalb muss auch sein Lebensabend einen Sinn und Zweck besitzen und kann nicht bloß ein klägliches Anhängsel des Vormittags sein.“ (52)

Im Alter werden die Menschen, je nach ihrer Gesinnung und Erfahrung, versöhnlicher, gütiger und toleranter; oder sie werden eigensinniger, unzufriedener und ungeduldiger. Ihr Dasein ist entweder sinnerfüllt oder sinnentleert geworden. Am Abend des Lebens wird einem bewusst, wie viel Ungelebtes und Unerfahrenes noch bleibt und eigentlich noch zu tun wäre. Das ist der Grund sowohl für die Gelassenheit bei den einen wie für die Verbitterung bei den anderen. Diese schauen erwartungsvoll voraus, jene blicken enttäuscht zurück. Wer keine Zukunft mehr vor sich zu sehen vermag, auch über sein Lebensende hinaus nicht, den befällt oft ein Bedauern über manche verpasste Gelegenheit, über falsche Entscheidungen, über enttäuschte Hoffnungen und über ungenutzte Möglichkeiten. Diese späte Einsicht kann manchen in eine tiefe Bilanzkrise stürzen. Er wird, wie Albert Camus einmal sagte: „Nur noch in den Ruinen seiner verblassenden Erinnerungen hausen."

Die vielgerühmte Altersweisheit besteht in der Fähigkeit, Vergängliches vom Beständigen, Zeitliches von Zeitlosem und Nebensächliches von Wesentlichem zu trennen und zu bewerten. Dazu gehört auch die Erkenntnis, dass so manches, das wir einst bedauert oder gar verwünscht haben, sich nun als Glück oder Gnade erweist.

Um eine anstehende Krise überwinden zu können, sollten wir unbedingt drei Fehler zu vermeiden suchen, weil diese keine gute Lösung bringen können. Der erste ist die Verdrängung des Konflikts. Diese besteht darin, dass man die drohende Gefahr nicht sehen oder nicht wahrhaben will und so tut, als wäre alles in bester Ordnung. Das ist die verpönte Vogel-Strauß-Politik, die jeder Einsicht und Auseinandersetzung aus dem Wege geht. Die zweite verfehlte Krisenbewältigung ist die des Fatalismus nach dem Schlagwort: „Es wird schon schief gehen", oder nach dem Murphy-Prinzip: „Alles, was schiefgehen kann, das geht auch schief und ist nicht aufzuhalten." Die dritte verfehlte Taktik ist der Eigensinn, mit dem man stur und starr versucht, am eingeschlagenen Weg festzuhalten, weil man unbedingt Recht haben will. Dagegen führt das Eingestehen begangener Fehler und der Wille, daraus zu lernen, zur Katharsis. Unter diesem Begriff verstanden die griechischen Tragödiendichter des Altertums das Freiwerden von Krisen und Konflikten durch bessere Einsicht, durch Läuterung und Umkehr. Aus einer auf diese Weise überstandenen Krise können wir gestärkt und geläutert hervorgehen.

Die großen Weltzeitalter

Die Natur folgt einem Grundmuster
aus Zyklen ähnlich wie Tag und Nacht
und dem Wechsel der Jahreszeiten.
DAN MILLMAN

So wie das einzelne Menschenleben in kleinen Rhythmen dahinfließt, so rollt auch das ganze Weltgeschehen in großen Zyklen wellenförmig ab. Daher sprechen wir von Weltzeitaltern, die in sehr großen Zeitabläufen aufeinander folgen. Es gibt nicht nur für jeden einzelnen Menschen eine Lebensuhr, sondern auch für den ganzen Kosmos eine Weltenuhr. Die Lehre von den Weltzeitaltern kennt sowohl eine mythologische als auch eine kosmologische Begründung.

Ein Symbol für den wechselnden Wandel in der Schöpfungsgeschichte ist zunächst der Mythos von den „Tagen und Nächten Brahmans“. In der Bhagavad Gita ist darüber zu lesen: „Nach einer uralten Legende erwacht Brahma, der indische Schöpfergott, von Zeit zu Zeit aus tiefem Schlaf. Sobald er seine Augen in die vier Himmelsrichtungen öffnet, entsteht die Welt aus den vier Urelementen Feuer, Luft, Erde und Wasser. Bei beginnender Nacht schließt er seine Augen wieder und schläft ein. Dann vergeht die Welt erneut und versinkt in ihre Nichtexistenz, um nach langer Zeit wieder daraus zu erwachen.“ Dies alles soll sich ohne Ende in einem fortlaufenden Schöpfungszyklus von 4320 Millionen Erdenjahren wiederholen. „Wenn Gottes Weltentag beginnt, tritt das gesamte All ins Sein. Bricht Gottes Nacht herein, dann erlischt das Lichtmeer des Alls aufs Neue.“ In der östlichen Philosophie des Hinduismus gelten die „Tage und Nächte Brahmas“ als Bilder vom Entstehen, Vergehen und Wiederkehren. (53)

Nach einem ähnlichen Mythos hängt das Entstehen und Vergehen der Welt mit dem Atem des Schöpfergottes Brahma zusammen. Bei seinem Ausatmen entsteht die Welt. Wenn er wieder einatmet, vergeht sie erneut, und so im ewigen Wechsel. Dadurch entstehen die langen Zeitperioden in der Weltentwicklung. In den indischen Veden werden vier Zeitalter mit den Bezeichnungen „Yugas“ beschrieben.

Die tausendfache Länge dieser vier Yugas soll einem Tag Brahmas entsprechen.

Aus der indischen Yoga-Philosophie kennen wir die vier Yugas in absteigender Folge: (54)

Satya Yuga, das Goldene Zeitalter	4800 x 360 =	1 728 000 Jahre
Treta-Yuga, das Silberne Zeitalter	3600 x 360 =	1 296 600 Jahre
Dvapara-Yuga, das Kupferne Zeitalter	2400 x 360 =	864 000 Jahre
Kali-Yuga, das Eiserne Zeitalter	1200 x 360 =	432 000 Jahre

Nach dieser Lehre befindet sich unsere Menschheit im Kali-Yuga, nämlich in der größten Verdichtung der Materie. Dieses Zeitalter begann vor 5200 Jahren. Es gilt als Tiefpunkt der Abwärtsentwicklung, aber zugleich auch als „Wendepunkt, der auf eine Wendezeit hinausläuft, in der Licht wieder die Dunkelheit auflöst". (55)

Auch die iranisch-persische Kosmologie kennt die Lehre von den vier Zeitaltern, die sie vermutlich aus dem Hinduismus übernommen hat.

In der westlichen Welt kannte man bereits im Altertum die Einteilung der Geschichte in mehrere Weltzeitalter, wie sie der griechische Dichter Hesiod um 700 v. Chr. in seiner Schrift „Werke und Tage. Eine Götter- und Menschheitsgeschichte" geschildert hat. (56)

In dieser versah er große Zeitepochen mit den Namen der vier Grundmetalle Gold, Silber, Kupfer und Eisen. In ähnlicher Weise besang Ovid in seinen ländlichen Liedern unter dem Titel „Metamorphosen" (I, 89-12) vier metallene Zeitalter, nämlich das goldene, das silberne, das kupferne und das eiserne Zeitalter. Dabei sind es stets vier Zeitalter, die da genannt werden, weil die Zahl 4 als ein Symbol für die materielle Welt und ihre vier Grundfesten in den vier Himmelsrichtungen gilt. Auch in der westlichen Welt war eine ähnliche Einteilung in vier Weltzeitalter bekannt. Im Maya-Kalender werden vier Welt-Perioden nach der Erschaffung der Welt aufgezählt. (57)

Die Hopi-Indianer in Arizona kennen noch heute vier Zeitalter. Die erste Welt am Anfang der Zeit, Tokpela genannt, war ein Raum ohne Zeit, ohne Form in unendlicher Leere. Damals erdachte der unendliche Gott Taiowa das Endliche, indem er das Land vom Urwasser abtrennte und darauf Pflanzen, Tiere und Menschen erschuf. Alle Lebewesen waren glücklich und lebten friedlich miteinander. In der zweiten Welt, Tokpa, fingen die Menschen an, die Tiere von sich zu trennen. Da begann die Schlange Katoya, die Menschen gegeneinander misstrauisch zu machen, so dass Feindschaften entstanden. Zur Strafe ließ die Gottheit die Welt im Wasser versinken und im Eis erstarren. Nach langer Zeit, als die Gletscher abgeschmolzen waren, wurde die dritte Welt mit dem Namen Kuskurza erschaffen. Die Erde wurde wieder neu besiedelt. Doch nach kurzer Zeit fingen die Menschen wieder an, sich zu bekämpfen. So kam es zu Kriegen, zu großer Verderbnis und riesigen Naturkatastrophen. Die Überlebenden flohen übers Meer und kamen schließlich in die 4. Welt. Diese war gekennzeichnet durch Höhen und Tiefen, Hitze und Kälte, Fruchtbarkeit und Dürre, Gesundheit und Krankheit, Leben und Tod. Nach dem Glauben des Hopi-Volkes leidet diese 4. Welt, in der die Menschheit gegenwärtig lebt, unter Egoismus, Eroberungssucht und Friedlosigkeit. (58)

Nach der esoterischen Deutung bestand in der Frühzeit der geistigen Schöpfung ein paradiesischer Zustand, in dem sich die ganze primäre Schöpfung im Zustand der präkosmischen Harmonie befand. Im Silbernen Zeitalter verblasste der goldene Glanz, weil sich in den himmlischen Welten eine geistige Gegenbewegung anbahnte, welche die ursprüngliche Ordnung infrage stellen wollte. Im Kupfernen Zeitalter kam es zum verhängnisvollen Bruch zwischen den gottzugewandten und den gottabgewandten Himmelsbewohnern und damit zur radikalen Scheidung zwischen beiden Lagern. Nach der Trennung von Gut und Böse, von Licht und Finsternis kam es im Eisernen Zeitalter zur Bildung der sekundären Schöpfung in der materiellen Welt, in der wir uns gegenwärtig befinden.

Der Philosoph Karl Jaspers (1883-1969) bezeichnete die Geschichtsperiode von 800-200 v. Chr. als Achsenzeit, in der die antiken Hochkulturen der Ägypter, Perser, Babylonier und Griechen einen bisher nicht mehr erreichten Höhepunkt durchlebten. Tatsächlich lebten in der Epoche zwischen ungefähr 600 bis 200 vor unserer Zeitrechnung hervorragende Geistesgrößen, welche die Geschichte der ganzen Menschheit maßgeblich beeinflussten. Diese hatten einen bedeutenden kulturellen Einfluss auf alle nachfolgenden Zivilisationen bis zum heutigen Tag. (59) Zu diesen gehörten:

Solon (640-560)
Zarathustra (630-553)
Thales von Milet (625-547)
Pythagoras (570- 496)
Buddha (560-480)
Konfuzius (551-479)
Heraklit (540-480)
Parmenides (515-460)
Sokrates (469-399)
Demokrit (460-370)
Platon (427-347)
Aristoteles (384-322)
Epikur (341-270)
Zenon von Kition (342-270)

Ist es nicht seltsam, dass in einer verhältnismäßig kurzen Zeitspanne so viele große Geister zur Menschwerdung gelangten, über die man in Wissenschaftskreisen heute noch spricht?

Im Mittelalter versuchte Joachim von Fiore (1135-1202) der Zeiteinteilung einen christlichen Charakter zu geben, indem er unter Bezugnahme auf das Dreifaltigkeitsdogma vom Zeitalter des Vaters, vom Zeitalter des Sohnes und vom Zeitalter des Heiligen Geistes sprach, dem seiner Ansicht nach nun als viertes das „Reich Gottes“ folgen soll, um dessen Ankunft die Christenheit im „Vaterunser“ immer noch betet. Es soll dies eine Zeit sein, in der sich die Tore zur Lichtwelt öffnen. Dies sei, so meint Hans Stolp, eine Übergangszeit und zugleich der Beginn einer Neuzeit, wie ein Erwachen aus einem Traum, als wenn ein Licht angezündet wird, oder ein Schleier beiseite gezogen würde. Als würde ein Fenster geöffnet, um frische Luft hereinzulassen. (60)

Dass unterschiedliche Völker und Kulturkreise unabhängig voneinander sich gleiche und ähnliche Symbolbilder für die Schöpfungs- und Menschheitsgeschichte ausmalten, weist darauf hin, dass es sich hier um echte Archetypen im Sinne von überlieferten Urbildern handelt, die nicht frei erfunden wurden, sondern auf kollektive Menschheitserfahrungen zurückzuführen sind. Unter den Wissenden und Eingeweihten herrscht heute allgemein die Auffassung, dass sich die Menschheit gegenwärtig am tiefsten Punkt des Eisernen Zeitalters befindet. Deshalb müsse sich nun eine Umkehr und eine Wendezeit anbahnen.

Der Lehre von den Weltzeitaltern liegt nicht nur eine mythologische Erzählung zugrunde, sondern sie kann auch auf eine kosmologische Berechnung zurückgreifen. Dies hat mit der rückläufigen Wanderung (Präzession) des astronomischen Frühlingspunktes durch den Tierkreis zu tun. Dieser wurde vom griechischen Astronomen und Mathematiker Hipparchos (um 190-120 v. Chr.) berechnet, anhand babylonischer Aufzeichnungen von Sonnenfinsternissen und aus viele Jahrhunderte alten astronomischen Beobachtungen aus Griechenland. Er fand, dass im Verlauf von rund 25.000 Jahren dieser Punkt einmal den gesamten zwölfteiligen Tierkreis von 360 Grad umrundet. Für jeden einzelnen dieser 12 Ausschnitte oder Sektoren, dargestellt durch die zwölf Felder des Zodiak, braucht er 2100 Jahre. Dies entspricht einem Weltenmonat. Zwölf Weltenmonate bilden ein Weltenjahr von rund 25.000 Jahren, was einem kosmischen Jahr entspricht. Dieses wird auch Platonisches Jahr genannt, weil Platon in seinem Dialog „Timaios" davon spricht, dass die Planeten nach einem großen Weltenzyklus an ihrem gemeinsamen Anfangs- und Frühlingspunkt wieder zusammentreffen. (61)

Es wird angenommen, dass bei jedem Übertritt des Frühlingspunktes von einem Tierkreiszeichen in das nächste Tierkreiszeichen bei der Menschheit ein neues Bewusstsein ausgelöst wird, was dem betreffenden Zeitalter seinen charakteristischen Stempel aufdrückt. Danach befinden wir uns gegenwärtig am Übergang vom Fische-Zeitalter ins Wassermann-Zeitalter. Das astronomische Symbol für das Tierkreiszeichen Fische sind zwei gegeneinander gestellte konkave Linsen, vergleichbar mit zwei Menschen, die sich Rücken an Rücken gegeneinander stemmen. In dieser Haltung kommen die Gegensätzlichkeit und Zwiespältigkeit von Krieg und Frieden, von Hass und Versöhnung, von Freud und Leid zum Ausdruck, was typisch ist für die vergangene Fische-Epoche, der das labile Element des Wassers zugeordnet war.

Das neue Zeitalter steht unter der Regentschaft des Wassermanns, symbolisch gekennzeichnet durch zwei parallel verlaufende Wellenlinien. Diesem entspricht das geistige Luft-Element, und es signalisiert ein Miteinander statt ein Gegeneinander. (62)

Teilhard de Chardin sah bereits vor mehreren Jahrzehnten voraus: „Wir nähern uns trotz aller Fehlschläge und Unwegsamkeiten einem neuen Zeitalter. Die geistige Temperatur unseres Planeten ist im Steigen begriffen. Die Menschheit muss auf eine höhere Schwingungsebene gebracht werden, wenn sie überleben will." (63) Dies führt dazu, dass Zukunftsforscher und Naturforscher bereits heute ein neues Zeitalter verkünden, das sie als Anthropozän (gr. *anthropos*: der Mensch) bezeichnen, weil diese Veränderungen weitgehend von uns Menschen verursacht werden. (64)

Aus kosmologischer Sicht befinden sich die Bewohner unseres Erdplanten heute am Anfang einer neuen Zeitepoche, nämlich am Beginn des Wassermann-Zeitalters. (65) Äußere Merkmale des Wassermann-Zeitalters sind folgende Anzeichen: (66)

- Abkehr von der einseitigen materialistischen Denkweise
- Förderung des Ideenreichtums und der Entdeckerfreude
- Ausweitung des Fortschrittdenkens auf allen Wissensgebieten
- Neue Strukturen in Partnerschaft und Gesellschaft
- Abbau der sozialen und kulturellen Spannungen und Gegensätze
- Gleichberechtigung und soziale Anerkennung der Geschlechter
- Erweiterung des globalen Denkens unter den Völkern und Nationen
- Vereinheitlichung des konfessionellen und religiösen Denkens
- Erhöhung des sittlichen Bewusstseins unter den Menschen
- Ablösung des partiellen Denkens zugunsten ganzheitlicher Denkmuster
- Hinwendung zu einem spirituellen Welt- und Menschenbild
- Erweiterung der geistigen Bewusstseinshorizonte

Dies alles geschieht nicht in kurzen Zeitabständen, sondern in längeren Zeiträumen. Ein Jahrhundert ist auf der kosmischen Weltenuhr nicht mehr als ein kleiner Zeigersprung.

Zum Beginn des Wassermann-Zeitalters schrieb der Architekt André Studer (1926-2007) im Jahr 2005 in sein Tagebuch:

Die Zeichen mehren sich,
wonach Welten im Umbruch begriffen sind.
Kinder und Narren ahnen nichts davon
und führen ein Leben wie eh und je,
in Streit und Konkurrenz die meisten,
während wenigen das Wissen und die Verwandlung
ihrer selbst deutlich wird.
Nicht Untergang, Wandlung ist angesagt.

9.

Das Gesetz der Resonanz

Wie man in den Wald hineinruft,
so tönt es zurück.
SPRICHWORT

Alle Dinge in unserer Welt bestehen aus energetischen Schwingungen. Diese erzeugen durch ihre Bewegungen eigene Kraftfelder mit bestimmten Eigenschaften. Dadurch kann bei strukturähnlichen Dingen ein Mitschwingen erzeugt werden. Dieses bezeichnen wir als Resonanz, abgeleitet vom lateinischen *resonare* für wiedertönen, zurückhallen. Dieser Begriff stammt aus der Akustik-Lehre und bezeichnet das Mitschwingen eines Musikinstrumentes mit der Eigenschwingung eines anderen. Dies kann geschehen, wenn eine tönende Stimmgabel ohne Berührung eine zweite Schwinggabel in unmittelbarer Nähe zum Tönen bringt, sofern ihre Eigenschwingung mit der Schwingung der anderen übereinstimmt. Auch ein Radiogerät kann nur jene Sendung störungsfrei übertragen, wenn es auf die Frequenz der Sendestation eingestimmt ist. Bei einem Saiteninstrument wirkt der Hohlraum des hölzernen Resonanzbodens durch dessen Mitschwingen als Klangverstärker. Ertönt ein Klang mit seiner Resonanz harmonisch überein, wird er als Konsonanz im Sinne von Gleichklang oder Wohlklang bezeichnet; handelt es sich aber um einen Misston, sprechen wir von Dissonanz.

Auch der Mensch kann wie ein Klangkörper reagieren. Er erlebt seine Außenwelt als Resonanz auf seine eigene innere Gestimmtheit und

Ansprechbarkeit. Wir sind nämlich zumeist nur für jene Schwingungen und Einflüsse von außen empfänglich, mit denen wir inwendig in Resonanz stehen. So empfand es Goethe, als er dichtete:

Wär nicht das Auge sonnenhaft,
Die Sonne könnt es nie erblicken;
Läg nicht in uns des Gottes eigene Kraft,
Wie könnt uns Göttliches entzücken?

Gleiches zu Gleichem

Aufgrund dieser Resonanz zieht Gleiches das Gleiche an, und dieses wird durch Gleiches sogar noch verstärkt. Dies geschieht auf allen Ebenen im Guten wie im Bösen. Positives zieht Positives an, Negatives zieht Negatives in seinen Bann. Dagegen stößt Ungleiches sich gegenseitig ab und schwächt beides. (1) Diese Gegebenheit wird als Echowirkung bezeichnet. Das Wort Echo (gr. *eché*: Schall) stammt aus der griechischen Mythologie. Dort wird erzählt, dass die Bergnymphe Echo sich in den schönen Jüngling Narkissos verliebt hat. Doch dieser wies ihre Zuneigung zurück, weil er in sich selbst verliebt war. Eines Tages wollte er im klaren Wasser eines Teichs sein eigenes Spiegelbild umarmen. Dabei fiel er ins Wasser und ertrank. Das Wehklagen der Nymphe über den Tod ihres Geliebten soll noch heute in jedem Echo als Erinnerung nachklingen. (2)

Physikalisch gesehen, handelt es sich beim Echo um die Wiederkehr einer Tonschwingung. Schallwellen breiten sich in der Luft mit einer Geschwindigkeit von 343 Metern pro Sekunde aus. Prallen diese auf ein Hindernis wie auf eine Felswand, so wird der Schall umgehend zurückgeworfen und erzeugt ein Echo. Ähnliches geschieht in weiten Hohlräumen, so in einer Höhle, in einer Kirche oder im Wald.

Dass sich Schallwellen aufgrund ihrer Resonanzschwingungen einander anpassen können, hat der holländische Mathematiker und Optiker Christian Huygens (1629-1695) beobachtet, als die Pendel mehrerer benachbarten Uhren an seiner Werkstattwand anfingen, sich im gleichen Schwingungsrhythmus einander anzugleichen und in ihrem

Lauf völlig miteinander übereinstimmten. (3) In der heutigen Physik wird dieses Phänomen als Phasenkoppelung bezeichnet. Diese besteht darin, dass sich zwei unterschiedliche Schwingungskreise so lange angleichen, bis sie phasengleich geworden sind.

Bei der Navigation eines Schiffes und bei geologischen Bohrungen wird das Echo als Lot zur Messung von Entfernungen, Tiefen und Höhen angewandt. Aus der Tierkunde ist uns bekannt, dass Fledermäuse bei ihrem Nachtflug sich mit Hilfe des Echolots in der Dunkelheit orientieren können. Sie senden nämlich einen Ultraschallton aus, bei dessen Echo sie die Entfernung und Richtung eines Hindernisses oder eines anderen Flugobjektes, so etwa eines fliegenden Beutetieres, abschätzen können.

Auch alle Arten von digitalen Nachrichtenübermittlungen setzen die Resonanz von Sender- und Empfängerstation voraus. Dies ermöglicht uns, mit der ganzen Welt in vielfältiger Weise verbunden zu sein und weltweite Kontakte zu unterhalten. Es besteht aber auch die Gefahr, dass die enorme Informationsmenge, die uns täglich überflutet, uns abhängig und viele sogar süchtig macht. Die Resonanzwirkung dieser ständigen Reizüberflutung kann Gesundheit, Aufmerksamkeit und Leistungsfähigkeit erheblich beeinträchtigen. (4)

Eine starke Resonanz kann sogar zerstörend wirken, wenn zwei ungleiche Schwingungen aufeinander prallen, was beim Tönen zweier angeschlagener Gläser der Fall sein kann, und eines der Gläser zerspringt. In der Bibel wird erzählt, dass beim Umschreiten der Stadtgrenze von Jericho die Israeliten ihre Widderhörner ertönen ließen, was zum plötzlichen Zusammenstürzen der Stadtmauern geführt haben soll. (Heb 11,30) Vor einigen Jahren übte eine Musikkapelle in einem Garten nahe den Mauern eines alten Schlosses. Bei einer bestimmten Tonlage stürzte ein Teil der Schlossmauer ein, weil die Musiker mit ihren Instrumenten den Grundton der Mauer trafen. (5) Ähnliches könnte geschehen, wenn eine Kompanie Soldaten im Gleichschritt über eine Hängebrücke marschieren und diese dadurch zum Einsturz bringen würde.

Auf der biologischen Ebene setzt jede Austauschfunktion die Resonanz gleichschwingender Energiefelder voraus, die miteinander in

Resonanz kommen. Auf diese Weise können morphogenetische Felder entstehen. (6) Ein typisches Beispiel hierfür ist die Bildung von Schwarmfeldern bei Sardellen oder bei fliegenden Insekten wie Mücken, Schmetterlingen und Heuschrecken, oder bei Ameisen und Bienen auf dem Hochzeitsflug. Was diese Tierchen oft zu Hunderttausenden im Flug eng zusammenhält, als wären sie ein einziges Lebewesen, in dem alles mit allem wie verbunden scheint, ist die gegenseitige Resonanz. Es macht den Eindruck, als stünden sie unter einer Art „Oberkommando", das dafür sorgt, dass sie zueinander den richtigen Abstand wahren. Dahinter vermuten unsere Biologen eine spezielle Schwarmintelligenz. Es ist ähnlich wie bei einer Flugschau, wenn mehrere Flugzeuge miteinander einen akrobatischen Formationsflug vorführen. Dies ist nur möglich, wenn die Piloten der Flugstaffel miteinander in ständigem Funkkontakt sind. (7)

Auch wir Menschen passen uns bewusst oder unbewusst jenen Schwingungen an, mit denen wir uns in Resonanz befinden. So spielt im gesundheitlichen Bereich die Aktivierung der körperlichen Reflexzonen eine bedeutende Rolle. Jedem inneren Organ ist von Natur aus eine bestimmte Zone an der Körperoberfläche zugeordnet. Wir nennen diese Reflexpunkte. Werden diese bei der Akupunktur von außen durch feine Nadeln oder durch Fingerdruck gereizt, können die entsprechenden inneren Organe zu vermehrter Tätigkeit angeregt und nötigenfalls der Gesundung zugeführt werden. Es sind insbesondere die sieben Haupt-Chakras, die im menschlichen Ätherkörper als Energieumsetzer eingelagert sind, welche auf Resonanzschwingungen ansprechen. (8) Durch die Betonung einfacher Laute beim Ausatmen lässt sich deren Resonanzwirkung auf die inneren Organe übertragen, damit diese entspannt werden. Hermann Hesse hat in seinem Buch „Siddhartha" die Resonanzübung eines jungen Brahmanen wie folgt beschrieben: „Schon verstand er, lautlos das OM zu sprechen, das Wort der Worte, es lautlos in sich hinein zu sprechen mit dem Einhauchen, es lautlos aus sich heraus zu sprechen mit dem Aushauchen, mit gesammelter Seele, die Stirn umgeben vom Glanz des klar denkenden Geistes." (9)

Es ist auch möglich, die Energiefelder zweier Menschen miteinander in Resonanz zu bringen, indem sich diese ihre Hände reichen, ihre Fingerspitzen berühren oder sich umarmen, um so ihre gegenseitige

Sympathie zu bekunden, was in der alternativen Sympathieheilung als „Bio-Touch" bezeichnet wird. (10) Auf der medizinischen Ebene wird heute die Bioresonanzmethode als bildgebendes Verfahren bei der Diagnosestellung zur Anwendung gebracht. Beispiele hierfür sind die Ultraschallmethode und die Magnetresonanztomographie (MRT). Mit Hilfe der Bioresonanztherapie und Magnetresonanztherapie soll es möglich sein, durch Schallwellen im Niederfrequenzfeld krankmachende Störfelder zu beheben, die Durchblutung und Sauerstoffversorgung der Zellen zu fördern, den Stoffwechsel zu begünstigen und psychischen Negativ-Stress, Depressionen und Schlafstörungen zu mildern sowie Angst- und Erschöpfungszustände zu beheben. (11)

Damit Gesundsein von Dauer ist, verlangt dies in der Regel eine weitgehende Umstellung und Neuorientierung in körperlicher, seelischer und geistiger Hinsicht, um so das innere Gleichgewicht wiederherzustellen. Dies ist das Prinzip der Schwingungstherapie, die ihren Ursprung in der chinesischen Organ- und Meridianlehre hat. Diese zielt darauf ab, die elektromagnetischen Energiefelder des Menschen miteinander in harmonische Resonanzschwingung zu bringen, um dadurch die Harmonie der Organe wieder aufzubauen. Ganz besonders ins Gewicht fällt diese Resonanz bei allen Formen psychischer Energieübertragung und bei Heilungsvorgängen. Gleiches gilt für das Arzt-Patienten-Verhältnis. Damit Heilung geschehen kann, muss zwischen beiden eine gute Resonanz bestehen, gegründet auf gegenseitigem Verständnis und Vertrauen.

Eine heilende Wirkung kann auch entstehen, wenn eine größere Ansammlung von gleichgesinnten Menschen sich zu einem gemeinsamen Gebet oder Gesang, zu einer Gruppenmeditation oder zu einer religiösen Feierstunde zusammentun und so ein höherschwingendes Resonanzfeld entstehen lassen, von dem sie sich getragen fühlen. So kann es geschehen, dass in einem Heilungskreis viele Milliarden von Zellen solidarisch miteinander in Schwingung geraten und sich gegenseitig mit Energie aufladen. Dann kann Gesundung eintreten, wenn das Ganze wieder in harmonische Übereinstimmung und Gleichschwingung kommt. Daher konnte der deutsche Dichter Friedrich von Hardenberg (1772-1801), der unter dem Schriftstellername Novalis bekannt geworden ist, mit Recht sagen: „Ein Mensch in Harmonie wird nicht krank."

Aus der Parapsychologie wissen wir, dass durch die Wirkung von spirituellen Resonanzfeldern, die durch Gebete und Meditationen in einem Heilungskreis aktiviert werden, tatsächlich heilsame Wirkungen ausgehen. Solche lassen sich sogar zur Fernbehandlung von Kranken einsetzen. Der Arzt Richard Moss hält es für möglich, dass die Wirkung eines derartigen Resonanzkreises darin besteht, dass dessen konzentrierte mentale Energie übertragbar ist und diese selbst bei abwesenden Personen eine Steigerung der Heilungskräfte auszulösen vermag. (12)

Wie sehr die positive Resonanz eine entscheidende Rolle spielen kann, zeigt sich bei einer Organtransplantation. Jede biologische Verträglichkeit beruht nicht bloß auf einer äußeren sympathischen Zuneigung, sondern auch auf einer tiefgründigen Genverwandtschaft. Je genverwandter Spender und Empfänger sind, desto geringer ist die Gefahr, dass ein Spenderorgan durch das körpereigene Immunsystem abgestoßen wird. Ähnliches gilt auch im seelischen Bereich. Die Schicksalspsychologie hat aufgrund ausgedehnter Stammbaum- und Zwillingsforschung nachgewiesen, dass Freundespaare, Liebespaare und Ehepaare zwar nicht blutsverwandt, jedoch in der Regel genverwandt sind. Das will sagen, sie denken, fühlen und empfinden aufgrund ihrer erbbedingten Veranlagung ähnlich oder gleich, ob sie sich dessen bewusst sind oder nicht. Es besteht zwischen ihnen eine gleichartige oder ähnliche Schwingungsresonanz und damit eine deutliche Seelenverwandtschaft, ohne die eine tiefere menschliche Beziehung und Bindung auf Dauer gar nicht denkbar ist. (13)

Menschenpaare, die durch gleich schwingende Resonanzfelder verbunden sind, laden sich gegenseitig mit Energie auf und tun sich wechselseitig gut. Paare, deren Schwingungsfelder in gegenseitiger Dissonanz stehen, ziehen Bioenergie voneinander ab, schwächen sich gegenseitig und vertragen sich schlecht. Ich habe in der Eheberatung und Paartherapie mithilfe einer familiären Erbanalyse immer wieder versucht festzustellen, inwieweit zwischen den Betroffenen überhaupt eine seelische Resonanz besteht, die sie füreinander bindungsfähig machen könnte. Dies wäre für die Prognose einer Partnerschaft viel maßgebender als ihre gegenseitigen Verliebtheitsgefühle, die selten von langer Dauer sind.

Manuela Oetinger weist uns darauf hin, dass zwei menschliche Energiefelder in gleichartige Resonanz gebracht werden müssen, wenn sie durch eine gleichartige Schwingung miteinander in Berührung kommen sollen. (14) Ein Merkmal hierfür ist vielleicht das gegenseitige Bekenntnis: „I feel good for you." Wir fühlen uns nur bei jenen Menschen wohl, die unserem eigenen Schwingungsfeld entsprechen, und nur dort, wo eine positive Resonanz besteht.

Auch auf der mentalen Ebene ziehen wir im Bereich der Gedankenwellen gleiche oder ähnliche Schwingungen an. Bei der gedanklichen Resonanz kommt es häufig zur Anregung von Ideen, Vorstellungen, Absichten und Bestrebungen, die sich gegenseitig beeinflussen und verstärken. Entsprechend der Frequenz unserer eigenen Bewusstseinswellen lösen wir in uns und um uns eine gleichschwingende Anziehungskraft aus, welche ähnliche Schwingungsmuster aus unserer Mit- und Umwelt beeinflussen. Auch können wir von außen nur jene Einwirkungen aufnehmen, für die wir in uns eine Resonanzfähigkeit besitzen. All unser Denken erzeugt in uns einen Widerhall, der uns mit der Zeit formt und prägt. Daher ist es berechtigt zu sagen: „Was du denkst, das wirst du." Ein indischer Meister lehrte seinen Schüler: „Alles, was man ständig vor sich hindenkt und wünscht, wird von der Natur gehört, gefühlt und aufgenommen. Und dann wird es von der Natur in Energie transformiert, in gute oder negative Energie." (15) Buddha anerkannte dieses mentale Resonanzgesetz mit folgenden Worten: „Wir sind, was wir denken. Alles was wir sind, entsteht aus unserem Denken. Mit unseren heutigen Gedanken bauen wir die Welt von morgen." (16)

Wer ständig an Negatives denkt und dieses befürchtet, zieht es herbei. Furchtgedanken und Angstgedanken sind wahre Brutstätten für Kummer und Sorgen, die wiederum ihresgleichen hervorrufen und an sich ziehen. Wenn wir uns mit Problemen, Schwierigkeiten oder Konflikten belasten, die aus einer unstimmigen Resonanz entstanden sind, hilft es wenig, deren Auswirkungen lediglich mit äußerlichen Gegenreaktionen anzugehen. Hilfreicher ist es, die bestehende Dissonanz zunächst in uns selber zu beheben und unsere seelische Innenwelt wieder in positive Resonanz zu unserer Außenwelt zu bringen, und zwar durch wohlwollendes, gütiges und friedvolles Denken.

Was uns an anderen Menschen gefällt oder missfällt, ist genau das, was wir in uns selber bejahen oder verneinen. Die aus Kasachstan stammende hellsichtige Jana Haas schreibt in ihrem Buch „Der Seelenplan“: „Über die Resonanz begegnen wir im Äußeren vermehrt dem, was wir im Inneren als Wahrheit tragen, was wir überwiegend bewusst oder unbewusst denken und nach außen ausstrahlen. Was immer wir denken, steht mit seinesgleichen in Resonanz, und Gleiches zieht Gleiches an.“ (17)

Weil Resonanzfelder auch Informationsträger sind, ist es möglich, dass zwischen diesen gleichartige Gedanken übertragen und ausgetauscht werden. So kommt es öfters bei Zwillingspaaren, bei jungen Verliebten und bei harmonischen Ehepaaren vor, dass sie in ihrem Denken aufeinander eingestimmt sind und sich so in mentaler Resonanz befinden. Daher verstehen sie sich häufig, ohne viele Worte zu verlieren, legen gleiche oder ähnliche Ideen an den Tag, machen gleichlautende Vorschläge und treffen übereinstimmende Entscheidungen, ohne sich vorgängig hierüber abzusprechen. Das ist auch das Geheimnis eines guten Teams bei der gemeinsamen Arbeit, beim Sport und in der Freizeit. Der Kontakt mit anderen Menschen wirkt als Resonanz auf uns zurück und beeinflusst wiederum unser Verhalten der Umwelt gegenüber. So wie der störungsfreie Empfang einer Radiosendung nur dann gelingt, wenn Sender und Empfänger miteinander in ihrer Frequenz übereinstimmen, so setzt auch die Resonanzschwingung zwischen zwei Menschen voraus, dass sie auf die gleiche Wellenlänge miteinander abgestimmt sind.

Gleiche oder ähnliche Gedankengänge beeinflussen und verstärken sich gegenseitig. Auf diesem Prinzip beruht die Wirkung von Reklame, Propaganda und Fremdsuggestion. So kommt es auch zu Massenbewegungen, Gesinnungen, Überzeugungen oder Modeströmungen, die den Zeitgeist beeinflussen können. Auch die Verbesserung des geistigen Klimas in einer menschlichen Gemeinschaft kann durch mentale Resonanz bewirkt werden. Das ist die Meinung von Ruzbeh Bharucha, der in seinem Buch „Der Fakir“ schreibt: „Jeder von uns, der die richtige Schwingung aussendet, kann auf diese Weise dabei helfen, die innere Einstellung von mehr und mehr Menschen zu ändern, bis die Welt mit positiven Schwingungen und richtigen Handlungen pulsiert.“ (18)

Auf der Resonanzfähigkeit beruhen nach Ansicht des Biologen Rupert Sheldrake auch unsere Erinnerungen, Gewohnheiten und erworbenen Kenntnisse, die nicht an Hirnareale gebunden sind. „Wir tragen unser Gedächtnis nicht im Kopf mit uns herum." (19) Es gibt tatsächliches Erinnern auch im körperlosen und hirnunabhängigen Zustand, wie die zahlreichen Nahtod-Erfahrungen beweisen. Es wird vielfach bezeugt, dass selbst Verstorbene, wenn sie sich auf medialem Weg mitteilen, von ihren Erinnerungen aus ihrem früheren Leben auf Erden erzählen können. (20)

Sympathie und Empathie

Die Sympathie steht unter dem Gesetz der Anziehung. Das Gleiche und Ähnliche zieht sich gegenseitig an, gemäß dem Sprichwort: „Gleich und gleich gesellt sich gern." Aber auch Ungleiches und Gegensätzliches drängen zueinander hin nach dem Motto: „Gegensätze ziehen sich an." Sogar zwischen leblosen Metallen kann nicht jedes mit jedem legiert werden. So besteht eine Sympathie zwischen Kupfer und Zink, deren Legierung zu Messing wird, oder zwischen Kupfer und Zinn, aus der die Bronze entsteht. Immer geht es um die gegenseitige Verträglichkeit auf verschiedenen Ebenen. Selbst die Naturheilmethode der Homöopathie (gr. *homoios*: gleich, ähnlich) baut auf dem Gesetz der Sympathie auf, denn deren Heilkraft beruht auf dem Ähnlichkeitsprinzip „simila similibus curentur" ihres Begründers, des Arztes Samuel Hahnemann (1755-1843), wonach Ähnliches mit Ähnlichem geheilt werden kann. (21)

Unter Empathie ist die Fähigkeit und die Bereitschaft zu verstehen, sich in die Eigenart und den Zustand eines anderen Menschen einzufühlen, um mit ihm in Resonanz zu kommen und dadurch an seinem Erleben in Freud und Leid teilzunehmen und mit ihm mitzuempfinden. Im erweiterten Sinne kann man unter Empathie die gegenseitige Beeinflussung und Einwirkung aller Wesen und aller Dinge verstehen, weil alles mit allem zusammenhängt. Daher spricht man in der Esoterik von der „Sympathie aller Dinge". In diesem Sinne wies auch Pythagoras auf unsere Verwandtschaft mit allem, was lebt und beseelt ist, hin. (22) Dieser Gedanke begegnet uns zudem im Gedicht „Erste Stunde" von Rainer Maria Rilke: (23)

Wer jetzt weint irgendwo in der Welt,
ohne Grund weint in der Welt,
weint über mich.
Wer jetzt lacht irgendwo in der Nacht,
ohne Grund lacht in der Nacht,
lacht mich aus.
Wer jetzt geht irgendwo in der Welt,
ohne Grund geht in der Welt,
geht zu mir.
Wer jetzt stirbt irgendwo in der Welt,
ohne Grund stirbt in der Welt:
sieht mich an.

Auch die zwischenmenschlichen Beziehungen leben von der Sympathie. Was Menschen zusammenführt, was sie gegenseitig anzieht, was sie in Freundschaft und Liebschaft verbindet, was sie manchmal zueinander treibt und drängt und zwingt, ist zunächst nicht die Liebe, sondern die Sympathie. Diese wird ausgelöst durch das gleichschwingende Resonanzfeld im Bereich ihrer Triebe, Bedürfnisse, Gefühle und Gedanken. Daher sind Menschen, die gleich oder ähnlich fühlen, empfinden und denken, sich sympathisch. (gr. *syn*: gleich, *pathein*: fühlen, empfinden). Zwischen ihnen bildet sich eine Sympathiebrücke. Ob es zwischen zwei Menschen „funkt", hängt davon ab, inwiefern ihre Eigenschwingungen miteinander in Resonanz kommen. Wir können nur für jene Menschen eine echte Sympathie empfinden, für die wir eine gewisse Wesensverwandtschaft spüren. Die tiefere Ursache für diese gleichsinnige und gleichschwingende Resonanz ist den Beteiligten zumeist nicht bewusst, weil dieses mit der Ähnlichkeit oder Gleichheit ihrer latent vererbten Gene zu tun hat. Bei der menschlichen Kontaktnahme ist die gegenseitige Resonanzfähigkeit von entscheidender Bedeutung.

Besonders deutlich wird dies bei der „Liebe auf den ersten Blick", wo die Verliebten zunächst fasziniert sind vom Gleichklang ihrer Herzen und von der Verwandtheit ihrer Gedanken, ohne sich näher zu kennen. Dass dies noch nicht die wahre Liebe ist, sondern meist nur eine vorüberrauschende Sympathiewelle, die sie streift und ergreift, beweist nur die Unbeständigkeit einer solchen Beziehung. Nach Ansicht des ungarischen Psychiaters Leopold Szondi (1893-1986), des Begründers der Schicksalsanalyse, sind Liebespaare und Ehepaare in der Regel miteinander sympathieverwandt. Sie tragen im Hintergrund ihres Erbgutes gleiche und ähnliche Triebansprüche in Einzeldosis, die sich gegenseitig anziehen, um dann in einer möglichen späteren Nachkommenschaft in doppelter Legierung manifest zu werden. Diese Gesetzmäßigkeit ist der Stimme der Natur und nicht der Liebe zuzuschreiben. Was bei den Tieren rein instinkthaft geschieht, kann beim Menschen durch die Liebe veredelt und humanisiert werden. (24)

Noch ausgeprägter zeigt sich die seelische Resonanz bei eineiigen Zwillingen. Diese sind immer erbgleich und daher in mancherlei Hinsicht sympathieverwandt, wie folgende Beispiele zeigen: „Das Mädchen Linda hat sich an einem heißen Bügeleisen die Hand verbrannt. Es bildete sich sich an dieser Stelle eine deutlich sichtbare Brandblase. Gleiches geschah an der Hand ihrer Zwillingsschwester Silvia, die sich zur selben Zeit bei ihrer Großmutter an einem entfernten Ort aufhielt." (25) Ein Knabe hat in der Schule von seinem Lehrer eine Ohrfeige eingefangen. Im selben Moment schrie sein Zwillingsbruder, der in einem benachbarten Schulzimmer saß, auf und griff sich an seine linke Wange, als hätte er die gleiche Strafe erhalten. Eine mir bekannte Frau in Luzern erlitt eines nachts ohne ersichtlichen Grund heftige Unterleibsschmerzen. Am folgenden Tag stellte sich heraus, dass ihre Zwillingsschwester in Hamburg in derselben Nacht, ohne dass sie davon wusste, ein Kind zur Welt brachte.

Dieses Phänomen der „Zwillingsschmerzen" wurde im Jahr 1997 bei einer Fernsehsendung wissenschaftlichen Tests unterzogen. Dabei ging man wie folgt vor: Bei vier eineiigen Zwillingspaaren wurden deren Gehirnströme, Blutdruck und Hautwiderstand elektronisch aufgezeichnet. Danach wurden die Zwillinge räumlich getrennt. „Ein Zwilling jedes Paares wurde einem lauten Alarmton ausgesetzt. Bei drei von vier Paaren registrierte der andere Zwilling, der sich in einem separaten, schalldichten Raum aufhielt, dasselbe Signal, jedoch nicht auf akustischem, sondern auf parasympathischem Wege. (26)

Eine merkwürdige Art von „participation mystique" im Sinne einer geheimnisvollen seelischen Resonanz kann oft bei einer engen Mutter-Kind-Beziehung beobachtet werden. So kommt es häufig vor, dass eine

Mutter spürt oder fühlt, wenn ihr Kind in Gefahr ist, so dass sie noch rechtzeitig rettend eingreifen kann, bevor ein Unglück geschieht. Nach den beiden großen Weltkriegen wurde mehrfach berichtet, dass Mütter im Hinterland plötzlich mit Sicherheit wussten, dass in diesem Moment ihr Sohn an der Front gefallen war, was sich später auch bewahrheitete. (27)

Das Prinzip der Resonanz beruht auf einer gegenseitigen sympathischen Anteilnahme. Diese kann bewusst oder unbewusst geschehen. Ich kannte einen Heiler, der bei der Behandlung von Kranken deren Symptome am eigenen Körper spürte. Vom Hindu-Heiligen Ramakrishna (1834-1886) wird folgende Geschichte erzählt: Ins Gespräch mit seinen Schülern vertieft, saß dieser eines Tages ruhig da, bis er plötzlich umfiel und vor Schmerzen aufschrie. Auf seinem nackten Oberkörper zeichneten sich rote Striemen und blaue Flecken ab. Bald stellte sich heraus, dass sich vor seinem Haus zwei Männer verprügelten, an deren Leiden er aufgrund seiner Mitleidensfähigkeit teilnehmen musste. (28)

Der sensible, mitfühlende Dichter Rainer Maria Rilke sagte einmal von sich selber: „Ich bin eine Saite, über rauschende, breite Resonanzen gespannt." In seinem „Liebeslied", das er im Jahr 1897 seiner damaligen Freundin Lou Andreas-Salomé widmete, beschreibt er ihre gemeinsame Seelen-Resonanz:

Wie soll ich meine Seele halten, dass
sie nicht an deine rührt? Wie soll ich sie
hinheben über dich zu andern Dingen?
Ach gerne möchte ich sie bei irgendwas
Verlorenem im Dunkel unterbringen
an einer fremden stillen Stelle, die
nicht weiterschwingt, wenn deine Tiefen schwingen.
Doch alles was uns anrührt, dich und mich
nimmt uns zusammen wie ein Bogenstrich,
der aus zwei Saiten eine Stimme zieht.
Auf welches Instrument sind wir gespannt?
Und welcher Geiger hält uns in der Hand?
O süßes Lied.

Intuition und Inspiration

Auch die psychischen Phänomene der Intuition und der Inspiration haben mit der Resonanz von Gedankeninhalten zu tun. Unter der Intuition (lat. *intuire*: anschauen, einsehen) verstehen wir die Fähigkeit, eine Wahrheit zu erkennen, ohne dass dabei lange Überlegungen des Verstandes notwendig sind. Es handelt sich um eine unmittelbare Anschauung, um einen unerwarteten Einfall, um eine uns von innen zufallende Idee, die wir nicht anstrengend gesucht haben. Deren Ursprung liegt im Unbewussten. Von dort tritt sie auf dem Weg der inneren Resonanz blitzartig als Gedankeneinfall ins Bewusstsein. Deshalb spricht man gerne von einem „Gedankenblitz".

Ein eindrückliches Beispiel hierzu ist das plötzliche Aufleuchten einer neuen Idee, wie es Friedrich Nietzsche erlebt und in einem Brief an seinen Freund Franz Overbeck wie folgt mitgeteilt hat: „Mir ist zu Mute, als hätte es geblitzt – ich war eine kurze Spanne Zeit ganz in meinem Elemente und in meinem Lichte. Und nun ist es vorbei." Und er berichtet weiter, wie er im graubündnerischen Sils Maria beim Surlej-Felsen von völlig neuen Gedanken befallen und ergriffen wurde, wo „plötzlich, mit unsäglicher Sicherheit und Feinheit etwas sichtbar, hörbar wurde: Etwas, das einen im Tiefsten erschüttert und umwirft. Man hört, man sucht nicht, man nimmt auf und fragt nicht, wer das gibt; wie ein Blitz leuchtet der Gedanke auf, mit Notwendigkeit, in der Form ohne Zögern – ich habe nie eine Wahl gehabt." (29)

Nicht nur Dichter und Philosophen wissen von derartigen Intuitionen zu berichten. Auch von berühmten Naturwissenschaftlern ist bekannt, dass sie ihre genialen Ideen, Entdeckungen und Erfindungen höheren Informationsquellen zu verdanken haben. So bestätigte der französische Mathematiker Henri Pincar, dass ihm die Lösung eines schwierigen mathematischen Problems plötzlich und mit absoluter Gewissheit bewusst wurde. Ähnlich erlebte es der Physiker Karl F. Gauß (1777-1855): „Wie der Blitz einschlägt, so hat sich das Rätsel gelöst."

Das Ergebnis des intuitiven Prozesses fällt dem, der warten kann, eines Tages unerwartet zu. Die Antwort leuchtet ihm auf wie ein Blitz aus wolkenverhangenem Himmel. Deshalb sprechen wir von Klarsicht und von Erleuchtung. Der intuitive Gedanke drängt sich spontan ins Bewusstsein, nachdem das Feld des Unbewussten die notwendige

Vorarbeit in einem verborgenen Abseits geleistet hat. Recht häufig geschieht dies in symbolischen Bildern, die der richtigen Deutung bedürfen.

In der Psychologie von C. G. Jung gehört die Intuition nebst dem Denken, dem Empfinden und dem Fühlen zu den vier wichtigsten Ich-Funktionen der Psyche. Bei der Intuition geht es um eine Resonanz zwischen unseren inneren Vorstellungen und der realen Außenwelt. Es handelt sich um eine angeborene Fähigkeit, welche viele Menschen von Natur aus besitzen. Bei Frauen sollen diese angeblich häufiger vorkommen als bei Männern, was wissenschaftlich bis heute nicht nachgewiesen werden konnte. (30) Quelle der Intuition ist das Unbewusste, das ständig tätig ist, im Wachen und im Schlafen, ob wir es wollen oder nicht. Nicht selten fällt uns ein gesuchter Gedanke beim Erwachen aus erholsamem Schlaf spontan zu. Intuitive Gedankeneinfälle kommen aus den seelischen Tiefenschichten, in die wir wie in ein Ackerfeld unsere Gedankensaat aussäen können und dann warten müssen, bis zu gegebener Zeit an den Bäumen, die daraus emporwachsen, willkommene Früchte reifen, die uns wie von selbst zufallen. Zwischen Saat und Ernte braucht es eine längere Zeit des stillen Reifens und geduldigen Abwartens. Nichts kann dabei erzwungen werden. Vertrauen auf gutes Gelingen und Zeitlassen ist alles! So berichtete der Theaterdichter Franz Grillparzer, „wie zwei Gedankengänge ihn längere Zeit beschäftigt hätten, ohne ihre Vereinigung zu finden. Da, auf einmal, morgens, im Bett liegend, begegneten sich beide, und ergänzten sich gegenseitig. Ehe ich aufstand und mich ankleidete, war der Plan der ‚Ahnfrau' fertig." (31)

Aus eigener Erfahrung hat Rilke in einem Brief an Tora Holmström im Jahr 1904 geschrieben: „Ich habe mich oft gefragt, ob nicht gerade die Tage, an denen wir gezwungen sind, müßig zu sein, nicht diejenigen sind, die wir in tiefster Tätigkeit verbringen? Ob nicht unser Handeln, selbst wenn es spät kommt, nur der letzte Nachklang einer großen Bewegung ist, die in untätigen Tagen uns geschieht? Jedenfalls ist es wichtig, mit Vertrauen müßig zu sein, mit Hingabe, womöglich mit Freude." (32)

Den intuitiven Prozess können wir in Auftrag geben, indem wir beispielsweise abends von dem Einschlafen unserem Unbewussten eine Frage vorlegen oder ihm eine Aufgabe stellen, die es zu verarbeiten hat. Dieser Saatgedanke wird dann keimen, seine Wurzeln schlagen und heranwachsen zu einem Baum, dessen reife Frucht uns eines Tages zufällt ohne eigenes Bemühen. Die günstigste Zeit für eine Aussaat kreativer Gedanken sind die Stunden und Tage der Muße und Beschaulichkeit. Von Albert Einstein wird erzählt, dass er gerne zu seiner Geige griff, wenn er sich mit einem ungeklärten Problem befasste. Manchmal stand er nachts auf, holte sein Instrument hervor und improvisierte. Abrupt hörte er mit seinem Spiel auf, sobald ihm etwas klar wurde, häufig mit den Worten: „So, jetzt hab‘ ichs gefunden." In seiner Freizeit ließ er sich gerne auf seinem Segelschiff von Wind und Wellen dahintreiben, bis ihm die richtige Lösung einfiel. Mehrmals hat er seine großartigen physikalischen Entdeckungen nicht seiner Intelligenz zugeschrieben, die er für durchschnittlich hielt, sondern seinen intuitiven Träumereien und seinen schöpferischen Phantasien, die in ihm wie Saatgedanken zu wirken schienen. (33)

Von vielen Forschern wird uns bestätigt, dass sie ihre Entdeckungen und Erfindungen nicht angestrengter Gedankentätigkeit verdanken, sondern ihren intuitiven Einfällen, die sie nicht hart erarbeiten mussten, sondern in Gelassenheit auf sich zukommen ließen. Daher wird die Intuition als eine Gabe bezeichnet, die nicht durch äußeres Bemühen, sondern durch innere Eingebung ermöglicht wird. Dabei kommt es zu einem unmittelbaren Verstehen und Begreifen, ohne zu wissen, woher und warum man es weiß, weil sie einem auf unbewussten Wegen zukommt. Jörg Theilacker bezeichnete deshalb die Intuition als ein „grundlegendes Gewahrwerden über einen Sachverhalt ohne bewusste Reflexion". (34) Auch Fridjof Capra ist der Meinung: „Die rein rationale Forschung wäre in der Tat sinnlos, wenn sie nicht durch die Intuition ergänzt würde." (35) Bestätigt wird dies durch eine Untersuchung des Technologischen Instituts der Universität von New Jersy, die erwähnt, dass 83% von 150 befragten Wissenschaftler angaben, sich öfters oder mindestens gelegentlich auf ihre Intuition mehr zu verlassen als auf ihre Vernunftgründe. (36) Aus der Erfolgsgeschichte zahlreicher Berühmter seien hier einige Beispiele genannt:

Friedrich Hebbel erwähnte einmal, er habe bei seinen Spaziergängen oft wie geistesabwesend gedichtet. Mozart erinnerte sich, seine Musik sei ihm auf Reisen, bei Spaziergängen oder im Halbschlaf fast von selbst zugekommen. Richard David Bach (*1936), wurde nach eigener Aussage auf einem Abendspaziergang zu seiner „Möwe Jonathan“ angeregt. (37) Das Erfindergenie Thomas Edison (1847-1931) pflegte sich in seinem Laboratorium auf einer Bank entspannt hinzulegen, wenn ihm ein ungelöstes Problem zu schaffen machte. (38) Als der Nobelpreisträger für Chemie, Melvin Calvin (1911-1997), im Auto auf seine Frau wartete, wurde ihm auf einmal der Vorgang der Photosynthese bewusst. Er schrieb später: „Dieser kam gewissermassen aus dem Nichts – urplötzlich und genauso plötzlich, innerhalb von Sekunden, sah ich den Weg des Kohlenstoffes bei der Photosynthese vor meinem geistigen Auge.“ (39)

Auch Geisteswissenschaftler und Schriftsteller schätzen die Intuition als schöpferische Quelle. C. G. Jung, von dem ein englischer Psychologe einmal schrieb: „He has a terrible intuition“, bekennt im Alter: „All meine Schriften sind sozusagen Aufträge von innen her; sie entstanden unter einem schicksalhaften Zwang. Was ich schrieb, hat mich von innen überfallen.“ (40) Der Bestsellerautor Napoleon Hill (1883-1970) suchte tagelang, aber vergeblich nach einem griffigen Titel für seinen jüngsten Roman. Als sein Verleger ihn unter Druck setzte und ihm noch 24 Stunden Zeit gab, wandte er sich an sein Unbewusstes und sprach mit lauter Stimme: „Du und ich sind jetzt schon so lange beisammen. Du hast schon vieles für mich getan – und einiges gegen mich. Aber jetzt möchte ich noch heute Abend einen Millionen-Dollar-Titel finden. Hörst du mich? Gegen 2 Uhr morgens erwachte er aus tiefem Schlaf, als ob ihn jemand wachgerüttelt hätte. Noch halb im Schlaf schoss ihm plötzlich ein Gedanke durch den Kopf. Er sprang auf und schrieb ihn nieder. Am frühen Morgen teilte er dem Verleger mit: „Wir haben ihn; ein Titel, der uns Millionen bringt!“ und tatsächlich: Das Buch „Denke nach und werde reich“ erschien in einer Auflage von mehreren Millionen und machte beide reich, den Verleger und den Autor. (41)

Der Traum ist häufig ein Weg, den die Intuition wählt, um zum Bewusstsein zu gelangen. Hierzu einige Beispiele:

Leibniz hat seine „Monadenlehre“ zuerst in ihren Grundzügen geträumt. Der russische Naturwissenschaftler Mendeljew erkannte in dem Moment die Tabelle des Periodischen Systems der chemischen Elemente, als er aus einem Traum erwachte. Der Physiker Nils Bohr (1885-1962) verbesserte aufgrund eines Traumgesichts das zu seiner Zeit anerkannte Atommodell. Carl Duisberg (1861-1935), erfolgreicher Chemiker bei den Bayer Farbenwerken, erfand im Traum einen Farbstoff, dessen Vertrieb dem Unternehmen viele Millionen einbrachte. Der kanadische Arzt Frederik Bantig (1891-1941) fand in einem nächtlichen Traum ein Verfahren, um Insulin im Labor zu isolieren. Im Jahr 1936 erhielt der Pharmakologe Otto Loewi (1873-1961) den Nobelpreis für seine Entdeckung der chemischen Übertragung der Nervenimpulse auf die zugehörigen Organe, die er in einem Traum erkannte. Der Chemiker Friedrich Kekulé (1829-1896) fand eines nachts, als er von einer Schlange träumte, die sich in den Schwanz biss, die chemische Struktur des Benzolrings. Im Kreis von Wissenschaftlern riet er einmal: „Lernen wir träumen, meine Herren, dann finden wir vielleicht die Wahrheit." (42) Ein schönes Beispiel für kreatives Träumen las ich vor Kurzem in einer Illustrierten. Ein erfolgreicher Schweizer Liedermacher, der über 300 Hits komponierte, verriet in einem Interview: „Die Melodien fliegen mir zu – auch in der Nacht. Ich muss sie aber immer sofort notieren – auch wenn es mitten in der Nacht ist. Sonst sind sie wieder weg." (43)

Auch Wirtschaftsführer halten viel von ihrer Intuition. Der Geschäftsführer Björn Johannson, Chef einer Zürcher Personalvermittlungsfirma, ist überzeugt: „Dieses Geschäft ist von A bis Z nichts anderes als Intuition." (44) Bernhard Götti, der Gründer der Firma „Excon", antwortete auf die Frage, wie er langfristig mit den Erfordernissen seines Unternehmens umgehe: „Ich verlasse mich meistens auf meine erste Intuition." (45)

Demgegenüber handelt es sich bei der Inspiration um ein Erkennen aufgrund einer inneren Eingebung, die uns „wie von oben" aus einer spirituellen Quelle oder aus dem Überbewusstsein zukommt. (46) Dabei handelt es sich um eine Resonanz zwischen unserer irdischen Daseinsebene und einer höheren spirituellen Welt. Die Quelle, von der die Inspirationen als Eingabe von oben kommen, die Licht und Helle in das menschliche Denken bringen, ist das transzendente Geistbewusstsein. Dessen Einflüsterungen kommen uns im Schlaf, in der Tiefenentspannung, in der Meditation und im Gebet zu. Dabei wird unser Bewusstsein wie von einer überirdischen Warte aus von einem Strahl erhabenen Wissens beleuchtet. Dies ereignet sich wie von selbst, als ob ein Schleier sich unerwartet hebt oder die Sonne hinter einer Wolke unverhofft hervortritt. Dieses Aufleuchten eines Gedankens oder einer Melodie, wie es oft bei kreativ tätigen Menschen beschrieben wird, kommt nicht aus dem Unbewussten, sondern wie ein plötzliches Aufleuchten aus einem überbewussten Raum. Dieses wird dann als Erleuchtung erlebt.

Das Wort Inspiration deutet darauf hin, dass eine unerkannte Intelligenz uns leise etwas zuflüstert, das nicht aus unserem Inneren stammt, sondern uns aus fremder Informationsquelle zukommt. Im übertragenen Sinn handelt es sich um einen schöpferischen Einfall, eine zündende und erhellende Idee, um eine Erleuchtung von oben. Im religiösen Sinne spricht man von göttlicher Offenbarung. Das inspirierte Erkennen bezieht seine Wahrheit aus einer höheren Dimension. Der Lichtblitz der Inspiration kann dem Bewusstsein ein unerwartetes höheres Wissen und eine geistige Erkenntnis aus einer geistigen Ebene zugänglich machen.

In der antiken Welt wurde die Inspiration als Stimme eines „Daimonion", eines geheimnisvollen Einflüsterers, gedeutet. Die griechischen Philosophen Hesiod und Demokrit schrieben die großen Kunstwerke von Dichtern und Bildhauern einer göttlichen Eingebung zu. Von Sokrates wird berichtet, dass ihm von Jugend an ein höheres Wesen zur Seite stand, das er seinen „inneren Ratgeber" nannte, und der ihm von manchem Unternehmen abriet, ihn jedoch nie anwies, was er zu tun habe. (47)

Goethe war sich gewiss: „Ganz leise spricht ein Gott in unserer Brust." Er gestand: „Täglich, bei aller Mühe und Arbeit, sehe ich, dass nicht mein Wille, sondern der Wille einer höheren Macht geschieht, deren Gedanken nicht meine Gedanken sind." Im März 1830 teilte er mit: „Zu anderen Zeiten ging es mir mit meinen Gedichten gänzlich anders. Ich hatte davon vorher durchaus keine Eindrücke und keine Ahnung, sondern sie kamen plötzlich über mich und wollten augenblicklich gemacht sein, so dass ich sie auf der Stelle instinktmäßig und traumartig niederzuschreiben mich getrieben fühlte." Bei anderer Gelegenheit sagte er von sich, er habe manches Gedicht intuitiv und wie im Schlafwandel geschrieben. (48) In einem Gespräch mit Eckermann bekräftigte er: „Jede Produktion höchster Art, jede bedeutende Erfindung, jeder große Gedanke, der Früchte bringt und Folgen hat, steht in niemandes Gewalt und ist über aller irdische Macht erhaben. Dergleichen hat der Mensch als unverhoffte Geschenke von oben zu betrachten, die er mit freudigem Dank zu empfangen und zu verehren hat. Es ist dem Dämonischen verwandt, das übermächtig mit ihm tut, wie es ihm beliebt, und dem es sich bewusstlos hingibt, während er glaubt, er handle aus eigenem Antriebe. In solchen Fällen ist der Mensch oftmals ein Werkzeug einer höheren Weltregierung zu betrachten, als ein würdig befundenes Gefäß zur Aufnahme eines göttlichen Einflusses." (49) Pestalozzi wusste von „einem göttlichen Wesen im Inneren unserer Natur". C. G. Jung erzählte von einem „närrischen Mystiker in mir, der sich als stärker erwiesen hat als alle Wissenschaft". In diesem Zusammenhang sprach er von der transzendentalen Funktion des Denkens. (50)

Der geniale Gedankenreichtum von Künstlern geht häufig auf visionäres Schauen von etwas zurück, das als Idee auf der geistigen Ebene bereits vorgegeben ist. Unter den großen Musikern der Vergangenheit ist das inspirative Schaffen bekannt. Als Joseph Haydn (1732-1809) gefragt wurde, wie er zu seinen musikalischen Schöpfungen gekommen sei, deutete er mit seiner Hand nach oben und sagte: „Von oben kommt alles." Johannes Brahms (1833-1897) sah seine Kompositionen als Eingaben, die ihm Takt für Takt offenbart wurden. Richard Wagner (1813-1885) erinnerte sich: „Der Tristan ist und bleibt ein Wunder. Wie ich so etwas habe machen können, wird mir immer unbegreiflicher; wie ich ihn immer wieder durchlas, musste ich Aug und Ohr weit aufreißen. Mit mir wird etwas gewollt, das höher ist als ich." Von Frédéric Chopin (1810-1849) wird berichtet, dass sich seine wie von selbst eintretenden künstlerischen Eingebungen, die er nie gesucht oder vorbereitet hatte, völlig unvorhergesehen am Klavier einstellten." (51) Eine Umfrage bei rund zweihundert prominenten Künstlern und Wissenschaftlern ergab, dass die Hälfte unter diesen die Möglichkeit einer inspirierten Eingabe kennt. 33% nützen diese regelmäßig und 19% erklärten, dass sich solche Inspirationen bei ihnen einstellen, wenn sie sich bewusst dafür offen halten. (52)

In der lauten, lärmigen Welt mit ihrer ständigen Schalldusche, die pausenlos auf uns niedergeht, und mit ihrer Geräuschkulisse, die uns fortwährend eindeckt und unter der wir gezwungen sind zu leben, entfremden wir uns zu sehr von der Stille, in der uns Ahnungen und Offenbarungen höherer Ordnung zukommen würden. Indem wir die äußeren Störquellen möglichst ausschalten oder fliehen, können wir versuchen, nach innen und nach oben zu lauschen, um das „Flüstern der Götter", wie es der amerikanische Philosoph und Dichter Ralph Waldo Emerson (1803-1882) nannte, zu vernehmen. Auch Rilke hat, wie er in seinem „Stundenbuch" bedauert, die schöpferische Stille oft vermisst, und schreibt:

Wenn es nur einmal so ganz stille wäre.
Wenn das Zufällige und Ungefähre
verstummte und das nachbarliche Lachen,
wenn das Geräusch, das meine Sinne machen,
mich nicht so sehr verhinderte am Wachen – :

Dann könnte ich in einem tausendfachen
Gedanken bis an deinen Rand dich denken
und dich besitzen – nur ein Lächeln lang,
um dich an alles Leben zu verschenken
wie einen Dank.

Vom Einklang der Welten

Schläft ein Lied in allen Dingen,
Die da träumen fort und fort.
Und die Welt hebt an zu singen,
Triffst du nur das Zauberwort.

JOSEPH VON EICHENDORFF

Im indischen Denken heißt es: „Gott schuf die Welt aus einem Klang." (53)

Nach einer indischen Vorstellung soll die Welt aus den schöpferischen Tönen der heiligen Silbe OM entstanden sein. (54)

So wie es in unserer Welt für uns optische Bereiche gibt, die wir normalerweise mit unseren Sinnesorganen nicht mehr erreichen können, weil sie jenseits unserer Sinneserfahrung liegen und daher für unsere Sinne nicht wahrnehmbar sind, gibt es dennoch Töne und Klänge, die wir nur durch unsere Gefühle empfinden. So schrieb Heinrich Heine (1797-1856), der als „letzter Dichter der Romantik" gilt:

Leise zieht durch mein Gemüt
liebliches Geläute.
Klinge, kleines Frühlingslied,
Kling hinaus ins Weite.

Manchmal erreichen uns Stimmen und Töne aus höheren Dimensionen, die wir nur in außerordentlichen Bewusstseinszuständen wahrnehmen können. So berichten heute immer mehr Menschen, die sich bei einem Nahtod-Erlebnis mit ihrem Bewusstsein außerhalb ihres grobstofflichen Körpers befanden, dass sie in diesem Zustand seltsame Musik hörten, die sie manchmal als Musik aus der geistigen Welt bezeichneten. Von Gegnern der Jenseitswissenschaft werden diese gerne als Sinnestäuschungen abgetan. (55)

Auch im Grenzbereich zwischen Leben und Tod werden von sterbenden Menschen nicht selten seltsame Klänge und feierliche Gesänge gehört, die sie als „himmlische Melodien", gesungen von Engelchören, bezeichnen. Manchmal werden diese auch von den Mitbewohnern deutlich gehört.

So berichtet der ehemalige Professor für mechanische Technologie, Max Seiling (1852-1928), wie in den Tagen, bevor Goethe starb, feine Melodien aus den Wänden seines Hauses zu vernehmen waren. Von mehreren Personen wurde damals eine rätselhafte Musik gehört, „die dem einen wie Orgelton, dem anderen wie Gesang, dem dritten wie Klavierspiel erschien. Diese ertönte bald mit längeren, bald mit kürzeren Pausen, bald an diesem, bald an jenem Orte, doch immer in Goethes Haus oder dicht daneben oder darüber. Auch sollen es langsam anschwellende und dann ersterbende Akkorde gewesen sein, die wie von einer anderen Welt kamen." (56) Von Menschen, die ein Nahtod-

Erlebnis hatten, wird immer wieder berichtet, dass sie im außerkörperlichen Bewusstseinszustand seltsame Musik hörten, die bald aus der Nähe, bald aus der Ferne kam. Ähnliches wird auch von Mystikern in der Ekstase bestätigt.

Für unsere alltägliche Sinneswahrnehmung sind die Bereiche des Sichtbaren und Hörbaren eng begrenzt. Es sind nur kleine Ausschnitte vom Ganzen, die uns zugänglich sind. Für die feinsten Klänge in der uns umgebenden Natur sind wir weitgehend schwerhörig. Daher zählen wir die Pflanzen- und Tierwelt zur „stummen Kreatur"; wir sprechen von den „schweigenden Wäldern" und von der „Meeresstille", obwohl da so manches zu hören wäre, wenn wir selber stille wären. Für das viele, das im Übersinnlichen und Außersinnlichen schwingt und singt, sind wir weitgehend blind und taub. Dies lässt sich bloß in Gedanken vorstellen und infrage stellen. So ahnte der Mystiker Angelus Silesius, dass alles Sichtbare an das Unsichtbare, alles Hörbare an das Unhörbare und alles Denkbare an das Undenkbare grenzt. Der ihm wesensverwandte französische Schriftsteller Antoine de Saint-Exupéry (1900-1944) lässt seinen „Kleinen Prinzen" sagen: „Man sieht nur mit dem Herzen gut; das Wesentliche ist für die Augen unsichtbar."

Mit optischen Geräten und Instrumenten können wir heute den Bereich des Sichtbaren erweitern und mit unseren Mikroskopen bis in die Welt des Kleinsten eindringen; wir können mit unseren Teleskopen zu entfernten Welten vordringen. Im akustischen Hörbereich sind unsere Sinne weit mehr eingegrenzt und auf einen engen Bereich beschränkt. In der Musik sprechen wir vom Einklang, vom Zweiklang und vom Mehrklang. Auch reden wir von der Klangfläche und von der Klangfarbe. Wir vernehmen den Glockenklang und den Hörnerklang. Jedesmal, wenn wir eine Stimmgabel, eine Saite oder Glocke anschlagen, ertönt ein Klang, der eine Zeit lang nachklingt. Gleiches geschieht beim Einsatz eines Musikinstrumentes, dessen Resonanzraum die Tonschwingung verstärkt zum Klingen bringt. Der nachschwingende Ton von einem Gong, einer Klangschale, einem Klangrohr oder einer Zimbal kann beruhigend auf Körper und Seele wirken und Hemmungen, Verspannungen oder Verkrampfungen lösen. Deren lang anhaltende Vibration erzeugt ein verstärktes Resonanzfeld, das uns zur inneren Harmonie führen kann.

Bekannt ist heute die Tonwiedergabe von Naturklängen, wie sie von Tonträgern bei der Meditation und Entspannungstherapie eingesetzt werden. So vernehmen wir das beruhigende Strömen eines Baches, das Säuseln des Windes, das Rieseln des Regens, das Raunen der Wälder oder das Rauschen der Meereswogen.

Auch gemeinsames Musizieren und Singen eines Liedes schenkt uns ein Gefühl der Harmonie. Als Beispiel diene uns die zärtliche Melodie „In mir klingt ein Lied“ aus einer Etüde von Frédéric Chopin. Das harmonische Zusammenklingen von harten und milden Tönen erzeugt, wie es in Schillers „Lied von der Glocke“ heißt, „einen guten Klang“.

Wir können uns aber auch vorstellen, dass die großen und die kleinen Welten um uns herum nicht stumm sind, obwohl wir sie nicht hören. Alles, was sich bewegt, schafft um sich ein Kraftfeld, und alle Kraftfelder stehen durch ihre Resonanz mit allem anderen in Verbindung. Daraus ergibt sich, dass alles, was schwingt und vibriert, auch tönt und klingt. Nichts weniger behauptet der Musikjournalist Joachim Berendt (1922-2000) mit seinem Buch: „Nada Brahma. Die Welt ist Klang“. (57)

Er sieht das Weltganze als einen riesigen Resonanzkörper, in dem alles miteinander schwingt und klingt. So ist es begreiflich, dass in vielen antiken Schöpfungsmythen dem Ton und dem Klang, der Stimme und dem Wort, dem Lied und dem Gesang eine kreative Kraft zugeschrieben wurde. So heißt es im biblischen Schöpfungsbericht: Gott sprach: „Es werde Licht.“ (1 Mo 1,3) Nach einer altpersischen Erzählung hat Gott durch das einzige Wort „Licht“ die Welt in sieben Schöpfungsschritten ins Dasein gerufen. (58)

In einem Sanskrit-Text ist zu lesen, dass die Weltenschöpfung aus der Vibration der heiligen Silbe OM hervorgegangen sei. Joachim Berendt schreibt: „Die Weisen Indiens und Tibets glauben, dass Gott Brahma die Welt durch den heiligen Urklang der Silbe „OM“ erschaffen hat.“ (59)

Die alten Ägypter sahen die Erschaffung der Welt als ein Wirken göttlichen Lachens. So wurde erzählt: Als Gott Ptah zum ersten Mal lachte, erschien das Licht, beim zweiten Lachen entstand das Wasser und beim dritten Lächeln bildete sich die Erde. Nach der griechischen

Mythologie bestand die erste Schöpfungstat im Lachen der Götter. Wohl daher nannte Hesiod das Lachen eine Eigenschaft der Götter. In seinen berühmten Epen „Ilias“ und „Odyssee“ ist die Rede vom „unaufhörlichen Gelächter der seligen Götter“. Daher galt den alten Griechen das Lachen stets als himmlische Kunst. Bei den Naturvölkern versuchen die Menschen durch das Singen monotoner Ur-Laute ihre Götter herbeizurufen. Solche Laute sind die gesummten Silben OM, AUM, Mmh oder Oh. C. G. Jung hat darauf hingewiesen, dass derartige archaische Töne dazu dienen sollen, um seine Bewunderung, seine Zustimmung oder seine friedliche Absicht fremden Menschen oder auch Tieren gegenüber kund zu tun. Noch heute gebrauchen unsere Mütter diese gesummten oder gesungenen Laute dazu, kleine Kinder beruhigend in den Schlaf zu wiegen. (60)

Wir haben ein feines Gehör zu entwickeln, wenn wir die zarten Töne unserer kleinen Naturwesen wahrnehmen wollen. Dies geschieht nicht in der lärmenden Umwelt mit ihrer lauten Lärmkulisse, sondern eher in der Abgeschiedenheit eines wohltuenden Abseits. Die feinen und zarten Melodien sind uns beinahe fremd geworden, wie die folgende Symbolgeschichte von der „zirpenden Grille“ erzählt: „Ein Indianer und ein Europäer schlenderten miteinander über die vielbefahrene Straße einer Großstadt. Plötzlich blieb die Rothaut lauschend stehen und sagte zum Bleichgesicht an seiner Seite: ‚Horch! Hörst du diesen feinen Ton?‘ ‚Ich höre nichts außer Straßenlärm‘, gestand der Weiße. ‚Hör doch! Ganz zart und fein ist dieser seltsame Klang, ein lieblich lockender Gesang.‘ ‚Was du nicht sagst‘, spottete der andere. ‚Ich höre nichts davon.‘ Da nahm der Indianer den anscheinend schwerhörigen Europäer am Arm und führte ihn sachte an ein altes Gemäuer heran, das die Straße säumte. Dort saß in einem Mauerloch eine kleine schwarze Grille, die ihre beiden Flügel übereinander strich und so einen schrillen Ton erzeugte. Die beiden Menschen blieben kurz davor stehen. Bald schüttelte der Weiße unwillig den Kopf und wunderte sich, dass der Indianer wegen einer Grille so viel Aufhebens machen konnte. Beide gingen nun weiter ihres Weges. Wie sie die Straße auf einem Fußgängerstreifen überquerten, ließ der Indianer ein silbernes Geldstück fallen. Beim Klang der Münze blieb sein Begleiter überrascht stehen, drehte sich um und suchte sogleich nach dem klingenden Metall. ‚Ihr Europäer seid doch seltsame Leute', bemerkte nun der Fremde: ‚Wenn es um klingendes Geld geht, habt ihr ein feines Gehör, aber beim Gesang einer kleinen Grille stellt ihr euch taub.'" (61)

Sehr gute Erfahrungen können mit der folgenden Resonanzübung gemacht werden. Wir können unseren Brust- und Bauchraum beim Atmen einsetzen wie den Resonanzboden eines Musikinstrumentes, indem wir beim langen Ausatmen die Silbe OM summen und die daraus entstandene Vibration gedanklich an jene Körperstelle lenken, wo der Fluss der Lebensenergie blockiert erscheint. Auf diese Weise lassen sich einzelne Körperzonen vermehrt zum Schwingen bringen, was diese belebt und entspannt. Der Yoga-Lehrer Joseph Bharat Cornell schreibt dazu: „OM füllt das Gehirn; seine Vibrationen schwingen die Wirbelsäule hinunter, brechen die Türe des Herzens auf und fließen hinaus in den Körper. Der ganze Organismus vibriert mit dem Klang des OM." (62)

In der meditativen Yoga-Praxis spielt dieses Summen oder Singen, neuerdings nennt man es „Chanten", eine wichtige Rolle. Der Ton, der beim langen Ausatmen erzeugt werden kann, gilt in eingeweihten Kreisen als Manifestation des göttlichen Bewusstseins. Entscheidend dabei ist nicht dessen Wortbedeutung, sondern sein Klang, welcher die Meditierenden mit der Melodie des gesamten Universums verbinden kann. Voraussetzung hierzu ist das hingebungsvolle Lauschen, das nur jenem möglich ist, der tief in sich hinein horcht, um das Blut in den Adern und den eigenen Atemstrom zu vernehmen. Yogananda schrieb hierzu: „Wenn du die Silbe OM aussprichst, dann reicht ihr Klang nicht nur um die ganze Welt, sondern durch den gesamten Kosmos und durch alle Dimensionen bis in die Ewigkeit." (63)

Der Meditierende wird in diesem völlig entspannten und gelösten Zustand nicht nur empfänglich für die inneren Vibrationen seiner Chakras, sondern auch für die kosmischen Schwingungen, mit denen er nun übereinstimmt und sich in die allumfassende Harmonie einstimmt. Ein Kenner dieser Praxis weiß: „Die kosmische Schwingung ist für das menschliche Ohr nicht wahrnehmbar, kann aber innerlich durch die Intuition gehört werden. Menschen bekommen manchmal eine Ahnung davon, wenn sie sich an Orten aufhalten, an denen es vollkommen still ist. Sie hören dann vielleicht ein sanftes Summen oder ein leichtes Murmeln, wie das Flüstern des Windes in den Bäumen. Der Klang entspringt nicht einem Punkt, den man entdecken könnte, sondern scheint beinahe von allen Seiten zu kommen." (64) Rein physikalisch könnte man dieses kosmische Tönen vergleichen mit dem Weltraumrauschen, das den ganzen Weltraum erfüllt, und als übrig gebliebene Hintergrundstrahlung des Urknalls, wie er sich vor 13,7 Milliarden Jahren ereignet hat. (65)

Mehrere berühmte Musiker ließen sich von dem Gedanken an Weltraummelodien und Sphärenklänge in ihrem Schaffen inspirieren. Emilio de' Cavalieri komponierte 1589 eine Musik mit dem Titel „L'armonia delle sfere" und Sigmund Staden schuf 1645 das Stück „Der sieben Tugenden Planeten, Töne oder Stimmen". In neuerer Zeit ließ Gustav Mahler (1860-1911) in seiner 8. Symphonie das ganze Universum ertönen und bringt uns so auch heute die klingenden Stimmen der kreisenden Sonnen und Planeten nahe. Der Komponist Paul Hindemith (1895-1963) schuf 1957 eine Oper mit dem Titel „Die Harmonie der Welt", mit der er die Sphärenmusik nachempfindet. Für ihn bilden Maß, Musik und Kosmos eine Einheit. (66) Im Jahr 2008 kam die „Music of the Spheres" des englischen Musikers Mike Oldfield (* 1953) zur Aufführung. Vom Schweizer Architekten André Studer (1926-2007), in dessen *Esoterium* ich mehrere Vorträge halten durfte, stammt das Buch „Vernimm das Lied des Alls". (67) Aus diesem sei der Text „Vom Klang des Lebens" übernommen:

Alles trägt Musik in sich.
Leben – ein gewaltig Klingen.
Fels und Stein und Erde singen,
Gott zur Ehre – ewiglich.

Kreaturen aller Art
singen ihre eignen Lieder.
Nehmen Abschiede – kehren wieder
in die ew'ge Gegenwart.

Jeder Grashalm, jedes Blatt vom Baum
verkündet das Wunder des Lebens.
Und sie singen nicht vergebens,
sie schwingen allzeit wie im Traum.

Mannigfaltig ist der Sang
von den vielen Millionen,
die in höhern Reichen wohnen.
Lied des Lebens – Sphärenklang!

Die kosmische Harmonie der Sphären

Die Welt musste am Anfang voller Harmonie gewesen sein, denn etwas Unharmonisches und Chaotisches konnte Gott gar nicht schaffen, weil dies seinem wahren Wesen widersprechen würde.

Im griechischen Altertum nahmen Astronomen und Philosophen an, dass die Planeten und Sterne sich in kugelförmigen Sphären, an die sie wie an riesigen Schalen fixiert sind, daher der Name „Fixsterne", in Kreisbahnen um die Erde bewegen und dabei eine Art Musik ertönen lassen, die freilich für die Menschen nicht hörbar ist. Es war Pythagoras, der den Begriff „Sphärenharmonie" in die damalige Kosmologie einführte. Nach ihm bestehen zwischen den sieben sonnennahen Planeten die gleichen mathematischen Verhältnisse und Gesetzmäßigkeiten wie bei den sieben Grundtönen im Dur-Moll-System der Musik. „Er selbst pflegte diesen zu lauschen, da er die umfassende Harmonie der Sphären und der in ihnen umlaufenden Gestirne vernahm, die wir wegen der Beschränktheit unserer Natur nicht hören." (68)

Auch Platon übernahm diese Lehre von der tönenden Himmelsharmonie, während sein berühmter Schüler Aristoteles sie mit der Begründung ablehnte, dass die Planeten keine Musik erzeugen können, da diese sich nicht frei im Raum bewegen. Der römische Philosoph und Staatsmann Severinus Boethius (um 480-524) verfasste eine Schrift, die er „Musica mundana" nannte. Im 15. Jahrhundert griff der deutsche Astronom Johannes Kepler (1561-1630) die Idee von der Weltenharmonie erneut auf. Er glaubte in der Sternenwelt ein kosmisches Gesetz zu erkennen, nach dem der Schöpfer im ganzen Sonnensystem mit seinen Planeten und Monden ein musikalisches Prinzip verwirklicht habe. (69) In seinem Werk „Harmonices mundi" berechnete er die Bahnen der Planeten um die Sonne aufgrund des heliozentrischen Weltsystems und der sich daraus ergebenden Daten aufs Neue. In seinen drei „Keplerschen Gesetzen" legte er deren Gesetzmäßigkeiten fest, wie sie ihre Gültigkeit bis zum heutigen Tag bewahren sollten. Damit konnte er bestätigen, dass die astronomischen Gesetze die gleichen sind wie diejenigen in der Musik, weil beide auf den gleichen harmonischen Prinzipien beruhen. Voll Begeisterung schrieb er: „Ich fühle mich von einer unaussprechlichen Verzückung ergriffen ob des göttlichen Schauspiels der himmlischen Harmonie. Denn wir sehen hier, wie Gott gleich einem menschlichen Baumeister, der Ordnung und Regel gemäß, an die Grundlegung der Welt herangetreten ist." (70)

Das letzte Universalgenie, Gottfried Wilhelm Leibniz, schuf den Begriff von der „Prästabilierten Harmonie". Seiner Ansicht nach muss der von Gott geschaffenen Welt ein allgemeines Prinzip zugrunde liegen, das von Anfang an für eine stabile Ordnung und gesetzmäßige Harmonie in der gesamten Schöpfung zu sorgen hat. Dabei ging er von der Idee aus, dass der gute Gott nur eine gute Welt schaffen konnte. Dagegen nahm er an, das chaotische Durcheinander in unserer kleinen Welt entstehe durch die Missachtung der Ordnungsgesetze durch den Menschen. (71) Goethe lässt in seinem Faust-Prolog den Engelchor feierlich anstimmen:

Die Sonne tönt nach alter Weise
In Brudersphären Wettgesang,
Und ihre vorgeschriebne Reise
Vollendet sie mit Donnersang.

Auch für Rudolf Steiner war die Sphärenharmonie eine Vorstellung außersinnlicher Natur, die er nicht akustisch, sondern geisteswissenschaftlich zu erklären trachtete. Hans Kayser führte in seiner Harmonielehre die pythagoreische Theorie von den Himmelssphären weiter, indem er in seiner „Harmonie der Welt" diese mathematisch zu begründen versuchte. Er war der Ansicht, dass die ganze Materie, je nach ihrer Schwingungszahl, ihren besonderen Klang besitzt. In seinem Werk „Vom Klang der Materie" bekundet er seine Einsicht: „Es gibt eine lichte Welt nicht nur im Menschen. Hört die Intervalle und Akkorde, und es wird eine große Ruhe über euch kommen, eine Ahnung von einer Sphärenmusik wird in eurer Seele aufleuchten, die von Gott ist, zu Gott führt und die ihr die Gnade gibt, zu hören und zu erkennen." (72)

Der amerikanische Physiker Brian Greene (*1963) verglich, ähnlich wie seinerzeit Pythagoras, die Schwingungen im Weltall mit denen eines großartigen Symphonie-Orchesters und hält demzufolge den ganzen Kosmos für ein musikalisches Gesamtwerk. (73) Joachim Berendt stimmt zu: „Wenn man den Kosmos betrachtet, die Bewegungen der

Sterne und Planeten, das vollkommene und ewige Gesetz der Schwingungen und Rhythmen im All, dann wird uns bewusst, dass das kosmische System dem Gesetz der Harmonie gehorcht.“ (74)

Heute wird von Wissenden angenommen, dass unser gesamtes Universum unter dem Gesetz und Gebot der Harmonie steht, dessen höchste Ausdrucksform die Liebe ist. (75) In seinem Lied von den Sternensphären empfiehlt der österreichische Lyriker Arthur Fischer-Colbrie (1895-1968) den Menschen:

Denn würden sie die Augen zu den Sternen heben
Und lauschten sie dem Lied der Sphären,
Dann würden sie, ergriffen, hingerissen
Von der Erhabenheit des Göttlich-Schönen
Den Schöpfer im Geschöpf zu lieben wissen
Und Kinder eines Vaters – sich versöhnen.

10.

Das Gesetz der Konvergenz

Es ist nie zu spät, zu werden,
was wir hätten sein können.
George Elliot

Unter Konvergenz (lat. *convergere*: zusammenwirken, zusammengehen) ist das übereinstimmende Zusammenwirken von zwei oder mehreren Bewegungen zu verstehen. Denken wir an das zeitgleiche Zusammengehen von zwei Organfunktionen wie das Sehen, Hören oder Greifen. Die Konvergenztheorie besagt, dass mindestens zwei Gegebenheiten vorhanden sein müssen, damit sich aus diesen etwas Drittes entwickeln kann. Der Begriff „Konvergenz" findet in verschiedenen Naturwissenschaften seine Anwendung, so in der Chemie, in der Meteorologie, Geologie und Biologie.

In seiner Konvergenztheorie hat der deutsche Psychologe William Stern (1871-1938) das Zusammenwirken von Anlage und Umwelt zum eigentlichen Entwicklungsprinzip erhoben und hat damit die erzieherische Frage, ob die Anlage wichtiger sei oder die Umwelt, zugunsten eines „Sowohl – als auch" entschieden. Danach müssen Anlage und Umwelt harmonisch zusammenwirken. Es kann nur das zur Entfaltung gebracht werden, was im Anlagebestand bereits vorhanden ist, und keine Veranlagung entfaltet sich von selbst; ohne dass sie durch Umwelteinwirkungen geweckt wird. Nach dieser Regel hat sich das Leben seit drei Milliarden Jahren auf unserer Erde gestaltet. Es handelt sich um eine allem Lebendigen innewohnende Kraft der Vitalseele, die sich fortlaufend zu immer höheren Entwicklungen aufschwingt.

Das Konvergenzgesetz findet in der Entwicklungspsychologie seine Anwendung. Eine Entwicklung kann in der ganzen Natur nur durch das Zusammenwirken von Anlage und Umwelteinflüssen zustande kommen. Auch das Verhalten von Tier und Mensch entwickelt sich aus der Konvergenz von Veranlagung und Umwelteinfluss. Darunter ist die Art und Weise zu verstehen, wie ein Lebewesen aufgrund seiner Erbanlagen auf eine bestimmte Umweltsituation reagiert. Dies geschieht in der Regel nach einem angeborenen oder angewöhnten Muster, wobei sowohl die temperamentsmäßige Veranlagung als auch die gewonnenen Umwelterfahrungen eine Rolle spielen. Daraus ergibt sich der Verhaltenstypus. Es ist Sache der wissenschaftlichen Verhaltensforschung, diese Zusammenhänge zu beschreiben. Im englischsprachigen Bereich spricht man vom Behaviorismus, als dessen Begründer der amerikanische Psychologe John B. Watson (1878-1958) gilt. Im deutschen Sprachraum sind vor allem die beiden Österreicher, der Zoologe und Nobelpreisträger Konrad Lorenz (1903-1989), der das tierische Verhalten zu seinem Arbeitsgebiet machte, und dessen Schüler und Nachfolger Irenäus Eibl-Eibesfeld (1928-2018), welcher sich mehr der menschlichen Verhaltensbeobachtung widmete, zu nennen.

Anlage und Umwelt

Anlage und Umwelt verhalten sich zueinander wie Same und Frucht, wie Saat und Ernte. Beide müssen zusammenwirken. So können wir annehmen, dass die Entwicklung der menschlichen Persönlichkeit auf folgenden drei Voraussetzungen beruht:

1. Die vererbten Anlagen, die wir von unseren Vorfahren übernommen haben.
3. Die prägenden Einflüsse von der Umwelt und Mitwelt, in die wir hineingeboren sind.
4. Die Möglichkeiten der Selbststeuerung durch regulierende Selbstbestimmung. (1)

Drei Dinge sind es also, welche für das Werden und Wachsen eines Wesens entscheidend sind – die Anlage, die Umwelt und die Entwicklungszeit. Die erste Voraussetzung, damit etwas entstehen und werden kann, ist die Veranlagung hierzu. Was vorgegeben und zur Entwicklung bestimmt ist, nennen wir die Anlage. Diese ist vorgegeben durch das in der DNS gespeicherte Erbgut (Genom), das wir von unseren Eltern und den weiteren Vorfahren übernommen haben. Jung hat aufgrund seiner langjährigen psychotherapeutischen Erfahrungen erkannt, dass wir nicht als unbeschriebenes Blatt zur Welt kommen und auch nicht als „tabula rasa" wie ein frisch gescheuerter Tisch, sondern mit zahlreichen Gaben und Aufgaben, die uns von Anfang an mitgegeben wurden, damit wir sie als Auftrag für unser Leben entgegennehmen. (2)

Der Grund hierfür liegt in der Tatsache, dass wir nicht voraussetzungslos aus einem Nichts hervorgegangen sind, sondern aus einer tiefen und weiten Vergangenheit stammen. Wir sind also nicht von heute, sondern von gestern und vorgestern gekommen. Als Individuum sind wir, biologisch gesehen, nur ein einzelnes Blatt unter vielen anderen Blättern am Baum des Lebens.

In den Erbanlagen ist der gesamte genetische Entwicklungsplan als schöpferische Idee enthalten. Ob aus einem winzigen Samen sich dereinst eine Blume, ein Kraut, eine Staude oder ein Baum entwickeln wird, ist diesem zunächst nicht anzusehen, doch ist die Möglichkeit hierzu bereits keimhaft enthalten. Nicht anders ist es bei den Tieren und beim Menschen.

Unter den menschlichen Erbanlagen sind zwei Typen zu unterscheiden. Einerseits jene, in denen die Anlagen in doppelter Legierung vorhanden sind. Diese kommen im Leben nach außen manifest zur Geltung und können dominant weitervererbt werden. Aus diesen entsteht der Phänotyp, das äußere Erscheinungsbild. Anderseits gibt es im Erbgut auch jene, die nur in Einzeldosierung angelegt sind. Daher können diese nur latent aus dem unbewussten Hintergrund wirksam sein. Sie beeinflussen und steuern aus dem Verborgenen unsere Wahlhandlungen und damit unser Schicksal, so etwa in der Berufswahl oder in der Partnerwahl. Die latent und dominant vererbten Anlagen zusammen bilden den Genotyp, also den Anlagetyp oder die Gesamtkonstitution. (3)

Das Ziel der menschlichen Entwicklung ist aus pädagogischer Sicht die Reife der Persönlichkeit.

Sigmund Freud hat dieses Entwicklungsprogramm auf die einfache Formel gebracht: „Wo Es ist, soll Ich werden.“ (4) Mit C. G. Jung dürfen wir annehmen, das Ziel der menschlichen Entwicklung sei „die Totalität der bewussten und unbewussten Bereiche des Menschseins“. (5) Diesem dienen alle erzieherischen Bemühungen der Fremd- und Selbsterziehung in Elternhaus, Schule und beruflicher Ausbildung, um sich nach außen als nützliches Glied der Gesellschaft erweisen zu können. Unter dem psychologischen Gesichtspunkt ist das Entwicklungsziel die vollbewusste Persönlichkeit. Allerdings erreichen wohl nur wenig Menschen in einem einzigen Leben diese Vollreife, so dass sich die Theorie von den wiederholten Leben geradezu aufdrängt. Das Anlagepotenzial enthält alle vorgegebenen Entwicklungsmöglichkeiten. Was Fremd- und Selbsterziehung daraus entstehen lassen, ist in der Regel weit bescheidener, als die Veranlagungen erwarten lassen. Es wird allgemein angenommen, dass der Durchschnittsmensch bis heute lediglich 10% seiner Entwicklungsmöglichkeiten ausschöpft. (6)

Wir können mit dem Bild einer Waage veranschaulichen, wie Anlage und Umwelt aufeinander einwirken können. Fällt die Anlageseite mehr ins Gewicht, muss versucht werden, durch verstärkte Umweltförderung das erzieherische Gleichgewicht wiederherzustellen. Sind dagegen die Umwelteinflüsse größer, muss die Anlageseite vermehrt gefördert werden, um einen pädagogischen Ausgleich zu erzielen. Eine gute Erziehung ist darauf bedacht, die Anlagemöglichkeiten und die Umweltgegebenheiten so einzusetzen, dass sie zu einer optimalen Entwicklung führen. Weder die Anlage noch die Umwelt allein vermag der Natur den nötigen Entwicklungsschub zu geben.

Von der Umwelt nur schwer zu beeinflussen sind die Sonderbegabungen wie das mathematische, das musikalische oder das dichterische Talent. Schon die alten Römer wussten: „Poeta non fit sed nascitur. – Ein Dichter wird nicht gemacht, sondern geboren.“ Oder wie das Sprichwort sagt: „Nicht aus jedem Holz kann man Pfeifen schnitzen.“ Einseitige Talente werden nicht erfunden, sondern gefunden. Dagegen setzen sich multiple Begabungen wie beispielsweise handwerkliche Fähigkeiten aus mehreren Fertigkeiten zusammen.

Unverzichtbar für jede überragende Leistung ist jedoch das unermüdliche Üben und Bemühen. Daher versicherte Thomas Edison: „Genie ist zu 99% Fleiß." Und ein legendärer Sportler verriet: „Mein Erfolgsrezept basiert auf Arbeit, Arbeit und nochmals Arbeit." Entscheidend sind nebst Begabung sicher auch Motivation, Ausdauer und, nicht zu vergessen, die Freude am Tun.

Unter den Pädagogen und Psychologen finden wir über die Bedeutung des Erziehungseinflusses unterschiedliche Meinungen, ja sogar extreme Ansichten. Die einen legen das Hauptgewicht auf die Veranlagung. So lesen wir in Goethes Erziehungsroman „Hermann und Dorothea": „Wir können die Kinder nach unserem Sinne nicht formen; so wie Gott sie uns gab, so müssen wir sie haben und lieben." Eine gegenteilige Haltung nehmen Pädagogen ein, die vorwiegend den erzieherischen Einfluss dafür verantwortlich halten, was aus einem Kind wird. So vertrat der mittelalterliche Theologe und Philosoph Johann Comenius (1592-1670) die Ansicht: „Der Erziehung ist alles möglich, sie bringt selbst den Bären zum Tanzen." Immanuel Kant war überzeugt: „Der Mensch kann nur Mensch werden durch die Erziehung. Er ist nichts, als was die Erziehung aus ihm macht." Zu einer extremen pädagogischen Haltung neigte der amerikanische Verhaltensforscher und Begründer des modernen Behaviorismus, John B. Watson. Er führte den späteren Lebenserfolg von Jugendlichen weitgehend auf die Erziehung zurück und forderte: „Man gebe mir ein Dutzend gesunde, wohlgeformte Kinder, gut ausgebildet, und meine eigene spezielle Welt dazu, in der ich sie aufziehen kann, und ich garantiere, ein beliebiges Kind von diesen auszuwählen und zu jeder Art Fachmann auszubilden, für die ich mich gerade entscheide, sei es Doktor, Rechtsanwalt, Künstler, Unternehmensleiter oder sogar Bettler oder Dieb, unabhängig von den speziellen Talenten dieses Kindes, von seinen Neigungen, Abhängigkeiten, Fähigkeiten, Berufungen und der Rasse seiner Vorfahren." (7)

Es ist zu beachten, dass es milieuplastische und milieuresistente Veranlagungen gibt. Hierzu gibt es interessante Feststellungen aus der menschlichen Zwillingsforschung, nämlich bei eineiigen Zwillingen, die getrennt aufgewachsen sind und vielfach bis ins Erwachsenenalter hinein von der Existenz ihres Zwillings nichts ahnten. Da zeigte sich in zahlreichen Fällen, wie anlagebedingte Persönlichkeitsmerkmale bei erbgleichen Zwillingen bis in kleine Eigenheiten ein Leben lang die gleichen bleiben, während sich umweltabhängige Gewohnheiten ungleich entwickelten. Es bestätigte sich, dass der Einfluss der Erbanlagen die Umwelteinflüsse klar übertrafen. Die genetische Gleichheit zeigte sich nicht nur im Aussehen, im Verhalten, in der Intelligenz- und Schulleistung und in der Handschrift, sondern auch in zahlreichen Wahlhandlungen, wie in der Schulwahl, Berufswahl und Partnerwahl. Auch ihre Kinderzahl war häufig gleich, ebenso ihre Interessen, Zuneigungen und Abneigungen und Lieblingstätigkeiten. Von 60 000 genetisch identischen Zwillingen, die nicht in derselben Familie aufgewachsen sind, gaben 35% der eineiigen Zwillingspaare bei Befragungen über ihr Wohlbefinden genau dieselben Werte an, was bei den zweieiigen Zwillingen bei Weitem nicht der Fall war. (8)

Im Jahr 1989 erschien in Minnesota eine Studie über Zwillingsfamilien, bei der 1400 eineiige und zweieiige Zwillingspaare untersucht wurden, die bereits kurz nach ihrer Geburt getrennt wurden. Bei den früh getrennten eineiigen Zwillingen fanden die Forscher eine hohe Zahl von Übereinstimmungen hinsichtlich ihrer Persönlichkeitsmerkmale, ihrer Verhaltensmuster und Lebensgewohnheiten sowie erstaunliche biographische Ähnlichkeiten in ihrem Lebenslauf. (9) Während zweieiige Zwillinge sich nicht mehr glichen als gewöhnliche Geschwister, war die Übereinstimmung bei den eineiigen Zwillingspaaren bis zu 80% klar erwiesen. Ist der eine der beiden Zwillinge gleichgeschlechtlich orientiert, liegt die Chance, dass der andere es auch ist, bei 80%. Bei zweieiigen Zwillingen trifft dies nur bei 15% zu. Dies spricht eindeutig dafür, dass die sexuelle Orientierung eines Menschen genetisch vorprogrammiert ist. (10) Wie sehr dominante Anlagen ausschlaggebend sein können, zeigt die Erfahrung, dass bei entsprechender genetischer Veranlagung das Risiko, im fortgeschrittenen Alter einer Erbkrankheit zu verfallen, bei etwa 80% liegt. (11) Das Einzige, was auch bei identischen Zwillingen individuell verschieden ist und sich als unverwechselbar erweist, ist das Selbstbewusstsein, das bei einer voll entwickelten Persönlichkeit in jedem Fall eine unteilbare, von der Vererbung unabhängige Wesenheit darstellt, weil diese geistiger Natur ist.

Was durch Veranlagung nicht vorgegeben, sondern nach der Zeugung neu dazu gekommen ist, nennen wir das Erworbene. Dieses kann vor der Geburt (pränatal), während der Geburt (perinatal) oder nach der Geburt (postnatal) erworben worden sein. Anlage und Umwelt sind nicht alles im ganzen Entwicklungsgeschehen. Es braucht hierzu auch die erforderliche Zeit, damit sich dieses auch entfalten kann. Das gilt in der ganzen Natur, so bei den Pflanzen, bei den Tieren und nicht weniger auch beim Menschen.

Frühe Prägungen der Seele

So musst du sein, dir kannst du nicht entfliehen,
So sagten schon Sybillen, so Propheten;
Und keine Zeit und keine Macht zerstückelt
geprägte Form, die lebend sich entwickelt.
J. W. von Goethe

„Wer zuerst kommt, bleibt ewig“, schrieb der Dichter Jean Paul Richter (1763-1823) in seiner Erziehungslehre. Das Wort Prägung stammt eigentlich aus der Technik des Prägens von Münzen und Medaillen aus Metall, wie es schon seit dem Altertum üblich war. Dabei wird eine vorgegebene Form einer ungeformten Masse wie ein Stempel oder ein Siegel aufgedrückt. Eine ähnliche seelische Prägung ist auch bei Lebewesen zu beobachten, wenn tiefgreifende Erlebnisse bei ihnen bleibende Spuren hinterlassen. Mit seinen Tierversuchen, die der Verhaltensforscher Konrad Lorenz in den Fünfzigerjahren mit Graugänsen durchführte, konnte bewiesen werden, dass diese Tiere, die gleich nach dem Ausschlüpfen auf ihn geprägt wurden, ihn als Muttterersatz annahmen und das eigentliche Muttertier nicht beachteten. (12)

Auch das menschliche Kleinkind wird auf ähnliche Weise beeindruckt. Die erste seelische Prägung erhält das Kind durch das Erlebnis der Geborgenheit in der Urhöhle des geschützten Raums im mütterlichen Schoß. (13) Wohl nie mehr erfährt der Mensch in seinem späteren Leben ein ähnliches Gefühl des vollständigen und glücklichen Aufgehobenseins in Geborgenheit und Sicherheit als in den ersten neun Monaten seines Lebens. (14)

Ist die Mutter aber in dieser Zeit der Erwartung in Sorge, leidet sie unter Ängsten oder schweren körperlichen oder seelischen Konflikten, belasten sie familiäre Beziehungsstörungen oder vermag sie ihren Zustand nicht anzunehmen, ist es naheliegend, dass auch ihr ungeborenes Kind dies mitbekommt, denn Mutter und Kind bilden während dieser Frühzeit eine Erlebnisganzheit, eine „participation mystique" in gegenseitiger untrennbarer körperlich-seelischer Anteilhabe und Anteilnahme. (15)

Diese körperlich-seelische Verbindung zwischen der werdenden Mutter und ihrem ungeborenen Kind kann verglichen werden mit einem kommunizierenden Gefäß. Nehmen wir zum Beispiel zwei parallel verlaufende Glasröhren, die nach oben offen und unten miteinander verbunden sind. Der Flüssigkeitsstand ist in beiden Gefäßen stets der gleiche, weil Schwerkraft und Luftdruck dieselben sind und zwar sowohl unabhängig von der Form der Gefäße und wie auch von der Füllmenge des Inhalts. Was in der einen Röhre geschieht, wird sogleich auch der anderen mitgegeben. Aus dieser Erfahrung haben schon im Altertum griechische Ärzte den schwangeren Frauen geraten, sie sollten möglichst erheiternde Musik hören, gefällige Bilder und Statuen betrachten und an glücksverheißende Dinge denken, damit das Erlebnis des Schönen sich frühzeitig der kindlichen Seele einpräge.

Jedes ungeborene Kind erfährt in diesem Warteraum des Lebens verschiedenartige Sinnesempfindungen. Deren wichtigste Elemente sind: Die Wärme des Fruchtwassers, die Geschlossenheit des Raumes, die embryonale Lage, das Halbdunkel und die Schwerelosigkeit im Mutterschoß sowie die wiegenden oder schaukelnden Bewegungen, wenn die Mutter sich bewegt. Diese sensiblen Wahrnehmungen bilden zusammen mit dem Gefühl der Geborgenheit eine erste Erlebnisganzheit, die ich den Geborgenheitskomplex nenne.

Wenn das Kind in späteren Jahren während längerer Zeit unter Mangel an Geborgenheit und liebender Zuwendung leidet, neigt es unbewusst dazu, das eine oder andere Element dieses Urerlebnisses auf dem Wege der Assoziationen ins Bewusstsein zu rufen, um dadurch einen Ersatz für Geborgenheit zu erleben. Es kann dies versuchen, indem es seinen Kopf oder seinen ganzen Körper mit wiegenden Jaktationen hin- und herbewegt; oder indem es mit angezogenen Beinen sich zusammenkuschelt und damit die embryonale Lage simuliert. Aber auch indem es sein Bettchen nässt und sich dadurch das feuchte und warme Klima im Mutterschoß in Erinnerung ruft. Es handelt sich um symbolische Rufe nach der Mutter.

Dieses seelische Zurückweichen in eine frühere Entwicklungsstufe, die auch bei Jugendlichen und Erwachsenen vorkommt, zeigt stets einen Mangel an Geborgenheitsgefühlen an und wird in der Psychologie als Regression bezeichnet. Wohl deshalb lieben kleine Kinder das Wiegen und Schaukeln, das Verkriechen in Höhlen oder das Plantschen mit Wasser, weil sie dadurch an ihre vorgeburtlichen Geborgenheitserlebnisse erinnert werden. Ich kann mich an eine Klientin erinnern, die als erwachsene Frau in einer depressiven Phase immer wieder diesen neurotischen Fluchtweg antrat, indem sie sich in ihr Schlafzimmer zurückzog, dieses abdunkelte, sich mit mehreren Wärmflaschen ins Bett legte und in zusammengerollter Körperlage mit wiegenden Kopfbewegungen oft mehrere Stunden lang so verharrte.

Das bewusste Geburtserlebnis gilt als die zweite wichtige Prägephase des Menschen. Verläuft die erste im Mutterschoß in der Regel für das Kind unbeschwert, gestaltet sich die zweite nicht selten für das Neugeborene dramatisch und traumatisch. Sie wird oft verglichen mit der mythologischen Vertreibung der ersten Menschen aus dem Paradies. C. G. Jung bestätigte dies mit den Worten: „Ich würde sagen, es ist von tragischer Bedeutung für das Ich, dass es geboren wird; es ist nämlich in hohem Maße traumatisch, aus dem Himmel herauszufallen.“ (16) Tatsächlich sehen viele Fachleute der Medizin und Psychologie die Geburt als das erste Schockerlebnis des Menschen, das oft während des ganzen Lebens unterschwellig weiter wirkt und zur unbewussten Quelle zahlreicher Lebens- und Daseinsängste werden kann. (17)

Auf die Psychoanalytiker Freud und Otto Rank (1884-1939) geht die Annahme zurück, dass der Ursprung der meisten neurotischen Ängste im späteren Leben auf die Geburtsangst zurückzuführen ist. (18) Tatsächlich lässt sich in der Erwachsenentherapie häufig feststellen, dass Angstzustände wie Lebensangst, Zukunftsangst, Todesangst, Trennungsangst und Verlustangst, aber auch Höhenangst und Prüfungsangst im späteren Leben auf dieses erste Angsterlebnis zurückzuführen sind. Durch deren Bewusstmachung in einer Regressionstherapie lassen sich diese häufig verarbeiten und beheben. Der Psychiater und Existenzphilosoph Wilfried Daim (1923-2016) sieht sogar einen Zusammenhang zwischen einer schweren Geburt und dem Gefühl vieler Menschen von einem existenziellen „Geworfensein ins Dasein". (19)

Das Geburtstrauma ist oft eine wichtige Ursache für körperliche und seelische Entwicklungsstörungen, die das ganze spätere Leben nachhaltig beeinträchtigen können. Ich habe mehrmals die Erfahrung gemacht, dass sich im späteren Leben bei Stress und vor Prüfungen, denen man sich nicht gewachsen fühlt, oder in Situationen der Überforderung und Verunsicherung im Traum das traumatische Geburtserlebnis wiederholt, wobei sich ein angstvolles Empfinden des Eingezwängtseins und der ausweglosen Enge erlebt wird. Als Erster hat der amerikanische Psychologe Arthur Janov (1924-2017) mit seiner Primärtherapie eine Methode entwickelt, um psychische Schädigungen durch ein traumatisches Geburtserlebnis zu behandeln. (20) Der Arzt und Psychotherapeut Morris Netherton hat dieses therapeutische Verfahren in seinem Buch „Berichte vom Leben vor dem Leben. Ein neuer Weg in die Tiefen der Seele" weiterentwickelt. (21) Wie das Geburtserlebnis bewusst nacherlebt werden kann, hat die kalifornische Psychologieprofessorin Helen Wambach (*1925) bei 750 Testpersonen beobachtet, indem sie diese in eine hypnotische Rückführung versetzte und ihre Geburt nacherleben ließ. Dabei erwies sich, dass 84% der Befragten ihre Geburt als beschwerlich und beängstigend empfanden. (22) Diese Aussagen lassen darauf schließen, dass Neugeborene unmittelbar vor und während ihrer Niederkunft durchaus bei Bewusstsein sind, deutliche Sinneseindrücke empfinden, ihre erste Umwelt wahrnehmen und diese in ihrem Unbewussten in Erinnerung behalten, so dass diese in späteren Jahren in den Träumen oder bei Rückführungen wieder auftauchen können.

Eine wichtige pädagogische Erfahrung lehrt: „Die ersten sechs Lebensjahre sind der Text im Lebensbuch des Menschen; alles Weitere ist nur noch der Kommentar dazu." Die Schriftstellerin Karin El Sonessi ist gleicher Meinung, wenn sie schreibt: „Während der ersten sechs Jahre befinden wir uns in einem ‚programmierbaren' Zustand und nehmen wie ein Recorder auf, was wir erleben." (23) Daher wirkt neben dem Geburtserlebnis auch die frühe Eltern-Kind-Beziehung nachhaltig und prägend auf das Kind ein. Die erste Zuwendung, die das Kind von seinen Eltern erfährt – oder auch nicht erfährt –, wirkt sich auf seine späteren Liebes- und Partnerbeziehungen aus. Bereits im alten Rom galt: „Wem als Kind die Eltern kein Lächeln geschenkt, den würdigt weder ein Gott des Mahles noch eine Göttin des Lagers."

Die Mutter-Kind-Beziehung ist für die emotionale Entwicklung des Menschen entscheidend, nämlich für sein Vertrauen gegenüber der Mitwelt und Umwelt, insbesondere für seine zwischenmenschlichen Beziehungen. (24) Selbst in den späteren Kindheits- und Jugendjahren spielt die Mutter für die Heranwachsenden in der Regel eine wichtige Rolle für die leiblichen und seelischen Bedürfnisse. Dem wegen seiner Einmaligkeit und Einzigartigkeit zumeist lebenslang andauernden Mutter-Erlebnis hat der Dichter Friedrich von Logau (1605-1655) in drei Zeilen ein bleibendes Denkmal gesetzt:

Die Mutter trägt im Leibe das Kind dreiviertel Jahr;
Die Mutter trägt auf Armen das Kind, weil's schwach noch war;
Die Mutter trägt im Herzen die Kinder immerdar.

Wenn die Beziehung des Kindes zu seiner Mutter emotional gestört ist, kann dies schwerwiegende Folgen haben für seine ersten Liebeserfahrungen, für seine Partnerwahl und seine Liebesfähigkeit. Solche negativen Erlebnisse wirken häufig komplexbildend und binden eine Menge seelischer Energie an sich, die dem Individuum später nicht mehr frei verfügbar sein wird. Auf diese Weise entstehen psychische Hemmungen und Blockaden und beeinträchtigen das normale Fließen der seelischen Energien. Bezeichnend hierfür ist ein Bekenntnis Rilkes, der seiner Freundin Lou Andreas-Salomé gegenüber gestehen musste: „Ich kann kein Liebhaber sein, vielleicht deshalb, weil mich meine Mutter nicht geliebt hat." (25) In einem ergreifenden Gedicht hat er sein gestörtes Mutterverhältnis beschrieben:

Ach, wehe meine Mutter reißt mich ein.
Da hab ich Stein auf Stein zu mir gelegt,
und stand schon wie ein kleines Haus,
um das sich groß der Tag bewegt,
sogar allein.
Nun kommt die Mutter, kommt und reißt mich ein.

Sie reißt mich ein, indem sie kommt und schaut.
Sie sieht nicht, dass einer baut,
Sie geht mir mitten durch die Wand von Stein,
Ach wehe, meine Mutter reißt mich ein.

Die Vögel fliegen leichter um mich her.
Die fremden Hunde wissen: das ist der.
Nur einzig meine Mutter kennt es nicht,
mein langsam mehr gewordenes Gesicht.

Von ihr zu mir war nie ein warmer Wind.
Sie lebt nicht dorten, wo die Lüfte sind.
Sie liegt in einem hohen Herz-Verschlag
und Christus kommt und wäscht sie jeden Tag. (26)

Auch der Vater-Kind-Beziehung kommt ebenfalls große Wichtigkeit zu. Zur Mutter schaut das Kind hin, zum Vater aber schaut das Kind auf. Im frühen Erleben des Kindes verkörpert der Vater Macht und Autorität, Stärke und Tüchtigkeit; er wird ihm zum Vorbild und Leitbild. Daher ist die Erfahrung des eigenen Vaters wichtig für die spätere berufliche Ausrichtung und für die sittliche Entwicklung des Menschen, insbesondere für seine Haltung gegenüber Autoritäten und deren Vertreter in Gesellschaft, Staat und Kirche. Nach C. G. Jung wirkt das Vater-Erlebnis oft auch prägend für das spätere Gottesbild, denn er war der Meinung: „Des Menschen Gottesbild ist sein Vaterbild." (27) In einer vaterlosen Familie und Gesellschaft bleibt oft auch für die Entwicklung des religiösen Denkens wenig Raum. Deshalb verläuft heute die Zahl der Ehescheidungen parallel zur Häufigkeit der Kirchenaustritte.

Die frühen Prägungen durch die Geschwisterkonstellation sind für das spätere Verhalten des Menschen in der eigenen Familie, in der menschlichen Gemeinschaft und in der sozialen Gesellschaft keineswegs gleichgültig. Von Bedeutung ist es, ob man als einziges, als ältestes, mittleres oder jüngstes Kind in der elterlichen Familie aufgewachsen ist. Die eigene Stellung in der Geschwisterreihe können wir nicht selber auswählen, sie ergibt sich aus der natürlichen Geburtenfolge.

In der eigenen Familie lernt das Kind im Umgang mit seinen Geschwistern erstmals Anteilnahme, Rücksichtnahme und Mitverantwortung kennen. Es ist nicht gleichgültig, ob es als Vorkämpfer an der Spitze, ob als Sandwich-Kind in der Mitte oder als Nesthäkchen am Ende der Geschwisterfolge steht. Im Kreis seiner Geschwister lernt das Kind mit Rivalitäten umzugehen, seine eigenen Interessen zu verteidigen und seine Eigenständigkeit zu behaupten, doch sollte diesen Auseinandersetzungen immer wieder Versöhnung und Ausgleich folgen nach der Weisung: „Lasset die Sonne nicht über eurem Zorn untergehen.“ (Eph 4,26)

Nach einer Studie aus dem „Max-Planck-Institut für Bildungsforschung“ in Berlin erfahren Kinder in der mittleren Position von ihren Eltern am wenigsten Zuwendung, weil auch diese sich nach zwei Seiten hin aufteilen müssen. Als Erstgeborenes, das anfänglich zumeist in einer Sonderstellung als Einzelkind aufwächst, übernimmt es die dominierende Vorreiterrolle, dem später gern die Verantwortung für die jüngeren Geschwister übertragen wird. Deshalb ist auch die elterliche Erwartungshaltung ihm gegenüber am größten. Das mittlere Kind muss schon früh lernen, sich nach zwei Seiten hin zu behaupten. In diesem Spannungsfeld lernt es, sich zu behaupten, oder es fühlt sich oft benachteiligt. Es kann aber auch eine vermittelnde Rolle einnehmen und übt sich dadurch im Teilen, Verstehen und Anteilnehmen. Das jüngste von mehreren Kindern wird gern verwöhnt, dabei genießt es seine bevorzugte Stellung in der Familie, die ihm alle Aufmerksamkeit schenkt. So wächst es behütet und umsorgt auf und erwartet von den anderen, dass sie ihm sein Dasein erleichtern. Es ist gewohnt, dass ihm geholfen wird, ohne dass es sich selber groß anstrengen muss.

Im Jahr 2014 befragten Psychologen der Universität Oxford 7000 Kinder im Alter von zwölf Jahren zu ihrem Geschwisterverhältnis. Danach erforschten sie deren soziales Verhalten in den späteren Jahren. Dabei zeigte sich, dass Mädchen und Knaben, die viel mit ihren Geschwistern gestritten haben oder von diesen gemobbt wurden, später im Leben häufiger als im normalen Durchschnitt unter neurotischen Ängsten, Minderwertigkeits- und Verunsicherungsgefühlen und Depressionen zu leiden hatten. (28)

Die Geschwisterbeziehung kann zur Quelle von Freud und Leid werden, je nachdem ob das gegenseitige Verständnis und Wohlwollen zum freundlichen Umgang führt oder ob die wechselseitigen Rivalitäten viel Neid und Missgunst verursachen. Häufig setzen sich feindselige Konflikte aus der Kindheit über das Erwachsenalter bis zu den unwürdigen Erbstreitereien fort. Vergessen wir nicht, dass deren Unterschiede in Charakter und Verhalten daher rühren können, dass sie von ihren gemeinsamen Eltern nicht das gleiche Erbgut mitbekommen haben, dass sie sich unterschiedlich entwickelt haben und ihre eigenständigen Lebenserfahrungen machten, und dass sie als inkarnierte geistige Wesen von recht verschiedenartiger Herkunft sind. Blutsverwandtschaft begründet noch lange nicht Wesensverwandtschaft.

Sogar die heimatliche Landschaft, in die ein Mensch hineingeboren wird und in der er aufwächst, prägt den Menschen, seinen Charakter, sein Gefühl für Heimat und Bodenständigkeit, aber auch das Bewusstsein der sozialen Zugehörigkeit. Dies hat der deutsche Nervenarzt Willy Helpach (1877-1955) eingehend erforscht und in seiner „Geopsychologie“ beschrieben. (29) In diesem Zusammenhang fällt mir auf, dass in den Schweizer Alpentälern die Umgangssprache der dortigen Bergbewohner umso melodischer klingt und eine höhere Tonlage annimmt, je höher sich ihre Wohnlage befindet.

Das Heimatgefühl, das Heimweh und die wehmütigen Heimatlieder aus der Fremde stehen gewiss zum großen Teil mit dem Geburtsort oder dem ersten Wohnort und dessen prägender Wirkung auf die junge Seele in Zusammenhang. An dem Ort, wo wir uns in frühester Kindheit heimisch und geborgen fühlten, wo unsere Sinneswelt ihre ersten Eindrücke empfing, erinnern wir uns zeitlebens, selbst wenn es ein bescheidenes Dorf zuhinterst in einem Tal war, wo Füchse und Hasen einander „Gutenacht“ sagen. Diese Verwurzelung fehlt in der Regel den Kindern, die im Säuglingsalter fremd platziert wurden und deshalb keinerlei Erinnerung haben an ihr Herkunftsland. Wer dieses nicht kennt und sich nach diesem auch nicht sehnt, der fühlt sich oft wenig örtlich beheimatet.

Auch der persönliche Eigenname bleibt ein Leben lang mit dem Namensträger verbunden und kann für den Menschen oft zeitlebens eine prägende Wirkung haben. Nicht umsonst heißt es: „Nomen est omen." Der Name ist Merkmal, Programm und Schicksal und keineswegs nur „Schall und Rauch". Schon im Altertum war die Namensgebung ein heiliger Akt. Im alten Ägypten war man überzeugt, dass der Name einen Menschen prägt, ihn begünstigt oder benachteiligt, jedenfalls ihn kennzeichnet. Heutzutage wird mit dem Vornamen oft eine gewisse Erwartungshaltung verbunden hinsichtlich Lebenstüchtigkeit, Attraktivität und Erfolg. Selbst die Quersumme des Geburtsdatums eines Menschen scheint eine schicksalsbestimmende Wirkung zu haben, wie die Wissenschaft der Numerologie zu beweisen sucht. (30)

Schulerfolg und Lebenserfolg

Die Erfahrung lehrt uns, dass Schulerfolg und Lebenserfolg durchaus nicht immer deckungsgleich sind. Oft halten Klassenbeste und Rangerste im späteren Leben nicht, was ihre Schulleistungen einst versprochen haben. Mittelmäßige bis schlechte Schüler legen nicht selten, und entgegen allen Erwartungen, im späteren Leben eine Erfolgskarriere hin. Ehemalige Schulversager können sich im späteren Leben zu Berühmtheiten entpuppen, ähnlich wie aus der Verpuppung von unansehnlichen Raupen prachtvolle Schmetterlinge schlüpfen können.

Es bestätigt sich immer wieder, dass ausdauernder und fleißiger Arbeitseinsatz auf die Dauer viel entscheidender ist als gute Schulzeugnisse. Es gilt heute immer noch, was vor 2000 Jahren der römische Philosoph Seneca festgestellt hat: „Nicht für die Schule, für das Leben lernen wir." Vor Kurzem haben französische Psychologen herausgefunden, dass 90% von dem, was wir in der Schule gelernt haben, im praktischen Leben nicht zu gebrauchen ist, und dass 90% von dem, was wir im Leben wirklich brauchen, in der Schule nicht zu lernen ist. (31)

Auch die heutige Halb-, Viel- und Besserwisserei aus Tablets und Smartphones ist wahrem Wissen eher abträglich und führt zu oberflächlichem Denken. Das gegenwärtige Wissensangebot, das in einem Jahr dazukommt, entspricht dem Wissenszuwachs eines Jahrzehnts vor hundert Jahren. Das bedeutet, dass unsere gegenwärtigen Lernprogramme für die Schule alle paar Jahre umgearbeitet und dem neuesten Stand angepasst werden müssten.

Meiner Meinung nach genügt es, wenn die Volksschule ein solides Grundwissen vermittelt; denn Allgemeinbildung ist bekanntlich das, was bleibt, wenn man vergessen hat, was man gelernt hat. Das Spezialwissen kann in weiterbildenden Schulen erworben werden. Im Jahr 1999 wurden die Kultusminister der deutschen Bundesländer befragt, was unsere Jugendlichen wissen sollten, um auf ein erfolgreiches Leben vorbereitet zu sein. Aus den eingegangenen Antworten geht eindeutig hervor, dass der Lernstoff auf das Wesentliche zu beschränken und die Lehrpläne zu verkürzen seien, weil unsere Schüler nicht zu Lernmaschinen ausgebildet werden sollen, sondern zu eigenständigem Denken. Der Psychologe Ernst Heiko behauptet sogar, dass unsere Universitäten mit einem Drittel zum Hochschulstudium nicht geeigneten Studenten belastet sind, obwohl diese ihr Abitur bestanden haben. (32) Immer noch gilt Goethes Bemerkung: „Eines recht wissen und ausüben, gibt höhere Bildung als Halbwissen im Hundertfältigen." Die Dichterin Maria von Ebner-Eschenbach pflichtet bei: „Genug weiß niemand, zu viel so mancher." (33)

Wenn sich die meisten von uns im Leben dennoch behauptet und bewährt haben, dann nicht wegen ihres akademischen Titels, sondern wegen ihres selbstständigen Denkens und wegen ihrer kreativen Ideen, die sie mit unermüdlichem Wollen in die Tat umsetzen. Manch erfolgreicher Könner im späteren Leben fiel in der Schule durch sein träumerisches Wesen, seine intellektuelle Unreife und seine schwachen Leistungen auf, um erst in späteren Jahren zu Spitzenleistungen auf seinem Spezialgebiet aufzuholen. Howard Gardner, Professor an der Harvard Universität in Cambridge, Massachusetts, untersuchte, was die Erfolgreichen von den mittelmäßigen Alltagsmenschen unterscheidet. Er kam zum Schluss, dass weder hohe Intelligenz noch Frühbegabung entscheidend sind, sondern kreative Fähigkeiten. (34) Zu einem ähnlichen Ergebnis kam der Intelligenzforscher Lewis Terman. Er verfolgte in Kalifornien den Lebensweg von 1500 Jugendlichen mit einem überdurchschnittlich hohen Intelligenzquotienten. Im späteren Leben brachten es die meisten zwar zu einem ordentlichen beruflichen Erfolg, doch nur wenige fielen durch kreative Höchstleitungen auf, und ein Genie vom Kaliber eines Edison oder eines Einstein war nicht annähernd unter ihnen zu finden. (35)

Die besten Voraussetzungen für ein erfolgreiches Leben sind zumindest eine durchschnittliche Allgemeinintelligenz, ein spezielles Talent, fleißiges Lernen, harte Arbeit, Geduld und nie erlahmende Ausdauer. Vor allem ist es das kreative Denken, das die Erfolgreichen auszeichnet. Dieses besteht aus blühender Phantasie, gepaart mit einer intellektuellen Besessenheit von einer Idee, verbunden mit ausdauerndem Willen und der lebhaften Vorstellungskraft, dieser zum Durchbruch zu verhelfen. Diese Besonderheiten kommen in der Schule kaum zum Zuge, weil sich diese erst im Erwachsenenalter entwickeln. (36) Ich konnte in jahrzehntelanger Tätigkeit als Schulpsychologe bei manchem Schulversager und dessen Eltern Zuversicht und Hoffnung wecken, indem ich sie auf berühmte Sitzenbleiber hinwies, die später große Berühmtheit erlangten.

So erstaunt es nicht, dass die Naturforscher Isaak Newton, Johannes Kepler, Louis Pasteur (1822-1895) und Robert Koch (1843-1910) zunächst als schwache Schüler galten. Der später berühmt gewordene Physiker Hermann Helmholtz (1821-1894) wurde in seinen ersten Lebensjahren für bildungsunfähig gehalten. Alexander von Humboldt (1769-1859), einer der größten Forscher des Abendlandes, galt in seiner Schulzeit als schwachbegabt und „ohne jede Eignung zum Studium". Er wurde nacheinander aus vier Schulklassen vorzeitig entlassen. Der englische Arzt Dr. Darwin warf seinem lernunwilligen Sohn Charles Darwin (1809-1882), dem später berühmt gewordenen Begründer der Evolutionstheorie, vor: „Du hast kein anderes Interesse als wilde Hunde und Ratten zu fangen. Du wirst dir selbst und der ganzen Familie noch zur Schande werden." Zum weltberühmten Albert Einstein sagte sein Lateinlehrer in der Mittelschule: „Einstein, aus Ihnen wird nie etwas Rechtes." In seinen späteren Jahren versicherte er: „Wichtiger als Intelligenz ist die Phantasie." Damit meinte er wohl die Vorstellungskraft als gedankliche Vorwegnahme einer zukünftigen Wirklichkeit. Was wir uns nicht vorstellen können, das lässt sich auch nicht verwirklichen.

C. G. Jung schrieb in seinen *Lebenserinnerungen*: „Den meisten Lehrern galt ich für dumm und verschlagen. Die Schule ödete mich an. Sie nahm mir zu viel Zeit weg, die ich lieber mit Schlachtenzeichnen und Feuerspielen ausgefüllt hätte." Sein Schulfreund A. Oeri, der ehemalige Chefredakteur der „Basler Nachrichten", erinnert sich:

„Die beiden Gelehrten aus meiner Basler Schülergeneration, die den größten internationalen Ruf erworben haben, der Physiologe Abderhalden und der Psychologe C. G. Jung, waren schlechte Schüler und hätten ihr Abitur nicht bestanden, wenn ein Examenssystem nach heutigem Muster regiert hätte." (37) Dem weltbekannten späteren Hotelkönig Cäsar Ritz (1850-1918) aus dem kleinen Bergdorf Niederwald im Schweizer Kanton Wallis erklärte sein erster Patron während der Kellner-Lehre im Hotel „Krone" in Brig: „Aus dir wird nie etwas in der Hotellerie. Dafür braucht es eine gewisse Begabung und ein besonderes Flair. Beides geht dir vollkommen ab." (38)

„Du bist ein dummer Schafskopf und nicht würdig, die Hallen der Wissenschaft zu betreten." So urteilte ein Lehrer über Justus von Liebig (1803-1873), den Erfinder zahlreicher pharmazeutischer Verfahren. Mit dreizehn Jahren flog er vom Gymnasium, weil er sich nur für Chemie interessierte, und bereits mit einundzwanzig Jahren wurde er zum Professor für Chemie an der Universität Gießen ernannt. Thomas Edison, einer der erfolgreichsten Erfindergenies aller Zeiten, musste bereits nach der ersten Klasse die Volksschule verlassen, weil er für geistesschwach gehalten wurde und sein Lehrer ihn „einen Hohlkopf" nannte. Danach hat er nie mehr eine öffentliche Schule besucht. Schon als Knabe hat er sich ein eigenes physikalisches Labor eingerichtet mit dem Geld, das er als Zeitungsjunge verdiente hatte. Später betätigte er sich als Obst- und Gemüseverkäufer in einem Eisenbahnzug. Im Selbststudium hatte er sich ein umfassendes Wissen angeeignet. In späteren Jahren konnte er mehr als zweieinhalbtausend Erfindungen auf seinen Namen eintragen lassen.

Der große Filmschauspieler Charlie Chaplin (1889-1977) hat seine Kindheit in einem ärmlichen Waisenhaus verbracht und hat so gut wie nie eine Schule besucht. Dennoch wurde er zum ersten Weltstar des Kinos und zählt zu den erfolgreichsten Komikern der Filmgeschichte. Der Schotte Andrew Carnegie (1835-1919), einer der erfolgreichsten Großindustriellen und reichsten Männern seiner Zeit, hat nur wenige Jahre die Dorfschule besucht. Aus sehr armen Verhältnissen stammend, verdankte er sein späteres Millionenvermögen, wie er selber sagte, seinem Lerneifer und seinem Wissensdrang. Heinrich Schliemann (1822-1890) besuchte nur während weniger Jahre die Grundschule. Im Selbststudium erlernte er sechs Fremdsprachen, unter anderem Altgriechisch und Türkisch. Begonnen hat er seine Erfolgslaufbahn als Austräger in einer Handelsfirma. Nachdem er als Kaufmann genug Geld verdient hatte, gab er seinen Beruf auf und widmete sich der Archäologie, ohne je ein entsprechendes Studium an einer Universität gemacht zu haben. Er entdeckte die antiken Städte Troja und Mykene und noch weitere vorgriechische Mittelmeerkulturen, was ihn weltberühmt machte. So fand er auch den berühmten Goldschatz des Priamos, des letzten Königs von Troja.

Über den erfolgreichen Polarforscher Fridtjof Nansen (1861-1930) sagte einer seiner Lehrer: „Aus ihm wird nie etwas Gescheites." Robert Mayer (1814-1878), Entdecker des Gesetzes von der Erhaltung und Wandlung der Energie, galt zunächst als mangelhaft begabt. Er gestand später einmal, dass er sein Abitur nur dank eines außerordentlichen Glücksfalls bestanden habe. Schlimmer noch erging es dem amerikanischen Nobelpreisträger Linus Pauling (1901-1994). Ihm wurde das Abitur wegen seiner ungenügenden Leistungen verweigert, und erst vierzig Jahre später, als er schon Chemie-Professor und Ehrendoktor zahlreicher Universitäten war, erhielt er es nachträglich. Der französische Mathematiker Evarist Galois (1811-1832), der Erfinder einer neuen Theorie zur Auflösung algebraischer Gleichungen, meldete sich als Achtzehnjähriger für die Aufnahmeprüfung an der „Ecole politechnique" in Paris und fiel zweimal durch.

Schulversager waren anfänglich auch der Strahlenforscher Wilhelm Röntgen (1845-1923) und der berühmte Chirurg Ferdinand Sauerbruch (1875-1951). Der weltbekannte Theologe und Urwalddoktor Albert Schweitzer (1875-1965) schrieb in seinen Lebenserinnerungen: „Ein guter Schüler war ich anfänglich in Mülhausen nicht. Ich war noch zu verträumt. Meine schlechten Zeugnisse bereiteten meinen Eltern viel Kummer, ohne dass ich die Energie fand, mich zu besseren Leistungen aufzuraffen." Einer seiner Lehrer forderte den jungen Albert Einstein auf, die Schule zu verlassen, da an ihm Hopfen und Malz verloren sei.

Zu den schlechten Schülern, die es im späteren Berufsleben zu großem Erfolg brachten, gehören nicht nur Naturwissenschaftler, sondern auch Schriftsteller, Maler und Musiker. So erhielt Beethoven von einem seiner Musiklehrer das Zeugnis, er werde als Komponist überhaupt keine Chance haben. Auch Giuseppe Verdi (1813-1901), der große italienische Opernkomponist, wurde wegen mangelnder musikalischer Begabung am Mailänder Konservatorium zunächst abgewiesen. Über den bedeutenden Musiker Arthur Honegger (1892-1955) sagten die Lehrer eines französischen Gymnasiums zu dessen Eltern: „Lassen Sie ihn Bote oder Schreiber werden, jedenfalls etwas, wofür er kein Gehirn braucht, und nichts, wobei er groß nachdenken muss." Als miserable Schüler galten auch die Schriftsteller Charles Dickens (1812-1870) und Mark Twain (1835-1910). Den Dramendichter Gerhart Hauptmann (1862-1946) hielt man während seiner frühen Schulzeit für dumm und verträumt. Auf der Realschule in Breslau blieb er zweimal sitzen. Felix Graf von Luckner (1881-1966), im Ersten Weltkrieg ein bekannter Marineoffizier und Verfasser des Erfolgsbuches „Seeteufel", gesteht: „In Halle habe ich dreimal die Tertia absolviert. Gewiss auch ein Rekord." Franz Defregger (1835-1921), der begabte Maler, sagte über seine Schulzeit: „Manche Klasse musste ich zweimal durchlaufen." Als Pablo Picasso (1881-1973) zehn Jahre alt war, nahm ihn sein Vater aus der Schule, weil er nichts anderes tun wollte als nur malen.

Andere berühmte Sitzenbleiber waren: Der Reichskanzler Otto von Bismarck (1897-1975) und der frühere US-Außenminister Marshall (1880-1959). Der britische Kriegspremier Winston Churchill (1874-1965) musste sogar viermal eine Klasse wiederholen. Nach seiner Wiederwahl zum englischen Premierminister besuchte er seine ehemalige Schule in Harrow und sagte dort vor versammelter Schülerschar: „Seht, ich bin wieder oben. Daher nie klein beigeben! Ausdauer wird früher oder später belohnt, meistens später."

Zahlreiche Berühmtheiten waren in der Schule ausgerechnet in jenem Fach ungenügend, in dem sie in späteren Jahren Großes geleistet haben. Der Historiker Jakob Burckhardt (1818-1897) musste eine Klasse in der Mittelschule wiederholen, weil er besonders schlechte Noten im Fach Geschichte erzielte. Der Erbauer der Saturn-Rakete, Wernher von Braun (1912-1977), blieb im Gymnasium einmal sitzen, weil er ungenügende Leistungen ausgerechnet in Mathematik brachte. Walt Disney (1901-1966), der durch seine Zeichentrick-Filme weltberühmt wurde, musste mit neun Jahren eine Klasse wiederholen. Besonders mangelhaft waren seine Schulleistungen im Zeichnen. Der Augustinermönch und Begründer der modernen Vererbungslehre, Gregor Mendel (1822-1884), bestand die Prüfung zum Lehramt zum zweiten Mal nicht und musste sich später zunächst mit der Stelle eines Hilfslehrers begnügen, bevor er erst in späteren Jahren die naturwissenschaftliche Anerkennung fand. Als Beispiel aus unserer Zeit sei Bill Gates (*1955) genannt, der heute als einer der reichsten und erfolgreichsten Männer der Welt gilt. Er verließ wegen ungenügender Schulleistungen vorzeitig die Hochschule und gründete mit neunzehn Jahren die heutige Computer-Weltfirma „Microsoft". Sein Vater klagte einem Freund, sein Sohn sei zwar begabt, werde es aber im Leben wohl zu nichts bringen. (39)

Nicht wenige geniale Menschen waren von ihrer Vererbung her außerordentlich veranlagt, aber auch schwierige Charaktere. Man kann von ihnen sagen: „Wo viel Licht ist, da ist auch viel Schatten." Manche wären körperlich oder seelisch krank geworden, hätten sie nicht die Möglichkeit gehabt, ihre seelische Gespaltenheit und Zerrissenheit in großartigen Leistungen zu kompensieren. Über den mittelalterlichen Dichter der *Göttlichen Komödie*, Dante Alighieri (1265-1321), äußerte Alice Sperber aufgrund ihrer biografischen Forschungen den Verdacht: „Hätte Dante nicht die Möglichkeit gehabt, seinen Sadismus dichterisch auszuleben, indem er den Verdammten in der Hölle mit der exakten Genauigkeit die qualvollsten Strafen zuerkannte, so hätte er die Welt vielleicht durch Handlungen entsetzt und erschreckt, wie niemand sonst sie zu ersinnen vermochte." (40)

Einer der wesentlichen Gründe, warum Schulerfolg und Lebenserfolg häufig nicht miteinander übereinstimmen, liegt darin, dass sich komplex begabte Menschen oft spät entwickeln und ihre Sonderbegabungen in der Regel erst im Erwachsenenalter zum Tragen kommen. Dagegen treten einfache Sonderbegabungen bei Wunderkindern bereits in früher Jugend zu Tage.

Lebenserwartung und Lebensalter

Zwischen der vorgesehenen Lebenserwartung und dem tatsächlich erreichten Lebensalter gibt es erhebliche Unterschiede. Unter allen Lebewesen auf unserer Erde haben wir Menschen, abgesehen von einigen wenigen Ausnahmen, die höchste Lebenserwartung, weil wir auch die längste Entwicklungszeit beanspruchen dürfen. So gilt der Mensch, biologisch gesehen, als der größte Nesthocker unter allen Säugern, und bis er voll erwachsen ist, dauert es gut zwanzig Jahre. Als allgemeine Lebensregel gilt: Je höher entwickelt ein Lebewesen ist, desto länger dauert seine Entwicklungszeit und umso länger ist die zu erwartende Lebensdauer. (41)

Im Pflanzen- und Tierreich sind einige Arten mit einer viel längeren Lebensdauer gesegnet als der Mensch. So wird das Alter der Sequoia aus der Familie der Mammutbäume im amerikanischen Kings-Canyon Nationalpark auf 1900 bis 2500 Jahre geschätzt. Die Aldabra-Riesenschildkröten auf den Seychellen haben eine Lebensspanne von 150 bis 200 Jahren. (42)

Nach der biblischen Schöpfungsgeschichte scheinen die ersten Menschen ein viel höheres Alter erreicht zu haben, als dies heute der Fall ist. Gemäß dem mosaischen Buch „Genesis" betrug die Lebenszeit Adams 930 Jahre. Fast so alt wurde sein Sohn Seth, nämlich 912 Jahre, und sein Enkel Enos brachte es auf 905 Jahre. Dann folgte Kenan mit 910 Lebensjahren. Mahaleel starb mit 895 Jahren, dessen Sohn Jared erreichte ein Alter von 962 Jahren, doch sein Sohn Henoch wurde nur mit 365 Jahren gesegnet. Der älteste unter diesen Stammvätern war Methusalem, denn er kam auf 969 Lebensjahre. Ihm folgte Lamach, der 777 Jahre alt wurde. (1 Mo 5,5-30) Wie sind diese außerordentlich hohen Altersangaben zu verstehen? Zur damaligen Zeit, als diese aufgezeichnet wurden, berechnete man die Lebensdauer nicht nach Sonnenjahren, sondern nach Mondjahren. Nach dem mesopotamischen Volk der Sumerer, das im 3. Jahrtausend vor unserer Zeitrechnung im Vorderen Orient den Mondkalender einführte, umfasst ein Sonnenjahr dreizehn Mondjahre. Teilen wir die biblischen Altersangaben durch die Zahl dreizehn, erhalten wir für Adam rund einundsiebzig Lebensjahre, für Jared vierundsiebzigeinhalb und für Methusalem 74,5 Jahre. Diese Altersangaben weichen nicht stark von der gegenwärtigen Lebenserwartung ab und entsprechen ziemlich genau dem späteren Sonnenkalender und dem Psalmentext: „Unser Leben währet siebzig Jahre, und wenn es hoch kommt, sind es achtzig Jahre." (Ps 90,10)

Als Lebenserwartung bezeichnen wir die im Durchschnitt zu erwartende Lebenszeit von der Geburt bis zum Tod. In früheren Jahrhunderten war diese Zeitspanne wegen der großen Sterblichkeit im Säuglings- und Kleinkindalter sowie wegen der verbreiteten Epidemien viel kleiner. Sie lag in der jüngeren Steinzeit vor etwa 10.000 Jahren bei neunzehn Jahren. Um die Zeitenwende betrug die statistisch zu erwartende Lebensdauer rund zweiundzwanzig Jahre; gegen Ende des 1. Jahrtausends waren es dreiundzwanzig Jahre und im 17. Jahrhundert betrug sie fünfundzwanzig Jahre. Um das Jahr 850 lag die im Durchschnitt zu erwartende Dauer des Lebens vierunddreißig Jahre, um 1920 lag diese bei zweiundfünfzig Jahren, um 1955 bei sechsundsechzig Jahren und im Jahr 1975 schon bei einundsiebzig Jahren. (43)

In Deutschland berechnete man die zu erwartende Lebenszeit im Jahr 1970 für Männer auf 67,2 Jahre und für Frauen 73,4. In den nachfolgenden fünfzig Jahren ist diese stetig gestiegen: Im Jahr 1990 betrug sie 72,6 zu 79 und stieg im Jahr 2010 auf 77,2 zu 82,7 Jahre. Auch die Zahl der Hochbetagten nimmt weltweit zu. Heute sind 100-jährige keine Seltenheit mehr. Unter den ältesten Menschen finden wir heute bis zu 117-jährige Frauen und Männer. Nach vielen biologischen Alterforschern wären wir Menschen bei optimalen Lebensbedingungen auf 120 Lebensjahre programmiert. (44)

Die Altersforscher Jim van Oeppen und James Vaupel haben im Jahr 2002 zahlreiche Geburts- und Sterbestatistiken ausgewertet und kamen zu folgendem Ergebnis: Die Lebenserwartung hat sich seit den 1880er Jahren bis heute nahezu verdoppelt. Sie ist pro Dekade jährlich um 2,4 Jahre angestiegen, was bedeutet, dass wir alle vier Jahre ein Jahr an Lebenszeit dazu gewinnen. (45) Nach einer Statistik aus dem Jahr 2015 über die aktuelle Lebenserwartung der Weltbevölkerung belegen die Länder Japan, Spanien, Schweiz und Schweden die Spitzenplätze. Im Mittelfeld liegen die europäischen Industrieländer. Am Ende der Rangliste befindet sich eine Reihe von armen Schwellenländern in Afrika, Asien und Südamerika. (46)

Die deutliche Steigerung der Lebenserwartung hängt heute mit den Errungenschaften der modernen Gesellschaft zusammen. Zu erwähnen sind:

- Geringere Säuglings- und Kindersterblichkeit dank besserer medizinischer Maßnahmen
- Erfolgreiche Bekämpfung von Seuchen und Epidemien
- Bessere hygienische Lebensbedingungen und gesundheitliche Vorsorge
- Breite medizinische Aufklärung der Gesamtbevölkerung
- Gesündere Wohnverhältnisse und größere finanzielle Sicherheit
- Gute gesundheitserhaltende Ernährung und regelmäßige Bewegung
- Erfolgreiche Bekämpfung von altersbedingten Krankheiten und Beschwerden
- Erstaunliche medizinische Fortschritte in den vergangenen Jahrzehnten
- Verbreitete gesundheitliche Informationen durch die Medien
- Größeres Gesundheitsbewusstsein durch breite Aufklärung

Dass die Frauen im Allgemeinen zwei bis vier Jahre älter werden als Männer hat mit folgenden Tatsachen zu tun: Sie leben gesundheitsbewusster als ihre männlichen Altersgenossen. Sie gehen häufiger zu den notwendigen Vorsorgeuntersuchungen. Sie sind an einer gesunden Ernährungsweise mehr interessiert und darüber besser orientiert als die meisten Männer. Ihre sozialen und partnerschaftlichen Beziehungen sind stabiler. Sie suchen bei körperlichen oder seelischen Beschwerden häufiger Rat und Aufklärung bei Fachleuten. In der Regel konsumieren sie weniger Alkohol, Nikotin und andere Genussgifte. Auch sind sie für ethische und religiöse Lebenshilfen leichter ansprechbar. Allerdings holen bei uns die Männer deutlich auf und leben zunehmend gesundheitsbewusster dank besserer Aufklärung in den Medien.

Das „Institut für Demoskopie Allensbach" stellte im Jahr 1974 an die deutschen Bundesbürger die Frage: „Möchten Sie 150 Jahre alt werden?" Gut die Hälfte der Befragten schlossen sich diesem Wunsch an. Am meisten Zustimmung fand man naturgemäß bei der jüngeren Generation. Von den über 60-jährigen Männern und Frauen wünschten sich dagegen nur 39% noch weitere neunzig Jahre zu leben. (47) Für die meisten gilt freilich immer noch die Bemerkung von Sebastian Kneipp (1821-1897): „Alt wollen sie werden, jung wollen sie bleiben, aber etwas tun dafür wollen sie nicht."

Die Zunahme der Lebensdauer wird in absehbarer Zeit zu erheblichen sozialen und wirtschaftlichen Problemen führen. Je älter die Menschen werden, umso größer wird die Zahl der nicht erwerbstätigen Menschen im Rentenalter. Die Folge davon wird sein, dass die Altersrenten nicht mehr im heutigen Umfang bezahlt werden können. Als Gegenmaßnahmen gibt es nur drei Möglichkeiten: Entweder muss die Lebensarbeitszeit heraufgesetzt und die Altersrenten müssen gekürzt werden oder die jährlichen Einzahlungen in die Altersvorsorge müssen erhöht werden. Außerdem darf die negative Kehrseite der Lebensverlängerung nicht übersehen werden. Je älter die Menschen werden, umso häufiger leiden sie an Altersbeschwerden wie Herz- und Kreislaufschwäche, Tumorerkrankungen, Diabetes, Arteriosklerose, Suchtkrankheiten, Depressionen, Alzheimer und Altersdemenz. Dementsprechend nehmen auch die Pflegekosten und die Krankenkassenprämien zu.

Ob für ein hohes Alter tatsächlich ein bestimmtes Altersgen verantwortlich ist, versuchten vor Kurzem Wissenschaftler vom „New York Genome Center“ zu erforschen. Zu diesem Zweck haben sie den größten Stammbaum der Welt erstellt, in dem dreizehn Millionen Menschen namentlich angeführt sind, die in einem Zeitraum von 500 Jahren lebten und in über elf Generationen erfasst wurden. In diesem weitverzweigten Familiengeflecht sollen deren Nachkommen erblich miteinander verwandt sein. Während man bisher annahm, dass für eine hohe Lebenserwartung die erbliche Veranlagung in 15 bis 30% der Fälle eine wesentliche Rolle spielt, ergab dieser umfangreiche Familienvergleich, dass gute Altersgene das Leben der Menschen nur um 5% tatsächlich verlängern können. (48)

Eine robuste körperliche und seelische Veranlagung kann gewiss die Lebenserwartung begünstigen. Doch entscheidend ist, wie wir damit umgehen. Der amerikanische Altersforscher und Medizinprofessor Thomas Perls (*1960) von der Boston University hat Menschen befragt, die hundert Jahre und älter sind. Er fand heraus, dass eine gesunde Lebens- und Verhaltensweise hierfür wichtiger ist als die Veranlagung. Seiner Meinung nach haben Frauen heute eine theoretische Lebenserwartung von neunundachtzig Jahren und Männer von sechsundachtzig Jahren. Dass es bei den meisten Menschen nicht so weit kommt, ist seiner Ansicht nach ihrer ungesunden Lebensweise zuzuschreiben. Zum Beweis führt er die über ganz Amerika verteilten Mitglieder der freikirchlichen Adventisten an, welche die höchste Lebenserwartung in den USA haben. Aus religiösen Gründen sind diese strenge Vegetarier. Auch verzichten sie auf jeden Alkohol- und Nikotingenuss. (49)

Wer bis ins hohe Alter gesund und leistungsfähig bleiben will, für den lohnt sich, dafür bereits in jungen Jahren vorzusorgen und mit Disziplin sein ganzes Leben einzurichten. Dies meint das Sprichwort: „Man muss den Stecken beizeiten schneiden, wenn man sich im Alter darauf stützen will." Die alten Römer kannten die Empfehlung: „Abstine et sustine. – Verzichte und halte dich zurück." Wir können in unseren alten Tagen nur das ernten, was wir in der Frühzeit unseres Lebens gesät haben. Freilich mag es auch einer robusten Veranlagung zuzuschreiben sein, wenn man bei guter Gesundheit ein hohes Alter erreicht. Gerne möchte ich dies auch als einen Gnadenerweis aus der geistigen Welt bezeichnen, der jenen als Zugabe geschenkt wird, die nicht tatenlos auf den eigenen Tod warten, sondern die durch ihr eigenes Wirken ihrem Leben nicht nur mehr Jahre, sondern den Jahren auch mehr Leben geben.

Dazu stellt sich die Frage: Wie können wir die Gunst des Älterwerdens mit der Kunst des Jungbleibens verbinden? Was müssen wir hierzu tun und was müssen wir lassen? Unsere Gesundheitszeitschriften sind voll von mehr oder weniger brauchbaren Empfehlungen. Das internationale Meinungsforschungs-Institut Gallup hat hierzu eine große Anzahl hochbetagter Frauen und Männer befragt, um die Ursache ihrer Langlebigkeit zu erforschen. Sie fanden vor allem folgende Gründe, die ihnen eine gute Lebensqualität bis ins hohe Alter versprachen:

- Sie waren zeitlebens körperlich und geistig aktiv und nie während längerer Zeit untätig.
- Sie lebten mäßig und regelmäßig ohne irgendwelche Übertreibungen.
- Sie gingen selten spät zu Bett; sie schliefen gut und waren Frühaufsteher.
- Zeitlebens mieden sie Alkohol, Nikotin und Drogen.
- Sie sorgten stets für regelmäßige Abwechslung in Arbeit und Muße.

- Als Optimisten waren sie mit ihrer privaten und beruflichen Situation zufrieden.
- Mit Humor und Gelassenheit stellten sie sich bewusst auf die Sonnenseite des Lebens.
- Sie bewahrten in allen Situationen eine positive Lebenseinstellung und Gesinnung.
- Sie sind emotional stabil, sozial verträglich und nehmen sich selber nicht allzu wichtig.
- Sie wissen sich stets sinnvoll zu beschäftigen und langweilen sich selten.
- Trotz körperlicher Einschränkungen bezeichnen sie sich als gesund und lebensfroh.
- Sie leben nach einer gefestigten Glaubensüberzeugung und wissen um den Sinn des Lebens.

Als im Jahr 2018 einer unserer ältesten Erdenbürger zu seinem 115. Geburtstag nach dem Geheimnis seines hohen Alters befragt wurde, antwortete dieser: „Denke nur an die guten Dinge des Lebens!" (50) Dies kann als der Schlüssel zu einem langen, gesunden und sinnvollen Leben bezeichnet werden. Doch leider gilt für die große Masse immer noch die Wahrheit, die Voltaire schon zu seiner Lebzeit treffend formuliert hat: „In der ersten Lebenshälfte geben wir viel Geld aus, um unsere Gesundheit zu ruinieren. Und in der zweiten Hälfte des Lebens geben wir nochmals viel Geld aus, um zu versuchen, unsere Gesundheit wiederherzustellen. Und inzwischen rinnt das Leben davon." Deshalb ist es bitterschade, dass heute viele Jugendliche bedenkenlos ihren Körper mit Genussgiften schädigen und dabei zu wenig bedenken, dass dieser im Alter einen hohen Preis von ihnen fordern wird.

Selbstbestimmung und Lebensoptimierung

Eines Tages kam eine junge geschiedene Frau in meine psychologische Sprechstunde, weil sie als alleinerziehende Mutter wegen der schulischen Schwierigkeiten ihres Sohnes von mir Rat und Hilfe haben wollte. Ich sah bald, dass die Probleme nicht beim Kind, sondern bei der Mutter lagen. Daher versuchte ich, ihr einige sinngebende Orientierungshilfen zu geben. Doch sie winkte ab und beteuerte selbstsicher: „Mir genügt mein Psychiater und seine Psychologie." Da erklärte ich ihr: „Sie kommen mir vor, als befänden Sie sich in einem Boot auf einem See. Ihr Psychiater mag Ihnen beibringen, wie sie die Ruder halten sollten, um sich nicht ständig im Kreis zu drehen oder ziellos herumgetrieben zu werden. Seine Psychologie kann Ihnen erklären, woher der Wind weht, nach dem Sie sich ausrichten können. Aber wohin Ihre Fahrt gehen muss, das kann Ihnen weder die Psychologie noch die Psychiatrie vermitteln; dies hängt von Ihrem gewählten Ziel ab. Darüber müssen Sie selber bestimmen." Damit wollte ich der Ratsuchenden andeuten, dass die Selbststeuerung entscheidend ist für die Zielrichtung ihrer Lebensfahrt.

Nach dem Konvergenz-Gesetz haben wir uns auf unserer Lebensreise einerseits nach den vorgegebenen Daseinsmöglichkeiten zu richten und andererseits sind die sich verändernden Umweltverhältnisse zu berücksichtigen. Was wir aber daraus machen, liegt weitgehend an der Art und Weise, wie wir diese handhaben und wie wir damit umgehen. Es gibt aber noch ein Drittes jenseits von Anlage und Umwelt. Dieses hebt uns hinaus über die Gebundenheit an Erbe und Umwelt. Es ist unsere freie Selbstbestimmung, die dafür verantwortlich ist, wie weit es uns gelingt, mit den gegebenen Erb- und Umweltbedingungen unser Leben im Rahmen des Möglichen zu gestalten und zu entfalten.

Nehmen wir den Vergleich mit dem Lebensschiff wieder auf und fragen wir uns: Wer hält dessen Steuer in der Hand? Es ist das Ich-Bewusstsein, das die Richtung angibt und wählt, und zwar nicht nach einer momentanen Laune oder nach eigenem Gutdünken, sondern geleitet und geführt von einer inneren Gewissheit, die wir das Gewissen nennen. Dieses kann mit einem Kompass verglichen werden, dessen Richtungsanzeige wir bei unserer Lebensfahrt beachten sollten, wollen wir nicht Schiffbruch erleiden oder an gefährlichen Klippen stranden.

Diese Selbststeuerung ist gleichsam das Zünglein an der Waage, welches dem Zusammenwirken von Anlage und Umwelt die gewählte Richtung zur persönlichen Entwicklung verleiht. Diese ist für das erfolgreiche Gelingen des Lebens entscheidend. Es liegt letzten Endes am eigenen stellungnehmenden und entscheidungswilligen Selbstbewusstsein, auf welches Lebensziel wir hinsteuern. Es ist eine Frage des inneren Wissens um den Sinn des eigenen Lebens. Unser Gewissen ist nicht, wie Sigmund Freud meinte, die nach innen verlegte Stimme der Eltern und Erzieher. Es handelt sich auch nicht nur um traditionelle Wertvorstellungen, wie C. G. Jung meinte, nach denen wir unser Verhalten in der menschlichen Gemeinschaft bestimmen. Vielmehr sind es geistige Gesetze und Normen, die uns durch eine spirituelle Instanz zu unserem Heil vorgegebenen sind. Dies meinte Goethe in seinem „Prolog im Himmel", wenn er in seinem „Faust" den „Herrn" sprechen lässt: „Ein guter Mensch in seinem dunklen Drange / Ist sich des rechten Weges wohl bewusst." (51)

Es ist also das sittliche Geistbewusstsein, das uns dazu verhelfen soll, unser Tun und Lassen in einem moralisch zulässigen und verantwortbaren Rahmen zu regulieren und zu kontrollieren. Freilich hat uns die Erfahrung zur Genüge gezeigt, wie durch falsche Beeinflussung beinahe jede Gewissensregung verbogen und verdorben werden kann. Wer von sich behauptet, er habe ein sauberes Gewissen, der mag sich an Mark Twains Worte erinnern: „So mancher hat ein sauberes Gewissen, weil er es nie gebraucht."

Es geht dabei stets um die Selbstoptimierung des eigenen Lebens, also um die Frage: Wie kann ich das Bestmögliche aus meinem Leben machen? Hierzu gehört nicht nur die körperliche Ertüchtigung durch gesunde Lebensführung, sondern auch die seelische Selbstverwirklichung durch Selbstdisziplin und Selbstkontrolle gegenüber den Ansprüchen, Erwartungen und Bedürfnissen des Lebens. Diese sind nach dem gestellten Lebensziel auszurichten. Jeder Mensch strebt danach, dass sein Leben nach seinen Vorstellungen gelingen möge. Was macht aber ein gelungenes Leben aus? Es ist der innere und äußere Lebenserfolg. Erfolg ist stets das, was folgt, wenn wir richtig denken, zielorientiert planen, entschlossen handeln und verantwortungsbewusst nach der Tatverwirklichung streben. Wer also Erfolg im Leben haben will, der mache den Verstand zu seinem Lehrer, den Willen zu seinem Führer, die Geduld zu seiner Begleiterin und die Hoffnung zu seiner Geliebten. In diesem Sinne bezeichnet der schottische Mediziner Alexander Fleming (1881-1955) den Erfolg „als die Erfüllung menschlichen Strebens". (52)

Fragt man den Mann und die Frau auf der Straße, was sie unter Lebenserfolg verstehen, antworten die meisten: „Es zu etwas bringen.“ Wenn man es genauer wissen will, werden fast immer nur äußere Erfolgsziele genannt: Eine gute Arbeitsstelle, berufliche Zufriedenheit, finanzielle und existenzielle Sicherheit. Seltener werden innere Erfolge genannt wie eine harmonische Partnerschaft, innere Zufriedenheit, Gesundheit und ein sinnerfülltes Leben.

Unser Lebenserfolg hängt ab von der Konvergenz zwischen

1. den mitgegebenen vitalen Erbanlagen
2. den vorhandenen Umwelteinwirkungen und
3. der eigenen Selbstbestimmung

Durch die erworbenen Erbanlagen, die wir von unseren Eltern und Vorfahren als Erbgut übernommen haben, sind wir, wenn es gutgeht, mit einer Summe von positiven Entwicklungsmöglichkeiten ausgestattet worden. Durch diese wird die Konstitution, das Geschlecht, das Temperament, der Charaktertyp sowie Lebenstüchtigkeit körperlicher und seelischer Art bestimmt. Dies betrifft auch unsere Begabungen, Neigungen, Interessen und Verhaltensmuster, die uns während des ganzen Lebens begleiten werden. An diesen lässt sich nicht viel ändern. Diese müssen wir annehmen, so wie sie uns gegeben sind. Auch die vorhandenen Lebensbedingungen in der eigenen Um- und Mitwelt, die wir vor unserem Eintreten in die Diesseitswelt ausgewählt haben, beeinflussen in hohem Maße den Verlauf unseres Lebens. Denken wir an die Erziehung in Elternhaus und Schule, an unsere Berufswahl und berufliche Ausbildung, an die gegebenen Möglichkeiten der Wohnsitz- und Tätigkeitsorte, an die mitmenschlichen Begegnungen sowie an unsere Wahlhandlungen in Freundschaft, Liebe und Partnerschaft. Dies alles geschieht nicht zufällig, sondern ist häufig genug von bewussten, mehr noch von unbewussten Antrieben schicksalshaft gelenkt. (53)

Als dritter Faktor kommt die bewusste Selbststeuerung hinzu. Nach den Worten Schopenhauers mischt zwar das Schicksal die Karten unseres Lebensspiels, aber spielen müssen wir selber. Wie uns dies gelingt, hängt von unserer persönlichen Entscheidungsfreiheit ab. Diese kommt allein dem bewusstseinsfähigen Menschen zu, der sein Leben weitgehend selber gestalten kann, während wir dies beim Tier vermissen.

Wenn man die Lebensgeschichte erfolgreicher Menschen verfolgt, stellt man bald fest, dass diese in der Lage waren, ihr Leben selbstständig und eigenwillig zu gestalten. Was diese von den erfolglosen Träumern und Erbsenzählern unterscheidet, ist ihr überzeugendes Selbstvertrauen, ihr enormer Lern- und Aufstiegswille, verbunden mit einem untrüglichen Spürsinn für richtige Entscheidungen, und immer war auch ein Quäntchen Glück dabei. Auf jeden Fall sind sie fasziniert von ihrer Lebensaufgabe. Sie geben sich hochmotiviert für ihr Tun, sie folgen ihrer Vision und sind stets bereit, ihre ganze Energie und jede verfügbare Zeit für ihre kreative Idee einzusetzen. Den Erfinder und Erbauer der ersten automatisch gesteuerten Autowaschanlage habe ich einmal gefragt, wie viel Zeit er in seine weltbekannte Erfindung investiert habe. Er antwortete mir: „Meine ganze Zeit außer der Schlafenszeit."

Ein wesentliches Element des Erfolgsdenkens ist der Glaube an das Gelingen. Wer nicht an seinen Erfolg glaubt und ständig daran zweifelt, dessen Unbewusstes wird aufgrund der sich selbst erfüllenden negativen Erwartungen mit Sicherheit dafür sorgen, dass er Recht behalten wird. Was Erfolgreiche ganz besonders auszeichnet, ist ihr Vertrauen in die eigenen Fähigkeiten und der unerschütterliche Glaube an ihre eigenen Möglichkeiten. Hierzu gehört ein starkes Selbstvertrauen. Es handelt sich um das Vertrauen in die eigenen Möglichkeiten zur erfolgreichen Tat. Wer auf sich selbst vertraut, der baut ein sicheres Fundament, auf dem er den Bau seines Lebenswerkes errichten kann. Dieses steht dann auf den vier Säulen, die da heißen Selbsterkenntnis, Selbstsicherheit, Selbstdisziplin und Selbststeuerung. (54)

Wichtig ist, nach Wilhelm Telemanns kleinem Gedicht, mit festem Selbstvertrauen an den eigenen Erfolg zu glauben:

Setz nur immer ein den ganzen Glauben
mit einem frohen Mut zu deinem Werke.
Lass ihn dir nie von anderen Menschen rauben,
dein Selbstvertrauen verleiht dir Stärke.

Du kannst nur Großes leisten mit Vertrauen –
und fängst du auch mit einer kleinen Saat erst an.
Auf eine reiche Ernte wirst du schauen,
wenn zum Glauben kommt: Ich will, ich kann!

Erfolgreich im Leben sind nicht jene zu nennen, die keine Fehler machen, sondern jene, die imstande sind, aus ihren eigenen Fehlern zu lernen. Daher heißen einige wichtige Erfahrungen erfolgreicher Menschen:

- Wer jeden Fehler vermeiden will, der handelt nicht nur fehlerlos, sondern auch erfolglos. (Thomas Edison)
- Es ist von großem Vorteil, die Fehler, aus denen man lernen kann, möglichst früh zu begehen. (Winston Churchill)
- Ich möchte nie in einem Unternehmen arbeiten, in dem es verboten ist, Fehler zu machen. (Henry Ford)
- Erfolge ohne Misserfolge und Leistungen ohne Fehler wären wie ein Tag, auf den keine Nacht folgt. (Vera Birkenbihl)
- Erfolgreiche sind bereit, das zu wagen, was Erfolglose am liebsten vermeiden, nämlich Misserfolge einzugestehen und aus diesen zu lernen. (Bill Gates)
- Der Weg zum Erfolg geht über Niederlagen, die richtig verarbeitet werden müssen, um daraus zu lernen. (Ralph Krueger)
- Wer einen Tiefschlag erfährt, ist deshalb noch kein Versager; er hat die Chance, diesen zu überwinden.
- Ein Misserfolg bedeutet nicht, dass wir im Irrtum sind, sondern nur, dass wir es auf eine andere Art versuchen sollten.
- Der Erfolgreiche setzt seine Bemühungen dort fort, wo der Erfolglose aufhört.
- Die Weisheit kommt aus der Erfahrung, und die Erfahrung kommt aus den Dummheiten, die wir begangen haben.
- In der Regel sind es kleine Hindernisse, die uns im Wege stehen. Niemand stolpert über einen ganzen Berg.

Wenn wir aus Rückschlägen und Misserfolgen zu lernen bereit sind, indem wir daraus die richtigen Lehren ziehen, bedeutet dies nicht das Ende, sondern die notwendige Wende auf unserem Weg zum Erfolg.

Aus jeder überwundenen Niederlage können wir ein Stück Stärke herausziehen. Wer stets ängstlich darauf bedacht ist, möglichst keine Fehler zu begehen, der macht auf diese Weise seinen größten Fehler, weil er sich der Gelegenheit entzieht, aus eigenen Fehlern zu lernen. Jeder, der aus seinen Fehlern nichts lernt, ist dazu verurteilt, diese zu wiederholen. Daher macht der Kluge einen Fehler nur einmal, der Dumme macht den gleichen Fehler immer wieder. Nachdem das Erfindergenie Edison beim 99. Versuch, eine Lampe zum Leuchten zu bringen, gescheitert war, sagte er sich: „Jetzt muss ich nur noch beim 100. Mal die richtige Lösung finden." – Und sämtliche Glühlampen der Welt geben ihm Recht.

Für das Gelingen des Lebens sind die kleinen Schritte wichtiger als die großen Sprünge. Befolgen wir den Rat des Philosophen Richard David Precht: „Wer seine Aufmerksamkeit schult und die Lust am Kleinen und Alltäglichen kultiviert, der vermag den mystischen Funken aus dem Stein der Weisen zu schlagen, der das Leben glücklich und lebenswert macht." (55)

Wer es versteht, rechtzeitig die Gunst des Älterwerdens mit der Gunst des Jungbleibens in Einklang zu bringen, der wird in seinen späten Jahren erleben dürfen, wie sich mit der Zeit mancher Drang und mancher Zwang wie von selbst auflöst, und er wird erfahren, was Goethe den „Doktor Faust" in seinem Studierzimmer sinnieren lässt:

Entschlafen sind nun wilde Triebe
Mit jedem ungestümen Tun;
Es reget sich die Menschenliebe,
Die Liebe Gottes regt sich nun.

11.

Das Gesetz der Gegenläufigkeit

Ein angestauter Fluss
fließt zurück.

Sigmund Freud

Das Gesetz der Gegenläufigkeit sorgt dafür, dass nichts so bleibt, wie es ist, sondern ins Gegenteil umschlägt, damit das fließende Leben weitergeht und nichts in Extremen ausufert. Dies soll zum gegenseitigen Ausgleich und zum Gleichgewicht führen und Erneuerungen ermöglichen. Als Erster hat im griechischen Altertum Heraklit diese Gesetzmäßigkeit formuliert mit den Worten: „Weg hinauf, hinab, derselbe." (1) Damit wollte er zum Ausdruck bringen, dass im lebendigen Ganzen kein Zustand bleibt wie er ist. Jede Situation schlägt mit der Zeit in ihr Gegenteil um. Auf die Dauer gibt es keine Stagnation, sondern nur Evolution. Ein Symbol dieser gegenläufigen Tendenz ist das Pendel, das von einem Ausschlag nach der einen Seite stets zur Gegenseite zurückkehrt.

In unserer Zeit ist diese Gesetzmäßigkeit von C. G. Jung neu durchdacht und in die moderne Psychologie eingeführt worden. Damit wollte er die kompensatorische Wirkung des Unbewussten ansprechen, das stets danach strebt, Einseitigkeiten und Extreme zu vermeiden. (2) Es handelt sich hier um eine Selbstregulierung der Natur, die uns vor einseitigen Auswüchsen bewahrt.

Aktion und Reaktion

Jedes Geschehen oder Ereignis löst eine Energiewelle aus, die wie eine Meereswoge am Ufer zurückgeworfen wird, und zwar in jene Richtung, aus der sie gekommen ist. Diese Gegenläufigkeit entspricht einem natürlichen Gesetz, das auf allen Ebenen wirksam ist und besagt, eine Aktion löst eine gleichwertige Gegenaktion aus. Diese bezeichnen wir als Reaktion. Es handelt sich um das Prinzip der Gegenwirkung oder Wechselwirkung in der ganzen Natur. Dieses hat Newton als Bewegungsgesetz formuliert, das da heißt: Kräfte treten immer paarweise auf, nämlich als Kraft und Gegenkraft. Wenn ein Körper auf einen anderen Körper eine Kraft ausübt, löst dies bei jenem eine gegenläufige Kraft aus. Dabei sind stets zwei Kräfte am Werk. So wirkt sich beim Fallen eines Apfels vom Baum nicht nur dessen eigene Schwere aus, sondern als Gegenwirkung auch die Anziehungskraft der Erde.

Als Symbol dieser Aktion-Reaktion-Wechselwirkung kann das in der Musik gebräuchliche Metronom gesehen werden. Es ist dies ein mechanisch oder elektronisch gesteuertes Gerät, das durch die Hin- und Herbewegung eines Zeigers den Takt einer Melodie angibt. Während es beim Rhythmus um die Wiederholung ähnlicher Zeiten geht, handelt es sich bei der Taktgebung um die Wiederholung gleicher Tempi.

Die einfachste Form der Gegenläufigkeit von Aktion und Reaktion ist der Reflex (lat. *reflectere*: zurückwerfen). In der Medizin verstehen wir darunter die durch einen Sinnesreiz ausgelöste Gegenbewegung zum Schutz vor einer körperlichen Gefahr. Diese Reaktion läuft über unser Nervensystem ab und nicht als eine bewusste Überlegung. Solches ist beispielsweise der Fall beim Greifreflex oder beim Augenschließreflex. Auch angeborene Instinktreaktionen können uns blitzschnell vor Gefahren schützen, denn mit unserem Verstand kämen wir meistens zu spät. Zahlreiche unkontrollierbare Affektreaktionen laufen automatisch ab, ohne dass Vernunft und Verstand rechtzeitig dazwischentreten können. Daher sprechen wir etwa von „blinder Wut" oder von „blindwütigem Zorn" und bezeichnen diese als Primitivreaktionen. Um diesen klug zu begegnen, seien folgende Verhaltensweisen empfohlen:

- Nicht ständig auf seinem Recht bestehen wollen, sondern auch einmal nachgeben.
- Nicht voreilig dem anderen widersprechen, sondern zuhören.
- Sich nicht immer rechtfertigen wollen, sondern vieles auf sich beruhen lassen.
- Geschehen lassen, fließen lassen, zulassen ist manchmal besser als eingreifen.
- Ungerechtigkeiten dem Frieden zuliebe erdulden, denn dies verhindert manchen Zwist.
- Statt ständig auf der Suche zu sein, sollten wir die Dinge auf uns zukommen lassen.
- Beachten wir: An den Bäumen des Schweigens wachsen die Früchte des Friedens!
- Die Möwe bezwingt den Sturm, indem sie sich ihm überlässt.
- Wer sich immer verteidigt und wehrt, der verwehrt sich manchen Zugang zur Versöhnung.
- Besser als das Tun ist oft das Tun im Nicht-Tun.

Natürlich sind dies alles Halbwahrheiten, deren Gegenteil ebenso wahr sein kann. Manchmal ist es jedoch besser, man lässt einem ungewissen Geschehen seinen Lauf, um zu sehen, was sich daraus entwickelt, als allzu schnell einzugreifen, um einen werdenden Prozess vorzeitig abzubrechen. Der erste Schritt zur Wahrheit ist nicht die Überzeugung, sondern der Zweifel. Von Descartes stammt die Erkenntnis: „Wer ein wirklicher Sucher nach der Wahrheit sein will, muss mindestens einmal im Leben möglichst alles angezweifelt haben."

Dem Gesetz der Gegenläufigkeit von Aktion und Reaktion begegnen wir im Alltag in zahlreichen Lebenssituationen. Im gesundheitlichen Bereich sprechen wir von einer Regeneration. Damit meinen wir das Wiederherstellen und Erneuern der Funktionsfähigkeit eines Organismus nach einer Verletzung, Krankheit oder Operation im Sinne einer Rehabilitation. Unter Remission ist das Zurückbilden eines Tumors oder das vorübergehende Verschwinden eines chronischen Krankheitssymptoms ohne eigentliche Heilung zu verstehen.

Auch auf der psychologischen Ebene kennen wir verschiedene seelische Aktion-Reaktion-Formen. Es sind dies wichtige psychische Abwehrreaktionen, die zumeist vom Unbewussten ausgehen. Diese gilt es zu durchschauen, um sie richtig werten zu können. Es handelt sich, um nur einige Beispiele zu nennen, um die psychischen Ich-Reaktionen der Regression, der Projektion und der Introjektion.

Unter der Regression ist ein Zurückweichen oder Zurückfallen eines Menschen in eine frühere seelische Entwicklungsphase gemeint. Dieses neurotische Verhalten lässt sich bei Jugendlichen, aber auch bei alten Menschen beobachten, die in eine bereits überwundene kindliche Gewohnheit zurückfallen, um sich vor einer Überforderung oder Frustration zu schützen. Der Grund hierfür ist eine körperliche oder seelische Rückbildung oder Rückwärtsentwicklung. C. G. Jung sah in der Regression eine notwendige Anpassung der seelischen Innenwelt, um den Anforderungen der Außenwelt zu genügen. (3)

Bei der Projektion haben wir es mit einer psychischen Verlagerung oder Übertragung einer innerseelischen Konfliktsituation auf die personale Mitwelt oder Umwelt zu tun. Dies geschieht häufig bei Verdächtigungen, Schuldzuweisungen und bei unbegründeten Vorverurteilungen. Hierzu ein Beispiel: Ein Mann vermisste seine Axt. Nun vermutete er, dass der Sohn des Nachbars ihm diese entwendet hatte. Daher beobachtete er diesen genau und glaubte bei ihm festzustellen: Sein Gang, sein Blick, sein ganzes Gehabe waren ganz die eines Diebes. Alles, was er tat, sah nach einem Axtdieb aus. Einige Tage danach fand der Mann zufällig seine Axt unter einem Bretterhaufen in seinem Garten. Als er den Sohn seines Nachbars wiedersah, hatte sich dieser in seinen Augen deutlich verändert. Sein Gang war nicht mehr der eines Diebes und sein Benehmen glich nicht mehr dem eines Axtdiebes. (4)

Um eine Projektion geht es oft auch bei dem, was uns an anderen Menschen gefällt oder missfällt. Es ist genau das, was wir meist unbewusst in uns selber sind oder haben und daher entweder anziehen oder ablehnen, bejahen oder verneinen. Was wir in der Sympathie anziehen, sind Eigenschaften von anderen Menschen, die den unsrigen ähnlich sind. Was wir als abstoßend oder unsympathisch empfinden, sind Eigenheiten bei anderen, die wir auch selber in uns tragen, aber unbewusst verdrängen oder bewusst nicht wahrhaben wollen. Alles, was uns an unseren Mitmenschen auf die Nerven geht, sollten wir zunächst in uns selber suchen und durch dessen Gegenteil entschärfen. Ratsam ist es auch, sich in solchen Situationen zu fragen: „Was habe ich daraus zu lernen? Hier kommt nun die Spiegelfunktion der menschlichen Seele zum Tragen. Was uns als gespiegeltes Bild anschaut, ist stets das gleiche Gesicht, das in den Spiegel hineinschaut. Folgende Geschichte mag uns dies veranschaulichen:

Vor vielen Jahren stand in einem indischen Urwald ein alter Tempel, von Lianen und Sträuchern völlig überwuchert. Seine Innenwände waren mit tausend gläsernen Spiegeln ausgekleidet. Da geschah es, dass sich eines Tages ein Hund in diese Tempelanlage verirrte. Dieser erfreute sich an dem prachtvollen Bauwerk und glaubte, dessen ganzer Reichtum gehöre nun ihm allein. Wie er in den großen Spiegelsaal kam, sah er sich dort tausend Hunden gegenüber, die ihn genauso grimmig anschauten wie er sie. Da er fürchtete, die tausend Hunde könnten ihm seine Entdeckung streitig machen, fletschte er gegen sie seine Zähne und fing an, seine Artgenossen mit seinem Gebell zu bedrohen. Sogleich sah er, wie tausend Hunde ihn ebenso anfauchten und ihm ihr angriffiges Gebiss zeigten. Dies versetzte den zugelaufenen Hund derart in Wut, dass er einen der tausend Hunde anspringen wollte. Dabei raste er gegen einen der gläsernen Spiegel und brach sich das Genick. Nach langer, langer Zeit kam wieder ein Hund, der sich verlaufen hatte, zu jenem vergessenen Tempel im Urwald. Wie er in den hohen Saal mit den tausend Spiegeln kam, sah auch er sich tausend Hunden gegenüber. Erfreut darüber, in der entlegenen Wildnis auf seinesgleichen zu stoßen, fing er an, freundlich mit dem Schwanz zu wedeln, und alle tausend Hunde grüßten mit der gleichen Geste friedlich zurück. Dies gefiel ihm so sehr, dass er immer wieder zu jenem Tempel zurückkehrte, um seine freundlichen Artgenossen wiederzusehen. (5)

Bei der Projektion geht es also um ein Hinausverlegen einer innerseelischen Vorstellung. Dies kann der Fall sein bei einer Sinnestäuschung oder bei Wahnideen. Eine junge Frau erzählte mir in der psychologischen Beratung, dass sie jeden Abend vor dem Einschlafen zwanghaft hinter jedem Schrank, unter ihrem Bett, ja sogar in jeder Schublade nachsehen müsse, ob darin vielleicht ein Mann versteckt sei, der sie vergewaltigen könnte. Sie verlagerte also ihre innere verdrängte Triebgefahr nach außen in die Irrealität.

Wir sind weit mehr als wir glauben von seelischen Projektionsbildern umgeben, nämlich in unseren Phantasien und Wunschvorstellungen, Hoffnungen und Befürchtungen, die auch in unseren Träumen ihren Niederschlag finden können. So hat C. G. Jung die Erfahrung gemacht: „Jeder normale und nicht über ein gewisses Maß besonnene Mensch unserer Zeit ist durch ein ganzes System unbewusster Projektionen an die Umgebung gebunden." (6)

Einem weiten Feld unbewusster Projektionen begegnen wir in den zwischenmenschlichen Ich-Du-Verhältnissen, insbesondere in unseren Liebesbeziehungen. Die Verliebtheit und ein großer Teil der Liebesgefühle beruhen auf einer täuschenden Erwartungshaltung, die wir auf einen anderen Menschen übertragen. So manches, was wir im geliebten Du suchen, sollten wir im eigenen Ich aufspüren. Es käme dann weit weniger zu Liebesenttäuschungen. Der Sinn einer liebenden Begegnung heißt nach Franz Grillparzer: „Ich habe dich gesucht und habe mich gefunden."

Das Gegenteil einer Projektion ist die Introjektion. Bei diesem seelischen Vorgang wird eine äußere objektive Begebenheit auf das innere Erleben des Subjektes verlegt, sozusagen einverleibt und auf sich bezogen, als wäre es ein Stück von einem selbst. Der Psychologe Leopold Szondi nennt die Introjektion eine seelische Einverleibung, bei der das Ich gleichsam das Objekt auffrisst. (7)

Eine naive Form der Introjektion ist die Beteuerung des Verliebten an seine Geliebte: „Ich hab' dich zum Fressen gern." Die Introjektion ist also eine Angleichung des Objektes an das Subjekt. Dabei wird ein äußerer Tatbestand oder ein Außenobjekt nach innen verlegt. Eine typische Introjektion ist die „klinische Krankheit". Gemeint ist die Beobachtung, dass Studenten während ihres Medizinstudiums jene Krankheitssymptome, die sie während ihres Klinikums äußerlich an Patienten oder Modellen studieren, auch bei sich selbst festzustellen glauben. Überhaupt hat so manches, was in der Medizin als Placebo- und Nocebo-Effekt beschrieben wird, mit einer Introjektion zu tun.

Das Bumerang-Prinzip

Willst du glücklich sein im Leben,
Trage bei zu andrer Glück,
Denn die Freude, die wir geben,
Kehrt ins eigne Herz zurück.

MARIE RUHLAND

Unter einem Bumerang ist ein gekrümmtes Wurfholz zu verstehen, das nach dem Gesetz der Gegenläufigkeit dazu neigt, im weiten Bogen zum Werfer zurückzukehren. Bei den Ureinwohnern Australiens diente dieser als Waffe. Nach heutigem Gebrauch ist es ein Sportgerät. Die Lehre, die wir im übertragenen Sinne daraus ziehen können, heißt: Auch Gedanken und Worte sind eine Art Bumerang, die früher oder später zum Verursacher zurückkehren.

Wenn wir einem Menschen alles Gute wünschen, kehrt dieser Wunschgedanke als etwas Gutes zu uns zurück. Wenn wir ihn aber verwünschen, verfluchen und ihm Böses androhen, dann könnte dieser böswillige Gedanke nach dem Bumerang-Prinzip auch uns selber treffen. Dies lehrt uns die indische Erzählung vom mantrischen Krieg zwischen den Devas und den Asuras, den guten und den bösen Engeln. Als Waffe diente ihnen das gesprochene Wort. Als einer der Dämonen ein hasserfülltes Wortgeschoss gegen ein wohlgesinntes Engelwesen schleuderte, kehrte das mit negativer Energie geladene Gedankengeschoss wie ein Bumerang zu diesem zurück und tötete ihn auf der Stelle. (8)

Ähnliches könnte geschehen, wenn wir negativ geladene Kraftwörter gebrauchen, die dem Unbeherrschten spontan entgleiten, selbst wenn er etwas Positives zum Ausdruck bringen will. Derartige Redewendungen, die zwar noch harmlos erscheinen mögen, aber dennoch einen Mangel an bewusstem Nachdenken verraten, sind etwa: „Es hat mich wahnsinnig gefreut." „Das war schandbar nett von dir." „Dieses Buch fand ich wirklich toll." „Der Film war schrecklich erheiternd." „Deine Mitteilung hat mich ungeheuer gefreut." „Wir hatten es irrsinnig lustig miteinander." Schlimmer noch sind Schimpf- und Fluchwörter, welche angestauten Ärger, Wut oder Enttäuschungen abreagieren sollen. Der Schriftsteller Otto Heuschle (1900-1996) wusste: „Manche Worte sind von großer Empfindlichkeit; sie rächen sich an uns, wenn wir sie missbrauchen."

Zu den gefährlichsten mentalen Geschossen dieser Art zählen bewusste Hass- und Rachegedanken. Diese wirken wie geistige Giftpfeile, die weder im Diesseits noch im Jenseits ihr Ziel verfehlen und gefährliche Verwundungen verursachen, die karmische Narben hinterlassen. Nicht nur, dass sie andere vergiften können, sondern sie können auch zur Selbstvergiftung führen. Ein abschreckendes Beispiel ist für mich die Beteuerung des deutschen Lyrikers Stefan George (1868-1933): „Ich kann mir zehn Jahre lang überlegen, wie ich mich an einem Menschen rächen will." (9)

Dasselbe trifft zu, wenn jemand nicht bereit ist zu verzeihen und seine nachtragende Unversöhnlichkeit über den Tod des Betroffenen hinaus mit sich schleppt. Eine geschiedene und verbitterte Frau versicherte mir in einer Therapiestunde: „Ich bete nur noch für eines: Dass der Herrgott meinem verstorbenen Ex-Mann tausendfach das heimzahlt, was er mir im Leben angetan hat." Da kann man sich fragen: Wie sollen die beiden bei dieser Gesinnung je wieder miteinander in Frieden kommen? Vermutlich werden sie sich immer wieder in neuen Leben begegnen müssen, bis sie sich vergeben können. Die Unversöhnlichkeit verhindert jeden geistigen Fortschritt. Was aber ein großmütiger Verzicht auf Rache und Vergeltung bewirken kann, schildert der Arzt Dr. George Ritchie mit folgender wahrer Geschichte: „Ich war am Ende des Zweiten Weltkriegs einer amerikanischen Militäreinheit zugeteilt, die den Auftrag hatte, die Häftlinge eines befreiten Konzentrationslagers medizinisch zu versorgen und zu betreuen." Dort traf er auf einen polnischen Häftling, der nicht im gleichen elenden Zustand war wie die anderen Lagerinsassen. Seine Gestalt war aufrecht, seine Augen leuchteten hell und klar, seine Energie erschien unerschöpft, obwohl er während sechs Jahren unter den schlimmsten Verhältnissen dort gefangen war. Eines Tages erklärte er den US-Soldaten seine tragische Geschichte: „Wir lebten im jüdischen Sektor von Warschau. Als die NS-Truppen unsere Straße erreichten, stellten sie meine Frau, unsere zwei Töchter und unsere drei kleinen Jungen an die Wand und eröffneten mit Maschinengewehren das Feuer. Ich bettelte, dass sie mir erlauben würden, mit meiner Familie zu sterben, aber da ich Deutsch sprach, steckten sie mich in eine Arbeitsgruppe. Ich musste mich dann entscheiden, ob ich mich dem Hass diesen Soldaten gegenüber hingeben wollte, die das getan hatten. Es war eine leichte Entscheidung, wirklich. Ich war Rechtsanwalt. In meiner Praxis hatte ich zu oft gesehen, was der Hass an den Körpern der Menschen auszurichten vermochte. Der Hass hatte gerade sechs Personen getötet, die mir das meiste auf der Welt bedeuteten. Ich entschied mich dafür, dass ich den Rest meines Lebens – mögen es nur wenige Tage oder viele Jahre sein – damit zubringen wollte, jeden Menschen, mit dem ich zusammen kam, zu lieben.“ (10)

Auch hier erkennen wir das Gesetz der Gegenläufigkeit, das in letzter Konsequenz heißt: Jeder gute oder böse Gedanke, jedes freundliche oder unfreundliche Wort und jede wohlwollende oder übelwollende Tat kehrt mit der Zeit zum Verursacher zurück – und zwar immer mit jener Qualität und Intensität, mit der sie anfänglich ausgestattet wurde. Die Welle, die ans Ufer schlägt, fließt ins Meer zurück. Alles ist gegenläufig in einem ständigen Kommen und Gehen und Wiederkommen, in einem fortwährenden Wechsel von Geben und Nehmen. Darin liegt die moralische Gerechtigkeit. Die Retourkutsche lässt meist nicht lange auf sich warten. So beschreibt es der deutsche Schriftsteller Friedrich von Logau (1604-1655) in einem kleinen Sinngedicht:

Gottes Mühlen mahlen langsam,
mahlen aber trefflich klein.
Ob aus Langmut er sich säumet
bringt er mit Schärfe alles ein.

Vom Wirken der Elementale

Das Wort Elemental ist ein Begriff, der sowohl in der östlichen Yoga- und Ayurveda-Lehre als auch in der westlichen Parapsychologie und Esoterik vorkommt. Darunter verstehen wir heute entweder feinstoffliche Naturgeister, welche die natürlichen Elemente Wasser, Erde, Luft und Feuer bevölkern, oder Gedankengebilde, die sich verselbstständigt haben und nun ein Eigenleben führen. Dadurch vermögen sie eigenständig weiterzuwirken.

Es geht dabei in erster Linie um die gedankliche Vorstellung. Was ich mir nicht vorstellen kann, das kann sich auch nicht verwirklichen. Umgekehrt kann selbst etwas an sich Unwirksames zur Wirklichkeit werden, wenn ich es mir gedanklich vorstellen kann. Den Beweis hierzu liefern uns die Scheinmittel der Placebos und Nocebos in der Medizin. Gedankenvorstellungen sind demnach eine Art Türöffner zu etwas Neuem. Daher ist es wichtig, dass ein Patient nicht dauernd von seiner Krankheit spricht, sondern sich sein Gesundwerden immer wieder gedanklich vor Augen hält.

Auch die größten Erfindungen und Entdeckungen im Bereich der Naturwissenschaften wurden von Menschen gemacht, die sich das anscheinend Unvorstellbare vorstellen konnten. Daher meinte Albert Einstein, als er auf seine großartigen Erkenntnisse in der Physik angesprochen wurde: „Phantasie ist alles!"

Gedanken sind mit Sicherheit die stärksten Energien, die wir kennen. Diesen dürfen wir folgende sechs wichtige Wirkkräfte zuschreiben:

1. Gedanken haben die Neigung, sich zu verwirklichen.
2. Gedanken sind Träger von mentalen Energien.
3. Wünsche und Verwünschungen können in Erfüllung gehen.
4. Gedanken können Informationen übermitteln.
5. Gedanken sind impulsgebende Kräfte.
6. Gedanken können sich verselbständigen.

Dass die menschlichen Gedankengebilde die Tendenz haben, sich zu verselbstständigen, um unabhängig von ihrer geistigen Gedankenquelle unkontrolliert weiterwirken zu können, ist auch in der Lehre von den Elementalen enthalten. Dieses Wissen geht zurück auf den griechischen Psychologen und Heiler Stylianos Atteshlis (1912-1995) von der griechischen Republik Zypern. Weltweit bekannt geworden ist er durch das Buch „Daskalos, der Magus von Strovolos" von Markides Kyriakos (*1942). Seine spirituelle Aussage lautete: Jeder Gedanke und jedes Gefühl, das ein Mensch aussendet, kann zu selbstständigen Elementalen werden. Die Rückwirkung der Gedankenpfeile entspricht der Heftigkeit jener Wünsche und Absichten, durch die sie hervorgebracht werden. Wenn diese am gedachten Ziel angekommen sind, kehren sie mit der gleichen Wucht zu ihrem Urheber zurück und treffen ihn selbst. Er schreibt: „Dieser Vorgang wiederholt sich viele Male und schafft innerhalb unserer Persönlichkeit eine schreckliche Atmosphäre des Bösen, wenn die Elementale von niederer Stufe sind – oder eine starke Atmosphäre der Liebe, wenn es gute Gedanken-Wünsche sind." (11)

Ein Elemental vermag eine Eigendynamik zu entfalten, die umso stärker wirkt, je mehr es durch Gefühls- und Affektenergien noch zusätzlich aufgeladen wird. Durch unsere Gedankenwünsche und Wunschgedanken, aber auch durch Gedanken des Hasses, der Eifersucht und der Bosheit, die wir in Verwünschungen und Verfluchungen verpacken, verstärken wir deren Energie. Dies kann auch durch Furcht- und Angstgedanken, Sorgengedanken und neurotische Zwangsgedanken geschehen, die uns nicht loslassen und uns ständig unter Druck setzen. Diese werden sogar verstärkt, indem wir sie öfter wiederholen und dadurch am Leben erhalten. Dank ihrer Eigenkraft hinterlassen Elementale sogar bleibende Gedächtnisspuren und schaffen eingeschliffene Gedankengänge und Verhaltensmuster, die zu Gewohnheiten und schließlich zu Charakterzügen werden.

Diese elementalen Energien bilden nach einem physikalischen Gesetz entsprechende Kraftfelder, die gleichartige Energien verschiedener Wellenlängen an sich ziehen. Je nach ihrer Eigenschwingung und ihrer positiven oder negativen Energieladung werden sich diese Elementale auf den gedachten Empfänger und zugleich auf den Absender helfend und heilend oder verletzend und vernichtend auswirken. Es kann so weit kommen, dass wir durch diese sogar fremdgesteuert und regelrecht gefangen genommen werden. Die positive Anwendung der Elemental-Energien spielt sowohl in der Praxis des Mantra-Yoga als auch bei den religiösen Meditations- und Gebetsübungen eine wichtige Rolle. So findet diese Lehre auch bei den griechisch-orthodoxen Mönchen vom Berg Athos große Beachtung und beständige Anwendung. (12)

Da Energien nicht vernichtet, sondern nur umgewandelt werden können, nehmen wir diese nach unserem Tod auch in die Jenseitswelten mit, wo sie unsere dortigen Aufenthalts- und Gesinnungszustände bestimmen. Der hellsichtige Schweizer Architekt und Baubiologe Anton

Styger (*1947) hat hierzu ein umfangreiches Beweismaterial gesammelt und in drei Büchern dokumentiert. Er hat es vielfach erfahren, wie diese Elementale uns auch nach dem Verlassen des physischen Körpers auf der anderen Seite der Wirklichkeit sozusagen als willkommene Begleiter oder unerwünschte Anhängsel nahe bleiben. Die Hinübergegangenen, die bloß die Seite gewechselt haben, sind sich zunächst gar nicht bewusst, was sie sich alles an gutem und ungutem Reisegepäck aufgeladen haben. (13)

Die Lehre des Pantragismus

Der Begriff des Pantragismus (gr. *pan*: ganz, allgemein; *tragikos*: verhängnisvoll, tragisch) kennen wir aus den Theaterdichtungen des österreichischen Dramendichters Friedrich Hebbel (1813-1863). Darunter ist die Tatsache zu verstehen, dass in allem Naturgeschehen gesetzmäßig auch etwas Tragisches liegt. Dieses ist seiner Meinung nach zurückzuführen auf den tragischen Konflikt des Menschen mit einer höheren Ordnung, der sein Fall in die geistige Unordnung zur Folge hatte. Daher heißt das Gesetz, das hier wirksam wird, für ihn: „Alles Leben kann nicht anders als tragisch sein." (14)

Er hielt dies für die logische Folge eines unpersönlichen Naturgesetzes, das der Kausalität zuzuordnen ist. Danach wirkt sich eine Ursache um so stärker und schneller aus, je größer deren Kraftanspruch ist. Deshalb liegt ein tragisches Verhängnis in allen Dingen, wenn diese auf ein Mindestmaß zurückgestuft werden, sobald sie ein Übermaß in Anspruch genommen haben. In abgeschwächter Form begegnen wir dieser Gesetzmäßigkeit überall dort, wo etwas übertrieben oder übersteigert wird. Je stärker eine Kraft wirkt, umso stärker wirkt die Gegenkraft. Beispiele hierzu sind:

- Je schwerer ein Apfel am Baum wird, desto schneller fällt er zu Boden.
- Je stärker ein Bogen gespannt wird, desto schneller bricht er.
- Je mehr ein Ballon aufgeblasen wird, um so eher platzt er.
- Je höher ein Baum wächst, um so sicherer schlägt bei ihm der Blitz ein.

Dies ist also der Kernpunkt eines tragischen Geschehens, dass zwei gegenseitige Kräfte auf dem Höhepunkt ihrer Auseinandersetzung ins Gegenteil umkippen. Wie sehr eine Übersteigerung oder Übertreibung negative Folgen haben kann, erfahren wir auf der biologischen Ebene im Bereich der Pflanzen- und Tierzucht. Dies zeigt sich etwa bei der Überzüchtung von Nutztieren, um deren Wert oder Leistung zu steigern. Sobald dies übertrieben wird, treten bei deren Nachkommen Erbschäden und Degenerationsmerkmale auf. Auch die Übernutzung des Ackerbodens vermindert seine Ertragskraft. Ähnliches wird bei den Monokulturen von Nutzpflanzen beobachtet, deren Widerstandskraft gegen Krankheiten und Schädlinge dadurch geschwächt wird.

Auf der psychischen Ebene zeigt sich eine deutliche Verrohung oder Abstumpfung der Gefühle bei Menschen, die sich beim Ansehen von Kriminal- und Horror-Filmen vergnügen wollen. Das Tragische ist hier zur Droge geworden. Bedenkenswert ist der Satz von C. G. Jung: „Das Böse betrachten, heißt, das Böse in der Seele verursachen."

So wirken auch unsere Denkgewohnheiten, Gedankenmuster und Verhaltensformen immer wieder auf uns zurück und formen unseren Charakter. Gedanken und Gefühle sind wie Spielbälle, die wir gegen eine Wand werfen, die auf uns zurückprallen. Es ist nicht eine fremde Macht, die uns den Ball wieder zurückwirft, sondern es ist die Gegenwirkung unserer eigenen Kraft, die da auf uns zurückschlägt. Was immer wir tun in Gedanken, Worten und Werken kehrt folgerichtig zu uns zurück. Nicht als Belohnung oder Strafe durch eine moralische Instanz, sondern ganz einfach als Gegenreaktion auf unsere eigene Aktion, ähnlich wie beim Widerhall eines Echos.

Wir erkennen die Wirkung des Bumerang-Gesetzes in folgenden Merksätzen und Sprichwörtern:

- Wer zu viel riskiert, begibt sich in Gefahr.
- Wer zu hoch pokert, der kann viel verlieren.
- Das Gute wird nicht besser, indem wir es übertreiben.
- Was man sich eingebrockt hat, muss man wieder auslöffeln.
- Wer anderen eine Grube gräbt, fällt selbst hinein.
- Wie man in den Wald hineinruft, so tönt es zurück.

- Das Lächeln, das wir anderen schenken, kehrt zu uns zurück.
- Mit dem Maß, mit dem wir messen, werden auch wir gemessen. (Mt 7,2)
- Wer sich selbst erhöht, der wird erniedrigt. (Mt 23,12)
- Wer zum Schwert greift, wird durch das Schwert umkommen. (Mt 26,52)

Alles kehrt wieder

Ein Fünklein außer dem Feuer,
ein Tropfen außer dem Meer;
was bist du doch, o Mensch,
ohne deine Wiederkehr.
Angelus Silesius

Zahlreiche Geschehnisse kehren regelmäßig zu ihrem Anfang zurück und bestätigen so das Gesetz der Gegenläufigkeit. In der ganzen Natur kennen wir dieses Phänomen der regelmäßigen Wiederkehr. Denken wir an die Gezeiten des Meeres, an die Sonnen- und Mondfinsternisse, an die wechselnden Mondphasen oder an die Wiederkehr der periodischen Kometen und Meteoritenschwärme. In der belebten Natur kennen wir jahreszeitliche Schwankungen und damit im Zusammenhang die wiederkehrenden Wachstumsschübe im Pflanzenreich. Ebenso verläuft bei den Tieren die Entwicklung phasenhaft; und auch der Mensch bildet da keine Ausnahme. Es liegt in allem, weil im Großen wie im Kleinen alles miteinander zusammenhängt und alles ein Ganzes bildet.

Nach dem modernen Weltbild des Holismus ist der Raum sphärisch gewölbt ähnlich den kugelförmigen Schichten oder Schalen um ein gedachtes Zentrum. (15) Der Weltenraum dehnt sich zwar nach allen Richtungen aus, aber er verflüchtigt sich nicht ins Uferlose und Unendliche, weil eine zentrale Gegenkraft ihn zusammenhält. Wegen der gekrümmten Form des Raumes kehrt alles wieder, wie eine Fliege, die auf der Oberfläche eines Erdglobus oder eines Ballons herumläuft. Diese Ballon-Analogie hat bereits der englische Astronom Arthur Eddington im Jahr 1931 erwähnt, um die Expansion des Weltalls zu erklären. Neuerdings hat sie der englische Astrophysiker Stephen Hawking in einem seiner letzten Bücher als Erklärungsmodell bestätigt. (16)

Erweitern wir nun diese Raumtheorie ins Übersinnliche und Transzendente, können wir annehmen, dass dieses Vorstellungsbild auch für die mentalen, astralen und spirituellen Sphären ihre Gültigkeit behält. Demnach kehren auch unsere Gedanken, unsere Vorstellungen, unsere Wünsche und unsere Taten irgendwann und irgendwie wieder zu uns zurück, und zwar so lange, bis wir sie entweder verwirklicht oder aufgehoben haben. Hier begegnen wir erneut dem Bumerang-Prinzip. Daher lässt sich mit Recht sagen: Alles kehrt wieder.

Der Gedanke, dass alles zurückkehrt und wir daher allem wiederbegegnen, hat vielerlei Bedeutungen. Zunächst erkennen wir darin die Wahrheit, dass wir im Verlauf des Lebens uns selber immer wieder begegnen auf dem Weg des fortschreitenden Selbsterkennens. Durch die eigene Innenschau und Innenwendung, in der Psychologie als Introspektion und Introversion bekannt, werden wir mit den Jahren zunehmend erfahren, wer und was wir eigentlich sind. Wer sich jedoch diesen wichtigen Fragen nicht stellt, für den gilt auch heute noch die Feststellung des Dichters Jeremias Gotthelf (1797-1854): „Der Mensch kennt alle Dinge, nur sich selber kennt er nicht; da ist er aus lauter Dummheit zusammengesetzt."

Auch in unseren Mitmenschen begegnen wir uns selber, denn diese sind nicht von anderer Art, als wir es sind. Es besteht sowohl von unserer biologischen als auch von unserer spirituellen Herkunft her eine innere Verwandtschaft zwischen allen Menschen, was uns alle schicksalhaft miteinander verbindet. Daher schrieb Herder: „Das Menschengeschlecht ist ein Ganzes. Wir säen und ernten, wir dulden und leiden miteinander." Aus diesem Grund müssten wir in jedem unserer Mitmenschen unsere Schwester oder unseren Bruder erkennen.

In einem alten Meditationstext lesen wir: „Hebe den Stein hoch, und in ihm wirst du mich finden; hacke das Holz und in ihm bin ich. (17) Aus diesem Verständnis heraus entstand die Idee von der „Ehrfurcht vor dem Leben", wie es Albert Schweitzer empfohlen und vorgelebt hat. Er schreibt: „Darauf gebe ich meinem Leben und allem Willen zum Leben, der mich umgibt, einen Wert, halte mich zum Wirken an und schaffe Werte." (18)

Sowohl in unseren bewussten Erinnerungen als auch in unseren unbewussten Träumen kehren Erlebnisse und Erfahrungen aus früheren Tagen immer wieder zu uns zurück. Wir begegnen in diesen Bildern aus den Tiefen der Seele auch unseren eigenen Lebensspuren. Diese können uns wichtige Hinweise darüber geben, was in uns selbst geheimnisvoll und verborgen weiterlebt und wirkt. Nicht nur der Körper vergisst nichts, wie die Dermatologen sagen, auch die Psychologen wissen davon, dass die Seele nichts vergisst. So manche seelische Fehlentwicklung kann nur behoben werden, wenn man an deren Ursprung zurückkehrt und die verkehrte Weichenstellung richtigstellt. So musste Rilke von sich sagen: „Zwanzig Jahre irregeführt und zurückkehren bis zum Anfang; das bin ich." (19)

Auch in seinen alten Tagen kehrt der Mensch in die eigene Kindheit zurück. Es kommt zu einer Rückschau auf das verflossene Leben. Manch einer wird wieder kindlich, manchmal sogar kindisch. So nimmt er Gepflogenheiten aus seinen frühen Kinderjahren wieder an. Er gönnt sich zur Mittagszeit einen kurzen Erholungsschlaf und geht abends wieder früher zu Bett, wie es in seiner Kindheit üblich war.

Viele Senioren und Seniorinnen neigen dazu, ihre eigene Jugendzeit zu verherrlichen oder zumindest zu beschönigen. Sie reden sich ein: „Zu unserer Zeit war so manches besser." Vermutlich hat Anatole France recht: „Nichts ist so sehr verantwortlich für die gute alte Zeit als ein schlechtes Gedächtnis." So kehrt die Erinnerung an die frühen Jahre wieder zurück, um das Altwerden zu mildern. „Darum verholzen so viele Menschen im reifen Alter", schreibt C. G. Jung, „sie schauen zurück und klammern sich an die Vergangenheit mit geheimer Todesfurcht im Herzen." (20)

In seinen Jugendjahren geht der Mensch aus sich heraus, um die äußere Welt zu erobern und darin seinen Platz zu finden. Im Alter wendet er sich wieder nach innen, sein Sinnen und Streben wird gegenläufig. Nun entdeckt er wieder seine Freude an den kleinen Dingen. Er kehrt am liebsten bei sich selber ein. Wer das Glück hat, der Weisheit und Abgeklärtheit seiner späten Jahre zu begegnen, dem wird es ergehen wie C. G. Jung, der mit sechsundachtzig Jahren in seinen Lebenserinnerungen bekennt: „So ist das Alter also eine Beschränkung. Und doch gibt es so vieles, was mich erfüllt: die Pflanzen, die Tiere, die Wolken, Tag und Nacht und das Ewige im Menschen. Je unsicherer ich über mich selber wurde, desto mehr wuchs in mir ein Gefühl der Verwandtschaft mit allen Dingen. Ja, es kommt mir vor, als ob jene Fremdheit, die mich von der Welt solange getrennt hatte, in meine Innenwelt übersiedelt wäre und mir eine unerwartete Unbekanntheit mit mir selber offenbart hätte." (21)

Nach seinem letzten Besuch bei seinem 85-jährigen Freund Hermann Hesse in Montagnola im Jahr 1962 schrieb Miguel Serrano: „Hesse schien mehr und mehr zu den Empfindungen seiner Jugend zurückgefunden zu haben. Ich fragte mich staunend, wie es möglich ist, dass einige wenige Auserwählte in ihren letzten Jahren die Gefühle ihrer Kindheit, als sie dem Paradies noch nahe standen, noch einmal erleben können." (22) Dass alles Gute wiederkehrt, darauf vertraute auch Rilke. So mahnte er: „Man darf nie verzweifeln, wenn einem etwas verloren geht, ein Mensch oder eine Freude oder ein Glück; es kommt alles noch herrlicher wieder. Was abfallen muss, fällt ab; was zu uns gehört, bleibt uns, denn es geht alles nach Gesetzen vor sich, die größer als unsere Einsicht sind und mit denen wir nur scheinbar im Widerspruch stehen." (23)

So manches kehrt in späteren Jahren zu uns zurück, was wir in früheren Jahren selbst verursacht haben. Sollte es da in unserem Seelenkleid irgendwelche Webfehler aus früheren Tagen geben, können wir diese nur beheben, indem wir unser Lebensgeflecht bis zu den fehlerhaften Fallmaschen zurückverfolgen und diese nach Möglichkeit ausbessern. Es tritt also auch hier das Gesetz der Gegenläufigkeit in Aktion. So bestätigt sich, was K. O. Schmidt (1904-1977) schrieb: „Alles, was dich trifft, ist selbst-bedingt, selbst-gewollt, selbst-gewirkt. Alle Fäden deines Schicksals führen zu dir zurück. Knüpfe sie darum bewusst, indem du richtig denkst und handelst und nur gutem Geschick die Keime legst." (24)

Auch in der uns umgebenden Natur herrscht das Gesetz der Wiederkehr, indem sie uns dankt, wenn wir sie achten und ehren. So betete ein wissender Schamane zu seinem Großen Geist: (25)

Du hast die Erde heilig gemacht
wie auch meinen Körper,
darum will ich in deinem Namen
die ganze Erde heilig halten;
jeden Grashalm achten und
die Blumen und Bäume lieben.
Mit der Verehrung alles Lebendigen
wächst meine Seele und mein Leib
wird stark im Rhythmus
deiner Sonne und deines Mondes.

12.

Das Gesetz des Ausgleichs

Was ist der Mensch in der Natur?
Ein Nichts vor dem Unendlichen,
ein All gegen über dem Nichts,
eine Mitte zwischen Nichts und All.
BLAISE PASCAL

Alles in der Natur strebt nach Ausgleich. Das Leben verlangt nach Kräfteaustausch, um sich zu erneuern. Nicht das Ausufern in Extremen ist das Normale und Gesunde, sondern die gegenseitige Ausgeglichenheit. Allein der Mittelwert zwischen zwei polaren Gegensätzen schafft Ausgleich und Harmonie. Ein Symbol hierfür ist die Waage im Gleichgewicht ihrer Schalen, dargestellt in der 14. Tarotkarte der Großen Arkana. Diese zeigt uns einen Engel, der in seiner rechten und in seiner linken Hand einen goldenen Becher hält, aus dem er abwechslungsweise klares Wasser gießt, um dieses gleichmäßig zu verteilen. (1)

Das Ausgleichsgesetz behält auf mehreren Daseinsstufen seine Gültigkeit. Auf der physikalischen Ebene kennen wir die Funktion des Ausgleichbeckens bei einem Speicherkraftwerk, das den Ausgleich zwischen dem Oberwasser und dem Unterwasser reguliert. Eine ähnliche Funktion kommt dem Expansionsgefäß in einem geschlossenen Heizungssystem zu, mit dem das Ausdehnungsvolumen des Wassers bei unterschiedlichen Druckverhältnissen ausgeglichen werden kann. Um einen solchen Ausgleich geht es auch bei den „kommunizierenden

Röhren". Es handelt sich um zwei Röhren, die nach der einen Seite miteinander verbunden und nach der Gegenseite offen sind. In diesem Verbundsystem steht die Flüssigkeit immer gleich hoch, weil Luftdruck und Schwerkraft sich gegenseitig ausgleichen. Als Beispiel diene uns eine Gießkanne, in deren Hauptgefäß und in der abgewinkelten Ausgussröhre der Wasserstand in Ruhelage stets der gleiche ist.

Ähnliches geschieht beim Kräfteaustausch auf der biologischen Ebene. Auch im körperlich-seelischen Energiesystem eines Lebewesens, sei es Pflanze, Tier oder Mensch, ist zu dessen Gesunderhaltung ein regelmäßiger Kräfteaustausch notwendig. Ebenso verlangt die Selbststeuerung im psychosomatischen Energiehaushalt, dass Aufnahme und Abgabe von Lebensenergie ausgeglichen sind. Ein Energieausgleich ist auf der menschlichen Ebene notwendig, um die Spannung zwischen Antrieb und Hemmung, zwischen Bedürfnis und Verzicht, zwischen Lust und Frust auszuhalten. Dies geschieht durch die psychischen Funktionen der Kompensation und Sublimation. Bei der Kompensation (lat. *compensare*: angleichen, ausgleichen) wird ein Mangel durch eine Stärke in einem anderen Bereich ersetzt. So kann eine körperliche Schwäche durch eine geistige Leistung wettgemacht werden. Bei der Sublimation (lat. *sublimere*: erhöhen, aufwerten) wird ein Bedürfnis oder eine Tätigkeit auf einer höheren Erlebnisebene umgesetzt, beispielsweise eine niedere Triebenergie auf einem sportlichen oder künstlerischen Betätigungsfeld.

Die goldene Mitte

Man muss erst lassen können,
um gelassen zu sein.
MEISTER ECKHART

Der goldene Mittelweg leitet uns am ehesten zum Ziel, während Randwege uns in Schwierigkeiten führen können. Ein Symbol hierfür finden wir im griechischen Mythos von den beiden Meeresstrudeln Skylla und Charybdis in der Meerenge von Messina in Süditalien. Nach der Sage befanden sich zu beiden Seiten auf den Klippen die Sirenen, eine Art Fabelwesen, halb Mensch, halb Fisch, welche mit ihren verführerischen Gesängen die vorbeifahrenden Schiffer anlockten. Näherten sie sich zu sehr der Skylla, wurden sie von dieser verschlungen, gerieten sie zu sehr in die Nähe der Charybdis, wurden sie von deren Wirbeln erfasst. Im 12. Gesang der „Odyssee" über die Meerfahrt der Argonauten wird erzählt, dass ihr Anführer Odysseus sich an den Mast des Schiffes festbinden ließ, um dem Gesang der Sirenen widerstehen zu können. Seine Gefährten aber forderte er auf, ihre Ohren mit Wachs zu verschließen. So entgingen sie der tödlichen Gefahr, indem sie die Durchfahrt in der Mitte zwischen beiden Strudeln unbehelligt einhalten konnten. (2)

Einen Mittelweg empfahl auch Epikur zu einem klugen Lebensgenuss ohne Auswüchse. Der römische Dichter Horaz (65-8 v. Chr.) lobte in seinen Oden die „aurea mediocritas", das gesunde Mittelmaß in der Lebensführung, das keinerlei Übertreibungen oder Untertreibungen zulässt. Von ihm stammt auch die bekannte Redewendung „in medias res", was so viel heißt wie: Ohne Umschweife und Ablenkung zur Sache kommen. (3)

Nach den Worten des chinesischen Weisen Laotse ist die Mitte die Leere zwischen den Dingen. Bei einem Gefäß ist dessen innerer Raum das Wichtigere, nicht das nichtige Drumherum; denn die Leere lässt sich mit wertvollem Inhalt füllen, das Auswendige jedoch nicht. So heißt es in seiner Schrift „Tao Te King". (4) Auch Gautama Buddha empfahl in seiner Lehre den „mittleren Pfad". Dieser verläuft seiner Ansicht nach zwischen den Extremen von Lebensgenuss und Lebensüberdruss. (5)

So war auch Pythagoras der Meinung, dass alles Seiende durch seine Mitte zusammengehalten wird, ähnlich wie ein gleichseitiges Dreieck. Verbindet man jeden seiner Eckpunkte mit der Mitte der gegenüberliegenden Seitenlinie, kreuzen sich diese im gemeinsamen Schwerpunkt und halten so das Dreieck im Gleichgewicht – Sinnbild des harmonischen Ausgleichs. (6) Aristoteles unterscheidet in seiner „Ethik" das Übermaß, den Mangel und das gesunde Mittelmaß, indem er schreibt. „Menschliche Fähigkeiten gehen durch den Mangel oder das Übermaß zugrunde. Übermäßiger Sport vernichtet die Kraft ebenso wie der Mangel an Bewegung. Das Zuviel und das Zuwenig an Speise und Trank zerstören die Gesundheit." In der gesamten Natur stellen wir eine Tendenz zur Goldenen Mitte hin fest. Wir können dies bei der

Population von Pflanzen und Tieren in einem gesunden Biotop beobachten, wo kein Lebewesen zum Nachteil eines anderen überhand nehmen kann.

In der eigenen Mitte zu sein, heißt: In Harmonie zu sein, ausgeglichen zu sein, gesund und ganz zu sein. Der Bereich des Normalen und Gesunden liegt wie ein breites Band in der Mitte. Es geht hier um das Gesetz der großen Zahl. Der Basler Mathematik-Professor Jakob Bernoulli (1655- 1705) beschrieb im Jahr 1689 erstmals diese Gesetzmäßigkeit aufgrund des Zufallsprinzips beim Würfelspiel. Zweihundert Jahre danach hat der englische Arzt Francis Galton (1822-1911), ein Vetter von Charles Darwin, durch sorgfältige Naturbeobachtungen das Gesetz von der normalen Streuung entdeckt. Mit dem nach ihm benannten „Galtonschen Brett“ lässt sich dieses experimentell nachweisen. Die Versuchsanordnung besteht aus einem senkrecht stehenden Brett, das in seinem oberen Drittel eine Klappe aufweist, durch die eine Menge von Kugeln hindurchgelassen werden. Diese werden im Mittelfeld von einer großen Zahl von Nägeln, die in regelmäßigen Abständen angebracht sind, von ihrer zufälligen Fallrichtung abgelenkt. Im unteren Drittel des Brettes werden diese von einer Anzahl nebeneinander stehenden Kästchen aufgefangen. Dadurch entsteht bei der Verteilung der Kugeln das Bild einer glockenförmigen Kurve, die deshalb Glockenkurve genannt wird.

Was wir auch immer in der freien Natur aufgrund einer großen Zahl messen oder zählen, stellen wir folgende Streuung fest: 25% der erfassten Werte sind unterdurchschnittlich, 50% sind durchschnittlich und 25% sind überdurchschnittlich stark vertreten. Der deutsche Mathematiker Carl Friedrich Gauß (1777-1855) hat diese normale Verteilung erstmals berechnet und in einer Häufigkeitskurve, auch Gauß'sche Kurve genannt, graphisch dargestellt. Zu diesem Ergebnis kommen wir beim Feststellen der Körperlänge oder des Gewichtes einer Kompanie Soldaten, beim Zählen der Fahrzeuge auf einer dreispurigen Autobahn, beim Prüfen der Intelligenzquotienten einer großen Schülergemeinschaft oder beim Auflisten der Leistungsnoten von Abschlussprüfungen einer Gesamtschule. So schreibt Edward De Bono in seinem Buch „Taktiken und Strategien erfolgreicher Menschen“: „Ich habe lange Zeit die Arbeiten der medizinischen Abschlusskandidaten an der Universität Cambridge korrigiert. Ein kleiner Prozentsatz der Studenten war brillant. Ein weiterer kleiner Prozentsatz der Absolventen war so schlecht, dass man sich wundern muss, wie sie so weit gekommen waren. Der Rest bildete eine große Mittelgruppe, zwischen deren einzelnen Mitgliedern man sehr schwer Unterschiede ausmachen konnte.“ (7)

Diese Gesetzmäßigkeit findet heute bei der Berechnung der Wahrscheinlichkeit eines Ereignisses in der Statistik, in der Versicherungsbranche und beim Glücksspiel ihre Anwendung. Jede Einseitigkeit schafft Ungleichheit, Ungleichgewicht und Ungerechtigkeit, „In Mitten liegt holdes Bescheiden“, heißt es in einem Gebet von Eduard Mörike. So ist auch jede Stellungnahme einseitig, jede Ansicht einäugig und jede einzelne Meinung gleicht einer Einbahnstraße. Die kluge Einsicht liegt fast immer in der Mitte und ermöglicht Toleranz und Kompromissbereitschaft.

So liegt die Lösung vieler Probleme nicht in einem harten „Entweder-Oder“, sondern in einem sanfteren „Sowohl-als-auch“. Um diese Geisteshaltung zu veranschaulichen, diene uns die Geschichte von „Buridans Esel“. Der französische Philosoph und Physiker Johannes Buridan (um 1300-1358) erzählte von einem Esel, der genau in der Mitte von zwei Heuhaufen verhungern musste, da er sich weder für den einen noch für den anderen entscheiden konnte. (8)

In der Tiefenpsychologie kommt insbesondere dem Traum eine einmittende Wirkung zwischen bewussten und unbewussten Seeleninhalten zu. Er kann uns auf jene Seelenfelder hinweisen, die wir zu wenig aufgebaut oder zu sehr vernachlässigt haben, was beim Zusammenbruch des Energiesystems geschieht, wie folgendes Beispiel zeigt: Ein gestresster Kaufmann musste seine Berufstätigkeit vorübergehend aufgeben, weil er an einem Burnout-Syndrom litt. Seine Energie-Batterien waren sozusagen aufgebraucht. Der Arzt verschrieb ihm einen dreiwöchigen Erholungsaufenthalt in einer Klinik. In dieser Zeit träumte er mehrmals, wie er in einem Teich ein halb im Wasser versunkenes Klavier fand, das er mühsam an Land zog. Gleich danach begann er, auf dem noch gut erhaltenen Musikinstrument vertraute Kinderlieder zu spielen, was ihn sehr erheiterte. In der folgenden Therapiestunde erinnerte er sich, wie er in seiner Jugend den Berufswunsch äußerte, Musiker zu werden. Seine Eltern wussten dies aber zu verhindern und zwangen den Jungen, einen „anständigen" Beruf zu erlernen. So gab er sein geliebtes Klavierspiel völlig auf und beraubte sich so eines Ausgleichs zu seinem nüchternen Büroberuf. Der Traum wies ihn darauf hin, dass er seine musische Seite weitgehend vernachlässigt hatte. Auf Rat seines Therapeuten nahm er das Musizieren in seiner Freizeit wieder auf, was ihn wieder ins innere Gleichgewicht brachte. C. G. Jung schreibt hierzu: „Wenn die Einstellung des Bewusstseins zur Lebenssituation in hohem Maße einseitig ist, stellt sich der Traum auf die Gegenseite. Die Kompensation zielt darauf ab, das normale seelische Gleichgewicht wiederherzustellen" (9) und so wieder seine Mitte zu finden.

So kommt es vor, dass ein Mensch, der an Unsicherheits- und Minderwertigkeitsgefühlen leidet, im Traum sich als stark und selbstsicher erlebt, während eine Person, die sich im tätigen Leben nach außen selbstgefällig und arrogant benimmt, träumend sich in der Rolle des Unterwürfigen und Zaghaften sieht. Ein Mann, der in seinem Tagesbewusstsein allzu sehr seine Männlichkeit betont, kann sich im Traumbewusstsein in einer weiblichen Rolle erleben. Umgekehrt wird eine Frau, die nach außen in übertriebener Weise ihre Weiblichkeit zur Schau trägt, sich im Traum das Gebaren eines Mannes zulegen. Wer die Symbolsprache des Traumes versteht, der wird sich dadurch zu einer Verhaltensänderung aufgefordert sehen.

Die ausgleichende Funktion des Traumes zeigt sich auch darin, dass er abwertet, was zu übertrieben erscheint, und dass er aufwertet, was allzu bescheiden daherkommt. So mag sich ein geiziger Mensch im Traum als großzügig erweisen. Einer, der sich von seiner Bewusstseinslage her in seiner beruflichen Tätigkeit als minderwertig oder zweitrangig erfährt, wird im Traum auf einen Chef-Posten befördert. Das Unbewusste ist wie ein Kompass, der uns darauf hinweist, was zu tun wäre, um weiterzukommen. Wenn eine Lebenssituation zu einseitig erfahren wird, stellt sich der Traum auf die Gegenseite, um das Gleichgewicht wiederherzustellen. Wer in seinem bewussten Leben sich allzu unangefochten benimmt, dem kann es geschehen, dass er seine verdrängten Seelenanteile im Traum als seinen Schatten erfährt. So erzählte C. G. Jung: „Ich kannte eine alte Dame, die sehr aristokratisch und nobel gesinnt war; sie lebte nach den ausgesuchtesten

Regeln der Verfeinerung, träumte aber in der Nacht von Trunkenheit und war in diesen Träumen hoffnungslos berauscht." (10) Auch die sexuell gefärbten Träume weisen darauf hin, dass unser Unbewusstes für zulässig hält, was das bewusste Gewissen verbietet oder verpönt. Das Unbewusste kennt keine moralischen Schranken. Deshalb konnte Sigmund Freud sagen: „Der Sittliche träumt, was der Unsittliche tut." Anders ist es freilich bei der Sublimation, durch die es gelingen kann, niedere Triebe und Bedürfnisse ohne Verdrängung ins Unbewusste auf einer höheren Bewusstseinsebene zu humanisieren und in angepasster Weise zu sozialisieren. (11)

Mittelwert und Mittelmaß finden sich zwischen den Randerscheinungen zu beiden Seiten des Seins. Der harmonische Ausgleich entsteht durch die Anziehungskraft der Mitte. So schreibt Hermann Hesse in seinem „Glasperlenspiel": „Und keiner kann aus ihren Kreisen fallen / Als nach der heiligen Mitte hin." Katarina und Peter Michel sprechen in ihrem gemeinsamen Buch „Das universelle Heilungsfeld" sogar von einem „kosmischen Gleichgewicht", das erforderlich ist, um die göttliche Ordnung aufrechtzuerhalten. (12)

Erst wenn wir Ruhe und Ausgeglichenheit in unserer eigenen Mitte finden, öffnen sich unsere Sinne für das Wahre und Wesentliche, das unser Leben wertvoll macht. Der Dichter Christian Morgenstern (1871-1914) wusste davon, als er schrieb:

Solange wir nicht ruhevoll gelassen
des Lebens Glück und Ungemach ertragen,
so lange werden wir die Welt nicht fassen.
Wir müssen ohne Lieben, ohne Hassen
so Leid wie Lust nach ihrem Sinne fragen;
nur dann vermag uns Gott sein Wort zu sagen,
nur so wird Sinnentrug zu Schein verblassen.

Gleichgewicht und Ebenmaß

Von einem Ebenmaß können wir sprechen, wenn wir auf einer bestimmten Ebene durch vernünftiges Maßhalten und durch Vermeiden jedes Übermaßes einen maßvollen Ausgleich schaffen. In diesem Sinne kann ein Gleichgewicht erreicht werden, wenn die Gewichtung einer Sache nach zwei Seiten hin gleichmäßig und gerecht verteilt wird.

Symbol für ein harmonisches Gleichgewicht ist die gut abgestimmte Saite einer Harfe. Ist diese zu straff gespannt, tönt sie schrill. Ist sie aber zu schlaff gespannt, tönt sie hohl. Erst das Mittelmaß verleiht ihr den richtigen Klang.

So strebt die ganze Natur nach einem stabilen Gleichgewicht, indem sie den Mittelweg einschlägt zwischen Ausdehnung und Beschränkung, zwischen Wachstum und Rückbildung. Dies kann sie erreichen durch regelmäßigen Energieausgleich. Nennen wir als Beispiele die jahreszeitlichen Schwankungen der Wachstumsperioden, der ausgleichende Wechsel von Nass- und Trockenphasen oder die Abwechslung von Kälte- und Wärmeperioden. Auch die Ernteerträge sind natürlichen Schwankungen unterworfen. Ein entsprechendes Wetterphänomen können wir bei heftigen Gewittern beobachten. Beim Vorhandensein einer großen atmosphärischen Überspannung kann es zu einem Ausgleich kommen, wenn sich die angestaute Energie zwischen der positiv aufgeladenen Erde und einer negativ geladenen Gewitterwolke in einem heftigen Blitz und Donnerschlag entlädt.

Die ganze Natur lebt vom Energieausgleich. In der anorganischen Chemie unterscheidet man das thermische, das mechanische und das chemische Gleichgewicht.

Auch im biologischen Energiehaushalt ist das gesunde Gleichgewicht bei verschiedenen Pflanzen- und Tierarten wichtig. Man spricht vom ökologischen (gr. *oikos*: Haus) Gleichgewicht. Die heutigen biologischen Wissenschaften haben erkannt, dass es in der ganzen Natur nicht bloß ein Nebeneinander unterschiedlicher Arten von Lebewesen gibt, die zum Teil einander zu bekämpfen scheinen, sondern auch ein kluges Miteinander und Füreinander, wenn alles harmonisch aufeinander abgestimmt ist. So sind Mischkulturen im Allgemeinen überlebensfähiger als Monokulturen. Dies gilt auch für die Vielfalt und den Artenreichtum, Biodiversität genannt, im Tierreich.

In der Biochemie ist das Gleichgewicht zwischen Säuren und Basen oder Magnesium und Kalzium von Bedeutung für unsere Gesundheit. Zu viel Cholesterin im Blut kann ebenso krank machen wie zu wenig. Wichtig ist auch der ausgeglichene Hormonhaushalt. Wenn die natürliche Hormonbalance durch eine Unterfunktion oder Überfunktion gestört ist, kann es zu zahlreichen körperlichen und seelischen Auffälligkeiten oder Ausfällen kommen. Bereits ein geringes Ungleichgewicht, verursacht durch ein Zuwenig oder ein Zuviel, kann zu gesundheitlichen Beschwerden und Störungen führen wie zu erhöhter Reizbarkeit und Ermüdungserscheinungen, zu Angst- oder Heißhungerattacken, zu unkontrollierten Stimmungsschwankungen und Schlafstörungen sowie zu Entgleisungen im Immunsystem. Gesund gebliebene Hochbetagte bestätigen immer wieder, dass sie sich in allem regelmäßig und mäßig verhalten haben.

Der gesunde Mittelweg ist auch in der Gesundheitsvorsorge zu empfehlen. So kann übertriebene Hygiene ebenso ungesund sein wie ein Mangel an Hygiene. Unterernährung ist ebenso gefährlich wie Überfütterung. Die Übertreibung im Sport wirkt sich ebenso gesundheitsschädigend aus wie ein Mangel an Bewegung. Ein Volkssprichwort weiß: „Zu wenig und zu viel verdirbt ein jedes Spiel." Bei allen Mitteln und Gegenmitteln heißt eine Gesundheitsregel des Paracelsus: „Dosis facit velenum. Die Dosierung macht das Gift aus."

In der Humanmedizin wird zwischen der Salutogenese (lat. *salus*: Gesundheit, Heil; gr. *genese*: Entstehung, Herkunft) und der Pathogenese (gr. *pathos*: Leiden, Krankheit; gr. *genese*: Entstehung, Entwicklung) unterschieden. Da kein Mensch auf die Dauer völlig gesund sein kann, geht es darum, sich nicht nur mit der Entstehung einer Krankheit zu befassen, sondern auch die Gesundheit zu fördern, indem wir uns um die Erhaltung des labilen Gleichgewichts zwischen Kranksein und Gesundsein kümmern.

Im seelischen Bereich sind Extreme in der Regel nur dann gefahrlos zu verkraften, wenn die seelische Mitte stabil und stark genug ist, um die Gegensatzspannung auszuhalten. Dies kann manchmal bei genialen schöpferischen Naturen beobachtet werden, die in ihrer Lebens- und Schaffensweise oft maßlos über die Schnur schlagen und dennoch gesund bleiben, weil sie die große innere Spannung durchhalten und diese in ihr Werk umsetzen können. Das sind aber Ausnahmen. Im Allgemeinen bestätigen Menschen, die bis ins hohe Alter gesund und leistungsfähig blieben, dass sie sich in all ihrem Tun und Lassen mäßig und regelmäßig betätigt haben, ohne maßlos zu übertreiben.

Ein Ungleichgewicht kann sich auch in den mitmenschlichen Beziehungen verhängnisvoll auswirken. Dies ist der Fall bei einer ungleichen Wertschätzung von Männern und Frauen, von Reichen und Armen, von Jungen und Alten, von Gesunden und Kranken, von Einheimischen und Fremden. Bei einem derartigen Gefälle kommt es leicht zu Überlegenheitsansprüchen und Unterlegenheitsgefühlen, zu Machtmissbrauch auf der einen Seite und zur Vergewaltigung auf der anderen Seite. Menschen, die sich andern gegenüber anmaßend benehmen, werden als inflative (lat. *inflatus*: aufgeblasen, überheblich) Typen bezeichnet. Es ist dies ein Vorwurf, den bereits der Apostel Paulus in seinem Römerbrief gegenüber den Korinthern erhob: „inflati estis – ihr seid arrogant und aufgeblasen“. (1 Ko 5,2)

Auf der mentalen Ebene wird das innere Ungleichgewicht, in dem viele leben und das ihnen viele Probleme schafft, durch den Mangel an bewusster und sinnvoller Lebensgestaltung verursacht. Hier könnte ein gutes Maß an innerer Gemütsruhe und Gelassenheit, verbunden mit Lebensoptimismus und gesundem Selbstvertrauen, das rettende Mittel sein, um nicht bei jeder Gelegenheit sein seelisches Gleichgewicht zu verlieren. Natürlich ist dies nicht bloß eine Angelegenheit des Temperaments, sondern auch eine Frage der erworbenen Persönlichkeitsreife. Leider hat immer noch C. G. Jung mit seiner Feststellung Recht: „So mancher Erwachsener beißt als Kindskopf ins Gras.“

Wir sind in den vergangenen Jahrzehnten bei der Nutzung unserer Naturkräfte entschieden zu weit gegangen. „Macht euch die Erde untertan!“ (Gen. 1,28) kann doch nicht heißen: „Raubt und plündert sie aus und zerstört sie bis zum letzten Baum und betoniert sie zu bis zum letzten Grashalm.“ Dies lässt sich die Natur auf die Dauer nicht gefallen. Schon hat sie angefangen, den Preis hierfür zu fordern: Klimaveränderung, Abschmelzen der Gletscher, Auftauen des Permafrostes,

Höhersteigen des Meeresspiegels, Austrocknen der Feuchtgebiete. Die Folgen sind in unseren Regionen einerseits vermehrte Felsabstürze, Überschwemmungen, Murenabgänge und Verwüstungen; andererseits werden durch die verfehlte Bewirtschaftung des Kulturlandes die Böden ausgelaugt und vergiftet, die Gewässer verunreinigt und die Luft verpestet, was sich auf unsere Gesundheit nachteilig auswirken wird. Zahlreiche Pflanzen- und Tierarten sind vom Aussterben bedroht, das Klima beginnt sich zu verändern, manche Seen müssen künstlich beatmet werden, weil ihnen der Sauerstoff ausgeht, die Ackerböden sind mit chemischen Zusatzstoffen belastet, Nahrungsmittel kommen mit giftigen Rückständen auf den Tisch. Dies alles sind Alarmzeichen dafür, dass es so nicht weitergehen darf.

Die meisten Umweltprobleme, denen wir heute gegenüberstehen, sind Auswirkungen eines falschen Denkens. Schon vor 200 Jahren hat Pestalozzi gewarnt: „Früher oder später, aber gewiss immer wird sich die Natur an allem Tun des Menschen rächen, das wider sie selbst ist.“ So müssen wir Albert Schweitzer beipflichten: „Der Mensch hat begonnen, die Welt zu beherrschen, ehe er angefangen hat, sich selbst zu beherrschen.“

Umdenken tut Not! Der naive Fortschrittsglaube und das egoistische Profitdenken, das beinahe keine Grenzen kennt, müssen abgebaut werden zugunsten eines verantwortungsvollen Umweltbewusstseins. Wir müssen mit der uns umgebenden Natur wieder in ein freundschaftliches Einvernehmen kommen und sie verstehen als einen lebendigen Organismus, der leben will, damit wir zu leben haben. Bedenken wir die Worte Goethes: „Die Natur hat immer recht, und die Fehler und Irrtümer sind immer des Menschen.“

Unser Umweltverhalten hängt weitgehend vom Grad unseres Bewusstseins ab. Sobald ein Mensch für sich den Gedanken annehmen kann: „Wer einen Grashalm bricht, der rüttelt am Universum“, dem wird bewusst, dass alles und jedes in unserer Welt miteinander verbunden und verwoben ist und wir alle für die Bewahrung der Schöpfung unseren Beitrag zu leisten haben.

Eine weitere Sorge und Maßnahme muss dem Ebenmaß in allen gelten. Was ein gesundes Ebenmaß bedeutet, hat uns die Natur schon längstens vorgelebt. Sie bemüht sich seit jeher, ihr Haus in Ordnung zu halten, indem sie folgenden vier ökologischen Grundprinzipien nachfolgt:

Das erste Prinzip ist das vom ausgewogenen Mittelmaß. Die Natur kennt kein unbeschränktes Wachstum. Sie strebt nach dem gesunden Mittelmaß. Wo aber der Mensch in dieses Gleichgewicht störend eingreift, kann dies zu schädlichen Folgen führen. Darauf hat schon vor Jahrzehnten der Basler Biologieprofessor Adolf Portmann (1897-1982) warnend in einem Vortrag hingewiesen: „Was haben wir in der uns umgebenden Natur an Unheil angerichtet, wo jeder wissenschaftlich erprobte Eingriff schwere Folgen zeitigt, die nicht vorausgesehen werden können. Folgen, die zu neuen Handlungen zwingen, denen wieder andere nicht vorausgesehene Verheerungen folgen."

Der gewinnsüchtige Mensch begnügt sich heute nicht mit dem normalen Mittelmaß. Er will immer noch höhere Erträge, noch größere Gewinne erwirtschaften. Schon das Wort Nullwachstum beängstigt ihn. Doch die Erfahrung zeigt, dass jedes übersteigerte Wirtschaftswachstum früher oder später ins Gegenteil umschlägt, so dass eine Rettung nur über Abbaumaßnahmen möglich sein wird. Die Natur wird uns eines Tages für die allzu intensive Ausbeutung ihrer Schätze die Rechnung präsentieren. Die meisten Umweltprobleme, denen wir heute gegenüberstehen, sind von uns selbst verursacht. Je mehr sich der Mensch von der Natur entfernt, desto mehr entfernt sie sich von sich selbst. Unser Wohlstand ist vom Wohlergehen der uns umgebenden Natur abhängig. Unsere körperliche und seelische Gesundheit spiegelt unser Verhältnis zur Tier- und Pflanzenwelt.

Ein zweites Prinzip ist das der gesunden Mitte. Die Natur kennt kein unbegrenztes Wachstum. Sie verliert sich nicht in Extremen. Während Millionen von Jahren haben Pflanzen und Tiere überlebt durch Selbstregulierung, ohne dass der Mensch in das natürliche Geschehen eingreifen konnte. Die Natur hat für einen ausgewogenen Nachwuchs gesorgt, ohne dass es zu den Auswüchsen der heutigen Massentierhaltungen und zur Intensivnutzung gekommen wäre. „Macht euch die Erde untertan" (Gen 1,28) will doch nicht heißen, plündert und raubt sie aus. Der Wirtschaftsfachmann Herbert Gruhl schreibt in seinem Buch „Ein Planet wird geplündert": „Die Lehre vom dauernden Wirtschaftswachstum war der größte Schwindel, dem die Völker bisher aufgesessen sind. Die Industrieländer betrogen sich damit selbst, und die Entwicklungsländer wurden betrogen.“ (13) Neue Denkmodelle müssen entworfen und erprobt werden, die ethisch verantwortbar sind, nämlich solche zur sauberen Energiegewinnung, zur Reinhaltung von Luft und Wasser, zur Förderung einer biologischen und umweltfreundlichen Landwirtschaft sowie zur Lösung der Ernährungs- und Gesundheitsprobleme in den Entwicklungsländern.

Das dritte Prinzip ist das der Wiederverwertung. Die Natur hat es über sehr lange Zeit verstanden, ihre organischen Abbauprodukte wieder zu verwerten, um aus ihnen frische Lebensenergien zu gewinnen. Auf diese Weise konnte sie den Kreislauf von Entstehen und Vergehen im Gleichgewicht erhalten. Für die gesunde Natur gibt es nichts Nutzloses und Unbrauchbares. Die Natur ist darauf bedacht, möglichst keine unverwertbaren Abfälle zu produzieren. Sie hält sich an die Norm der Ökologie und damit an ihre eigene Hausordnung. Diese sorgt dafür, dass organische Abbauprodukte dem Aufbau neuer Lebensgrundlagen zugeführt werden. Mit der Beseitigung zahlreicher Giftstoffe und Schadstoffe, die heute anfallen, ist die Natur heillos überfordert. Dies sind die Folgeerscheinungen der modernen Konsum- und Wegwerfgesellschaft, die Abfälle im Übermaß verursacht.

Das vierte Prinzip ist der gegenseitige Austausch im Geben und Nehmen. Die Natur gibt uns, was wir ihr geben; sie nimmt uns aber auch, was wir ihr vorenthalten. Sie erwartet von uns, dass wir nicht nur von ihr nehmen, sondern ihr auch geben, damit sie sich von Zeit zu Zeit ausruhen, erholen und wieder aufbauen kann. Zum Vergleich können wir an das Gedicht „Der römische Brunnen“ von Conrad Ferdinand Meyer (1825-1898) aus dem Jahre 1882 denken, in dem dieser Ausgleich von Geben und Nehmen wie folgt beschrieben wird:

Aufsteigt der Strahl, und fallend gießt
Er voll der Marmorschale Rund,
Die, sich verschleiernd, überfließt
In einer zweiten Schale Grund;

Die zweite gibt, sie wird zu reich,
Der dritten wallend ihre Flut,
Und jede nimmt und gibt zugleich
Und strömt und ruht.

Optimal statt perfekt

Zu einer optimalen Lebensgestaltung gehört nicht nur eine optimistische Lebenseinstellung, sondern auch das Streben nach optimalen Lösungen und Leistungen, ohne zwanghaft perfekt sein zu wollen. Optimal heißt: Bestmöglich oder so gut wie nur möglich, aber nicht vollkommen. Optimale Erfolge sind weniger aufwendig und weniger kostspielig als perfekte. Diese können durchaus zufriedenstellend sein. Dem gegenüber heißt perfekt so viel wie fehlerlos, ohne Makel, vollkommen.

Wer sich stets darum bemüht, perfekt, fehlerlos und unbescholten zu sein, der gerät leicht in einen neurotischen Zugzwang, der ihm die innere Freiheit zur Selbstentscheidung raubt. Perfektionisten sind Sklaven ihrer selbst und ihrer übertriebenen Ansprüche nach Anerkennung und Geltung. Dahinter steht die Angst vor Ungenügen aufgrund von versteckten Unsicherheits- und Minderwertigkeitsgefühlen. Durch sein Streben nach Perfektion setzt er sich selber, aber auch seine Angehörigen und Mitarbeiter unter einen enormen Leistungsdruck, der ihn in vielerlei Hinsicht allzu teuer zu stehen kommt. Der hierzu erforderliche Mehraufwand gegenüber einer optimalen Leistung lohnt sich gar nicht, weil er zu viel an Zeit und Energie verlangt. Diese Schlussfolgerung zog der Philosoph Carl Hilty (1833-1909) mit den Worten: „Es gibt eine falsche Gründlichkeit, die sich in allerlei Kleinigkeiten und Nebensächlichkeiten äußert, die nicht der Mühe wert sind, untersucht zu werden oder überhaupt nicht wissenswert sind." (14)

Um ein optimales Resultat zu erzielen, ist nicht immer eine gleichmäßige und gleichgewichtige Verteilung erforderlich. In vielen Fällen genügt ein Verhältnis von 20:80. Dies lehrt uns das Pareto-Prinzip oder die 20:80-Regel, die aus der Nutzwertlehre des italienischen Wirtschaftsprofessors Vilfredo Pareto (1848-1923) von der Universität Lausanne abgeleitet ist. (15) Dieser analysierte Ende des 19. Jahrhunderts die persönlichen Einkommens- und Vermögensverhältnisse der Bevölkerung in England und in Italien und kam zum Schluss, dass 20% der dortigen Einwohner 80% der Vermögenswerte besitzen. Weiter stellte er damals fest, dass in den kapitalistischen Ländern des Westens 20% der Einwohner 80% des Reichtums besitzen. Der vermögenden kleinen Oberschicht der Reichen stand die große Mehrheit der

Mittellosen gegenüber. Auch in der heutigen Zweiklassen-Gesellschaft zeigte sich, dass 20% der herrschenden Gesellschaft 80% der Gesamtbevölkerung dominieren. Lothar Seiwert schreibt hierzu: „Allgemein kann beobachtet werden, dass innerhalb einer gegebenen Gruppe oder Menge einige wenige Teile einen weitaus größeren Wert aufweisen, als dies dem relativ größeren Anteil an der Gesamtmenge in dieser Gruppe entspricht.“ (16) Nach seiner Erfahrung genügt bereits ein optimaler Aufwand von 20%, um 80% einer erfolgreichen Leistung zu erbringen. Um diese auf 100% zu steigern, sind 80% an Mehraufwand notwendig. Demnach ist ein perfekter Leistungsanspruch unwirtschaftlich und viel zu teuer erkauft. Um diesen zu erzielen, kommen dabei vielfach andere Bereiche des Lebens zu kurz, nämlich Partnerschaft, Familie, Gesundheit, Privates oder Freizeit, die auch wichtig sind für ein gelungenes Leben. Die 20:80-Regel wird bestätigt durch folgende Beobachtungen aus dem beruflichen Umfeld:

- 80% der Ergebnisse eines Auftrags sind mit 20% an Zeitaufwand zu schaffen.
- 20% der Mitarbeiter eines Betriebes erwirtschaften 80% des Gewinns.
- 20% der Spitzenleistungen fahren 80% des Ertrages ein.
- 20% der Produkte eines Fabrikationsbetriebes erzielen 80% des Umsatzes.
- 20% der Verkäufer erzielen 80% des Verkaufsvolumens.
- 20% der Warenbestände machen 80% des Gesamtinventars aus.
- 20% der hergestellten Produkte beanspruchen 80% der Fertigungskosten.

Auch der wirtschaftliche Ertrag eines Unternehmens richtet sich nach dieser Regel:

- Aus 20% der aufgewendeten Arbeitsenergie kann 80% eines Arbeitsauftrags erledigt werden.
- Alltägliche Routinearbeiten ließen sich bei konzentriertem Einsatz zu 80% mit 20% der aufgewendeten Zeit erzielen.
- Bei einer Serienarbeit ist mit einer Ausfallsquote von 20% zu rechnen. Will man diese in Einzelanfertigung ausführen lassen, um

Fehler zu vermeiden, erhöht sich der Aufwand an Zeit, Energie und Kosten um 80%.

An der amerikanischen Cornell-Universität wurden 3000 Arbeiter und Angestellte der New Yorker Telefongesellschaft auf ihre Unfallhäufigkeit untersucht. Es bestätigte sich, dass 20% der Mitarbeiter 80% der Arbeitsunfälle verursachten. Die Psychologin Flanders Dunbar wertete die Unfallzahlen von 2000 Lastwagenfahrern eines Transportunternehmens aus. Als man jene 20% der Fahrer aus dem Verkehr zog, die besonders unfallgefährdet waren, konnte die Unfallhäufigkeit um 80% gesenkt werden. (17)

Diese Regel trifft auch auf den Einfluss der Massenmedien auf deren Konsumenten zu:

- In 20% eines Zeitungsartikels sind 80% der wichtigsten Informationen enthalten.
- Beim raschen Überfliegen einer Tageszeitung erfassen wir in 20% der Zeit 80% der wichtigsten Nachrichten.
- Rund 80% der wichtigen Nachrichten werden durch die Medien in 20% der Sendezeit vermittelt.
- Nur 20% der Sendezeit von Radio- und Fernsehsendungen dienen der Verbreitung von Tagesnachrichten, die restlichen 80% gehören der bloßen Unterhaltung.

Auch im Bereich des schulischen Lernens wäre es gewinnbringend, die Pareto-Regel zu beachten. So zeigt die Erfahrung:

- Vom Lernstoff einer Schulwoche geht ohne Übung und Wiederholung 80% nach wenigen Tagen wieder verloren, und es bleiben nur 20% als Gedächtnisleistung zurück.
- Die wichtigsten 80% eines Lernstoffes lassen sich in 20% der Lernzeit erwerben.
- Mit 20% ausgewählter Wörter einer Fremdsprache kann man sich zu 80% im Alltag gut verständigen.
- 20% der Worte bei einer Besprechung würden genügen, um zu sagen, was zu sagen ist. Die übrigen 80% sind Zusatzerklärungen oder überflüssiges Gerede.

- Der Lernstoff von 80 Buchseiten lässt sich für gewöhnlich auf 20 Seiten zusammenfassen.
- 20% dessen, was wir in der Schule lernen, können wir im Leben gebrauchen, die übrigen 80% finden keine praktische Anwendung. (18)
- Der Psychologe Daniel Goleman (*1946) nimmt an, dass unser Lebenserfolg nur zu 20% auf intellektuellen Fähigkeiten beruht. 80% jedoch sind der emotionalen Intelligenz zuzuschreiben. (19)

Wie viel an Zeit und Energie kann eingespart werden, wenn wir uns auf das Wesentliche beschränken und uns dabei mit optimalen statt mit perfekten Resultaten zufriedengeben. Dadurch erreichen wir mit geringerem Aufwand mehr als mit größerem Einsatz. Dies hat schon der mittelalterliche Philosoph Wilhelm von Ockham zum Arbeitsprinzip erhoben, indem er die Ansicht vertrat: „Es ist unnütz, mit mehr tun zu wollen, was mit weniger getan werden kann." Auf diese Weise werden Arbeitsabläufe vereinfacht, Zeitersparnisse erzielt, Erträge vergrößert und die Kosten gesenkt. (20) Winston Churchill meinte einmal: „Es ist sinnlos zu sagen, wir tun unser Bestes. Es muss genügen, das zu tun, was erforderlich ist."

So ist es eine Illusion, sich auf eine Prüfung hundertprozentig vorbereiten zu wollen. Wer dies vorhat, der wird sich nie zu einem Examen melden. In der US-Marine kennt man die Redewendung: „Das Schiff des Kapitäns, der erst dann zur See stechen will, wenn alles an Bord perfekt ist, wird das Dock nie verlassen." Und in Spanien kennt man das Sprichwort: „Wer ein Pferd ohne Fehler reiten will, der gehe lieber zu Fuß."

Die ausgleichende Gerechtigkeit

In der römischen Mythologie wurde als höchste richterliche Instanz die jungfräuliche Göttin Justitia verehrt. Diese hält in der linken Hand eine Waage als Symbol der ausgleichenden Gerechtigkeit. In der rechten Hand trägt sie ein Schwert, mit dem sie das Recht vom Unrecht scharf zu trennen vermag. Auch wird sie in ihrer Sehfähigkeit durch eine Augenbinde eingeschränkt, damit sie sich weder von rechts noch von links beeinflussen lässt und unparteiisch urteilen kann. Noch heute steht ihre Statue auf dem Gerechtigkeitsbrunnen in der schweizerischen Hauptstadt Bern.

In einigen antiken Glaubensvorstellungen wird angenommen, dass sowohl das Gute als auch das Böse in Gott seinen Ursprung hat. So nahm der persische Religionsstifter Zarathustra zwei Ur-Prinzipen an, nämlich den Gott des Guten, Ahura Mazda, der für alles Gute in der Welt verantwortlich ist, und dessen dämonischen Gegenspieler, den Gott der Bosheit und Verneinung, Ahriman genannt, der alles Böse, Ungerechte und Leidvolle verursacht. (21) Auch der Manichäismus, begründet im 3. Jahrhundert durch den persischen Propheten Mani (216-276), nahm zwei ursprüngliche göttliche Verursacher an, nämlich den „Gott des Lichtes", der alles Gute geschaffen hat, und den „Gott der Finsternis", der für alles Böse und Schlechte in der Welt verantwortlich ist.

Dieser Dualismus wurde schließlich durch den monotheistischen Eingottglauben überwunden, der von einem einzigen Gott des Guten ausgeht, der eine gute Welt erschaffen hat. Danach ist das Böse erst später entstanden, nachdem einige der geschaffenen Geister anfingen, die göttliche Ordnung zu stören und zu verneinen. Symbolisch wird dies dargestellt durch die biblische Erzählung vom „Sündenfall im irdischen Paradies", die durch falsche Interpretationen zur verhängnisvollen Erbsündenlehre führte.

In der Philosophie wird das Böse als ein Mangel an Gutem erklärt. Die Ursache des Übels ist das Gute, dem ein Mangel anhaftet. Ein Mangel kann nicht aus sich selbst hervorgehen und auch nicht für sich selbst bestehen, denn ein Mangel oder ein Manko an sich und für sich wäre ein Nichts, aus dem weder etwas Gutes noch etwas Schlechtes, Ungerechtes oder Leidvolles hervorgehen kann. Bereits Epikur hat die göttliche Gerechtigkeit angezweifelt, indem er überlegte:

„Entweder will Gott das Böse verhindern und kann es nicht; dann ist er nicht allmächtig.
Oder er weiß nichts davon, dann ist er nicht allwissend.
Oder er kümmert sich nicht darum, dann ist er nicht gerecht.
Oder er will es nicht, dann ist er nicht gütig und nicht barmherzig." (22)

Derartigen Überlegungen ist freilich entgegenzuhalten: Das Böse existiert als eigenständige Wirklichkeit gar nicht. Dieses ist stets nur als Mangel an Gutem zu verstehen, so wie die Kälte als Verlust an Wärme oder der Schatten als Abwesenheit von Licht zu erklären sind. Auch kann Gott das Böse nicht verursachen, denn dies würde seinem Wesen und seiner Vollkommenheit widersprechen. Er kann es auch nicht zulassen oder verhindern, denn das würde den freien Willen des Menschen einschränken. Im gleichen Sinne kann es an sich auch keine Ungerechtigkeit geben, denn Unrecht entsteht immer dort, wo es an Recht und Gerechtigkeit mangelt. Demnach ist es stets der Mensch selbst, dem Gott Vernunft und Willensfreiheit zugestanden hat, der diese ihm verliehenen Geistesgaben missbrauchen kann, um Unrecht und Ungerechtigkeiten in unserer Welt zu verursachen.

Nach allgemeinem Rechtsempfinden setzt Gerechtigkeit vollkommene Einsicht, höchste Urteilsfähigkeit und bestmögliche Entscheidungsfreiheit voraus, um zu erkennen, was recht und gerecht ist. Da wir Menschen im Allgemeinen für Mangelwesen gehalten werden, vermag niemand diesen Bedingungen voll zu genügen. Da stellt sich die Frage: Leben wir in einer gerechten oder in einer ungerechten Welt? Hat der optimistisch gestimmte Leibniz recht, wenn er der Meinung war: „Wir leben in der besten aller Welten“, wo alles mit rechten Dingen zugeht. Oder sollen wir dem pessimistisch denkenden Schopenhauer zustimmen, der in seinem Hauptwerk „Die Welt als Wille und Vorstellung“ schrieb, dass wir in der denkbar schlechtesten aller möglichen Welten leben? Die wichtigste Ursache für diese negative Weltbewertung sah er im Egoismus der Menschen. Daraus folgerte er, dass die Welt nur schlecht sein kann, da sie so geschaffen ist, dass der Mensch von Natur aus mehr egoistisch als mitleidsfähig ist.

Alle religiösen Systeme und Glaubenslehren kennen in mehr oder weniger deutlichen Worten die Forderung nach Gerechtigkeit, obwohl für deren Begründungen so manches im Unklaren bleibt. Hans Küng ist überzeugt, dass es für das Leiden von Unschuldigen und für die ungerechtfertigten Ungerechtigkeiten in dieser Welt weder von der Theologie noch von der Philosophie her eine genügende Erklärung gibt. (23) Während das Christentum die Menschen gerne auf ein Jenseits vertröstet, wo jedermann Gerechtigkeit erfahren soll (1 Mo 18,25; Ps 7,9; 1 Th 4,6: Rö 13,4), verzichten die östlichen Philosophien darauf, einen gütigen Gott zu bemühen, dem es als strengen und strafenden Richter und Rächer obliegt, der Gerechtigkeit endgültig zum Durchbruch zu verhelfen.

Einzig die Lehre von der Wiedergeburt, die zunehmend auch bei uns im Abendland Zustimmung erfährt, vermag uns einleuchtende Antworten zu geben, warum es scheinbar unbegründete Leiden und Ungerechtigkeiten gibt. Diese sind nämlich selbstverursacht und sind stets Nachwirkungen von früheren Leben. Nach der Lehre der Theosophie und Anthroposophie gibt es ein geistiges Prinzip, das in unserer Welt für den gerechten Ausgleich sorgt. Es handelt sich um das Karma-Gesetz. Dieses stellt die Harmonie in der Welt wieder her. Daher wird es auch das Gesetz von der moralischen Gerechtigkeit genannt. Danach belohnt oder bestraft sich jede Tat mit der Zeit von selbst. Es braucht hierzu keinen Richterspruch von oben. Es ist auch nicht Gott persönlich, der dafür zu sorgen hat, dass unser Tun belohnt oder bestraft wird, sondern wir sind es immer selber – und zwar durch die Rückwirkung unseres eigenen Tuns auf uns selbst. Hier haben wir es wieder mit dem Bumerang-Gesetz zu tun.

Es ist demnach der Mensch selber, der durch sein Tun und Lassen die entsprechende Belohnung oder Strafe auslöst, sei es im gegenwärtigen Leben oder in einem späteren Erdendasein. In diesem Sinne gibt es auch kein zufälliges Leiden. Es ist damit stets ein Sinn, eine Absicht oder eine Lektion verbunden, die es einzusehen und zu befolgen gilt. Daher schreibt der englische Rechtsanwalt und Theosoph Christmas Humphreys (1901-1983): „Der Mensch wird von seinen Sünden bestraft, nicht für sie." (24) Das kosmische Gesetz des Karma ist von sich aus selbstständig tätig wie die Schwerkraft in der Natur. Das Karma-Gesetz ist ein Teilaspekt des Kausalitätsgesetzes. „Gottes Gerechtigkeit führt zwangsläufig zum Gesetz des Karma", schreibt Peter Michel in seinem Buch „Geistchristentum". (25)

Danach hat jede Wirkung ihre entsprechende Ursache und jede Verursachung führt zu neuen folgerichtigen Wirkungen. Karma ist die Wirkung eines Werkes und dessen Fortwirken in vielen nachfolgenden Werken. Daher sprechen wir von der karmischen Kette und Verkettung der Menschen und Dinge. In der Karma-Lehre bezieht sich dieses

Prinzip auf all unser Tun in Gedanken, Worten und Werken und dessen Auswirkungen. Dies hat die Seherin Anna Katharina Emmerich (1774-1824) aufgrund ihrer Visionen angesprochen, als sie schrieb: „Alles, was der Mensch denkt, spricht und tut, hat in sich etwas Lebendiges, das fortwirkt zum Guten oder zum Bösen.“ (26)

Es muss niemand auf Rache und Vergeltung sinnen, denn ein jeder bekommt auf lange Sicht, was zu ihm gehört, nämlich durch das unbestechliche Gesetz des Karma. Hüten wir uns also davor, gegen jemanden negative Gedanken und Gefühle entstehen zu lassen. Es könnte nämlich gut sein, dass sich die gleiche oder ähnliche Situation in einem nächsten Leben so lange in ständig neuen Variationen und Kombinationen wiederholt, bis sie der Versöhnung weicht. Aus geistiger Sicht ist das ganze Universum auf Ausgleich, Harmonie und Frieden angelegt, in dem für Unstimmigkeiten jeder Art einfach kein Platz vorhanden ist.

Wer das Gesetz von Karma und Wiedergeburt nicht kennt, der mag es schwer haben, an Gerechtigkeit zu glauben, weil so manches scheinbar ungesühnt bleibt. Wer aber um diese Zusammenhänge weiß, der lebt viel bewusster und gerechter. Er achtet auf sein Tun im Denken, Reden und Handeln, weil er weiß, dass die Folgen unseres Tuns eine nachhaltige Wirkung haben. Wenn ein Mensch sich ehrlich prüft und kritisch auf sein Tun achtet, wird er sich hüten, Negatives zu verursachen. Er wird sich bemühen, durch wohlwollende und segnende Gedanken die mentale Schwingung in der Welt zu verbessern.

Auf unserer irdischen Welt restlose Gerechtigkeit zu erwarten, ist wohl eine Illusion. Da wir Menschen aus der anfänglichen Einheit mit der göttlichen Welt herausgefallen sind und uns daher immer noch im Zustand der Zwiespältigkeit von Gut und Böse, von Wahrheit und Falschheit, von Recht und Unrecht befinden, kann nicht verlangt werden, dass hier alles mit rechten Dingen zugeht.

Recht und Gerechtigkeit sind für uns erst in der jenseitigen Welt zu erwarten, wenn alle unsere Handlungen im Licht der geistigen Erkenntnis offensichtlich und die Gründe, Hintergründe und Abgründe jedes Geschehens erkennbar werden.

Wer weiß, ob das Unrecht und Ungemach, das wir erfahren, uns bloß auf den rechten Weg weisen will. Buddha hat seinen Mönchen zu bedenken gegeben: „Betrachte jeden, der dir wehtut, als deinen Lehrer." (27)

Weltseele und Weltgeist

So wie im alltäglichen Sprachgebrauch immer wieder Seele mit Geist verwechselt wird, werden in der Kosmologie die Begriffe „Weltseele" und „Weltgeist" häufig durcheinandergeworfen, obwohl diese voneinander klar zu unterscheiden sind. Die Weltseele, auch „anima mundi" genannt, wird als das allgemeine bewegende und belebende Prinzip im ganzen Universum gesehen und wird so zum Denkmodell für den Panpsychismus (gr. *pan*: ganz; *psyché*: Seele), der davon ausgeht, dass die ganze Welt von einer einzigen Gesamtseele oder Allseele belebt und bewegt wird. Danach werden alle Naturerscheinungen und Naturkräfte durch diese Weltseele bewirkt. Weil die Weltseele alles belebt und beseelt, kann es auch nichts Totes geben, so wie es der Dichter Hermann Löns (1866-1914) einmal beschrieben hat:

Es gibt nichts Totes auf der Welt,
hat alles sein' Verstand.
Es lebt das öde Felsenriff,
es lebt der dürre Sand.

Nach hinduistischer Auffassung wird die Weltseele mit dem Begriff „Atman" bezeichnet. Dieser wird als größer als das Allergrößte und kleiner als das Allerkleinste erkannt. Er ist ewig und unvergänglich. Geahnt wird er von uns Menschen nur in außerordentlichen Bewusstseinszuständen, so bei Nahtod-Erlebnissen, in der Trance und in der Ekstase. Für den, der ihm nahe gekommen ist, gibt es keine Worte, um seine Erhabenheit zu beschreiben.

Bereits Heraklit von Ephesos nahm die Existenz einer Weltseele an, aus der alle Dinge entstanden sind. Platon bezeichnete in seinem Dialog „Timaios" die Weltseele als universelle Gestaltungskraft, welche die ganze Welt wie einen zusammengehörenden lebendigen Organismus bewegt. (28) Seiner Ansicht nach ist diese nach einer präkosmischen Entzweiung in zwei Teile zerfallen, in den Bereich des Guten und in den Bereich des Bösen. In der griechischen Antike wurde der

Mond mit der Weltseele verglichen und für den Sammelort der abgeschiedenen Seelen gehalten. (29)

Der frühchristliche Theologe Origenes verstand unter der Weltseele den Logos, der mit seiner göttlichen Schöpferkraft das ganze Weltall erschaffen hat. Nach ihm ist die Weltseele nicht Gott, sondern ein Aspekt Gottes. (30) In ähnlicher Weise sah Agrippa von Nettesheim (1486-1535), ein deutscher Universalgelehrter, in der Weltseele ein einziges Leben, das alles in der Welt erfüllt, durchströmt und zusammenhält, „damit sie eines mache aus der Maschine der Welt". (31) Im Mittelalter stellten die Alchemisten die Weltseele als Göttin dar, die auf einer Weltkugel steht. Ihr Haupt ist von einem Sternenkranz umgeben. Mit einem Fuß steht sie auf der Erde, mit dem anderen im Wasser, so die beiden weiblichen Elemente des Lebens darstellend. Ebenso vertrat Giordano Bruno die Idee von der Weltseele, die als gestaltende Kraft allen Dingen innewohnt, aber nicht außerhalb der Dinge eine selbstständige Existenz hat.

Auch in den Dichtungen von Goethe und Novalis begegnen wir dem Begriff der Weltseele recht häufig. Goethe hat in seinem Gedicht „Eins und Alles" aus dem Jahr 1821 die Idee von der seelischen Einheit der Natur in folgende Worte gefasst:

Weltseele, komm uns zu durchdringen!
Dann mit dem Weltgeist selbst zu ringen,
Wird unsrer Kräfte Hochberuf.
Teilnehmend führen gute Geister,
Gelinde leitend höchste Meister,
zu dem, der alles schafft und schuf.

Demgegenüber geht der philosophische Animismus (lat. *anima*: Seele) davon aus, dass nur Pflanzen, Tiere und Menschen eine sensitive Seele haben, nicht aber die leblose Materie im Mineralreich. Diese Ansicht schränkte Descartes weiter ein, indem er einseitig nur dem Menschen als denkendem Wesen (*res cogitans*) eine Seele zuerkannte, während er die Pflanzen und Tiere zu seelenlosen und damit rechtlosen Dingen (*res extensa*) erklärte, was leider zum Teil noch heute so gesehen wird.

Der Philosoph Friedrich Wilhelm von Schelling (1775-1854) nahm seinerseits an, dass die Weltseele das All belebt und erhält. Er verfasste eine Abhandlung mit der Überschrift „Von der Weltseele" (1798), in der er unter diesem Begriff ein lenkendes Prinzip verstand, das alle Teile der Natur sinnvoll verbindet. Der Schriftsteller Friedrich Schlegel (1772-1829) verfasste im Jahr 1800 unter dem Titel „Die Weltseele" ein Gedicht und schrieb dieser eine alles belebende Kraft zu. Auch der Naturphilosoph Gustav Theodor Fechner (1801-1887) war von der Idee einer alles übergreifenden Weltseele angetan.

Interessant ist, wie Menschen nach einem Nahtod-Erlebnis sich bewusst wurden, dass sie sich im körperlosen Zustand als ein Teil des lebendigen Ganzen fühlten. So beschreibt eine Krebspatientin ihren erlebten Nahtodzustand mit folgenden Worten: „Ich erkannte, dass das ganze Universum lebendig und mit Bewusstsein erfüllt ist, und dass dieses Bewusstsein alles Leben und die gesamte Natur erfasst. Alles gehört zu einem unendlichen Ganzen. Ich war auf komplexe Weise und untrennbar mit allem Leben verknüpft. Wir alle sind Facetten dieser Einheit – wir alle sind eins, und jeder von uns hat eine Auswirkung auf das kollektive Ganze." (32) Nach Richard David Precht enthält die Weltseele nicht nur göttliche Eigenschaften, sondern alle Eigenschaften, die denkbar sind. Aus diesem Grund führt er alle Eigenschaften der Welt auf dieses einzige Prinzip zurück, das in allem wirksam ist, weil aus dieser Einheit die Vielheit der Dinge hervorgegangen ist. (33) Demgegenüber ist es den Naturwissenschaften bis heute nicht gelungen, eine allgemeingültige Formel für eine „Theorie von Allem" zu finden, mit der alle Erscheinungen erfasst und erklärt werden könnten. Aus diesem Grund hat der amerikanische Physiker und Nobelpreisträger Robert Laughlin (1950) vor Kurzem empfohlen, sich von diesem Bemühen endgültig zu verabschieden. (34) Auch der Begriff „Weltseele" als Lebensprinzip genügt hierzu nicht. Es gibt nicht ein Leben von Millionen von Lebewesen, sondern Millionen von Lebewesen sind einzelne Lebensträger.

Nicht zu verwechseln mit der Weltseele ist der Weltgeist. Dieser Begriff wurde von den deutschen Philosophen Hegel und Schelling eingeführt. Gemeint ist damit das erkennende Prinzip der universellen Weltvernunft. Dieses gilt als die höchste Form des Erkennens im ganzen Kosmos und gipfelt im kosmischen Bewusstsein der am höchsten entwickelten Geistwesen. Der unpersönliche Weltgeist steht als übergeordnete Intelligenz über der Weltseele und lenkt von höherer Warte aus die Geschicke der Welt. (35)

Die aus der altgriechischen Philosophie stammende Idee vom Weltgeist führt, konsequent zu Ende gedacht, zum Pantheismus. Bereits die griechischen Philosophen der Antike sprachen vom „All-Einen" als von einem ewigen Geist, dessen Kraft das ganze Universum ausfüllt. Der wichtigste Vertreter dieser Theorie war Baruch Spinoza. Seine berühmte Formel heißt: „Deus sive natura – Gott oder Natur." Das ist auch das Credo der Naturphilosophie. Diese behauptet, dass Gott alles ist und sich in allen Dingen manifestiert. So sind Gott und die Welt identisch. Danach gibt es keinen höchsten, persönlichen Gott, sondern lediglich einen unpersönlichen Allgeist in Form von schöpferischer Energie, die nicht außerhalb, sondern innerhalb der Welt vorhanden ist.

Heutzutage ist dies die Überzeugung vieler gottgläubiger aber kirchenferner Menschen, die einen immanenten, aber nicht transzendenten Gott annehmen. Doch wird von diesen zu wenig bedacht, dass Gott und Natur nicht identisch sein können. Dabei wird die Wirkung mit der Ursache verwechselt. Die ganze Natur besteht aufgrund eines göttlichen Verursachers, nach dessen Gesetzen die Natur tätig ist. Deshalb sprechen wir von Naturgesetzen, die sicher nicht von selbst oder aus sich selbst entstanden sind, sondern von Gott in Form intelligenter Normen in sie hineingedacht wurden. (36)

Wenn behauptet wird, dass Gott und die Welt identisch seien, ist einzuwenden, dass etwas Vollkommenes, als das wir uns Gott denken, nicht mit etwas Unvollkommenem, wie es die Natur ist, in seinem Wesen vollständig übereinstimmen kann; denn zwei ungleiche Dinge können nicht miteinander wesensgleich sein. Da nach dem Naturalismus Gott in allem und alles in Gott ist, wären Welt und Gott dasselbe. Auch der Glaube an einen persönlichen Schöpfergott würde sich erübrigen. Die Frage aber bleibt: Wenn es keinen Gott gibt, aus was ist dann die Natur hervorgegangen? Die Pantheisten antworten: Die Natur hat keinen Anfang, denn sie besteht seit ewigen Zeiten.

Der Weltgeist kann als eine spirituelle Kraft verstanden werden, die das ganze Weltall erfüllt. Er ist nicht zu verwechseln mit der dunklen Materie oder mit der dunklen Energie, wie sie heute von der Astrophysik angenommen wird. (37) Sie ist an nichts fest gebunden, aber mit allem verbunden. In dieser Hinsicht ist dem amerikanischen Arzt und Bewusstseinsforscher Larry Dossey (*1940) beizupflichten, der nur einen Geist im gesamten All annimmt, der in den verschiedensten Formen in Erscheinung tritt, am schönsten und erhabensten in der allumfassenden Liebe. (38)

Das Weltall formt eine geschlossene Ordnung und bildet ein ganzheitliches System auf mehreren Daseinsstufen in unterschiedlichen Dimensionen. Das Weltganze ist demnach viel umfassender, als wir für gewöhnlich annehmen. Es beschränkt sich nicht bloß auf die materielle Ebene, sondern auf mehrere Ebenen, die sich miteinander in ständiger Wechselwirkung befinden. Für diese Tatsache hat Goethe in seiner Faust-Dichtung (39) ein anschauliches Bild gefunden:

Wie alles sich zum Ganzen webt,
Eins in dem andern wirkt und lebt!
Wie Himmelskräfte auf und niedersteigen
Und sich die gold'nen Eimer reichen!
Mit segenduftenden Schwingen
Vom Himmel durch die Erde dringen,
Harmonisch all das All durchdringen!

Schlussgedanken

Seit Langem forschen unsere Wissenschaftler nach einem allumfassenden Weltgesetz, welches das kosmische Geschehen mit einer einzigen Theorie erklärbar machen könnte. Dieses Suchen nach einer allgemeingültigen Weltformel ist bis heute ohne Ergebnis geblieben. Ob es in Zukunft möglich sein wird, dieses durch eine einzige mathematische Chiffre verständlich zu machen, ist ungewiss. Der gesamte Kosmos gleicht einer einzigen Kristallkugel, in der sich alle Dinge, die sichtbaren und die unsichtbaren, facettenreich spiegeln. Es ist, wie Rilke in seinen „Duineser Elegien" schrieb: „Durch alle Wesen reicht der eine Raum: Weltinnenraum." (40)

Unser Universum bildet ein gut durchdachtes Ganzes, weil es sowohl materiell als auch spirituell aus etwas Einmaligem hervorgegangen ist. Dies gilt sowohl für die primäre Schöpfung der rein spirituellen Geisterwelt, als auch für die sekundäre Schöpfung der materiellen Erdenwelten. Der Wahrheit am Nächsten gekommen ist wohl Laotse im 6. vorchristlichen Jahrhundert mit seiner Schrift „Tao te King". Darin heißt es: „Es gibt ein Ding, das ist unterschiedslos vollendet. Bevor der Himmel und die Erde entstanden sind, war es schon da. Allein steht es und verändert sich nicht. Im Kreis läuft es und gefährdet sich nicht. Man kann es nennen die Mutter aller Dinge. Ich weiß nicht seinen Namen. Ich nenne es das TAO.“ (41)

In der heutigen Zeit drängt sich uns ein neues Weltbild auf, für das sich der ungarische Wissenschaftsphilosoph Ervin Laszlo (1932) mit seiner „vereinheitlichten Systemtheorie“ einsetzt. Für ihn ist das Universum nicht bloß ein mechanisches, materielles Gebilde. Dieses besteht nur zu 5% aus grobstofflicher Materie, also aus materiellen Teilchen, die sich zu Atomkernen, zu Molekülen und zu komplexen Gebilden zusammengefügt haben; der große Rest ist Energie in unterschiedlichen Formen und Frequenzen. (42)

Auch die Stellung des Menschen und seine Eigenart scheint in unserem Universum einmalig und einzigartig zu sein. So drängt sich uns die Frage auf: Was ist der Mensch? Was ist sein Wesen, das ihn von allen anderen Lebewesen unterscheidet? Was ist seine Bestimmung? Meiner Ansicht nach liegt seine Besonderheit in seinem geistigen Bereich, in seinen spirituellen Fähigkeiten und Möglichkeiten, die das Tier nicht kennt. Es sind dies geistige Tätigkeiten, die nur einem geistig tätigen Wesen zuerkannt werden können. Zu diesen gehören:

- das Erkennen geistiger Werte
- die Möglichkeit, Bewusstsein zu erlangen
- die Fähigkeit, über sich selbst nachzudenken
- die Begabung, über sich selbst hinaus zu denken
- die freie Selbstbestimmung, die ihn zum eigenständigen Wesen macht
- die Neigung, sich über seine Herkunft und Bestimmung Gedanken zu machen
- der freie Wille und die Entscheidungsfähigkeit
- die Absicht, Böses und Gutes zu erkennen und zu wollen
- seine intellektuelle Unabhängigkeit von Raum und Zeit

Abschließend möchte ich in zwölf Thesen das wahre Wesen des Menschen beschreiben und zur Diskussion stellen:

Zwölf Thesen zum Wesen des Menschen

1. Der Mensch ist ein dreidimensionales Wesen, das aus der Dreiheit von Körper, Seele und Geist besteht. Sein Körper ist von materieller Struktur; seine Vitalseele ist energetischer Natur und seine unstoffliche Geistseele ist eine geistige Substanz. Der Körper ist von der stofflichen Erde genommen, die Vitalseele entstammt der feinstofflichen Erdentwicklung und die Geistseele wurde als eigenständiges Wesen von Gott ins Dasein gerufen.

2. Er lebt in Übereinstimmung mit der ganzen Kreatur und sieht sich als Teil eines lebendigen Ganzen, den wir unseren Kosmos nennen. Die Ehrfurcht vor dem Geheimnis des Lebens verbietet es ihm, mutwillig und bewusst Leben zu vernichten oder anderen Lebewesen ohne Notwendigkeit Leid und Schmerzen zuzufügen. Es ist dem Menschen noch nie gelungen, aus eigener Kraft etwas Lebendiges zu schaffen. Sein Grundsatz lautet daher: Anderen Wesen so wenig Leiden wie nötig und so viele Freuden wie möglich zu bereiten.

3. Die lebendige Natur ist seine kluge Lehrmeisterin, Helferin und Heilerin. Er ist bestrebt, ihren seit Millionen von Jahren bewährten Spuren zu folgen und deren Grenzen zu beachten. Daher meidet er alles, was ihren ewigen Gesetzen widerspricht. Die Erde ist ihm ein lebendiger Leib, der leben will, damit wir zu leben haben. Er hat verstanden, dass die Natur nichts vergisst und jeder nur erntet, was er gesät hat. Jedes geschaffene Lebewesen betrachtet er als ein Abbild des göttliches Lichtes, in dem das kosmische Bewusstsein in Erscheinung tritt.

4. Die Grundfragen des Menschen nach seinem Woher und Wohin sind ihm keine unlösbaren Rätsel, denn er ist sich bewusst, warum und wozu er auf dieser Erde ist, die er als Lernschule sieht. Jede Lektion, die nicht gelernt, jede Prüfung und jede Klasse, die nicht bestanden wird, muss bei nächster Gelegenheit wiederholt werden. Er weiß, dass er nicht hier ist, um sein Dasein möglichst lustvoll und unbeschwert zu genießen, sondern um durch eigenes Streben und Bemühen mit sich selber geistig weiterzukommen.

5. Er ist sich im Klaren, dass alles Hässliche, Widerwärtige und Kranke nur aus der einstigen Trennung, Abkehr und Absonderung von der göttlichen Ur-Ordnung entstanden ist. Dies ist des Menschen eigentliche Ur-Sünde und Ur-Schuld, die dazu geführt hat, dass er aus seiner geistigen Ur-Heimat herausgefallen und ins gottferne Abseits geraten ist. Die Folgen davon erfahren wir bis zum heutigen Tage als Konflikte, Krisen, Krankheiten und Katastrophen in unserer Welt. Gesundung und Heilung ist möglich, und zwar nicht nur durch eine äußere Verhaltensänderung, sondern vor allem durch eine innere Wandlung und Umkehr.

6. Nichts Zufälliges oder Unerwünschtes kommt an ihn heran, weil er einsieht, dass ihm das zukommt, was zu ihm gehört. Es ist immer nur das, was er selber verursacht hat durch sein Tun in Gedanken, Worten und Werken. Deren negative Auswirkungen werden ihm als Gelegenheiten zur Wiedergutmachung von außen angeboten. Für ihn ist das ganze Dasein ein ständiger Entwicklungsprozess; und jeder Aufenthalt als Mensch auf unserer Erde ist eine Möglichkeit, Stufe um Stufe wieder jenen geistigen Stand zu erreichen, der ihm ehemals zugedacht war.

7. Der Mensch muss wissen, dass es in unserer Welt keine schlechten Kräfte gibt, sondern nur schlecht gebrauchte. Er soll begreifen, dass es das Böse an sich gar nicht gibt, sondern dass dieses durch das Fehlen an Gutem oder durch den falschen Gebrauch des Guten entstehen kann. Er anerkennt, dass er selber Gutes und Übles bewirken kann durch sein Tun in Gedanken, in Worten und in Werken.

8. Er sollte begreifen, dass er das Ziel seiner Menschwerdung nicht in einem einzigen Leben erreichen wird, sondern dass er dieses nur in mehreren Etappen und in wiederholten Erdenleben verwirklichen kann. Auch vermag er einzusehen, dass er auf diesem langen Weg der Heimkehr in seine himmlische Heimat nicht ständig wieder von vorne anfangen muss, sondern weiter aufbauen kann auf dem, was er in früheren Leben erreicht hat. Das bedingt aber auch, dass er abbauen muss, was er sich selber durch verfehltes Verhalten an Hindernissen und Hemmnissen in den Weg gelegt hat.

9. Der zu höherem Bewusstsein erwachte Mensch wird lernen, in Jahrhunderten und Jahrtausenden zu denken, weil er anerkennt, dass er nicht von heute ist, sondern aus einer weiten Vergangenheit kommt, um in eine ferne Zukunft zu gehen. Er weiß, dass er auf Erden nur vorübergehend und zum wiederholten Mal ein kurzfristiges Gastrecht hat, das es ihm erlaubt, die notwendigen Erfahrungen zu sammeln und die erforderlichen Lernschritte zu machen, die seiner geistigen Entwicklung zugute kommen.

10. Gleichgültig ob er im Getriebe des Alltags oder im Stillen seinen Dienst in der Welt leistet, die flüchtigen Launen von Mode und Masse berühren ihn nicht mehr, denn er hat gelernt, das Beständige vom Wandelbaren, das Wesentliche vom Nebensächlichen zu unterscheiden. Nichts Vergängliches vermag ihn zu erschüttern oder zu betören, und sein Gemüt ist verankert in den Tiefen seiner gläubigen Seele, die überzeugt ist, dass wir von himmlischen Wesen begleitet sind, sofern wir uns ihrer Führung anvertrauen.

11. Er ahnt die letzten Geheimnisse um Leben und Tod und anerkennt, dass unser Leben nur ein Sterben ist, das Sterben aber Leben. So fürchtet er sich nicht vor jedem Abschiednehmen, denn er hofft auf ein Wiedersehen mit allem, was ihm in den vergangenen Erdenleben lieb und teuer geworden ist. Daher bindet er sich nicht an das, was nur vorübergehend ihm anvertraut ist, und er löst sich leichten Herzens von dem, was ihm nicht auf Dauer zu eigen gegeben ist.

12. Er besinnt sich auf das, was wahr und wirklich ist in seinem Leben. Weil er über den Dingen steht, vermag er auch hinter die Dinge zu sehen und begreift die inneren Zusammenhänge allen Geschehens in der materiellen und in der spirituellen Welt. Er wehrt sich nicht gegen die unabänderlichen Fügungen seines Schicksals, die er vor seiner Menschwerdung frei gewählt hat. Weil er allen Wesen Frieden wünscht, trägt er dazu bei, dass unsere Welt allmählich friedlicher und gerechter wird, damit Harmonie sich ausbreiten kann, wo Streit und Unfrieden herrscht. Er ist davon überzeugt, dass die Liebe die stärkste heilende und rettende Kraft im ganzen Universum ist.

Der Mensch, der sein wahres und wirkliches Wesen erkannt und verstanden hat, folgt der Weisung des schlesischen Mystikers Angelus Silesius aus seinem „Cherubinischen Wandersmann“:

Mensch, werde wesentlich!
Denn wenn die Zeit vergeht,
so fällt der Zufall weg,
das Wesen, das besteht.

Zum Abschluss das erhebende Gebet von Franz von Assisi:

O Herr, mache mich zum Werkzeug deines Friedens,
dass ich Liebe schenke, wo man sich hasst;
dass ich verzeihe, wo man sich beleidigt;
dass ich versöhne, wo man sich streitet;
dass ich Freude bringe, wo der Kummer wohnt;
dass ich Hoffnung wecke, wo Verzweiflung quält;
dass ich ein Licht anzünde, wo Finsternis herrscht.

Ach Herr, las mich selbstlos danach trachten
nicht, dass ich getröstet werde, sondern dass ich tröste;
nicht, dass ich verstanden werde, sondern dass ich verstehe;
nicht dass ich geliebt werde, sondern dass ich liebe.

Denn wer hingibt, der empfängt;
wer sich selbst vergisst, der findet;
wer verzeiht, dem wird verziehen;
und wer stirbt, erwacht zum ewigen Leben.

Anmerkungen und Literaturangaben

Abkürzungen: gr.: griechisch; lat.: lateinisch.

VORWORT

1. Weber, Renée: Alles Leben ist eins. Crotona Verlag. Amerang 2002, S. 336.
2. Einstein, Albert: Briefwechsel 1916-1955. Rowohlt Verlag, Reinbek bei Hamburg 1972, S. 97 f.
3. Hawking, Stephen und Mlodinow, Leonard: Der große Entwurf. Eine neue Erklärung des Universums. Rowohlt Verlag, Reinbek bei Hamburg, 3. Aufl. 2010, 17 f.
4. Von Ah, Carlo: Quantensprung und rechter Glaube. Suche nach der letzten Wahrheit. Verlag Komplett-Media. München / Grünwald 2016, S. 232-233.
5. Ludwig, Sabine: Die Macht der geistigen Gesetze. Verlag Books on Demand. Norderstedt 2017, S. 8.
6. Von Jankovich, Stefan: In der Welt von Osiris-Isis-Horus. Drei Eichen Verlag. München, Engelberg 1986, S. 16-17.
7. Godwin, Joscelyn: Atlantis. Der Ursprung der Zivilisation. Aquamarin Verlag, Grafing 2014, S. 69, 245.
8. Miller, Maria: Die Traktate des Corpus Hermeticum. Novalis Verlag, Schaffhausen 2004, S. 97-105.
9. Atkinson, William: Die verlorenen Manuskripte Kybalion. Die 7 kosmischen Gesetze Aurinia Verlag, Hamburg 2014-2015.
10. Helmrich, Hermann E.: Kybalion. Eine Studie über die hermetische Philosophie des alten Ägyptens und Griechenlands.
11. Shermann, Laura und Andrew: Der magische Schlüssel des Kybalion. Die sieben Gesetze des Lebens und wie wir sie für uns nutzen können. Thiele Verlag, München, Wien 2009.
12. Hoyle, Fred: Das intelligente Universum. Eine neue Sicht von Entwicklung und Evolution. Umschau Verlag, Frankfurt a.M. 1984, S. 241.
13. Kugler, Hans-Günter: Der Schöpfergeist. Mensch und Wissenschaft. Verlag „Das Wort“, Marktheidenfeld 2010, S. 77.
14. White, Stewart E.: Das uneingeschränkte Weltall. Eine „Allphysik“ des universalen Bewusstseins. Origo Verlag, Zürich 1963, S. 183, 306.
15. Atkinson, William: Die 7 kosmischen Gesetze. Das Vermächtnis des Meisters. Aurinia Verlag, Hamburg 2014, S. 7.
16. Campobasso, Andreas (Hrsg.): Der Meisterweg des Kybalion. Die 7 geheimnisvollen Schlüssel des Lebens. Hans Nietsch Verlag, Freiburg i. Br. 2010, S. 12.

17. Eddington, Arthur: Die Wissenschaft und das Unsichtbare. Die Grundlagen eines neuen Denkens. Crotona Verlag, Amerang 2015, S. 59.
18. Einstein, Albert: Zitate, Einfälle, Gedanken. Piper Verlag, München 1999, S. 78.

EINLEITUNG

1. Nestle, Wilhelm: Die Vorsokratiker. Alfred Kröner Verlag, Stuttgart 1956, S. 102.
2. Hawking, Stephen und Mlodinow, Leonard: Der große Entwurf. Eine neue Erklärung des Universums. Rowohlt Verlag, Reinbek bei Hamburg, 3. Aufl., 2010, S. 11, 167.
3. Haeckel, Ernst: Die Welträtsel, Verlag Emil Strauß, Bonn 1900, S. 438.
4. Haich, Elisabeth: Einweihung. Aquamarin Verlag, Grafing, 6. Aufl. 2017, S. 220 ff.
5. Korrodi, Eduard: Goethe im Gespräch. Manesse Verlag, Zürich 1944, S. 293.
6. Von Ditfurth, Hoimar: Am Anfang war der Wasserstoff. Verlag Hoffmann und Campe. Hamburg 1972, S. 7.
7. Weischedel, Wilhelm: Über Philosophie. Deutscher Taschenbuch Verlag, München 1975, S. 67.
8. Macdonald, Fiona: Albert Einstein. Augenblicke, welche die Welt verändern. Georg Bitter Verlag, Recklinghausen 1992, S. 9.
9. De Vries, Marja: Die universellen Gesetze und ihre Anwendung. Crotona Verlag. Amerang 2014, S. 17 f, 39 f.
10. Rees, Martin: Vor dem Anfang. Eine Geschichte des Universums. Fischer Verlag, Frankfurt a. M., 2. Aufl. 2001, S. 281.
11. Jeans, James: Der Weltraum und seine Rätsel. Deutsche Verlagsanstalt, Stuttgart 1931, S. 46.
12. Thürkauf, Max: Der Primat des Geistes. In: Esotera, Nr. 2, 1980, S. 146.
13. Haisch, Bernard: Die verborgene Intelligenz im Universum. Crotona Verlag, Amerang 2015, S. 111-112.
14. Haisch, Bernard: Warum Gott nicht würfelt. Geist, Kosmos, Physik. Crotona Verlag, Amerang 2014, S. 10.
15. Sheldrake, Rupert: Der Wissenschaftswahn. O. W. Barth Verlag,München 2017, S. 57.
16. Hawking, Stephen und Mlodinow, Leonard: Der große Entwurf. Eine neue Erklärung des Universums. Rowohlt Verlag, Reinbek bei Hamburg, 3. Aufl., 2010, S. 165 f.
17. Hawking, Stephen: Kurze Antworten auf große Fragen. Klett-Cotta Verlag, Stuttgart 2018, S. 50.

Teil I

KAPITEL 1

1. Maurer, Ernstpeter: Ludwig Wittgenstein. In: Lutz, Bernd (Hrsg.): Metzlers philosophisches Lexikon. J. B. Metzlersche Verlagsbuchhandlung, Stuttgart 1989, S. 818.

2. Eigen, Manfred und Winkler, Ruthild: Das Spiel. Naturgesetze steuern den Zufall. Verlag Christian Rieck, Esborn 2010, S. 24.
3. Huemer, Werner: Unsterblichkeit?! Gute Gründe für ein Leben nach dem Tod. Verlag Komplett-Media. München / Grünwald 2015, S. 354-355.
4. Haisch, Bernard: Die verborgene Intelligenz im Universum. Crotona Verlag, Amerang 2015, S. 111-112.
5. Stetzl, Diethard: Im Einklang mit der universalen Ordnung. Geistige Gesetze und Lebensweisheiten für den Alltag. Verlag Via Nova. Petersberg, 2. Aufl. 2012, S. 7 f.
6. Volbehr, Hartwig: Was die Welt zusammenhält. Verlag Via Nova, Petersberg 2015, S. 14 f.
7. Atkinson, William: Kybalion. Die 7 hermetischen Gesetze. Aurinia Verlag. Hamburg 2014, S. 21.
8. Biedermann, Hans (Hrsg.): Knaurs Lexikon der Symbole. Droemer Knaur Verlag, München, 4. Aufl. 2000, S. 444-456.
9. Forel, Henri: „Wu-Wei. Laotse als Wegweiser. Drei Eichen Verlag, München 1974, S. 16.
10. Imhof, Beat: Woher wir kommen, wohin wir gehen. Aquamarin Verlag, Grafing, 2. Aufl. 2017, S. 114.
11. Cornell, Joseph Bharat: OM. Die Melodie der Liebe. Verlag Via Nova, Petersberg 2015, S. 21.
12. Weischedel, Wilhelm: Über Philosophen. Deutscher Taschenbuch Verlag, München 1975, S. 25.
13. Hueck, Walter: Die Polarität der Wahrheit. Otto Reichl Verlag, Remagen 1961, S. 553.
14. Atkinson, William W.: Die verlorenen Manuskripte des Kybalion. Aurinia Verlag, Hamburg 2014, S. 16.
15. Laotse: Tao te king. Das Buch vom Sinn und Leben. Buchclub Ex Libris Zürich, 1984, S. 8.
16. Jung, Carl Gustav: Psychologie und Alchemie. Ges. W. Bd. 12. Walter Verlag, Olten, Freiburg i. 1972, S. 498.
17. Meister Eckhart: Vom Wunder der Seele. Reclam Verlag, Stuttgart 1989, S. 33.
18. Matt, Daniel C.: Der Urknall. Der Geist hinter der Schöpfung. Crotona Verlag, Amerang 2015, S. 115.
19. Landmann, Philipp: Wie die Toten leben. Heinrich Schwab Verlag, Gelnhausen, 3. Aufl. , 1954, S. 101.
20. Nestle, Wilhelm (Hrsg.): Platon. Hauptwerke. Alfred Kröner Verlag. Stuttgart 1965, S. 205-206.
21. Kälin, Bernard: Logik und Metaphysik. Lehrbuch der Philosophie. 3. Aufl., Sarnen 1940, S. 415.
22. D'Za, Francis: Gott, der Eine und der All-Ganze. Patmos Verlag, Düsseldorf 1987, S. 69.
23. Lehmann, Johannes: Buddha. Leben und Lehre des Erleuchteten. W. Heyne Verlag, München 1994, S. 219-226.
24. Jaspers, Karl: Drei Gründer des Philosophierens: Plato, Augustinus, Kant. Piper Verlag, München 1964, S. 128, 135.
25. Heinzmann, Richard: An der Grenze begreifenden Denkens. Zum Ursprung religiöser Erfahrung bei Thomas von Aquin. In: Kreiner, Armin:

Religiöse Erfahrung und theologische Reflexion. Bonifatius Verlag, Paderborn 1993, S. 103-111.
26. Störig, Hans Joachim: Kleine Weltgeschichte der Philosophie. Buchclub Ex Libris Zürich, 2. Aufl. 1960, S. 188.
27. Weischedel, Wilhelm. Über Philosophen. Deutscher Taschenbuch Verlag, München 1975, S. 2.
28. Haeckel, Ernst: Die Welträtsel. Studie über monistische Philosophie. Verlag Emil Strauss. Neuausgabe 1960, S. 103 ff, S. 123.
29. Lorenz, Konrad: Die Rückseite des Spiegels. Piper Verlag, München, Zürich. 1973, S. 19 f.
30. Dürr, Hans-Peter: Es gibt keine Materie!. Revolutionäre Gedanken über Physik und Mystik. Crotona Verlag, Amerang, 2012, S. 51 ff.
31. Barbanell, Maurice: Was ist Spiritualismus? Verlag „Die Silberschnur", Melsbach/Neuwied 1987, S. 233.
32. Sterneder, Hans: Das kosmische Weltbild. Verlag Hermann Bauer, Freiburg i. Br., 1969, S. 55-56.
33. Tucker, Jim B.: Kinder erinnern sich. Dem faszinierenden Phänomen der Wiedergeburt auf der Spur. Ullstein Verlag, Berlin, 2. Aufl., 2014, S. 199.
34. Kälin, Bernard: Logik und Metaphysik. Lehrbuch der Philosophie. Selbstverlag des Benediktinerkollegiums, Sarnen, 3. Aufl., 1940, S. 263.
35. Boros, Ladislaus: Mysterium mortis – Der Mensch in der letzten Entscheidung. Walter Verlag, Olten, Freiburg i. Br. 1964, S. 85.
36. Pannenberg, Wolfhart: Was ist der Mensch? Die Anthropologie der Gegenwart im Licht der Theologie. Verlag Vandenbroeck & Ruprecht, 8. Aufl., 1995, S. 35.
37. Tompkins, P. und Bird, Ch.: Das geheime Leben der Pflanzen. Scherz Verlag, Bern, München, Wien 1974, S. 25 f.
38. Apuzzo, Stefano und D'Ambrosio, Monica: Auch Tiere haben Seelen. Aquamarin Verlag, Grafing 2011, S. 119 f.
39. Imhof, Beat: Woher wir kommen, wohin wir gehen. Aquamarin Verlag, Grafing 2014, S. 247 f, 304 f.
40. Imhof, Beat: Wie auf Erden, so im Himmel. Aquamarin Verlag, Grafing, 3. Aufl. 2013, S. 136-138.
41. Imhof, Beat: Woher wir kommen, wohin wir gehen. Aquamarin Verlag, Grafing, 2. Aufl. 2017, S. 165-174.

KAPITEL 2

1. Atkinson, William: Die 7 kosmischen Gesetze. Aurinia Verlag. Hamburg 2014, S. 94.
2. Cooper, I.C.: Der Weg des Tao. Scherz Verlag, Bern, München, Wien 1977, S. 7, 31.
3. Beltz, Walter: Die Mythen der Ägypter. Werner Claassen Verlag, Düsseldorf 1982, S. 95 f.
4. Stapleton, Michael und Servan, Elizabeth: Lexikon der griechischen und römischen Mythologie. Xenos Verlag, Hamburg 1978, S. 140, 186-187, 308.
5. Stausberg, Michael: Zarathustra und seine Religion. C. H. Beck Verlag, München 2005, S. 66-70.

6. Gimbutas, Marija: Die Sprache der Göttin. Verlag Zweitausendeins. Frankfurt a. M., 4. Aufl. 1998, S. 161 ff.
7. Wilhelm, Richard (Hrsg.): Laotse. Tao te King. Eugen Diederichs Verlag. Düsseldorf, Köln 1998, S. 42.
8. Beltz, Walter: Die Mythen der Ägypter. Claassen Verlag, Düsseldorf 1982, S. 95.
9. Krüger, Anke: Das „Baphomet-Idol". Ein Beitrag zur Herkunft der Hauptvorwürfe gegen den Templerorden. In: Historisches Jahrbuch. Bd. 119, 1999, S. 120-133.
10. Stuck, Paul: Die großen Arkana. Tarotkarten. Ansata Verlag, Interlaken 1981.
11. Stapleton, Michael und Servan, Elizabeth: Lexikon der Mythologie. Xenos Verlag, Hamburg 1978, S. 314.
12. Marx, Helga: Das Buch der Mythen aller Zeiten aller Völker. Styria Verlag, Graz, Wien, Köln 1999, S. 154.
13. Stausberg, Michael: Zarathustra und seine Religion. C. H. Beck Verlag, München 2005, S. 61, 66-70.
14. Orthband, Eberhard: Geschichte der großen Philosophen. Verlag Werner Dausien, Hanau o. J. S. 87.
15. Nestle, Wilhelm (Hrg.): Platon. Hauptwerke. Das Gastmahl. Alfred Kröner Verlag. Stuttgart 1965, S. 115 f.
16. Plotin: Enneaden. Zenodot Verlagsgemeinschaft. Berlin 2011, 5. Buch, S. 325.
17. Streuli, Robert: Origenes der Diamantene. ABZ Verlag, Zürich 1987, S. 224, 676-680. 1965, S. 115-117.
18. Zürrer, Ronald: Reinkarnation. Die umfassende Wissenschaft der Seelenwanderung. Govinda Verlag, Neuhausen, Altenburg, 4. Aufl., 2000, S. 422-430.
19. Andreas, Peter und Davies, Rose: Das verschleierte Wissen. Ansata Verlag. Interlaken 1984, S. 37 f.
20. Haag, Herbert: Abschied vom Teufel. Benziger Verlag, Zürich 2000, S. 7 ff.
21. Hinz, Walther: Neue Erkenntnisse zu Leben und Wirken Jesu. ABZ Verlag, Zürich 1984, S. 21-29.
22. Matt, Daniel C.: Der Urknall. Der Geist hinter der Schöpfung. Crotona Verlag, Amerang 2015, S. 14, 101-105, 113 f.
23. Jaffé, Aniela: Erinnerungen, Träume, Gedanken von C. G. Jung. Rascher Verlag, Zürich 1963, S. 360.
24. Allmend, Peter: Einfachheit. Aquamarin Verlag, Grafing 2015, S. 53.
25. Jung, Carl Gustav: Die Archetypen und das kollektive Unbewusste. Walter Verlag. Olten, Freiburg i. Br. Bd. I/1, 1976, S. 55, 60, 91-66, 174-179.
26. Forsboom, Bernard: Das Buch Emanuel. Drei Eichen Verlag. München, 2. Aufl. 1957, S. 23-24.
27. Foorsboom, Bernard: Emanuel. Botschaften aus dem Urlicht. Aquamarin Verlag, Grafing 2014, S. 31.
28. Lutz, Walter: Der Fall Luzifers und die Entstehung der Materie. Jakob Lorber Verlag, Bietigheim 1925, S. 7 ff.
29. Greber, Johannes: Der Verkehr mit der Geisterwelt. Gesetze und Zweck. Verlag Johannes Greber Memorial Foundation. Teaneck, N.J., USA, 10. Aufl. 1987, S. 268-269.

30. Doswald, Werner: Theodizee – Lösung eines philosophischen Problems durch die Geistlehre. In: Medium Nr. 91, 2017, S. 18.
31. Prophet, Elizabeth C.: Gefallene Engel und der Ursprung des Bösen. Ansata Verlag, München, 3. Aufl., 2010, S. 353 ff.
32. Streuli, Robert: Origenes – der Diamantene. ABZ Verlag, Zürich 1987, S. 333-337.
33. Pascal, Blaise: Gedanken. Reclam Verlag, Stuttgart, 2. Aufl. 1980, S. 108 f.
34. Lutz, Bernd (Hrsg.): Metzlers Philosophen Lexikon. J. B. Metzlersche Verlagsbuchhandlung, Stuttgart 1989, S. 698.
35. Hinz, Walther: Neue Erkenntnisse zu Leben und Wirken Jesu. ABZ Verlag, Zürich 1984, S. 22-31.
36. Haag, Herbert: Biblische Schöpfungslehre und kirchliche Erbsündenlehre. Verlag Kath. Bibelwerk, Stuttgart 1966, S. 66 ff.
37. Christophersen, Alf und Jordan, Stefan: Lexikon der Theologie. Ph. Reclam Verlag, Stuttgart, 2. Aufl., 2007, S. 311.
38. Küng, Hans: Was ich glaube. Piper Verlag. München, Zürich, 3. Aufl., 2009, S. 245-249.
39. Mohr, Till A.: Kehret zurück, ihr Menschenkinder! Die Grundlagen der christlichen Reinkarnationslehre. Aquamarin Verlag, Grafing 2004, S. 37, 365 ff.,
40. Imhof, Beat: Warum und wozu sind wir auf der Erde? Eine Antwort auf die Frage nach dem Lebenssinn. Aquamarin Verlag, Grafing 2015, S. 21 ff.
41. Hall, Judy: Liebe. Schicksal oder Geschenk des Himmels? Gibt es Dualseelen wirklich? Aquamarin Verlag, Grafing 2011, S. 7-12.
42. Dalliard, Alfred: Lexikon der Geistchristlichen Lehre. Verlag der Geistchristlichen Gemeinschaft (GCG), Zürich 2010, S. 455.
43. Nestle, Wilhem (Hrsg.): Platon. Hauptwerke. Das Gastmahl. Alfred Kröner Verlag, Stuttgart 1965, S. 115 ff.
44. Lutz, Walter: Der Fall Luzifers und die Entstehung der Materie. Jakob Lorber Verlag, Bietigheim 1925, S. 28.
45. Brunner, Beatrice: Vortrag von Geistlehrer Josef vom 15. Mai 1976, In: Geistige Welt, 1998, S. 32.
46. Hawking, Stephen und Mlodinow, Leonard: Der große Entwurf. Eine neue Erklärung des Universums. Rowohlt Verlag, Reinbek bei Hamburg, 3. Aufl., 2010, S. 128.
47. Küng, Hans: Der Anfang aller Dinge. Piper Verlag, München, Zürich, 2. Aufl. 2005, S. 77.
48. Weber, Renée: Alles Leben ist eins. Die Begegnung von Quantenphysik und Mystik. Crotona Verlag, Amerang 2012, S. 18, 32.
49. Hawking, Stephen: Kurze Antworten auf große Fragen. Klett-Cotta Verlag, Stuttgart 2018, S. 68.
50. Fritsch, Harald: Vom Urknall zum Zerfall. Die Welt zwischen Anfang und Ende. Deutscher Taschenbuch Verlag, München, 2. Aufl. 1996, S. 253.
51. Binggeli, Bruno: Primum Mobile. Dantes Jenseitsreise und die moderne Kosmologie. Ammann Verlag, Zürich 2006, S. 346.
52. Imhof, Beat: Urknall und Geisterfall. In: Wegbegleiter, Nr. 8, 2007, S. 3 ff.
53. Hinz, Walther: Neue Erkenntnisse über die Schöpfung Gottes. ABZ Verlag, Zürich 1991, S. 17, 41 f, 61 f.
54. Hawking, Stephen und Mlodinow, Leonard: Der große Entwurf. Eine neue

Erklärung des Universums. Rowohlt Verlag, Reinbek bei Hamburg, 3. Aufl. 2010, S. 177.
55. Lesch, Harald: „Was wir noch nicht wissen. Wie entstand Leben auf unserer Erde? TV-Sendung 3 Sat vom 24. Juni 2017.
56. Greber, Johannes: Der Verkehr mit der Geisterwelt. Verlag Johannes Greber Memorial Foundation, Teaneck, N.J., 10. Aufl. 1987, S. 299.
57. Mohr, Till A.: Kehret zurück, ihr Menschenkinder! Aquamarin Verlag, Grafing 2004, S. 536 ff, 600 f.
58. Eisenbeiss, Wolfgang: Geistlehre aus dem Jenseits. August von Goethe Literaturverlag, Frankfurt a. M., 2. Aufl., 2009, S. 188.
59. Imhof, Beat: Woher wir kommen, wohin wir gehen. Der Himmel ist unsere Heimat. Aquamarin Verlag, Grafing 2014, S. 467 ff.
60. Lutz, Bernd (Hrsg.): Philosophisches Lexikon. J. B. Metzlersche Verlagsbuchhandlung, Stuttgart 1989, S. 349.
61. Precht, Richard David: Tiere denken. Vom Recht der Tiere und den Grenzen des Menschen. W. Goldmann Verlag, München, 2. Aufl. 2016, S. 122.
62. Dethlefsen, Thorwald: Schickal als Chance. Esoterische Psychologie – das Urwissen zur Vollkommenheit des Menschen. C. Bertelsmann Verlag, München, 3. Aufl. 1989, S. 96, 118.
63. Szondi, Leopold: Schicksalsanalyse. Schwabe Verlag, Basel, Stuttgart 1965, S. 65, 73, 120.
64. Jung, Carl Gustav: Zwei Schriften über Analytische Psychologie. Walter Verlag, Olten, Freiburg i.Br., Bd. 7, 1974, S. 207 f.
65. Korrodi, Eduard (Hrsg.): Goethe im Gespräch. Manesse Verlag, Zürich 1944, S. 638.

KAPITEL 3

1. Wilhelm, Richard: I Ging. Das Buch der Wandlung. Heinrich Hugendubel Verlag, Kreuzlingen 2003, S. 63.
2. Vogel, Günter und Angermann, Hartmund: Atlas der Biologie. Deutscher Taschenbuch Verlag, München 196, S. 191
3. Keyserlinck, Linde: Laotse. Jenseits des Nennbaren. Herder Verlag. Freiburg i. Br., 1979, S. 59-60.
4. Stühmer, Rolf: Die Polarität unseres Körpers. In: Natürliche Heilkräfte. Lingen Verlag, Köln 1989, S. 210-213.
5. Jung, Carl Gustav: Psychologische Typen. Walter Verlag, Olten, Freiburg i. Br. Bd. 6, 14. Aufl. 1981, S. 360, 406, 162, 426 f.
6. Curry, Manfred: Der Schlüssel zum Leben. Schweizer Druck-Verlagshaus, Zürich 1949.
7. Schlüter, Joseph: Aus Beethovens Briefen. Verlag Wilhelm Engelmann, Leipzig 1870, S. 37.
8. Hall, Judy: Liebe – Schicksal oder Geschenk des Himmels. Aquamarin Verlag, Grafing 2011, S. 153.
9. Maclaine, Shirley: Zwischenleben. Goldmann Verlag, München 1985, S. 127.
10. Hesse, Hermann: Siddhartha. Eine indische Dichtung. Buchclub Ex Libris Zürich, Zürich 1950, S. 108.

11. Seiler, Ursula: Ein Baum ohne Wurzeln ist dem Tod geweiht. In: Zeiten*Schrift, Nr. 85, 2016, S. 63.
12. Zur Lippe, Adolf: Grundzüge und charakteristische Symptome der homöopathischen Materia medica. Burgdorf Verlag, Göttingen, 3. Aufl. 1996, S. 429.
13. Wilhelm, Richard: Laotse. Tao-Te-King. Das Buch vom Sinn des Lebens. Buchclub Ex Libris Zürich, Zürich 1984, S. 158.
14. Schlag, Beatrice: Das betrogene Geschlecht. In: Facts, Nr. 14, 1999, S. 100-104.
15. Lange-Eichbaum, Wilhelm: Genie, Irrsinn und Ruhm. E. Reinhardt Verlag, München, Basel, 7. Aufl., 1986, S. 93, 225-226.
16. Sohmer, Vera: Genie oder Wahnsinn? In: CCS-Magazin-Dossier, Nr. 3, 2017, S. 6.
17. Velinkowski, Immanuel: Welten im Zusammenstoß. Verlag Julia White. Döbeln, 3. Aufl., 2012, S. 140-145.
18. Stearn, Jess: Der schlafende Prophet. Ramon F. Keller Verlag, Genf, 1969, S. 48.
19. Stone, Randolph: Polarity-Therapie. Heinrich Hugendubel Verlag, München 2006.
20. Michel, Katarina und Peter: Das universelle Heilungsfeld. Die neue Dimension des Heilens. Aquamarin Verlag, Grafing 2016, S. 89, 139.
21. Imhof, Beat: Warum und wozu sind wir auf der Erde? Eine Antwort auf die Frage nach dem Lebenssinn. Aquamarin Verlag, Grafing, 2015, S. 322-330.
22. Imhof, Beat: Gedanken schaffen Tatsachen. Zur Psychologie des positiven Denkens. Rothus Verlag, Solothurn 1997, S. 155, 168.
23. Coué, Emil: Selbstbemeisterung durch bewusste Autosuggestion. Schwabe Verlag, Basel 1972, S. 33.
24. Wallimann, Silvia: Umpolung. Vom Materiellen zum Geistigen. Hermann Bauer Verlag, Freiburg i. Br. 1988, S. 9.
25. Virtue, Doreen: Die sieben Gesetze des Lebens. KOHA-Verlag, Burgrain, 5. Aufl., 2013, S. 120.
26. Lechner-Knecht, Sigrit: RaumZeit. Kreuzfahrt ins Zwischenreich. Zytglogge Verlag, Gümlingen 1986, S. 239.
27. Frankl, Viktor: Logotherapie und Existenzanalyse. Piper Verlag, Zürich, München 1987, S. 236.
28. Dethlefsen, Thorwald: Das Erlebnis der Wiedergeburt. C. Bertelsmann Verlag, München 1976, S. 272.
29. Nichols, Sallie: Die Psychologie des Tarot. Tarot als Weg der Selbsterkenntnis nach der Archentypenlehre von C. G. Jung. Ansata Verlag, Interlaken 1984, S. 275-287.
30. Imhof, Beat: Wege nach Innen. Bd. 1 von „Wahrheit und Weisheit", Symbolgeschichten. Rothus Verlag, Solothurn 2006, S. 33-34.
31. Wehr, Gerhard: C. G. Jung in seinen letzten Lebensjahren. In: Selbsterfahrung durch C. G. Jung. Pattloch Verlag, Augsburg 1993, S. 8.
32. Arrowsmith, William (Hrsg.): Wir sind ein Teil der Erde. Die Rede des Häuptlings Seattle vor dem Präsidenten der Vereinigten Staaten von Amerika im Jahr 1855. Walter Verlag, Olten 1982, S. 37 ff.

KAPITEL4

1. Helmrich, Hermann: Kybalion. Eine Studie über hermetische Philosophie. Arkana Verlag, Heidelberg, 2. Aufl., 1990, S. 24.
2. Virtue, Doreen: Wie oben, so unten. Das Kybalion. KOHA-Verlag. Burgrain, 5. Aufl. 2013, S. 42.
3. Mayer, Emeran: Das zweite Gehirn. Wie der Darm unsere Stimmung, unsere Entscheidungen und unser Wohlbefinden beeinflusst. Riva Verlag, München 2016, S. 21.
4. Goleman, Daniel: EQ – Emotionale Intelligenz. Hanser Verlag, München 1996, 32 ff.
5. Schult, Arthur: Astrosophie. Kosmische Signaturlehre des Menschenbildes. Turm Verlag, Bietigheim, 2. Aufl. 3 Bände, 1994.
6. Hamann, Brigitte: Die zwölf Archetypen. Tierkreis und Persönlichkeitsstruktur. Droemersche Verlagsanstalt, München 1991, S. 41-421.
7. Willfort, Richard: Gesundheit durch Heilkräuter. Rudolf Trauner Verlag, Linz, 16. Aufl. 1959, S. 21-24, 327.
8. Lyle, Jane: Körpersprache. Gondrom Verlag, Bindlach 1993, S. 6, 82.
9. Stettler, Susanne: Spiegel der Persönlichkeit. In: Coopzeitung, Nr. 12, 2018, S. 19-25.
10. Meili, Richard: Lehrbuch der psychologischen Diagnostik. Verlag Hans Huber, Bern, Stuttgart, 3. Aufl., S. 186-189, 193.
11. Helmrich, Hermann: Kybalion. Eine Studie über die hermetische Philosophie. Arkana Verlag, Heidelberg 1980, S. 33.
12. Wilhelm, Richard (Hrsg.): Laotse. Tao te king. Das Buch vom Sinn und Leben. Heinrich Hugendubel Verlag, Kreuzlingen, 2. Aufl. 2000, S. 63.
13. Schmidt, Karl Otto: Stern unter Sternen. Eine Wegleitung zu kosmischem Denken. G. E. Schroeder-Verlag. Kleinjörl bei Flensburg, 2. Aufl. 1976, S. 219.
14. Jung, Carl Gustav: Die Dynamik des Unbewussten. Walter Verlag, Olten, Freiburg i. Br., Bd. 8, 1971, S. 285.
15. Schmidt, Karl Otto: Stern unter Sternen. Eine Wanderung durch die Wunder des Weltalls. G. E. Schroeder Verlag, Kleinjörl bei Flensburg, 2. Aufl. 1976, S. 218.
16. D'Adamo, Peter: Blutgruppen und Charakter. Piper Verlag, München, Zürich 1999, S. 69 ff.
17. Stankovic, Petar: Medicina Divina. Drei Eichen Verlag, München, Engelberg 1972, S. 291.
18. Muchenberger, Denise: Augen täuschen nicht. Irisdiagnostik. In: Drogistenstern Juni/Juli 2017, S. 6-7.
19. Wolff, Hellmut: Gib deine Hand. Die Sprache der Handausdrucksformen. Eser Verlag, Markt Rettenbach 1975, S. 25-26, 55.
20. Hürlimann, Gertrud: Handlesen. A. T. Verlag, Aarau 2001.
21. Bernau, Lutz: Schmerzfrei durch Akupressur. Ehrenwirth Verlag, München 1975, S. 7, 11.
22. Hempen, Carl-Hermann: Atlas der Akupunktur. Deutscher Taschenbuch Verlag, München, 5. Aufl. 2001.

23. Von Glasenapp, Helmuth: Die fünf Weltreligionen. H. Hugendubel Verlag, München, Kreuzlingen 2005, S. 142.
24. Mariel, Pierre: Die wahren Söhne des Lichtes. Origo Verlag, Zürich 1963, S. 63.
25. Risi, Armin: Gott und die Götter. Das Mysterium der vedischen Hochkultur. Govinda Verlag, Zürich, 6. Aufl. 2007, S. 211.
26. Sdanti, Bruno: Leonardo da Vinci. Gondrom Verlag, Bayreuth 1976, S. 33.
27. Fährmann, Johannes: Großer Theosophischer Katechismus. Schatzkammer Verlag, München, Bd. II, 1954, 5. Teil, S. 8.
28. Waggerl, Karl Heinrich: Alles Wahre ist einfach. Otto Müller Verlag, Salzburg, 2. Aufl. 1979, S. 31.

KAPITEL 5

1. Helmrich, Hermann: Kybalion. Eine Studie über die hermetische Philosophie. Arkana Verlag, Heidelberg 1980, S. 32.
2. Von Glasenapp, Helmuth: Die fünf Weltreligionen. Heinrich Hugendubel Verlag, München, Kreuzlingen 2005, S. 9 ff.
3. Genz, Henning: Die Entdeckung des Nichts. Leere und Fülle. Weltbild Verlag, Augsburg 1997, S. 80.
4. Büchmann, Georg: Geflügelte Worte. Ullstein Verlag, Frankfurt a. M., Berlin, Wien, 33. Aufl. 1981, S. 273.
5. Nestle, Wilhelm: Platon. Hauptwerke. Alfred Kröner Verlag, Stuttgart 1965, S. 69 ff.
6. Störing, Hans Joachim: Die vier Gründe des Seins. In: Kleine Weltgeschichte der Philosophie. Buchclub Ex Libris Zürich, Zürich 2. Aufl., 1961, S. 121.
7. Schank, Stefan: Rainer Maria Rilke in der Schweiz. Eulen Verlag, Freiburg i. Br. 2000, S. 8.
8. Imhof, Beat: Erfolg ist lernbar. Bd. 2: Psychodynamik. Rothus Verlag, Solothurn 2002, S. 122-127.
9. Breuer, Reinhard: Der Flügelschlag des Schmetterlings. Deutsche Verlagsanstalt, Stuttgart 1993, S. 25 f.
10. Kälin, Bernard: Logik und Metaphysik. Lehrbuch der Philosophie. Selbstverlag des Benediktinerkollegiums, Sarnen, 3. Aufl., 1940, S. 126.
11. Dalliard, Alfred: Lexikon der Geistchristlichen Lehre. Verlag PH. C. W. Schmidt, Neustadt /Aisch, 2. Aufl. 2016, S. 243.
12. Tagore, Rabindranath: Der Yoga des integralen Wissens. In: Integraler Yoga, Heft 1, 1969, S. 77.
13. Bäzner, Erhard: Das Rätsel des Lebens und das Geheimnis des Todes. Aquamarin Verlag, Grafing, 3. Aufl., 2007, S. 24.
14. Schmidt, Karl Otto: Neue Lebensschule. O. Reichl Verlag, St. Goar, 3. Bd., 1989, S. 119.
15. Waggerl, Karl Heinrich: Die Kunst des Müßiggangs. Arche Verlag, Zürich 1959, S. 36.
16. Seifert, Angela und Theodor: So ein Zufall. Herder Verlag, Freiburg i. Br. 2001.
17. Atkinson, William K.. Das Original Kybalion. Aurinia Verlag, Hamburg 2015, S. 105.

18. Schopenhauer, Arthur: Über die anscheinende Absichtslosigkeit im Schicksal des Einzelnen. Insel Verlag, Leipzig, Ges. W. Bd. 4, o. J., S. 258.
19. Imhof, Beat: Erfolg ist lernbar. Bd. 2: Psychodynamik. Rothus Verlag, Solothurn 2002, S. 26-28.
20. Nuber, Ursula: Gottes Werk oder Zufalls Beitrag. In: Psychologie Heute, Nr. 6, 2001, S. 27.
21. Fricker, François: Wahrscheinlich unwahrscheinlich. In: Die Weltwoche, Nr. 36, 2017, S. 63.
22. Koestler, Arthur: Die Wurzeln des Zufalls. Scherz Verlag, Bern, München, Wien, 4. Aufl. 1972, S. 115 ff.
23. Michel, Katarina und Peter: „Es gibt keinen Zufall“. In: Das universelle Heilungsfeld. Die neue Dimension des Heilens. Aquamarin Verlag, Grafing 2016, S. 22-24.
24. Gates, Bill: Der Weg nach vorn. Die Zukunft der Informationsgesellschaft. Verlag Hoffmann und Campe, Hamburg 1997, S. 39-41.
25. Fährmann, Johannes: Großer Theosophischer Katechismus. VI. Teil: Karma, das Gesetz der absoluten Gerechtigkeit im Weltgeschehen und im Menschenleben. Schatzkammer Verlag, Calw/Württ. 1954, Bd. II, S. 11.
26. Andreas, Peter: Jenseits von Einstein. Econ Verlag, Düsseldorf, Wien 1978, S. 7-8.
27. Von Scholz, Wilhelm: Der Zufall und das Schicksal. Herder Verlag, Freiburg i.Br. 1984, S. 98.
28. Jung, Carl Gustav: Synchronizität als ein Prinzip akausaler Zusammenhänge. In: Die Dynamik des Unbewussten. Walter Verlag, Olten, Freiburg i. Br., Ges. W. Bd. 8, 1971, S. 479, 511-514, 585.
29. Schock, Rudolf: „Ach, ich hab in meinem Herzen“ Verlag F. A. Herbig, München, Berlin 1986, S. 76.
30. Mackey, Chris: Synchronizität. Der verborgene Sinn des Zufalls. Crotona Verlag, Amerang 2016, S. 299.
31. Nuber, Ursula: Gottes Werk oder Zufall? In: Psychologie Heute, Nr. 6, 2001, S. 26.
32. Addeyn John: Astrological twins. In: Astrological journal, Nr. 9, 1967, S. 14-29.
33. Fricker, François: Unwahrscheinlich wahrscheinlich. In: Die Weltwoche Nr. 36, 2017, S. 63.
34. Imhof, Beat: Warum und wozu sind wir auf der Erde? Aquamarin Verlag, Grafing 2015, S. 381.
35. Jaffé, Aniela: Erinnerungen, Träume, Gedanken von C. G. Jung. Rascher Verlag, Zürich 1963, S. 159-160.
36. Mardorf, Elisabeth: Das kann doch kein Zufall sein. Kösel Verlag, München, 6. Aufl. 2001, S. 139.
37. Schweitzer, Albert: Aus meiner Kindheit und Jugendzeit. C. H. Beck Verlag, München 1991, S. 21.
38. Kammerer, Paul: Das Gesetz der Serie. Eine Lehre von der Wiederholung im Lebens- und Weltgeschehen. Stuttgart, Berlin 1919.
39. Berg, Viktor: Die rätselhaften Zufälle. Über Synchronizität, Serialität, Koinzidenz. Hutter Verlag, Wickede 1983, S. 32 ff.
40. Hopecke, Robert: Zufälle gibt es nicht. Deutscher Taschenbuch Verlag, München 1999, S. 36.

41. Tepperwein, Kurt: Die geistigen Gesetze. Goldmann Verlag, München, 21. Aufl. 2002, S. 189-190.
42. Escher, Claudia: Besondere Merkmale des letzten Jahrhunderts. In: Welt der Esoterik. Nr. 3, 2012, S. 65-67.
43. Serrano, Miguel: Meine Begegnungen mit C. G. Jung und Hermann Hesse in visionärer Schau. Rascher Verlag, Zürich, Stuttgart 1968, S. 139.
44. Watson, Lyall: Das Geheime Leben der Dinge. Crotona Verlag, Amerang 2015, S. 185 ff.
45. Keller, Hans: Was gestern noch als Wunder galt. Die Entdeckung geheimnisvoller Kräfte des Menschen. Droemer Knaur Verlag, München, Zürich 1973, S. 336.
46. Velikovsky, Immanuel: Welten im Zusammenstoß. Umschau Verlag, Frankfurt a.M., 3. Aufl. 2012, S. 65, 68 f, 181, 238 f.
47. Baker, Douglas: Materialisationsphänomene. In: Wendezeit, Nr. 3, 2011, S. 20-21.
48. Passian, Rudolf: Neues Licht auf alte Wunder. G. E. Schroeder Verlag, Kleinjörl bei Flensburg 1982, S. 9, 233.
49. Steiner, Rudolf: Das Christentum als mystische Tatsache. Rudolf Steiner Verlag, Dornach, 8. Aufl. 1959, S. 114.
50. Kollmann, Bernd: Wunder. In: Lexikon Theologie. Philipp Reclam Verlag, Stuttgart, 2. Aufl. 2007, S. 341 f.
51. Küng, Hans: Der Anfang aller Dinge. Naturwissenschaft und Religion. Piper Verlag, München, Zürich, 2. Aufl. 2005, S. 170-172.
52. Bultmann, Rudolf: Die Frage des Wunders. In: Glauben und Verstehen. Artemis Verlag, Zürich, München, 4. Aufl., 1961, S. 214-228.
53. Drewermann, Eugen: Tiefenpsychologie und Exegese. Wunder, Vision, Weissagung. Walter Verlag, Olten, Freiburg i. Br. Bd. II, 1985, S. 39-41, 43 ff, 229, 240.
54. Hoffert, John M.: Das Sonnenwunder von Fatima. Fischer Verlag, Frankfurt a.M., 2008, S.15
55. De Marchi, José: Fatima vom Anfang an. Verlag Misseos Consolata, Fatima 1999, S. 187-196.
56. Orthbandt, Eberhard: Geschichte der großen Denker. Verlag Werner Dausien, Hanau o. J., S. 239 f.
57. Hangartner, Li: Das Gerücht vom leeren Grab. In: Pfarrblatt der katholischen Kirche, Zug, Nr. 15/16, 2018, S. 2-4.
58. Dalliard, Alfred: Lexikon der Geistchristlichen Lehre. Verlag PH. C. W. Schmidt, Neustadt an der Aisch, 2010, S. 609.
59. Schamoni, Wilhelm: Auferweckungen vom Tode. Zwanzig Fälle aus Heiligsprechungsakten. Im Selbstverlag des Verfassers. Paderborn 1968, S. 13-109, 125.
60. Dastan, Lorraine und Park, Katharine: Wunder und die Ordnung der Natur. Eichhorn Verlag, Berlin 2003, S. 71 ff.
61. Mussard, Jean: Gott und der Zufall. Origo Verlag, Zürich, Bd. II, 1966, S. 60.
62. Rilke, Rainer Maria: Zweites Stundenbuch: Das Buch der Pilgerschaft. Sämtliche Werke. Insel Verlag, Frankfurt a. M., 1. Bd. 2. Aufl., 1970, S. 319-320.

KAPITEL 6

1. Atkinson, William W.: Kybalion. Die 7 kosmischen Gesetze. Aurinia Verlag, Hamburg 2014, S. 6.
2. Dahlke, Ruediger: Der Mensch und die Welt sind eins. Hugendubel Verlag, München 1987.
3. Wilhelm, Richard (Hrsg.): Die Lehren des Konfuzius. Verlag Zweitausendeins. Frankfurt a. M., Neuauflage 2008, S. 45.
4. Argüelles, José und Miriam: Das große Mandala-Buch. Aurum Verlag, Freiburg i. Br., 2. Aufl. 1978, S. 53 ff.
5. Wilhelm, Richard und Carl Gustav Jung: Das Geheimnis der Goldenen Blüte. Rascher Verlag, Zürich 1957, S. 28.
6. Jung, Carl Gustav: Über Mandalasymbolik. In: Die Archetypen und das kollektive Unbewusste. Walter Verlag, Olten, Freiburg i. Br., Ges. W. Bd. 9/I, 1976, S. 375, 407, 411-414.
7. Hoffman, Edward: Wir sind der Kosmos. Die Grundlagen eines neuen Welt- und Menschenbildes. Crotona Verlag, Amerang 2016, S. 63 f.
8. Waggerl, Heinrich: Alles Wahre ist einfach. Verlag Otto Müller, Salzburg, 2. Aufl. 1979, S. 55.
9. Korrodi, Eduard: Goethe im Gespäch. Manesse Verlag, Zürich 1944, S. 436-437.
10. Imhof, Beat: Menschliche und fachliche Voraussetzungen für den Lehrberuf. Ergebnisse einer Umfrage bei 1050 Lehrerinnen und Lehrern. Verlag E. Kalt-Zehnder, Zug 1961, S. 131 ff, 139-141.
11. Seelig, Carl: Albert Einstein. Eine dokumentarische Biographie. Europa Verlag. Zürich, Stuttgart, Wien 1954, S. 199.
12. Coué, Emil: Was ich sage. Schwabe Verlag, Basel 1977, S. 46.
13. Muller, Robert: Ich lernte zu leben. Dianus-Trikont Verlag, München 1985, S. 154-155.
14. Arrowsmith, William (Hrsg.): „Wir sind ein Teil der Erde“. Die Rede des Häuptlings Seattle vor dem Präsidenten der USA. Walter Verlag, Olten 1982, S. 26 ff.
15. Fox, Matthew und Sheldrake, Rupert: Engel. Die kosmische Intelligenz. Weltbild Verlag, Augsburg 2004, S. 248.
16. Berendt, Joachim: Nada Brahma. Die Welt ist Klang. Insel Verlag, Frankfurt a. M. 1984, S. 9.
17. Genz, Henning: Die Entdeckung des Nichts. Leere und Fülle im Universum. Weltbild Verlag, Augsburg 1997, S. 82-83.
18. Weischedel, Wilhelm: Über Philosophen. Deutscher Taschenbuch Verlag, München 1975, S. 72.
19. Dürr, Hans-Peter: Geist, Kosmos und Physik. Gedanken über die Einheit des Lebens. Crotona Verlag, Amerang, 8. Aufl 2014, S. 105.
20. Allmend, Peter: Die Heilerin. Worte können Engel sein. Aquamarin Verlag, Grafing, 2. Aufl. 2017, S. 43.
21. Eng, Hans: Kinderzeichnungen vom ersten Strich bis zu den Farbzeichnungen der Achtjährigen. In: Zeitschrift für angewandte Psychologie, Leipzig 1929, Nr. 1, S. 21.
22. Heisenberg, Werner: Der Teil und das Ganze. Gespräche im Umkreis der Atomphysik. Piper Verlag, München, Zürich, 11. Aufl., 2015, S. 181, 277.

23. Orr, Gabriele: Lass Wunder geschehen. Ansata Verlag, München, 2. Aufl., 2017, S. 60.
24. D'Adamo, Peter und Whitney, Catherine: 4 Blutgruppen – vier Strategien für ein gesundes Leben. Piper Verlag, München, Zürich, 2. Aufl., 1996, S. 36.
25. Sheldrake, Rupert: Der Wissenschaftswahn. Verlag O. W. Barth, München 2012, S. 74.
26. De Vries, Marja: Nur der ganze Elefant ist die Wahrheit. Crotona Verlag, Amerang 2014, S. 11.
27. Niemz, Markholf: Bin ich, wenn ich nicht mehr bin. Kreuz Verlag, Freiburg i. Br. 3. Aufl. 2012, S. 168.
28. Pascal, Blaise: Gedanken. Verlag Philipp Reclam, Stuttgart 1980, S. 35.
29. Hawking, Stephen: Das Universum in der Nussschale. Verlag Hoffman & Campe, Hamburg 2001.
30. Laszlo, Erwin: Holos. Die Welt der neuen Wissenschaft. Verlag Via Nova, Petersberg 2002, S. 7, 84.
31. Schmidt, Karl Otto: Kinder des Kosmos. Drei Eichen Verlag, München 1969, S 12.
32. Marti, Lorenz: Eine Handvoll Sternenstaub. Kreuz Verlag, Stuttgart 2013, S. 166.
33. Haisch, Bernard: Die verborgene Intelligenz im Universum. Crotona Verlag, Amerang 2015, S. 30.
34. Cannato, Judy: Im Anfang war das Feld. Crotona Verlag, Amerang 2015, S. 54.
35. Berman, Philipp: Wir sind nicht getrennt vom Himmel. Crotona Verlag, Amerang 2012, S. 52, 219.
36. Mac Gregor, Don: Wissenschaft und Transzendenz. Zwei Sichtweisen – eine Welt. Crotona Verlag, Amerang 2014, S. 176.
37. Atkinson, William: Die verlorenen Manuskripte. Kybalion 4. Das Vermächtnis des Meisters. Aurinia Verlag, Hamburg 2014, S. 17, 21.
38. Nestle, Wilhelm (Hrsg.): Platon. Hauptwerke. Timaios. Alfred Kröner Verlag, Stuttgart 1965, S. 275 ff.
39. Teilhard de Chardin: Die menschliche Energie. Walter Verlag, Olten, Freiburg i. Br. 1966, S. 104.
40. De Vries, Marja: Nur der ganze Elefant ist die Wahrheit. Crotona Verlag, Amerang 2014, S. 57.
41. Jaffé, Aniela: Erinnerungen, Träume, Gedanken von C. G. Jung. Rascher Verlag, Zürich 1963, S. 356.
42. Marx, Helma: Das Buch der Mythen aller Zeiten aller Völker. Styria Verlag, Graz, Wien, Köln 1999, S. 327.
43. Haisch, Bernard: Die verborgene Intelligenz im Universum. Crotona Verlag, Amerang 2015, S. 21.
44. Weinberg, Stephen: Die ersten drei Minuten. Piper Verlag, München, Zürich 1992, S. 54.
45. Dossey, Larry: One Mind. Alles ist mit allem verbunden. Crotona Verlag, Amerang 2014.
46. Jung, Carl Gustav: Zwei Schriften über Analytische Psychologie. Walter Verlag, Olten, Freiburg i. Br., Ges. W. Bd. 7, 2. Aufl. 1974, S. 77.

47. Campbell, H. J.: Der Irrtum mit der Seele. Scherz Verlag. Bern, München, Wien 1966, S. 180.
48. Mohler, Nicola: Unsichtbar und unfassbar. Dossier „Seele". In: Reformiert Nr. 11, 2017, S. 5-7.
49. Ferris, Timothy: Kinder der Milchstraße. Die Entwicklung des modernen Weltbildes. Birkhäuser Verlag, Basel 2014.
50. Poppelbaum, Hermann Schicksalsrätsel. Verkörperung und Wiederverkörperung. Verlag Freies Geistesleben, Stutttgart 1946, S. 27.
51. Goethe, Johann Wolfgang: Wilhelm Meisters Lehrjahre. In: Romane und Erzählungen. Berliner Ausgabe. Hrsg. Von der Freizeit Bibliothek, Edition Service, Genf, o. J., S. 104.
52. Beltz, Walter: Die Mythen der Ägypter. Claassen Verlag, Düsseldorf 1982, S.70-73.
53. Marx, Helma: Das Buch der Mythen. Styria Verlag. Graz, Wien, Köln 1999, S. 389, 439.
54. Beltz, Walter: Die Mythen der Ägypter. Claassen Verlag, Düsseldorf 1982, S. 18 f, 62 f.
55. Mertz, Bernd A.: Karma im Tarot. Ansata Verlag, Interlaken 1988, S. 47-50.
56. Genz, Henning: Die Entdeckung des Nichts. Leere und Fülle im Universum. Weltbild Verlag, Augsburg 1997, S. 91.
57. Weischedel, Wilhelm: Über Philosophen. Deutscher Taschenbuch Verlag, München 1975, S. 96.
58. Dossey, Larry: One Mind. Alles ist mit allem verbunden. Crotona Verlag, Amerang 2014, S. 135.
59. Kesten, Hermann: Copernicus und seine Welt. Verlag Kurt Desch, Wien, München, Basel 1948, S. 9 ff.
60. Waldmeier, Max: Sterne und Weltall. Verlag Hallwag. Bern und Stuttgart 1967, S. 61-66.
61. Vonarburg, Barbara: Auf der Suche nach den Außerirdischen. In: Schweizer Familie Nr. 41, 2016, S. 21-29.
62. Rees, Martin: Vor dem Anfang. Eine Geschichte des Universums. Fischer Taschenbuch Verlag, Frankfurt a. M., 2. Aufl. 2001, S. 15-17.
63. Haas, Rüdiger: Die Korrektur. Stephen Hawking korrigiert sein Modell vom Urknall. In: Bild der Wissenschaft, Nr. 7, 2008, S. 48-49.
64. Hoffman, Edward: Wir sind der Kosmos. Die Grundlage eines neuen Welt- und Menschenbildes. Crotona Verlag. Amerang 2016, S. 63 f.
65. Laszlo, Erwin: Holos. Die Welt der neuen Wissenschaften. Verlag Via Nova, Petersberg 2002, S. 7.
66. Peake, Anthony: Tore zum kosmischen Bewusstsein. Wege zu einer neuen Erfahrung der Wirklichkeit. Crotona Verlag, Amerang 2017, S. 224.
67. Hawking, Stephen und Mlodinow, Leonard: Der große Entwurf. Eine neue Erklärung des Universums. Rowohlt Verlag, Reinbek bei Hamburg, 3. Aufl. 2010, S. 163.
68. Eddington, Arthur Stanley: Die Wissenschaft und das Unsichtbare. Die Grundlagen eines neuen Denkens. Crotona Verlag, Amerang 2015, S. 37, 45, 76.
69. Dürr, Hans-Peter: Geist, Kosmos und Physik. Gedanken über die Einheit des Lebens. Crotona Verlag, Amerang, 8. Aufl., 2014, S. 7, 45.

70. Korruhn, Wolfgang (Hrsg.): Worauf es ankommt. Schallplatte mit historischen Originalaufnahmen. Stimmen großer Männer zur Humanität. Verlag Ex Libris Zürich, Zürich 1968, S. l.
71. Matt, Daniel C.: Der Urknall. Der Geist hinter der Schöpfung. Crotona Verlag, Amerang 2015, S. 89.
72. Schäfer, Lothar: Versteckte Wirklichkeit. Wie uns die Quantenphysik zur Transzendenz führt. Hirzel Verlag, Stuttgart, Leipzig 2004, S. 65.

Teil II

KAPITEL 7

1. Haeckel, Ernst: Die Welträtsel. Verlag Emil Strauß, Bonn, 2. Aufl. 1960, S.121, 309f.
2. Matt, Daniel C.: Der Urknall. Crotona Verlag, Amerang 2015, S. 17.
3. Waldmeier, Max: Sterne und Weltall. Hallwag Verlag, Bern, Stuttgart 1967, S. 209.
4. Genz, Henning: Die Entdeckung des Nichts. Leere und Fülle im Universum. Weltbild Verlag, Augsburg 1997, S. 50 f.
5. Hawking, Stephen und Mlodinow, Leonard: Der große Entwurf. Eine neue Erklärung des Universums. Rowohlt Verlag, Reinbek bei Hamburg, 3. Aufl., 2010, S. 163-164.
6. Rees, Martin: Vor dem Anfang. Eine Geschichte des Universums. Fischer Taschenbuch Verlag. Frankfurt a. M., 2. Aufl., 2001.
7. Laszlo, Erwin: Holos. Die Welt der neuen Wissenschaft. Verlag Via Nova, Petersberg 2002, S. 84 f.
8. Rilke, Rainer Maria: Das Stunden-Buch vom mönchischen Leben. Insel Verlag, Frankfurt a. M., Bd. 1, 1955, S. 268.
9. Von Ditfurth, Hoimar: Am Anfang war der Wasserstoff. Hoffmann und Campe Verlag, Hamburg 1972.
10. Seiling, Max: Goethe als Esoteriker. Verlag „Die Silberschnur", Neuwied 1988, S. 27.
11. Spichtig, Antoinette: Die bangen Minuten von Kurt Feldmann. In: Vaterland Nr. 248, 1986, S. 42.
12. Bröning, Wulf: Die Kraft der Gedanken. Wie unsere Hirnströme Maschinen steuern. In: Peter Mossleitners Magazin (P.M.), Nr. 11, 2001, S. 58-63.
13. Imhof, Beat: Wege zum Glück. Symbolgeschichten. Rothus Verlag, Solothurn, Bd. II, 3. Aufl. 2006, S. 25-26.
14. Lipton, Bruce: Intelligente Zellen. KOHA-Verlag, Burgrain, 13. Aufl. 2014, S. 98.
15. Leland, Kurt: Das Chakra-System. Der Schlüssel zum Verständnis des Menschen. Aquamarin Verlag, Grafing 2016.
16. Jung, Carl Gustav: Über die Energetik der Seele. In: Die Dynamik der Seele. Walter Verlag, Olten, Freiburg i. Br., Bd. 8, 1971, S. 18.
17. Sherman, Harold. Außersinnliche Kräfte. Verlag Hermann Bauer, Freiburg i. Br., 1966, S. 18 ff.
18. Keller, Werner: Was gestern noch als Wunder galt. Buchclub Ex Libris Zürich, Zürich 1974, S. 330, 362-363.

19. Sommer, Andreas: Botschaften zwischen Mond und Erde. In: Wegbegleiter, Nr.5, 1998, S. 203.
20. Rhine, J. B.: Die Reichweite des menschlichen Geistes. Deutsche Verlagsanstalt, Stuttgart 1950, S. 25.
21. Capra, Fridjof: Der kosmische Reigen. Scherz Verlag, Bern, München, Wien 1977, S. 7.
22. Schwerin, Hans Edo: Kybalion. Eine Studie über die hermetische Philosophie des alten Ägyptens und Griechenlands. Arkana Verlag. Heidelberg 1980, S. 25.
23. Lao Tse: Tao Te King. Hrsg. von W. Y. Tonn. Manesse Verlag, Zürich 1959, S. 144, 152, 156.
24. Bieri, Lydia: Wellen aus den Tiefen des Universums. In: Luzerner Zeitung vom 11. 3. 2018, S. 24.
25. Cannato, Judy: Im Anfang war das Feld. Crotona Verlag, Amerang 2015, S. 162.
26. Baumann, Katharina: Krank durch Elektrosmog. In: Gesundheitstipp. Das unabhängige Gesundheitsmagazin, Nr. 4, 2018, S. 16-18.
27. Möller, Wolfgang: Elektromagnetische Felder. Tückische Gefahr oder Heilmittel der Zukunft. In: Psychologie Heute. Nr. 10, 1992, S. 62..
28. Oetinger, Manuela: Die Aura. Die Energiefelder des Menschen. Aquamarin Verlag, Grafing 2001, S. 37 ff.
29. Koechlin, Florianne: Zellgeflüster. Lenos-Verlag, Basel 2010.
30. Schildhouse, Debra: Bio-Touch. Die heilende Kraft der Fingerspitzen. Aquamarin Verlag, Grafing 2017.
31. Flemming, Beatrice: Das theosophische Weltbild. F. Hirthammer Verlag, München 1976, Bd. 2, S. 25-39.
32. Bürki, Hans-Martin: Leitende Kraft. In: Schweizer Familie, Nr 22, 2016, S. 28.
33. Besant, Annie: Gedankenkraft. Aquamarin Verlag, Grafing, 2008, S. 46 f.
34. Nuber, Ursula: Perfektionismus. Wie Sie Ihre Ziele garantiert nicht erreichen. In: Psychologie Heute, Compact-Heft Nr. 5, 2000, S. 82 f..
35. Govinda, Anagarika: Der Weg der weißen Wolken. Erlebnisse eines buddhistischen Pilgers in Tibet. Aquamarin Verlag, Grafing 2013.
36. Merz, Blanche: Orte der Kraft. Wenig bekannte kosmo-terrestrische Energien. Verlag des „Institut de Recherches en Géobiologie“, Chardonne 1989, S. 12 ff.
37. Markides, Kyriacos C.: Der Berg des Schweigens. Aquamarin Verlag, Grafing 2015, S. 355.
38. Möller, Wolfgang: Elektromagnetische Felder. Tückische Gefahren oder Heilmittel. In: Psychologie Heute. Nr. 10, 1992, S. 62 f.
39. Marti, Lorenz: Der innere Kompass, Herder Verlag, Freiburg, Basel, Wien 2017, S. 16 f..
40. Sheldrake, Rupert: Das Gedächtnis der Natur. Das Geheimnis der Entstehung der Formen in der Natur. Scherz Verlag. Bern, München, Wien, 2. Aufl. 2011, S. 9-25.
41. Precht, Richard David: Tiere denken. Vom Recht der Tiere und den Grenzen des Menschen. W. Goldmann Verlag, München, 2. Aufl. 2016, S. 86.
42. Von Jankovich, Stephan: Die energetische Struktur des Menschen. Drei Eichen Verlag, Ergolding 1990, S. 41 f.

43. Van Gelder, Kirsten und Chesley, Frank: Mit den inneren Augen schauen. Aquamarin Verlag, Grafing 2016, S. 115, 121-126.
44. Hickok, Gregory: Warum wir verstehen, was andere fühlen. Carl Hanser Verlag, München 2015.
45. Cannato, Judy: Im Anfang war das Feld. Über die schöpferische Kraft des Lebens. Crotona Verlag, Amerang, 2015, S. 191 f.
46. Jaffé, Aniela: Erinnerungen, Träume, Gedanken von C. G. Jung. Rascher Verlag, Zürich 1962, S. 325.
47. Bharucha, Ruzbeh N.: Der Fakir. Mein Leben mit einem Meister. Aquamarin Verlag, Grafing, 3. Aufl. 2013, S. 58.
48. Sheldrake, Rupert: Das schöpferische Universum. C. Bertelsmann Verlag, München 1983, S. 31.
49. Lindau, Paul: Die okkulte Quelle dichterischer Schöpfungen. In: Psyche, Nr. 4, 1914, S. 38-39.
50. Michel, Katarina und Peter: Das universelle Heilungsfeld. Die neue Dimension des Heilens. Aquamarin Verlag, Grafing 2016, S. 135.
51. MacGegor, Don: Wissenschaft und Transzendenz. Zwei Sichtweisen – eine Welt. Crotona Verlag, Amerang 2014, S. 176.
52. Imhof, Beat: Wahrheit und Weisheit. Symbolgeschichten. Bd. III, Wege zur Wahrheit. Rothus Verlag, Solothurn, 3. Aufl., 2006, S. 49.
53. Imhof, Beat: Woher wir komnen, wohin wir gehen. Der Himmel ist unsere Heimat. Aquamarin Verlag. Grafing, 2. Aufl. 2017, S. 11.
54. Jung, Carl Gustav: Freud und die Psychoanalyse. Walter Verlag. Olten, Freiburg i. Br. Bd. 4. 1971, S. 381.
55. Laszlo, Ervin: Der Akasha-Code. Wie das kosmische Bewusstseinsfeld des Universums uns beeinflusst. Verlag Via Nova, Petersberg 2010.
56. Besant, Annie: Avatare. Die großen Lehrer der Menschheit. Aquamarin Verlag, Grafing 2018, S. 61 ff.

KAPITEL 8

1. Atkinson, William W.: Kybalion. Die 7 hermetischen Gesetze. Das Vermächtnis des Meisters. Aurinia Verlag, Hamburg 2015, S. 32.
2. Rüegg, Walter: Natur und Bestimmung des Menschen. Texte aus der Antike. Buchclub Ex Libris Zürich, Zürich 1964, S. 651.
3. Precht, Richard David: Erkenne die Welt. Eine Geschichte der Philosophie. W. Goldmann Verlag, München, Bd. 1, 3. Aufl., 2015, S. 21-29.
4. Egli, Hans: Das Schlangensysmbol. Geschichte, Märchen, Mythos. Walter Verlag, Olten, Freiburg i. Br. 1982, S. 36 ff.
5. Dethlefsen, Thorwald: Vom Blei zum Gold. Alchemie als Weg zur Persönlichkeitsentfaltung. Aurinia Verlag, Hamburg, 2. Aufl., 2017, S. 44.
6. Mariel, Pierre: Die wahren Söhne des Lichtes. Zeugnis eines Hochgrad-Freimaurers. Origo Verlag, Zürich 1963, S. 69.
7. Jung, Carl Gustav: Psychologie und Alchemie. Walter Verlag, Olten, Freiburg i. Br., Ges. W. Bd. 12, 1972, S. 17, 172.
8. Jung, Carl Gustav: Symbole der Wandlung. Walter Verlag, Olten, Freiburg i. Br. Ges. W. Bd. 5, 1973, S. 132.
9. Precht, Richard David: Erkenne die Welt. Eine Geschichte der Philosophie. W. Goldmann Verlag, München, 3. Aufl., 2015, S. 371.

10. Wilhelm, Richard: Das Buch der Wandlungen. Eugen Diederichs Verlag, München 1905, S. 67.
11. Jung, Carl Gustav: Zur Psychologie westlicher und östlicher Religion. Walter Verlag, Olten, Freiburg i. Br., Bd. 11, 2. Aufl. 1973, S. 634.
12. Jung, Carl Gustav: Die Archetypen und das Unbewusste. Walter Verlag, Olten, Freiburg i. Br. Ges. W., Bd 9/1, 1976, S. 129.
13. Brüderlin, Ruth: Freundschaften, welche die Welt veränderten. In: Migros-Magazin, Nr. 25, 2013, S. 106.
14. Grof, Stanislav: Das Abenteuer der Selbstentdeckung. Kösel Verlag, München 1987, S. 37 ff.
15. Sundari, M.: Weltreform durch Selbstreform. Humata Verlag, Bern 1983, S. 9.
16. Dürckheim, Karlfried: Erlebnis der Wandlung. Scherz Verlag, Bern, München, Wien 1978, S. 82.
17. Besant, Annie: Avatare. Die großen Meister der Menschheit. Aquamarin Verlag, Grafing 2018, S. 29 ff.
18. Risi, Armin: Machtwechsel auf der Erde. Die Pläne der Mächtigen, globale Entscheidungen und die Wendezeit. W. Heyne Verlag, München , 4. Aufl., 2007, 517 ff.
19. Dahlke, Ruediger: Von der großen Verwandlung. Goldmann Verlag, München 2013, S. 67.
20. Hoerner, Wilhelm: Zeit und Rhythmus. Die Ordnungsgesetze der Erde und des Menschen. Verlag Urachhaus, Berlin, Frankfurt a. M., Wien 1978. S. 112, 127, 230 f.
21. George, Leonard: Der Rhythmus des Kosmos. Rowohlt Verlag, Reinbeck bei Hamburg 1986, S. 37 ff.
22. App, Rolf: Im Rhythmus des Mondes. In: Luzerner Zeitung vom 19. 8. 2018, S. 32.
23. Wassermann, Vivien: Medikament Musik. Heilen mit Rhythmen und Melodien. In: Vista. Gesundheits-Magazin Nr. 8, 2016, S. 36-37.
24. Watson, Lyall: Das geheime Leben der Dinge. Crotona Verlag, Amerang 2015, S. 52.
25. App, Rolf: Der inneren Uhr auf der Spur. In: Luzerner Zeitung vom 3. Oktober 2017, S. 14.
26. Zulley, Jürgen und Knab, Barbara: Unsere innere Uhr. Natürliche Rhythmen. Herder Verlag, Freiburg, Basel, Wien 2000, S. 38 ff, 86, 98.
27. Bertschi, Hans: Im Banne des Mondes. In: Brückenbauer vom 8. 4. 1987, S. 16-17.
28. Hofmann, Heini: Wir richten uns nach der inneren Uhr. In: Luzerner Zeitung vom 18.10.2017, S. 16.
29. Zulley, Jürgen und Knab, Barbara: Unsere innere Uhr. Herder Verlag Freiburg, Basel, Wien 2000, S. 11, 60-61.
30. Imhof, Beat: Erfolg ist lernbar. Bd. 1: Biodynamik. Rothus Verlag, Solothurn 2001, S. 80.
31. Czichos, Joachim: Frühaufsteher fühlen sich besser. In: Zentralschweiz am Sonntag vom 3. 2. 2019, S.29.
32. Jakubowitz, Roland: Die Organuhr. In: AGE Vita Nr. 52, 2018, S. 25.
33. Imhof, Beat: Erfolg ist lernbar. 2. Bd. Psychodynamik. Rothusverlag, Solothurn 2002, S. 108-113.

34. Rossi, Ernest: 20 Minuten Pause. Wie Sie seelischen und körperlichen Zusammenbruch verhindern können. Junfermann Verlag, Paderborn 1994, S. 30.
35. Petzet, Wigand H.: Das Bildnis des Dichters. Rainer Maria Rilke. Societas Verlag. Frankfurt a.M.1957, S. 85.
36. Bô Yin Râ: Das Buch vom Jenseits. Kober'sche Verlagsbuchhandlung, Basel, Leipzig 1929, S. 115.
37. Bott, Helga: Neue Erkenntnisse zum Biorhythmus. Falken Verlag, Niederhausen 1987, S. 8.
38. Ursinus, Lothar: Die Organuhr – leicht erklärt. Unseren Energiekreislauf verstehen und Erkrankungen erkennen. Schirner Verlag, Darmstadt 19. Aufl. 2017, S. 15 ff.
39. Huber, Bruno und Louise: Die Lebensuhr im Horoskop. Verlag des Astrologisch-psychologischen Instituts, Adliswil, 1990, S. 53 ff.
40. Specht, Harald: Der Jahwe-Code. Auf den Spuren der heiligen Zahl 72. Engelsdorfer Verlag, Leipzig 2011, S. 9 ff.
41. Besant, Annie: Eine Studie über das Bewusstsein. Aquamarin Verlag, Grafing 2004, S. 60-62.
42. Steiner, Rudolf: Der Lebenslauf des Menschen. In: Die Geheimwissenschaft im Umriss. Rudolf Steiner Verlag, Dornach 1977, S. 425
43. Döbereiner, Wolfgang: Der Wandel des Lebens im Tierkreis. Heyne Verlag, München 2006, S. 37 f.
44. Evans, Richard: Gespräche mit Jung. Buchclub Ex Libris Zürich, Zürich 1967, S. 51.
45. Kruse, Friedrich: Die Anfänge der individuellen Erfahrungsbildung. In: Graber, Hans: Vorgeburtliches Seelenleben. Goldmann Verlag, München 1973, S. 108.
46. Schorege, Hans-Dieter: Und alles hat wieder Sinn. Wege aus der Sinnkrise. Gütersloh 2010.
47. Perrig-Ciello, Pasqualina: In der Lebensmitte. Verlag Neue Zürcher Zeitung, Zürich 2007, S. 6 f.
48. Jung, Carl Gustav: Die Lebenswende. In: Dynamik des Unbewussten. Walter Verlag, Olten, Freiburg i. Br. Bd. 8, 1971, S. 454-455.
49. Waggerl, Karl Heinrich: Alles Wahre ist einfach. Otto Müller Verlag, Salzburg, 2. Aufl. 1979, S. 84.
50. Schneider, Johannes: Vom Sinn und Wert der Lebenskrisen. Verlag Goetheanum, Dornach 1998, S. 54.
51. Horn, Annette und Peter: „Ich lerne sehen": Zu Rilkes Lyrik. Athena Verlag, Oberhausen 2010, S. 27 ff.
52. Wehr, Gerhard: C. G. Jung und das Christentum. Walter Verlag. Olten, Freiburg i. Br. 1975, S. 170.
53. Fährmann, Johannes: Die Lehre von der periodischen Wiederkehr im Kosmos. Schatzkammer Verlag. Calw 1954. S. 19-20.
54. Selbie, Josef und Steinmetz, David: Die Yugas. Goldmann Verlag, München 2012, S. 25 ff.
55. Risi, Armin: Machtwechsel auf der Erde. Globale Entscheidungen und die Wendezeit. W. Heyne Verlag, München, 4. Aufl., 2007, S. 41-42.

56. Ruegg, Walter: Natur und Bestimmung des Menschen. Texte aus der Antike. Buchclub Ex Libris Zürich, Zürich 1964, S. 457.
57. Velikovsky, Immanuel: Welten im Zusammenstoß. Verlag Julia White, Döbeln, 3. Aufl. 2012, S. 140-150.
58. Waters, Frank: Das Buch der Hopi. Eugen Diederichs Verlag, 6. Aufl., München 1990, S. 19-38.
59. Orthband, Eberhard: Geschichte der großen Philosophen. Verlag Werner Dausien, Hanau o. J., S. 413.
60. Stolp, Hans und Van den Brink, Margarete: Zeitenwandel. Der große Umbruch. Die Zeichen der Veränderung. Aquamarin Verlag, Grafing 2011, S. 38-39.
61. Nestle, Wilhelm (Hrsg.): Platon. Hauptwerke. Timaios. Alfred Kröner Verlag, Stuttgart 1965, S. 32 f.
62. Gorrissen, Gisela: Astrosophie des Tierkreises und der Planeten. Der Mensch im Spannungsfeld zwischen Kosmos und Erde. Verlag Urachhaus, Stuttgart 2002, S. 18- 21.
63. Börner-Kray, Brunhild: Wassermann Zeitalter. Verlag Dem Wahren, Schönen und Guten. Baden-Baden 1986, S. 14-15.
64. Jordan, Gabriela: Forscher rufen neues Erdzeitalter aus. In: Luzerner Zeitung vom 26. 1. 2019, S. 7.
65. Rosenberg, Alfons: Durchbruch zur Zukunft. Der Mensch im Wassermann- Zeitalter. O. W. Barth Verlag, München-Planegg 1958, S. 8, 27.
66. Fidelsberger, Heinz: Astrologie 2000. Struktur einer Wissenschaft von morgen. Verlag Kremayeer & Scherian, Wien 1971, S. 159 f.

KAPITEL 9

1. Franckh, Pierre: Das Gesetz der Resonanz. KOHA-Verlag, Burgrain 2014, S. 12 f.
2. Stapleton, Michael und Servan, Elizabeth: Lexikon der griechischen und römischen Mythologie. Xenos Verlag, Hamburg 1978, S. 111.
3. Leonard, Georg: Der Pulsschlag des Universums. Scherz Verlag, Bern, München, Wien 1992, S. 25.
4. Seiler, Benjamin: Handys sind wie Heroin. In: ZeitenSchriften, Nr. 93, 2018, S. 2.
5. Heindel, Max: Die Weltanschauung der Rosenkreuzer. Verlag der Rosenkreuzer-Gemeinschaft, Zürich o.J, S. 123.
6. Sheldrake, Rupert: Der Wissenschaftswahn. O.W. Barth Verlag, München 2012, S. 137 f.
7. Larry, Dossey: One Mind. Alles ist mit allem verbunden. Crotona Verlag, Amerang 2014, S. 83-85.
8. Skuban, Ralph: Der Energiekörper. Aktivierung der feinstofflichen Kraftfelder. Aquamarin Verlag, Grafing 2014, S. 91, 107 ff
9. Hesse, Hermann: Siddhartha. Buchclub Ex Libris Zürich, Zürich 1950, S. 5.
10. Schildhouse, Debra: Bio-Touch. Die heilende Kraft der Fingerspitzen. Aquamarin Verlag, Grafing 2017.

11. Michel, Katarina und Peter: Das universelle Heilungsfeld. Aquamarin Verlag, Grafing 2016, S. 91 f, 139 f.
12. Moss, Richard: Der schwarze Schmetterling. Zu den Wurzeln wahrer Lebendigkeit. Ansata Verlag, Interlaken 1989, S. 190.
13. Szondi, Leopold: Schicksalsanalyse. Schwabe-Verlag, Basel, Stuttgart, 3. Aufl. 1965, S. 41.
14. Oetinger, Manuela: Die Aura. Die Energiefelder des Menschen. Aquamarin Verlag, Grafing 2001, S. 154.
15. Bharucha, Ruzbeh: Der Fakir. Mein Leben mit einem Meister. Aquamarin Verlag, Grafing 2007, S. 114.
16. McTaggart, Lynne. Mit Gedankenkraft die Welt verändern. E-Book, VAK-Verlag 2013, Pos. 1583, 1593.
17. Haas, Jana: Der Seelenplan. Was unser Schicksal bestimmt. Trinity Verlag, München, Berlin, 2. Aufl., 2014, S. 158-159.
18. Bharucha, Ruzbeh: Der Fakir. Mein Leben mit einem Meister. Aquamarin Verlag, Grafing 2007, S. 58.
19. Sheldrake, Rupert: Der Wissenschaftswahn. O. W. Barth Verlag, München 2012, S. 263.
20. Jackson, Laura: Das Licht zwischen uns. Botschaften von Verstorbenen, Antworten für unser Leben. Ansata Verlag, München 2016, S. 17.
21. Grams, Natalie: Homöopathie neu gedacht. Springer Verlag, Berlin 2015, S. 64 f.
22. Riedweg, Christoph: Pythagoras. Leben, Lehre, Nachwirkung. C. H. Beck Verlag, München, 2. Aufl. 2007, S. 87.
23. Rilke, Rainer Maria: Das Buch der Bilder. Sämtliche Werke. Bd. 1. Insel Verlag, Frankfurt a. M. 1955, S. 405-406.
24. Szondi, Leopold: Schicksalsanalyse. Wahl in Liebe, Beruf, Krankheit und Tod. Schwabe Verlag, Basel, Stuttgart, 3. Aufl., 1965, S. 132, 247, 260, 357.
25. Dossey, Larry: One Mind. Alles ist mit allem verbunden. Crotona Verlag, Amerang 2014, S. 199.
26. MacGregor, Don: Wissenschaft und Transzendenz. Crotona Verlag, Amerang 2014, S. 108.
27. Moser, Fanny: Das große Buch des Okkultismus. Walter Verlag, Olten 1974, S. 356 ff.
28. Cannato, Judy: Im Anfang war das Feld. Crotona Verlag, Amerang 2015, S. 203.
29. Krell, David und Bates, Donald: Nietzsche. Der gute Europäer. Knesebeck Verlag. München 2000, S. 162.
30. Jung, Carl Gustav: Psychologische Typen. Walter Verlag, Olten, Freiburg i. Br. 14. Aufl. 1981, S. 434.
31. Schöler, Johann: Der Mensch als Doppelwesen. In: Mensch und Schicksal, Nr. 11, 1959, S. 5.
32. Rilke, Rainer Maria: Worte, die verwandeln. Herder Verlag, Freiburg, Basel, Wien, 3. Aufl. 1999, S. 20.
33. Selig, Carl: Albert Einstein. Eine dokumetarische Biographie. Europa Verlag, Zürich, Stuttgart, Wien 1954, S. 187-188.
34. Theilacker, Jörg und Sobeck, Barbara: EQ Training. Ihr Weg zum Erfolg. Südwest Verlag, München 1999, S. 38.

35. Capra, Fridjof: Der kosmische Reigen. Scherz Verlag, Bern, München, Wien 1975, S. 29.
36. Koestler, Arthur: Der göttliche Funke. Scherz Verlag, Bern, München, Wien 1966, S. 54.
37. Lindemann, Hannes: Einfach entspannen. Psychohygiene-Training. Buchclub Ex Libris Zürich, Zürich 1987, S. 186.
38. Bristol, Claude und Sherman, Harold: Eine Kraft in dir wie Dynamit. Verlag Peter Erd, München 1985, S. 91.
39. Goldberg, Philip: Die Kraft der Intuition. Scherz Verlag, Bern, München, Wien 1985, S. 48.
40. Jaffé, Aniela: Erinnerungen, Träume, Gedanken von C. G. Jung. Rascher Verlag, Zürich, Stuttgart 1963, S. 195.
41. Stone, Clement: Der unfehlbare Weg zum Erfolg. Ariston Verlag, Genf, München 1995, S. 203.
42. Garfield, Patricia: Kreativ träumen. Ansata Verlag, Schwarzenburg 1980, S. 52 f.
43. Werner, Thomas: „Die Melodien fliegen mir zu." In: Glückspost, Nr. 18, 2018, S, 70-71.
44. Goleman, Daniel: EQ – Der Erfolgsquotient. C. Hanser Verlag, München, Wien 1999, S. 70.
45. Götti, Bernhard: „Der Erfolg der Zukunft ist nicht die Fortsetzung der Vergangenheit". In: Organisator, Nr. 4, 2000, S. 6.
46. Ullrich, Elmar: Inspiration. In: Lexikon der Psychologie, hrsg. von Arnold, G.; H. Eyseneck, H.; Meili, R., Herder Verlag, Freiburg i. Br. 1987, S. 988.
47. Orthbandt, Eberhard: Geschichte der großen Philosophen. Verlag Werner Dausien, Hanau o. J.
48. Seiling, Max: Goethe als Esoteriker. Verlag „Die Silberschnur", Melsbach 1988, S. 86 ff., 89 f., 126.
49. Korrodi, Eduard: Goethe im Gespräch. Manesse Verlag, Zürich 1944, S. 809
50. Wehr, Gerhard: C. G. Jung. Arzt, Tiefenpsychologe, Visionär. Schweizer Verlagshaus Zürich, Zürich 1989, S. 51.
51. Abbel, A. M.: Gespräche mit berühmten Komponisten über die Entstehung ihrer unsterblichen Werke. In: Esotera, Nr. 5, 1993, S. 435-440 und Nr. 6, 1993, S. 534-539.
52. Schmidt, Karl Otto: Dynamisierung. Der Schlüssel zum Glück. Drei Eichen Verlag, München 1972, S. 141.
53. Berendt, Joachim: Die Welt ist Klang. Insel Verlag, Frankfurt a. M., 1983, S. 285.
54. Cornell, Joseph Bharat: OM. Die Melodie der Liebe. Verlag Via Nova, Petersberg 2015, S. 19, 27, 36 f.
55. Knoblauch, Hubert: Berichte aus dem Jenseits. Mythos und Realität der Nahtod-Erfahrung. Herder Verlag, Freiburg i. Br. 1999, S. 162 f.
56. Seiling, Max: Goethe als Esoteriker. Hrsg. von Trutz Hardo. Verlag „Die Silberschnur", Neuwied 1988, S. 33-34.
57. Berendt, Joachim E.: Nada Brahma. Die Welt ist Klang. Insel Verlag, Frankfurt a. M. 1983, S. 187.
58. Risi, Armin: Licht wirft keinen Schatten. Govinda Verlag, Zürich, 2. Aufl. 2005, S. 362.

59. Berendt, Joachim: Nada Brahma – Die Welt ist Klang. Insel Verlag, Frankfurt a. M., 1984, S. 44.
60. Jung, Carl Gustav: Über Gefühle und den Schatten. Winterthurer Fragestunden. Walter Verlag, Zürich, Düsseldorf 1999,S. 29-30.
61. Imhof, Beat: Wege nach Innen. Band I von „Wahrheit und Weisheit." Rothus Verlag, Solothurn, 3. Aufl., 2006, S. 60.
62. Cornell, Joseph Bharat: OM. Die Melodie der Liebe. Verlag Via Nova, Petersberg 2015, S. 78.
63. Yogananda, Paramahansa: Autobiographie eines Yogi. O. W. Barth Verlag, München, 4. Aufl. 1957, S. 321.
64. Cornell, J. Bharat: OM. Die Melodie der Liebe. Verlag Via Nova, Petersberg 2015, S, 27.
65. Hawking, Stephen und Mlodinow, Leonard: Der große Entwurf. Eine neue Erklärung des Universums. Rowohlt Verlag, Reinbek bei Hamburg, 3. Aufl., 2010, S. 182.
66. Pflicht, Stephan und Hohl, Stephan: Opern-, Operetten- und Konzertführer. Florian Noetzel Verlag, Wilhelmshafen 1989, S. 367 f, 414 f.
67. Studer, André: Vernimm das Lied des Alls. Schriften über Harmonik, Nr. 21, Bern 1991
68. Riedweg, Christoph: Pythagoras. Leben. Lehre. Nachwirkung. C. H. Beck Verlag, München, 2. Aufl. 2007, S. 47, 110-113, 172.
69. Herrmann, Joachim: Astronomie. Eine moderne Sternkunde. C. Bertelsmann Verlag, München 1960, S. 43.
70. Kepler, Johannes: De Stella Nova. In: Pauli, Wolfgang und Jung, C. G.: Naturerklärung und Psyche. Rascher Verlag, Zürich 1952, 138.
71. Störig, Hans Joachim: Kleine Weltgeschichte der Philosophie. Buchclub Ex Libris Zürich, Zürich, 2. Aufl., 1961, S. 234-235.
72. Kayser, Hans: Vom Klang in der Materie. In: Die Harmonie der Welt. Beiträge zur harmonikalen Grundlagenforschung. Heft 1, 1968, S. 10 ff.
73. Zipp, Friedrich: Vom Urklang zur Weltharmonie. Werden und Wirken der Idee der Sphärenmusik. Merseburger Verlag, Kassel, 2. Aufl., 1998, S. 35 ff.
74. Berendt, Joachim: Nada Brahma. Die Welt ist Klang. Insel Verlag, Frankfurt a. M. 1984, S. 265.
75. Oetinger, Manuela: Transformation und Zeitenwende. Aquamarin Verlag, Grafing 2014, S. 29 f.

KAPITEL 10

1. Laszlo, Erwin: Holos. Die Welt der neuen Wissenschaft. Verlag Via Nova. Petersberg 2002, S. 46.
2. Jung, Carl Gustav: Mensch und Kultur. Walter Verlag, Olten, Freiburg i. Br., Bd. 9/1, 1972, S. 81.
3. Szondi, Leopold: Schicksalanalyse. Die Wahl in Liebe, Freundschaft, Beruf, Krankheit und Tod. Schwabe Verlag, Basel, Stuttgart 1965, S. 35 f.
4. Freud, Sigmund: Kurzer Abriss der Psychoanalyse. Ges. W. Bd. 13, Fischer Verlag, Frankfurt a. M. 1928, S. 28.

5. Jung, Carl Gustav: Über die Entwicklung der Persönlichkeit. Walter Verlag, Olten, Freiburg i. Br., Bd. 17, 4. Aufl., 1982, S. 191.
6. Oetinger, Manuela: Transformation und Zeitenwandel. Aquamarin Verlag, Grafing 2014, S. 146.
7. Hilgard, Ernst: Behaviorismus. In: Arnold, Wilhelm u.a. (Hrsg.): Lexikon der Psychologie, Buchclub Ex Libris Zürich, Zürich 1979, S. 247 ff.
8. Baumann, Michael: Zwillingsforschung: Schattenseiten des Glücks. In: Luzerner Zeitung vom 13. 3. 2017, S. 10.
9. Sheldrake, Rupert: Der Wissenschaftswahn. O. W. Barth Verlag, München 2012, S. 240
10. Karcher, Helmut: Wie ein Ei dem anderen. Alles über Zwillinge. Piper Verlag, Zürich, München 1975, S. 25-34.
11. De Waal, F. B. M.: Wer beherrscht den Menschen: Gene oder Umwelt? In: Spektrum der Wissenschaft, Nr. 2, 2000, S. 68-73.
12. Lorenz, Konrad: Die Rückseite des Spiegels. Versuch einer Naturgeschichte menschlichen Erkennens. Piper Verlag, München, Zürich 1973, S. 110 f,
13. Spitz, René: Die Urhöhle. In: Psyche, Bd. 9, 1956, S. 641.
14. Flanagan, Geraldine L.: Die ersten neun Monate des Lebens. Buchclub Ex Libris Zürich, Zürich 1963, S. 85-86.
15. Graber, Hans: Vorgeburtliches Seelenleben. W. Goldmann Verlag, München 1973, S. 108.
16. Evans, Richard: Gespräche mit Jung. Buchclub Ex Libris Zürich, Zürich 1967, S. 51.
17. Borsche, Albrecht: Die Geburt – der gefährlichste Lebensabschnitt. In: Graber, G. und Kruse, F.: Vorgeburtliches Seelenleben. Goldmann Verlag, München 1973, S. 44.
18. Rank, Otto: Das Trauma der Geburt. Fischer Verlag, Frankfurt a. M. 1988, S. 12 f.
19. Daim, Wilfried: Das Trauma der Geburt und Heideggers Existentialismus. In: Mitteilungen der Internationalen Studiengemeinschaft für pränatale Psychologie, Nr. 1, 1980, S. 25.
20. Janov, Arthur: Der neue Urschrei. Fortschritte in der Primärtherapie. Fischer Verlag, Frankfurt a. M., 1993
21. Netherton, Morris und Shiffrin, Nancy: Berichte vom Leben vor dem Leben. W. Heyne Verlag, München 1981, S. 153.
22. Wambach, Helen: Leben vor dem Leben. W. Heyne Verlag, München, 2. Aufl., 1980, S. 123-149.
23. El Sonessi, Karin: Die Angst vor dem Tod überwinden. Verlag Via Nova, Petersberg 2015, S. 152-153.
24. Schottlaender, Felix: Die Mutter als Schicksal. Klett Verlag, Stuttgart 1953. S. 42.
25. Rilke, Rainer Maria: Worte, die verwandeln. Herder Verlag, Freiburg, Basel, Wien. 3. Aufl. 1999, S. 120.
26. Rilke, Rainer Maria: Sämtliche Werke. Gedichte. Insel Verlag, Frankfurt a. M., Bd. 2, 1963, S. 101-102.
27. Jung, Carl Gustav: Die Bedeutung des Vaters für das Schicksal des Einzelnen. Rascher Verlag, Zürich, Stuttgart, 4. Aufl. 1949.

28. Adam-Lauterbach, Dorothee: Geschwisterbeziehung und seelische Erkrankung. Klett-Cotta Verlag, Stuttgart 2013.
29. Helpach, Willy: Die geopsychischen Erscheinungen. Die Menschenseele unter dem Einfluss von Wetter und Klima, Boden und Landschaft. Verlag A. Enke, Stuttgart, 2. Aufl., 1977, S. 12 ff.
30. Millman, Dan: Die Lebenszahl als Lebensweg. Wie wir unsere Lebensbestimmung erkennen und erfüllen können. Ansata Verlag, München, 24. Auflage, 1999, S. 52 f, 146 f, 400 ff.
31. Imhof, Beat: Erfolg ist lernbar. Bd. 1, Biodynamik. Rothus Verlag, Solothurn 2001, S. 35.
32. Heiko, Ernst: Was müssen wir wissen in der Wissenschaft? In: Psychologie Heute. Nr. 4, 1999, S. 3.
33. Mohr, Klaus: Wissen, was wichtig ist. In: Reform Rundschau, Nr. 4, 1999, S. 4.
34. Gardner, Howard: Kreative Intelligenz. Campus Verlag, Frankfurt a. M. 1999, S. 69.
35. Prause, Gerhard: Genies in der Schule. Buchclub Ex Libris Zürich, Zürich 1977, 15 ff.
36. Saum-Aldehoff, Thomas: Das Geheimnis des Genies. In: Psychologie Heute. Nr. 9, 1999.
37. Stern, Paul: C. G. Jung. Prophet des Unbewussten. R. Piper Verlag, München, Zürich 1977.
38. Schneemann, Lioba: Die Wiege des Hotelkönigs. In: Luzerner Nachrichten vom 14. 1. 2018, S. 28-29.
39. Gates, Bill: Der Weg nach vorn. E. Heyne Verlag, München 1997, S. 21.
40. Eichbaum, Wilhelm: Genie, Irrsinn und Ruhm. Ernst Reinhardt Verlag, Basel, München 1961, S. 295.
41. Imhof, Beat: Wege zum Glück. Bd. II von „Wahrheit und Weisheit". Symbolgeschichten. Rothus Verlag, Solothurn, 3. Aufl. 2006, S. 71.
42. Viering, Kerstin: Dem ewigen Leben auf der Spur. In: Luzerner Zeitung vom 19. August 2018, S. 31.
43. Bortz, Walter M.: 120 Jahre sind unsere natürliche Lebenserwartung. In: Psychologie Heute, Nr. 5, 1993, S. 26-29.
44. Zeyer, Albert: Das Geheimnis der Hundertjährigen. Kreuz-Verlag, Zürich 1995, S. 125 ff.
45. Schweizer Depechen Agentur: Die Menschen werden immer älter. Eine OECD-Studie. In: Neue Luzerner Zeitung Nr. 256, 2015, S. 15.
46. Ziegler, Harry: Männer holen bei der Langlebigkeit auf. In: Luzerner Zeitung Nr. 95, 2014, S. 3.
47. Von Buttlar, Johannes: Der Menschheitstraum. Wissenschaftler auf den Spuren der Unsterblichkeit. Fischer Taschenbuch Verlag, Frankfurt a. M. 1977, S. 10.
48. Schweizer Depechen Agentur: Der größte Stammbaum. In: Luzerner Zeitung vom 6. 3. 2018, S. 15.
49. Müller, Patrick: Altersforschung. In: Luzerner Zeitung vom 4. August 2018, S. 2-3.
50. Schmid, Andreas: Denke nur an die guten Dinge. In: CoopZeitung, Nr. 10, 2018, S. 112.

51. Goethe, Johann Wolfgang: Faust. Erster Teil. Birkäuser-Verlag, Basel 1944, S. 12.
52. Marois, André: Alexander Fleming. Eine Biographie. Verlag Büchergilde Gutenberg, Zürich 1963, S. 267.
53. Szondi, Leopold: Schicksalsanalyse. Wahl in Liebe, Freundschaft, Beruf, Krankheit und Tod. Schwabe Verlag, Basel, Stuttgart, 3. Aufl. 1965, S. 132 f, 135, 139 f.
54. Imhof, Beat: Vertraue dir selbst. Rothus Verlag, Solothurn 1999, S. 9.
55. Precht, Richard David: Erkenne die Welt. Eine Geschichte der Philosophie. Goldmann Verlag, München 2014.

KAPITEL 11

1. Weischedel, Wilhelm: Über Philosophen. Sonderdruck aus „Die philosophische Hintertreppe. Nymphenburger Verlagsbuchhandlung, München, 2. Aufl., 1973, S. 300.
2. Jung, Carl Gustav: Die Phänomenologie des Geistes in den Märchen. Walter Verlag, Olten, Freiburg i. Br., Bd. 9/1, 1971, S. 223 f.
3. Jung, Carl Gustav: Über die Energetik der Seele. Rascher Verlag, Zürich, Bd. 8, 1928, S. 65 f.
4. Imhof, Beat: Wahrheit und Weisheit. Symbolgeschichten. Bd. I, Wege nach Innen. Rothus Verlag, Solothurn, 3. Aufl., 2006, S. 24.
5. Imhof, Beat: Wege nach Innen. Symbolgeschichten, Bd. I von „Wahrheit und Weisheit". Rothus Verlag, Solothurn, 3. Aufl. 2006, S. 59.
6. Jung, Carl Gustav: Über psychische Energetik und das Wesen der Träume. Walter Verlag, Olten, Freiburg i. Br., 2. Aufl. 1948, S. 197.
7. Szondi, Leopold. Experimentelle Triebdiagnostik. Verlag Hans Huber, Bern 1947, S. 139 f.
8. Brunton, Paul: Karma – Kette von Ursache und Wirkung. Verlag Hermann Bauer, Freiburg i. Br. 1986, S. 57.
9. Schonauer, Franz: Stefan George in Selbstzeugnissen und Bilddokumenten. Rowohlt Verlag, Reinbek bei Hamburg, 1960, S 62.
10. Ritchie, George und Sherrill, Elizabeth: Rückkehr von Morgen. Lermann Verlag, Marburg 1990, S. 90-92.
11. Markides, Kyriakos: Atteshlis Stylianos. Esoterische Lehren. Die Botschaft des „Magus von Strovolos". Droemersche Verlagsbuchhandlung, München 1991, S. 157 f, 197 f.
12. Markides, Kyriakos: Der Berg des Schweigens. Begegnung mit einem christlichen Meister. Aquamarin Verlag, Grafing 2015, S. 185.
13. Styger, Anton: Erlebnisse mit den Zwischenwelten. Styger Verlag, Oberägeri, Bd. 1, 2008, S. 243-245.
14. Matthiesen, Hayo: Friedrich Hebbel. Mit Selbstzeugnissen und Bilddokumenten. Rowohlt Verlag, Reinbek bei Hamburg, 5. Aufl. 1992, S. 56.
15. Laszlo, Erwin: Holos. Die Welt der neuen Wissenschaft. Verlag Via Nova, Petersberg 2002, S. 84.
16. Hawking, Stephen und Mlodinow, Leonard: Der große Entwurf. Eine neue Erklärung des Universums. Rowohlt Verlag, Reinbek bei Hamburg, 3. Aufl. 2010, S. 124-126, 136-137.

17. Wabbel, Thomas: Im Anfang war kein Gott. Patmos Verlag, Düsseldorf 2004, S. 271.
18. Schweitzer, Albert: Vom Sinn des Lebens. Verlag Paul Haupt, Bern, Stuttgart 1983, S, 13.
19. Niessen, Adelheid: Rainer Maria Rilke. Worte, die verwandeln. Herder Verlag, Freiburg, Basel, Wien 1999, S. 38.
20. Jung, Carl Gustav: Die Dynamik des Unbewussten. Walter Verlag, Olten, Freiburg i. Br., Bd. 8, 1971, S. 465-466.
21. Jaffé, Aniela: Erinnerungen, Gedanken, Träume von C. G. Jung. Rascher Verlag, Zürich, Stuttgart 1963, S. 360-361.
22. Serrano, Miguel: Meine Begegnung mit C. G. Jung und Hermann Hesse in visionärer Schau. Rascher Verlag, Zürich, Stuttgart 1968, S. 44.
23. Rilke, Rainer Maria: Die letzten Geschichten vom lieben Gott. Ges. Werke, Insel Verlag, Frankfurt a. M., Bd. 4, 1961, S. 287.
24. Schmidt, Karl Otto: Richtig denken – richtig leben. Verlag Helmut Theodor Frick, Pforzheim 1972, S. 21.
25. Braun, Hans-Jörg: Das Jenseits. Die Vorstellungen der Menschheit über das Leben nach dem Tod. Verlag Artemis & Winkler, Zürich, Düsseldorf 1996, S. 318 f.

KAPITEL 12

1. Waite, Arthur E.: Das Rider Tarot. Verlag Müller AG, Neuhausen 1982, S. 12.
2. Stapleton, Michael und Servan, Elizabeth: Lexikon der griechischen und römischen Mythologie. Xenos Verlagsgesellschaft, Hamburg 1978, S. 222, 229-230.
3. Schmid, Wilhelm: Philosophie der Lebenskunst. Suhrkamp Verlag, Frankfurt a.M., 1998, S. 27.
4. Laotse: Tao Te King. Das Buch vom Sinn des Lebens. Buchclub Ex Libris Zürich, Zürich 1984, S. 51.
5. Kropatsch, Anton: Wiedergeburt und Erlösung. Heinrich Schwab Verlag. Gelnhausen 1963, S. 156-157.
6. Riedweg, Christoph: Pythagoras. Leben, Lehre, Nachwirkung. C. H. Beck Verlag, München 2007.
7. De Bono, Edward: Taktiken und Strategien erfolgreicher Menschen. mvg Verlag, München, Landsberg a. L., 1995, S. 91.
8. De Bryn, Günter: Buridans Esel. Kindler Taschenbuch im Rowohlt Verlag, Reinbek bei Hamburg 1999.
9. Jung, Carl Gustav: Die Dynamik des Unbewussten. Walter Verlag, Olten, Freiburg i. Br., Bd. 8, 1971, S. 91, 279, 285-287, 328.
10. Serrano, Miguel: Meine Begegnungen mit C. G. Jung und Hermann Hesse in visionärer Schau. Rascher Verlag Zürich, Stuttgart 1968, S. 120.
11. Szondi, Leopold: Triebpathologie. Verlag Hans Huber, Bern, Stuttgart 1952, S. 149 f.
12. Michel, Katarina und Peter: Das universelle Heilungsfeld. Die neue Dimension des Heilens. Aquamarin Verlag, Grafing 2016, S. 81.
13. Gruhl, Herbert: Ein Planet wird geplündert. Fischer Taschenbuch Verlag, Frankfurt a. M. 1975, S. 26.

14. Hilty, Carl: Glück. Seemann Verlag, Leipzig 1917, S. 158.
15 Koch, Richard: Das 80:20-Prinzip. Mehr Erfolg mit weniger Aufwand. Campus Verlag, Frankfurt a.M. 1998, S. 11 ff.
16. Seiwert, Lothar: Mehr Zeit für Wesentliches. mvg Verlag, Landsberg a. L., 1995, S. 131.
17. Imhof, Beat: Erfolg ist lernbar. 2. Band: Psychodynamik. Rothus Verlag, Solothurn 2002, S. 39.
18. Leitner, Sebastian: So lernt man lernen. Wege zum Erfolg. Herder Verlag, Basel, Freiburg i. Br. 1998, S. 63.
19. Golemann, Daniel: EQ – Emotionale Intelligenz. Hanser Verlag, München, Wien 1996, S. 36.
20. Nuber, Ursula: Perfektionismus. Wie Sie Ihre Ziele garantiert nicht erreichen. In: Psychologie Heute, Compact Nr. 5, 2000, S. 82.
21. Stausberg, Michael: Zarathustrra und seine Religion. Verlag C. H. Beck, München 2005, S. 16-18, 24-29.
22. Rüegg, Walter: Natur und Bestimmung des Menschen. Texte aus der Antike. Epikur: Philosophie als Gesundheit der Seele. Buchclub Ex Libris Zürich, Zürich 1964, S. 47 ff.
23. Küng, Hans: Was ich glaube. Piper Verlag, München, Zürich, 3. Aufl. 2009, S. 246.
24. Humphreys, Christmas: Karma und Wiedergeburt. Scherz Verlag. Bern, München, Wien 1974, S. 40.
25. Michel, Peter: Das Geistchristentum. Aquamarin Verlag, Forstinnig 1983, S. 166.
26. Emmerich, Anna Katharina: Visionen. Pattloch Verlag, 2. Aufl., 1971, S. 48.
27. Lehmann, Johannes: Buddha. Leben und Lehre des Erleuchteten. W. Heyne Verlag, München 1994, S. 63, 78.
28. Nestle, Wilhelm (Hrsg.): Platon. Hauptwerke. Timaios. Alfred Kröner Verlag, Stuttgart 1965, S. 275 f, 281.
29. Jung, Carl Gustav: Symbole der Wandlung. Walter Verlag, Olten, Freiburg i. Br, Bd. 5, 4. Aufl., 1973, S. 406-407.
30. Sheldrake, Rupert: Der Wissenschafstwahn. O. W. Barth Verlag, München 2012, S. 444.
31. Agrippa, Heinrich Cornelius: De occulta philosophia. Köln 1533.
32. Risi, Armin: „Ihr seid Lichtwesen“. Ursprung und Geschichte des Menschen. Govinda Verlag, Zürich, Jestetten 2013, S. 109-110.
33. Precht, Richard David: Erkenne die Welt. Eine Geschichte der Philosophie. Goldmann Verlag, München, Bd. I, 3. Aufl., 2015, S. 365.
34. Laughlin, Robert: Abschied von der Weltformel. Die Neufindung der Physik. Piper Verlag, München, Zürich 2007.
35. Weischedel, Wilhelm: Über Philosophen. Deutscher Taschenbuch Verlag, München 1975, S. 251.

36. Imhof, Beat: Woher wir kommen, wohin wir gehen. Aquamarin Verlag, Grafing, 2. Aufl. 2017, S. 129, 240 f, 307 f.
37. Rees, Martin: Vor dem Anfang. Eine Geschichte des Universums. Fischer Taschenbuch Verlag, Frankfurt a. M., 2. Aufl. 2001, S. 137 f, 159 f.

38. Dossey, Larry: One Mind. Alles ist mit allem verbunden. Crotona Verlag, Amerang 2014, S. 267.
39. Schmidt, Jochen: Goethes Faust. C.H. Beck Verlag, München 2001, S. 80.
40. Rilke, Rainer Maria: Gedichte „Vollendetes". Insel Verlag, Ges. W., Insel Verlag, Frankfurt a. M. Bd. 2, 1957, S. 93.
41. Wilhelm, Rihard (Hrsg.): Laotse: Tao te King. Heinrich Hugendubel Verlag, Kreuzlingen 2000, S. 25.
42. Laszlo, Ervin: Holos. Die Welt der neuen Wissenschaften. Verlag Via Nova, Petersberg 2002, S. 119-120.

Danksagung

Ich danke Dr. Peter Michel vom Aquamarin Verlag für die Herausgabe meines fünften Buches. Mein Dank gilt auch seiner Mitarbeiterin Annette Wagner für die ansprechende Umschlaggestaltung sowie für die stets wohlwollende Zusammenarbeit. Mein besonderer Dank gilt meiner Frau Nelly. Sie ist nicht nur meine erste Lektorin, sondern in mancherlei Hinsicht auch meine Inspiratorin, denn in unseren gemeinsamen Gesprächen über das Geschriebene ergeben sich mir immer wieder neue Ansichten und Einsichten, die ich dann in den geschriebenen Text einflechte. Insofern ist sie für meine Bücher eine willkommene Helferin und Werkbegleiterin.

DAS JENSEITS

Beat Imhof
Wohin unsere letzte Reise geht
Mit diesem Buch lässt er dem Einzelnen jene Erkenntnisse zuteil werden, die es ihm ermöglichen, den letzten Abschnitt seiner Erdenreise wach und bewusst zu gehen und sich innerlich bestmöglich auf den Übergang in eine höhere Wirklichkeit vorzubereiten.
978-3-89427-806-9, HC

Beat Imhof
Woher wir kommen, wohin wir gehen
Der Himmel ist unsere Heimat
Es ist die Tragik der abendländischen Kultur, dass sie vergessen hat, woher das Leben auf Erden wirklich kommt! Diese Leere hat dazu geführt, dass für viele Menschen ein umfassender Lebenssinn verloren gegangen ist, weil mit der Frage nach dem „Woher" auch jene nach dem „Warum" unbeantwortet bleibt. Mit diesem Buch liefert Dr. Imhof Antworten auf die großen Lebensfragen und zeigt den spirituellen Weg auf, den jeder Mensch auf seine je eigene Weise zu beschreiten hat. Es wird, vor allem anhand von Quellen aus der Tradition des Geistchristentums, deutlich, dass jede menschliche Seele einst in einer geistigen Heimat zu Hause war, die sie durch eigenes Verschulden verlassen musste, um nun auf oft mühsamen Pfaden wieder den Weg zurück in die himmlischen Welten zu finden. Wenn der Mensch seine ganze Geschichte kennt, beginnt er zu verstehen, warum er sich in dieser Welt, bei diesen Eltern und in diesem Umfeld erneut inkarniert hat. Er versteht die Gesetze von Sympathie und Antipathie, von Gesundheit und Krankheit und von Glück und Unglück. Es zeigt sich ihm, welcher unendlich weise Sinn in den langen Entwicklungsprozessen des Lebens liegt. Am Ende dieses Weges wird jede Seele wieder in ihrer einstigen geistigen Ursprungswelt angekommen sein. Denn: „Der Himmel ist unsere wahre Heimat!"
978-3-89427-655-3, HC

Beat Imhof
Warum und wozu sind wir auf der Erde? Eine Antwort auf die Frage nach dem Lebenssinn

Alle vergänglichen Werte können die existenzielle Herausforderung, eine Antwort auf die Grundfrage des Daseins zu finden, nicht meistern. Wer nicht in einem transzendenten Ur-Grund verwurzelt ist und sich dort gehalten fühlt, wird in den Stürmen des Lebens scheitern. Dieses Buch liefert keine billigen „Ratschläge zum Glücklichsein", sondern es deckt die Rolle des Menschseins im kosmischen Zusammenhang auf. Erst wenn der Mensch versteht, dass er aus dem LICHT kommt und in dieses LICHT zurückkehren will – vermag er die Frage zu beantworten, warum er auf dieser Erde lebt. Ein Meisterschlüssel, um ein sinnerfülltes Leben zu führen!
978-3-89427-752-9, HC

Beat Imhof
Wie auf Erden so im Himmel Wie das Leben als Mensch das Leben im Jenseits bestimmt

Dr. Beat Imhof hat in jahrzehntelangem Studium alle greifbaren Quellen der Mystik, der Weltreligionen und der spirituellen Forschung ausgewertet, um zu einer umfassenden Beschreibung der jenseitigen Welten zu kommen. Er schildert die Ankunftssphären, die eine rückkehrende Seele unmittelbar nach dem Ableben ihrer physischen Hülle erwarten, und skizziert ihren Weg durch die Geistigen Welten. Dabei wird deutlich, wie unbestechlich das „Gesetz der Anziehung" auch in den jenseitigen Reichen gilt. Der Verstorbene wird zu jenen Sphären gezogen, die seiner geistigen Reife entsprechen. Imhof beschreibt in seinem Meisterwerk auch die jenseitigen Tierreiche, die Kinderparadiese und die dunklen Sphären, die eine schmerzhafte Läuterung bewirken können. Er behandelt ausführlich die Frage des Fortbestandes von Beziehungen über den Tod hinaus und auch die Schulung in den „Tempeln der Weisheit".
978-3-89427-600-3, HC